普通高等学校会计应用型规划教材

国家级一流本科专业

国家级特色专业

企业财务管理（第二版）

CORPORATE FINANCIAL MANAGEMENT

张惠忠 主编

费爱华 李郁明 副主编

东北财经大学出版社
Dongbei University of Finance & Economics Press
大连

图书在版编目（CIP）数据

企业财务管理 / 张惠忠主编．—2版．—大连：东北财经大学出版社，2022.8
（普通高等学校会计应用型规划教材）
ISBN 978-7-5654-4594-1

Ⅰ．企…　Ⅱ．张…　Ⅲ．企业管理-财务管理-高等学校-教材　Ⅳ．F275

中国版本图书馆CIP数据核字（2022）第131155号

东北财经大学出版社出版
（大连市黑石礁尖山街217号　邮政编码　116025）
网　址：http：//www.dufep.cn
读者信箱：dufep@dufe.edu.cn
大连雪莲彩印有限公司印刷　　东北财经大学出版社发行
幅面尺寸：185mm×260mm　字数：490千字　印张：22.25　插页：1
2022年8月第2版　　2022年8月第1次印刷
责任编辑：王　丽　孔利利　　责任校对：王　晗　孔　莹
封面设计：冀贵收　　版式设计：原　皓
定价：46.00元

教学支持　售后服务　联系电话：（0411）84710309

如有印装质量问题，请联系营销部：（0411）84710711

国家级一流本科专业　国家级特色专业
普通高等学校会计应用型规划教材编委会

第二版前言

财务管理作为一门独立的学科，伴随着市场经济条件下公司制企业组织形式的建立和资金市场的形成而诞生，历经百余年发展和完善，已经形成了以股东财富最大化和企业价值最大化等基本目标为核心，以筹资管理、投资管理、利润分配管理等为主要内容的比较完备的理论和方法体系。

随着我国市场经济的发展，企业财务管理所面临的外部宏观环境和企业内部环境发生了翻天覆地的变化，企业财务管理的内容大为丰富，筹资渠道多样化、资金投向多元化、利益分配关系复杂化、财务风险公开化、企业管理信息化、生产经营集团化和跨国化等趋势越来越明显。企业作为市场主体，以独立经济实体和利益主体的身份在瞬息万变的市场竞争中求生存、图发展，现金流成为企业的血液，对资金运动管理水平的高低成为决定其生死存亡和发展壮大的关键因素之一。加强财务管理已经成为我国各类企业的迫切愿望，对财务管理专业人才和拥有财务管理知识技能的经济管理人才的培养成为实现企业这一愿望的依托。

我国改革开放之后，尤其是建立社会主义市场经济体制之后，财务管理从会计学科中分离出来，企业财务管理教材也层出不穷，但是，其中一些教材中的一些提法已显陈旧，而还有一些教材的内容则太深、太多，且主要针对上市公司，针对普通企业的内容太少。因此，需要编写符合我国企业尤其是中小企业财务管理的实际情况、满足当前大力推行的应用型人才培养目标的企业财务管理教材。为了满足高校各经济管理类专业财务管理课程的教学需要，我们编写了这本《企业财务管理》教材。

本书系统阐述了财务管理的基本理论和基本方法。全书共分十二章，具体包括五个部分的内容。第一章介绍财务管理基本理论；第二章介绍财务管理基本价值观念，即财务管理的常识；第三章至第八章主要从财务预测、财务决策角度介绍企业筹资、投资和利润分配管理的内容；第九章至第十一章分别介绍财务预算、财务控制和财务分析这三种财务管理基本方法（环节）；第十二章介绍财务管理工作组织。各章均设有学习要求、案例导入、本章小结，并附有思考与练习。

本书的主要特色有：（1）教材修订过程中在各章结合专业知识的介绍嵌入课程思政内容，增加了思政教育的特色；（2）注重财务管理基本知识的介绍和基本技能的培养，力求做到结构合理、理论联系实际、通俗易懂；（3）在介绍上市公司财务管理知识的同时，结合我国资金市场的实际，特别重视对普通企业财务管理知识的介绍；（4）对国外公司财务管理经典理论有所介绍，对国内企业财务管理的新经验也有所涉猎；（5）特别注重与中级会计师职称考试和注册会计师考试财务成本管理知识内容的接轨；（6）最后一章重点介绍现代企业财务管理机构的设置、财务管理的规范体系以及财务管理人员的构成、基本素质和职业道德要求等内容，这在财务管理教材中并不多见。

本书可供高校本科各经济管理类专业学生用作学习“财务管理”课程的教材，还可供高校本科财务管理专业学生用作学习“财务管理原理（初级财务管理）”课程的教材，也可以作为大中专院校、成人高校和函授学校学生学习“财务管理”课程的教学用书，并适合于企业经济管理干部财务管理知识培训所用。

嘉兴学院商学院于1978年在会计学专业中设置“财务管理”课程，1994年又开设了财务管理专业。在本书出版以前，由本校徐中行、陈铁峰、张惠忠等老师相继编写出版过四本财务管理教材，在教学中使用效果良好。本教材由嘉兴学院商学院财务管理系和嘉兴南湖学院财务管理专业教师参加编撰，并邀请浙江昌信会计师事务所实务专家参与编写，以便更好地结合企业实际。由张惠忠教授担任本书主编，负责制定本书详细的编写大纲，并对全书进行总纂，由浙江昌信会计师事务所费爱华高级会计师和嘉兴学院商学院副院长李郁明副教授担任副主编协助统稿。各章初稿编写分工如下：第一章、第九章、第十章、第十二章由张惠忠编写；第二章由费爱华、李郁明编写；第三章由杨行翀、沈逸萌编写；第四章由李郁明、穆敏丽编写；第五章由陈莹莹、李卫娜编写；第六章由费爱华、丁庭栋编写；第七章由穆敏丽、沈逸萌编写；第八章由袁浩一、张宁编写；第十一章由蒋智杰、费爱华编写。嘉兴学院财务管理系主任董淑兰教授提出不少宝贵意见。

本书的编撰融入了不少我们在长期的财务管理教学实践中对财务管理相关问题的看法，也借鉴了许多文献和教材，这些资料对本书的形成功不可没。我们已在参考文献中尽可能详细地列出了这些文献，但仍难免有遗漏，在此对未能列入参考文献的作者表示歉意，并对所有引用的文献作者表示衷心的感谢。本书的出版得到了东北财经大学出版社、嘉兴学院教务处和嘉兴学院商学院的大力支持，在此一并表示感谢。

尽管我们在编撰过程中尽心尽力，但是由于水平有限，书中难免存在缺点和不足，敬请读者批评指正，以备修订时参考。

编　者

2022年3月

目　录

第一章　财务管理基本理论 / 1
学习要求 / 1
案例导入 / 2
第一节　财务管理及其内容 / 2
第二节　财务管理的环境 / 9
第三节　财务管理的目标和职能 / 14
第四节　财务管理的原则 / 18
第五节　财务管理的基本方法 / 20
本章小结 / 24
思考与练习 / 25

第二章　财务管理基本价值观念 / 26
学习要求 / 26
案例导入 / 27
第一节　资金时间价值观念 / 27
第二节　风险与收益均衡观念 / 37
第三节　资金成本观念 / 44
本章小结 / 53
思考与练习 / 53

第三章　筹资概论 / 56
学习要求 / 56
案例导入 / 57
第一节　企业筹资概述 / 57
第二节　权益资金的筹集 / 68
第三节　长期负债资金的筹集 / 79
第四节　短期资金的筹集 / 93
本章小结 / 98
思考与练习 / 98

第四章 筹资决策 / 100
学习要求 / 100
案例导入 / 101
第一节 杠杆原理 / 101
第二节 资金结构 / 112
本章小结 / 126
思考与练习 / 127

第五章 长期项目投资决策 / 130
学习要求 / 130
案例导入 / 131
第一节 长期项目投资概述 / 131
第二节 对内长期项目投资现金流量的估算 / 135
第三节 对内长期项目投资决策评价指标 / 140
本章小结 / 153
思考与练习 / 154

第六章 流动资产管理 / 156
学习要求 / 156
案例导入 / 157
第一节 流动资产概述 / 157
第二节 现金管理 / 159
第三节 应收账款管理 / 167
第四节 存货管理 / 177
第五节 营运资金管理 / 185
本章小结 / 189
思考与练习 / 190

第七章 证券投资管理 / 192
学习要求 / 192
案例导入 / 193
第一节 证券投资概述 / 193
第二节 证券投资决策 / 206
本章小结 / 220
思考与练习 / 221

第八章 利润分配管理 / 222
学习要求 / 222

案例导入 / 223
第一节　利润分配概述 / 223
第二节　股利政策 / 227
本章小结 / 238
思考与练习 / 238

第九章　财务预算 / 240
学习要求 / 240
案例导入 / 241
第一节　财务预算概述 / 241
第二节　财务预算的编制 / 250
本章小结 / 259
思考与练习 / 260

第十章　财务控制 / 261
学习要求 / 261
案例导入 / 262
第一节　财务控制概述 / 262
第二节　财务控制组织——责任中心 / 265
第三节　财务控制的过程 / 272
本章小结 / 276
思考与练习 / 276

第十一章　财务分析 / 278
学习要求 / 278
案例导入 / 279
第一节　财务分析概述 / 279
第二节　基本财务比率分析 / 285
第三节　财务综合分析 / 305
本章小结 / 309
思考与练习 / 310

第十二章　财务管理工作组织 / 312
学习要求 / 312
案例导入 / 313
第一节　企业财务管理体制 / 313
第二节　企业财务管理机构的设置 / 317
第三节　企业财务管理人员 / 321
第四节　企业财务管理规范 / 324

本章小结 / 326
思考与练习 / 327

附录一 企业财务管理模拟试卷 / 328

附录二 复利终值系数表 / 330

附录三 复利现值系数表 / 334

附录四 年金终值系数表 / 338

附录五 年金现值系数表 / 342

参考文献 / 346

第一章

财务管理基本理论

学习要求： 本章主要讲述企业财务管理的一系列基本理论问题。通过本章学习，要求学生掌握财务和财务管理的相关概念、内容，财务管理的基本原则，利率及其组成内容；熟悉财务管理的基本目标和财务管理的基本方法，资金市场的概况；了解财务管理的产生与发展、财务管理与会计的关系、财务管理的特点、理财环境因素，财务主体和财务管理主体的基本概念，财务管理学科体系。

案例导入

在一次聚会中，两个刚刚结识的年轻人——福迪公司的小张和福立公司的小王在一起聊天。学工科的小王问学商科的小张："你做什么工作?"小张说："我做财务工作。"小王说："做财务工作好啊，现在社会上很多人都喜欢做财务工作，坐在办公室算算账，高薪白领，'白骨精'，羡慕、羡慕啊。不像我们，整天主要在车间里工作，与机器为伴。"小张说："一般吧，我们整天就是记账、算账、报账，财务工作比较程序化，枯燥还难做，还是你们好，有一手过硬的专业技术，有挑战性，做得好了工资可高了，比我们好多了。"从他们的谈话中，我们可能会觉得财务工作好像就是会计工作。那么，两者是一回事吗？财务管理究竟是做什么的，又是怎么做的？

第一节 财务管理及其内容

一、财务管理的产生与发展

广义地讲，财务就是有关财富的事务。只要社会有了剩余财富，就会产生财务，就需要进行财务管理。因此，财务作为一种客观存在的经济活动，由来已久。随着商品经济的不断发展，财务和财务管理实践也在不断发展着。然而，将"公司财务管理"作为一门独立的学科进行研究，至今不过百余年时间，并且在企业财务管理的发展过程中，我国与西方国家之间存在着较大的差异。

（一）西方国家企业财务管理的发展

从西方国家的企业财务管理实践看，不同时期由于受当时环境的影响，财务管理的重点内容有所区别，依次经历了以下几个阶段：

1. 19世纪末至20世纪初

早在15世纪，商业发达的地中海沿岸城市就出现了有社会公众入股的城市商业组织，要求企业做好资金筹集、股息分派和股本管理等财务管理工作，但尚未在企业中正式形成财务管理部门或机构。19世纪末至20世纪初，随着欧洲工业革命的完成，股份公司的大量涌现，资本市场的不断完善，企业规模的不断扩大，独立的财务活动应运而生，各公司纷纷成立管理资金的财务部门。这一期间财务管理的重点是如何为企业扩张和生产经营筹取资金，即筹资财务。各种金融机构（如投资银行、保险公司、商业银行及信托投资公司）的出现和金融工具（如普通股票、债券和其他证券）的使用，以及越来越复杂的公司财务管理实践，都迫切需要理论总结和指导。1897年美国学者托马斯·格林纳（Thomas Greene）出版了最早的财务学著作《公司理财》，使公司理财学逐渐从微观经济学中分离出来，成为一门独立的学科。此后，米德（Meade）、斯通（Stone）等又陆续出版了一些财务学著作，戈登（Gordon）和林特纳（Lintner）提出了股利相关论，吉布森（Gibson）初步描述了市场有效性，贝克莱尔（Bachelier）提出了"随机游走"假说。现代意义上的企业财务管理学得以初步形成。

2. 第一次世界大战至20世纪40年代末

这一时期由于经济危机和战争的影响，企业的生存环境变得恶劣，西方各国政府加强了对证券市场的法制管理，企业财务管理的重点由为企业扩展提供服务转变成为企业生存提供服务，财务管理的重点是如何维持合理的资本结构，确保企业的偿债能力，如何处理与破产、清偿、合并、重组有关的财务问题，以及政府对证券的管制、企业与外部市场之间的财务关系处理等一系列问题。这一时期，戴维（Dewing）、李恩（Lyon）等出版了一些关于传统资本结构理论的著作，形成了以研究公司融资为中心的“传统型公司财务理论”学派。

3. 20世纪50年代初至70年代初

20世纪50年代是财务管理划时代的分界线，财务管理进入了资产管理和投资财务管理时期。随着管理科学中“数量管理学派”的出现，财务管理也迅速朝着“严谨的数量分析”方向发展。以现代资本结构理论、投资组合理论、资本资产定价理论、有效资本市场假说以及套利定价理论等为代表的各种研究筹资、投资及其深化问题的复杂的数学模型和理论应运而生。以提高企业资本报酬率、实现公司价值最大化为目标，以时间价值和风险价值为基础，以预算管理、现金流量规划与控制、资产价值分析和财务决策为内容的一整套财务管理方法体系初步形成，并使财务管理中的投资决策、筹资决策、资本结构和股利政策决策均建立在可靠的实证理论之上。财务管理在企业决策管理中的作用和地位日渐重要。

4. 20世纪70年代以后

随着科学技术的进步和经济的迅速发展、利率的多变、企业集团和跨国公司的涌现，市场竞争更趋剧烈。财务管理一方面在资本结构和投资组合等基础方法上进一步发展，使企业财务管理学与现代金融学、投资经济学逐步融为一体；另一方面，国际财务管理逐渐兴起。20世纪80年代至今，随着计算机和网络技术的广泛应用，通货膨胀财务、企业并购财务、税收筹划、财务风险管理、网络财务等又成为热点，财务管理朝着精确化、电算化、网络化方向发展。代理理论、信息不对称理论、新资本结构理论、新股利理论等新财务理论不断发展。

经过100多年的飞跃性发展，西方国家最终形成了由现代资本结构理论、股利理论、有效市场假说、投资组合理论、资本资产定价理论、套利定价理论、期权定价理论等相关理论构成的一整套指导财务管理实践的理论体系，以及以上述理论体系为指导、以财务决策为核心，以公司价值最大化为目标，主要包括筹资、投资、股利分配和日常财务营运管理等内容，并且侧重于证券上市公司在完善的资金市场上进行财务运作的逻辑严密的企业财务管理方法体系。

（二）我国企业财务管理的发展

中华人民共和国成立初期，我国企业的财务管理借鉴的是苏联模式。20世纪40至50年代，苏联将企业和部门财务纳入国家财政体系。在计划经济时代，我国企业（主要是国有企业）的资金运动实际上是国家财政资金运动的延伸，企业的经营管理权、资金调度权在很大程度上集中在国家手中，企业财务管理的内容很少。那时的企业会计人员具有双重身份（既要代表国家，又要代表企业），同时，既要做会计工作，又要做财务管理工作，不仅要提供会计信息，而且要直接参与企业管理，因此，把会计与财务管理视为一体的观点（如主张会计是一种管理活动的“管理活动论”、主张会计包括财务管理的“大会计观”、主张财务管理包括会计的“大财务观”等）

一直在我国会计理论和财务理论中占据主流地位，这些理论观点也确实更能体现计划经济体制下的会计和财务管理的本质，因而更符合当时企业会计和财务管理实践的实际。

改革开放之后，西方财务管理的内容被逐渐介绍到我国，尤其是实行社会主义市场经济体制之后，我国企业财务管理的理论和方法体系与西方接轨，其基本上是借鉴西方的经验。但由于中西方理财环境的差异，怎样吸收借鉴西方财务管理理论中的已经被证实是行之有效的理论和方法，继承并发展我国的财务管理方法中的已有的好的经验和做法，从而建立起一套适合我国国情的企业财务管理理论和方法体系仍是当务之急。

在市场经济条件下的互联网时代，各种新经济、新产业、新业态、新模式层出不穷，企业财务管理所面临的政治、经济、金融、法律、科教、社会文化等宏观环境以及企业组织形式、企业规模、管理水平、财务意识等微观环境与计划经济时代相比，都发生了天翻地覆的变化，企业经营自主权、理财自主权已经落实，财务管理主体已经明确，企业财务管理的内容得到极大丰富，筹资渠道多样化，资金投向多元化，利益分配关系复杂化，财务风险公开化，企业经营集团化、国际化、信息化、网络化等趋势越来越明显。财务管理在企业管理中的重要性日益突出。企业的会计部门和会计人员再也无法身兼财务管理的重任了。企业作为市场的主体，以独立经济实体和利益主体的身份在瞬息万变的市场竞争中求生存、图发展，财务管理水平的高低已经成为决定企业生死存亡和发展壮大的关键之一。目前，财务管理学科与会计学科的分立已成为现实，企业的财务管理部门和会计部门的分立也已成为趋势。从实践上看，财务管理与会计虽然联系十分紧密，但在其产生历史、性质属性、理论基础、对象内容、目标职能、基本前提、所处地位、工作方式、程序方法、规范原则等很多方面都存在明显区别，已经成为现代企业中的两种不同性质的工作。财务管理工作的对象是企业资金运动本身（“资金流”），会计工作的对象则是体现企业资金运动的信息（“信息流”）。所以，企业应明确财务管理和会计工作各自的职责和重点，并相互配合，密切协作，协调一致地为实现企业总体目标而发挥各自的作用。

在市场经济条件下，财务和财务管理只有微观性。宏观资金的管理属于财政和金融管理的内容。一般而言，微观财务主体主要有企业、事业单位和家庭等，相应地，财务管理可分为企业财务管理、事业单位财务管理和家庭（个人）理财。本书所述的财务管理主要是指企业财务管理中的工商业公司的财务管理。

二、财务管理的内容

财务管理的对象和内容就是“财务”。要了解什么是财务管理，必须先了解“什么是财务”，而这一问题的答案也就是财务的本质。在市场经济条件下，企业财务的本质既体现为财务活动，又体现为财务关系。因此，我们首先必须知晓财务活动和财务关系这两个方面的组成内容。

（一）财务活动（资金运动）

一般而言，企业是指依法设立、以营利为目的、从事生产经营活动（包括自主经营）、独立核算的社会经济组织。在企业的生产经营过程中，一方面实物商品不断地运动，形成了“物流”。在这个过程中，劳动者将生产中所消耗的生产资料和劳动对象的价值转移到产品中去，并且创造出新的价值，通过商品的出售，使转移的价值和新创造的价值得以实现。另一方面随着实物商品不断地运动，实物商品的价值形态也不断地发生变化，由一种形态转化为另一种形态，周而复始，不断循环，形成了资金运动（“资金流”）。企业资金是企业再生产过程中各种财产物资的货币表现。资金的实质是再生产过程中运动着的价值。企业的资金运动是企业再生产过程的价值方面，它用价值形式综合地反映着企业的再生产过程（货币资金—储备资金—生产资金—成品资金—新的货币资金）。因此，企业的资金运动，构成企业经济活动的一个独立方面，具有自己的运动规律，这就是企业的财务活动。它是企业财务管理的主要内容。

从动态角度看，企业资金运动包括资金进入企业、资金在企业内部循环周转和资金退出企业这样一个过程；从静态角度看，资金运动表现为企业某一时点的资产、负债和所有者权益的数额，资产即企业某一时点的投资额，负债和所有者权益即企业某一时点的筹资额。

从广义角度看，企业的财务活动（资金运动）包括资金筹集、资金投放、资金耗费、资金收回和资金分配五个方面的内容。

1.资金筹集

企业要组织生产经营活动，必须以占有或能够支配一定数额的资金为前提。也就是说，企业从各种渠道以各种方式筹集资金，是资金运动的起点。企业筹资有两种不同性质的来源：一是自有资金，又称主权资金或权益资金。企业的权益资金可以通过向投资者吸收直接投资、发行股票、内部收益留存等方式取得。其投资者包括国家、法人和个人等。二是债务资金，又称负债资金。企业的负债资金可以通过向银行等金融机构借款、发行债券、利用商业信用等方式取得。企业筹集资金，表现为资金的流入；企业偿还借款、支付利息、发放股息红利及付出各种筹资费用等，表现为资金的流出。这种因筹资而产生的资金收支，便是由企业筹资而引起的财务活动，是企业财务活动的主要方面之一。

2.资金投放

企业取得资金后，必须将资金投入使用，以谋求经济利益；否则，筹资就失去了目的和效用。企业的投资包括内部投资和外部投资两个方面。内部投资主要是指投资于生产经营所必需的固定资产、无形资产等长期资产和流动资产方面；外部投资则主要是指购买其他企业的股票、债券或以各种资产与其他企业进行合资联营等。无论企业是对内投资，还是对外投资，都需要支付资金；而当企业变卖各种资产或收回对外投资时，就会产生资金的收入。这种因企业投资而产生的资金收支，便是由投资引起的财务活动。它也是企业财务活动的主要方面之一。

3.资金耗费

资金耗费主要是指企业因资产的消耗而导致的各种成本和费用的发生。它也是企业财务活动的一个重要方面。

4.资金收回

企业主要通过取得营业收入的形式收回资金。它是企业再生产过程顺利进行的前提，也是企业财务活动的一个重要方面。

5.资金分配

企业通过营业收入等形式收回的资金，要用来补偿成本、费用、税金等支出，剩余的部分就是利润。利润中的一部分以股息、红利的形式分配给投资者（所有者），另一部分便是企业的留存收益。整个资金的分配过程也是企业财务活动的一个组成部分。

从狭义的角度看，财务活动主要包括资金筹集、资金投放和净利润分配三个方面。目前在西方和我国的大部分“财务管理”课程教材中，有关企业财务活动内容的阐述主要包括资金筹集、资金投放、净利润分配三个方面。其原因是在资金耗费、资金收回和资金分配中，对除净利润分配以外的内容的管理都在“成本会计”“管理会计”“纳税筹划”等课程的教材中阐述了。本教材也依通例，主要从狭义的财务活动角度进行阐述。

（二）财务关系

企业的资金运动，包括资金筹集、资金投放、资金耗费、资金收回、资金分配的每一个方面，从表面上看是人、财、物等各种资源的价值的增减变动，其实在各种资源价值的增减变动中体现着企业与相关各方的经济利益关系。企业财务关系是指企业在组织财务活动的过程中与相关各方所发生的经济利益关系。科学合理地协调处理好这些财务关系也是企业财务管理的重要内容。企业财务关系的具体内容可以概括为以下几个方面：

1.企业与政府之间的财务关系

政府作为社会管理者，为了履行其职能，必须通过税收的形式无偿参与企业的利益分配，因此，企业与政府（主要是税收部门）之间的财务关系主要体现为一种无偿的和强制的利益分配关系。

2.企业与投资者（所有者）之间的财务关系

这主要是指企业的投资者（所有者）向企业投入资金，形成企业的资本，企业向其投资者支付投资报酬所形成的经济利益关系。企业与投资者之间的财务关系体现着一种所有权性质的利益分配关系。

3.企业与债权人之间的财务关系

这主要是指企业向债权人借入资金，并按合约规定按时支付利息并归还本金所形成的经济利益关系。企业的债权人主要包括本企业债券的持有人、贷款机构、商业信用提供者、其他出借资金给企业的单位和个人。企业与债权人的财务关系在性质上属于债务与债权的关系。

4.企业与被投资者之间的财务关系

这主要是指企业以购买股票或直接投资的形式向其他单位投资而形成的经济利益关系。企业向其他单位投资，应按约定履行出资义务，并依据其出资份额参与被投资单位的经营管理和利润分配。企业与被投资者的财务关系体现的是所有权性质的投资与受资的关系。

5.企业与债务人之间的财务关系

这主要是指企业将其资金以购买债券、提供借款或商业信用等形式出借给其他单位所形成的经济利益关系。企业与债务人之间的财务关系体现的是债权与债务的关系。

6.企业内部各单位之间的财务关系

这主要是指企业内部各单位之间在生产经营各环节中相互提供产品或服务所形成的经济利益关系。企业在实行内部经济核算制和内部经营责任制的条件下，其内部各个经营部门以及各生产单位之间，相互提供的产品和服务都要按内部转移价格进行计价结算。这种在企业内部形成的资金结算关系，体现的是企业内部各单位之间的经济利益关系。

7.企业与职工之间的财务关系

这主要是指职工向企业提供劳动、企业向职工支付劳动报酬所形成的经济利益关系。企业与职工之间的财务关系体现的是职工个人和集体在劳动成果上的分配关系。

思政课堂

请同学们认真思考在企业与各利益相关者的财务关系中，哪些方面最能体现我国作为社会主义国家必须做到的正确处理国家、集体（这里主要指企业）、劳动者个人的利益关系的思想？为什么说我国的税收能体现“取之于民用之于民”的原则？正确处理企业与各相关方的经济利益关系与实现共同富裕是怎样一种关系？

本课程的课程思政教学教育可采用老师引导、课堂（或分组或个人）讨论及学生（或分组或个人）课后提交学习与思考后的报告，老师再进行分析总结的形式，也可以采用其他灵活有效的方式以达到满意的教学效果。

综上所述，企业财务是指企业再生产过程中客观存在的资金运动（财务活动）及其所体现的经济利益关系（财务关系）。因此，企业财务管理的内容包括财务活动和财务关系两个方面。由于企业财务关系通常蕴含在企业的财务活动（资金运动）之中，因此，财务管理的对象或内容又可以概括为财务活动或资金运动。

企业财务管理是企业根据相关财经法规政策和制度规章，按照财务管理的原则，组织财务活动、处理财务关系的一项经济管理工作，是企业管理的一个重要组成部分。

三、财务管理的特点

财务管理与企业中的其他经营管理工作相比，具有自身的特点。概括起来，主要有以下几个方面：

（一）综合性强

财务管理主要是应用价值形式对企业生产经营活动进行管理，主要是为生产经营提供资金服务。价值管理的一个最显著特点就是比其他管理形式更具综合性。财务管理是企业的一项综合性经济管理工作。

（二）涉及面广

财务管理管的是资金，企业中的一切涉及资金收支的活动，都与财务管理有关。事实上，企业内部与资金不发生任何联系的部门和个人是没有的。每个部门都会通过资金的收支与财务部门发生联系，其资金收支行为又都要受到财务部门的指导和监督。因此财务管理的触角常常伸向企业生产经营和管理的每个角落。

（三）灵敏度高

在企业管理中，战略是否科学、决策是否得当、经营是否合理、技术是否先进、产销是否顺畅、资源是否适配等，都可以通过各种财务指标迅速反映并体现出来。

四、财务管理学科体系

财务管理学科体系是由财务管理的客观内容所形成的一系列财务管理分支学科的有机综合体。它覆盖了财务管理的全部内容和各个领域。

（一）按财务管理的对象（内容）分类

财务管理学科体系可分为筹资学、投资学、成本管理学、收益及其分配管理学等。

（二）按财务管理的环节（方法）分类

财务管理学科体系可分为财务预测学、财务决策学、财务控制学和财务分析学等。

（三）按财务主体分类

财务管理学科体系可分为企业理财学、事业单位理财学、家庭（私人）理财学等。

仅就企业这一财务主体而言，企业财务管理学科按不同的标准又可以作以下分类：

（1）按企业经济成分，其可分为国有企业理财学、集体企业理财学、外商投资企业理财学、私营企业理财学等；

（2）按企业组织形式，其可分为公司理财学、合伙企业理财学、独资企业理财学等；

（3）按企业所处行业，其可分为工业企业理财学、商品流通企业理财学、金融企业理财学等；

（4）按企业组织层次，其可分为一般企业理财学、企业集团理财学、国际企业（跨国公司）理财学等。

（四）按财务管理主体分类

财务管理学科体系可分为所有者理财学（包括国家站在国有企业所有者角度从事国有企业财务管理而形成的国家财务管理学）、经营者理财学（包括董事会理财学、总经理理财学、财务经理理财学）等。

（五）按财务管理学科由浅及深的层次分类

财务管理学科体系可分为初级理财学、中级理财学、高级理财学等。

（六）从财务管理学与其他学科的结合角度分类

财务管理学科体系可分为财务数学、财务史学、财务法规学、计算机财务管理学等。

以上所述，仍无法穷尽财务管理学科体系的全部分支，而且，随着实践的发展和理论的深化，财务管理学科体系还可以进一步细分，许多新的财务管理学科分支还会诞生。财务管理学科体系为财务管理专业课程体系的设置提供了基础和依据。

第二节　财务管理的环境

一、财务管理环境及其与财务管理的关系

财务管理环境简称“理财环境”，是指存在于财务管理系统之外，对企业财务活动和财务管理产生影响的企业内外各种条件的统称。

企业财务活动和财务管理活动在相当程度上是受理财环境制约的，理财环境对财务管理有着重大影响，甚至起着决定性作用。企业只有在各种理财环境因素的作用下实现财务活动的协调平衡，才能得以生存并发展。因此，企业进行财务管理必须以理财环境为依据，努力适应环境的变化，正确地制定相关理财策略。

如果企业财务管理人员善于研究理财环境，并科学地预测环境的变化，从而采取有效应对理财环境的措施，那么会对财务管理环境起到积极的作用，企业财务管理水平的普遍提高有利于理财环境的改善。

按涉及的影响范围，财务管理环境可以分为宏观（理财）环境和微观（理财）环境。宏观环境是指在宏观范围内普遍作用于所有企业财务活动和财务管理的各种条件。这类环境因素存在于企业外部，包括政治、法律、社会文化、科技教育、经济等。微观环境又称企业环境，是指在某一特定范围内对某些企业或某个企业财务活动和财务管理产生重要影响的各种条件，从而决定、影响着某类企业或某个企业的财务活动和财务管理。一般而言，微观理财环境因素通常包括企业所处的行业、企业组织形式、企业生产经营规模、企业管理水平、企业财务管理意识等。

二、财务管理的宏观环境

（一）政治环境

政治环境主要是指一个国家的政治制度、政局稳定（社会安定）与否等因素。它有时对整个社会环境起着决定性作用。从财务管理角度看，政治制度因素起着一种保障和目标导向的作用。政局的稳定、社会的安定为财务活动和财务管理的顺利开展提供了基础条件。

（二）法律环境

财务管理的法律环境可以广义地包括影响财务活动和财务管理的各种法律法规、大政方针、战略国策、制度规章等因素。法律法规等为财务活动和财务管理规定了空间范围、规则，也为企业财务活动和财务管理提供了法律法规保护。法系的归属、法制健全与否、执法严格与否、社会法治化程度、民众法律意识（尤其是企业领导的法律意识和政策水平）等，对财务活动和财务管理影响深远。

（三）社会文化环境

社会文化环境主要是指一个国家或地区业已形成的社会秩序和公众长期积淀的传

统思维习惯、价值观念、行为方式以及人们对经济、财务的意识、态度和看法等。它是一种隐性环境因素，但对财务活动和财务管理的影响也很大。荷兰学者霍夫斯泰德（Geert. Hofstede）把社会文化环境因素分为四个方面：

（1）个人主义还是集体主义；

（2）社会权力距离的大小；

（3）对不确定性因素、新生事物和创新反应的强弱；

（4）主要追求阳刚（注重显性成就、英雄感、决断能力和物质上的成功等）还是阴柔（精神胜利和精神享受等）。

这些社会文化环境因素对企业财务管理目标的树立和追求、企业中财权的划分和配置、管理中责权利关系的处理、借鉴吸收和创造先进财务管理理论和方法的积极性、对待财务风险的态度等都有明显影响。

（四）科技教育环境

科技环境（如互联网技术）对财务管理的影响主要体现在科技的发展开辟了财务管理的新领域、拓展了新内容，也为财务管理提供了新手段、新工具、新方法。教育环境对财务管理的影响主要体现在为财务管理提供了专业人才和专业知识，也为企业上下层级提高关于财务管理的意识做出贡献。

（五）经济环境

经济环境是影响企业财务活动和财务管理的一个重要因素。影响财务活动和财务管理的经济环境因素主要有经济体制、经济周期、经济发展水平、经济政策、市场环境（主要是金融市场）等。

目前世界各国的经济体制主要有计划经济体制和市场经济体制两类。市场经济体制虽然可以归结为有计划的市场经济体制和充分自由竞争的市场经济体制两种基本模式，但根据具体情况又可以分为多种具体模式。显然，不同的经济体制对财务管理的影响是巨大的。这一点从我国计划经济时代和市场经济时代的财务管理比较，以及我国与美国等西方国家的财务管理比较中可以看出。

在市场经济条件下，经济发展与运行带有一定的波动性，大体上经历了复苏、繁荣、衰退、萧条等几个阶段的循环，这就是经济周期。处在不同经济周期阶段或不同的通货膨胀、通货紧缩时期的企业筹资、投资、日常资金营运、利润分配等财务活动都要受这种经济波动的影响，应相应采取不同的财务管理战略和策略。

不同的经济发展水平对财务管理的影响也是明显的。经济越发展，财务管理越复杂、越重要，对财务管理的要求也越高。因此，一般来说，经济发展水平越高，财务管理的水平也越高。

国家的经济改革措施和经济政策，如财政政策、金融政策、税收政策、价格政策对企业财务活动和财务管理的影响是很大的，所以财务管理人员必须提高掌握和运用各种经济政策的水平。另外，一个国家的开放程度、国际经济交往情况，对本国企业尤其是涉外企业的财务活动和财务管理也有重要影响。

（六）金融环境

金融环境属于经济环境的一部分，是指影响企业财务活动和财务管理的各种金融因素。由于它是影响企业财务活动和财务管理的最为主要、最为直接的经济环境因素，因此，这里作为一个单独的方面来加以说明。

1.金融市场

金融市场是指资金供应者和资金需求者通过一定的金融工具进行交易进而融通资金的市场，即实现货币借贷和资金融通、办理各种票据和进行有价证券交易活动的市场。金融工具主要有货币、票据、债券、股票、外汇、保单等基本金融工具和各种远期合约、互换、掉期、金融期货、期权、资产支持证券等衍生金融工具，它们都具有期限性、流动性、风险性和收益性的特点。金融市场可以是有形的，如传统的银行、证券交易所；也可以是无形的，如利用网络、电讯等设施进行交易，而且可以跨越地区和国界，因此有地方性金融市场、全国性金融市场和国际性金融市场。金融市场的主要功能就是把社会各个单位和个人的剩余资金有条件地转让给各个缺乏资金的单位和个人，从而融通资金，在实现财尽其用的同时让投资者和筹资者对风险进行合理配置，并实现价格发现、调节经济、节约信息成本等附带功能，从而促进社会经济的发展。

从财务管理角度看，金融市场作为资金融通和风险配置的场所，不仅是企业向社会筹资、投资必不可少的基础条件，而且可以帮助企业实现长短期资金转换、引导资金流动，提高资金转移效率。因利率、时间、安全性等条件有时无法使供需双方都十分满意，于是就出现了金融机构和金融市场从中协调，使之各得其所，所以资金从资金供应者手中转移到资金需求者手中，有时是直接转移，有时还要通过金融机构为中介进行间接转移，筹资和投资也相应分为直接筹资、间接筹资和直接投资、间接投资。

金融机构主要包括银行（如商业银行和政策性银行）和非银行金融机构（如保险公司、信托投资公司、证券公司、财务公司、金融资产管理公司、金融租赁公司、典当行、担保公司、小额信贷公司、信用合作社、各类基金公司等）。

金融市场的主要类型有外汇市场、资金市场和黄金市场。资金市场又可以细分为货币市场（短期资金市场）和资本市场（长期资金市场）。

货币市场是指以期限在1年以内的金融工具为媒介，进行短期资金融通的市场，包括短期证券市场和短期借贷市场等，具体如同业拆借市场、票据承兑和贴现市场、可转让大额定期存单市场、短期债券市场等。货币市场的主要功能是调节短期资金融通，其主要特点是期限短（一般为3～6个月，最长不超过1年）、交易目的是解决短期资金周转（资金来源主要是资金供应者暂时闲置的资金，资金需求者融通资金的用途一般是弥补短期资金的不足）、货币市场上的金融工具有较强的“货币性”（流动性强、价格平稳、风险较低）。

资本市场是指以期限在1年以上的金融工具为媒介，进行长期资金交易活动的市场，包括长期证券市场、长期借贷市场、融资租赁市场等。长期证券市场又可分为一级市场（发行市场）和二级市场（流通市场）。资本市场的主要功能是实现长期资金融通，其主要特点是融资期限长（1年以上）、交易目的是解决长期投资性资金需要（用于补充长期资本、扩大生产能力等）、资金交易量大、收益较高、风险较高。

资金市场其实与普通商品市场类似，也是交换商品的场所，因此也必须要具备三个基本要素：交易的双方、交易的商品和交易的价格。第一，交易的双方——资金供应者和资金需求者（使用者），当然，有时还需要银行等中间机构介入；第二，交易的商品——资金（往往以一定的金融工具为媒介，且大多交易的只是其使用权）；第三，利率——资金这种商品的交易价格。

2.利率

（1）利率的概念。

从资金的交易关系看，利率是一定时期内资金的供应者和使用者在资金市场上融通资金这一资源的交易价格。资金在资金市场上从资金的供应者手中转移到资金的需求者手中，资金的使用者要向资金的供应者支付交易价格，这一交易价格就是利率。资金作为一种特殊的商品，其以利率为价格标准的融通，实质上是资源通过利率实现再分配，资金总是向效益更好的企业流动，因此利率在资金市场的资金分配过程及企业的财务决策过程中起着十分重要的作用。利率是进行筹资、投资等财务决策的基本依据，利率原理是财务管理的一项最重要的基本原理，是贯穿企业主要财务活动的一条主线。

（2）利率的决定因素。

正如市场经济条件下任何商品的价格均由供应和需求两方面来决定一样，资金这种特殊商品的价格——利率，也是由资金的供求关系来决定的。当资金市场上的资金供大于求时，利率就会下降；当资金市场上的资金供不应求时，利率就会上升。除此之外，经济周期、通货膨胀或紧缩、政府金融政策、国际经济关系、国家利率管制制度等，对利率的变动均有不同程度的影响。因此，宏观利率水平最终是由各种因素的综合影响所决定的，它也成为政府用来调控经济的一种重要工具。

（3）利率的分类。

①宏观利率及其构成。

站在整个资金市场的宏观角度看，作为资金市场上资金交易价格的利率，主要由纯利率、风险贴补率、通货膨胀贴补率三部分组成，用公式表示如下：

利率=纯利率+风险贴补率+通货膨胀贴补率

纯利率是指在资金市场中在没有风险和没有通货膨胀情况下供需均衡点的利率；风险贴补率是指资金供应者因为冒险投资而要求的超过纯利率的那部分额外利率，一般包括违约风险贴补率、流动性风险贴补率和期限风险贴补率；通货膨胀贴补率是指由于持续的通货膨胀会不断降低货币的实际购买力，资金供应者为补偿购买力损失而要求提高的额外利率，它实际上也是一种风险贴补率，贴补的是购买力损失风险。在存在通货膨胀的情况下，实际利率是指不考虑通货膨胀贴补率的利率，名义利率是指考虑了通货膨胀贴补率后的利率。实际利率、名义利率和通货膨胀补贴率三者的关系可用公式表示如下：

名义利率=实际利率+通货膨胀贴补率

②微观利率及其构成。

站在资金市场交易双方的微观角度看，利率是双方一对一交易资金时的交易价格。资金供应者（投资者）将资金提供给资金需求者（筹资者）使用，无论是作为所有者（股东）以资本金的形式提供资金，还是作为债权人以债权的形式提供资金，资金需求者都要向资金供应者支付利率。因此，对于资金供应者而言，利率就是其所要求或预期能获得的投资报酬率；而对于资金需求者而言，利率就是其预计所要付出的资金成本（率），所以如果交易能够达成，资金供应者所要求或预期能获得的投资报酬率和资金需求者预计付出的资金成本（率）虽然性质不同（一为收入，一为付出），但数额相等。站在资金供应者的角度看，其要求或预期能获得的利率（即要求的或预期的投资报酬率），又可以分为三个组成部分：无风险报酬率（又称资金时间价值）、要求或预期的风险报酬率（又称风险价值）和通货膨胀贴补率。因此，我们虽然在此还没有学到资金时间价值、风险价值和资金成本的概念，但仍可以看出，资金时间价值、风险价值、资金成本是在资金市场较为发达、资金所有者和资金使用者普遍分离的条件下出现的客观财务范畴，没有资金市场就不可能有这些概念。它们都是资金市场上资金这种商品的交易价格——“利率”的具体化表现。它们之间的性质关系和数量关系从中也可见一斑（如图 1-1 所示）。它们都是财务管理中极其重要的概念。

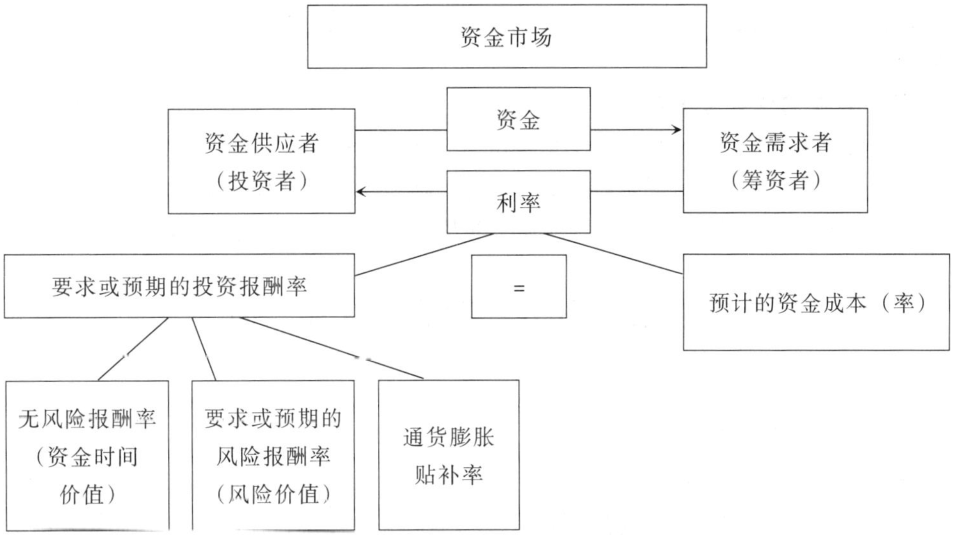

图 1-1　微观利率及其构成

三、财务管理的微观环境（企业环境）

对于不同企业而言，其面临的宏观环境基本是相同的，当然每个宏观环境因素对不同企业的影响力度还是有差别的，但各企业面临的微观环境却千差万别，而且微观环境因素对企业财务活动和财务管理的影响更为直接和显著。因此，每个企业都更加需要研究和熟悉自己所面临的微观环境。

（一）企业所处的行业

企业所处的行业不同，如劳动密集型、资本密集型、技术密集型、知识密集型等，对企业筹资、投资、生产经营、成本费用、利润分配的管理会产生显著不同的影响。不过行业因素从严格意义上说不能算微观环境因素，只能算中观因素。

（二）企业的组织形式

目前我国一般企业的组织形式主要有独资企业、合伙企业、公司制企业三类。不同的企业组织形式，对企业财务管理有着重要影响，如果是独资企业，筹资渠道和方式、利润分配等理财活动都比较简单；对合伙企业而言，资金来源和信用能力增加了，利润的分配也更加复杂；公司制企业分有限责任公司和股份有限公司两种，尤其是股份有限公司，其财务管理内容最为丰富，因而其财务管理相对而言更为复杂。在我国还有大量的民营企业，表面上实行了公司制，但实质上是家族制管理模式，这种财务管理环境的特殊因素也很值得企业财务管理者认真研究、努力适应和合理应对。

（三）企业的生产经营规模

企业的生产经营规模大小的不同会对财务管理工作提出不同的要求，因此对本企业的财务管理影响显著。

（四）企业的内部管理水平

企业的内部管理水平主要是指企业内部经营管理的程序性、制度化和规范化程度。从企业财务管理来看，如果企业内部的管理组织和管理制度完备健全并得到严格执行，那就意味着企业理财有了较好的基础，有章可循，企业理财工作的起点较高，容易走上规范化道路并带来理想的理财效果。反之，会给企业的财务管理工作带来困难。

（五）企业的财务管理意识

企业领导和全体职工的财务管理意识，主要表现在企业各级人员对财务管理重要性的认识方面。在我国当前的国情条件下，企业领导和全体职工对财务管理的重视程度几乎可以决定财务管理在企业中的地位以及企业财务管理的整体水平。

第三节　财务管理的目标和职能

一、财务管理目标概述

（一）财务管理目标的概念

财务管理目标是指在特定的理财环境中，通过组织财务活动、处理财务关系所要达到的目的。它是企业理财活动所希望实现的结果，也是评价企业理财活动是否合理的基本标准。由系统论可知，确立正确的目标是系统良性循环的前提条件，企业财务管理目标的确立对企业财务管理系统的运行也具有同样的意义。从理论方面看，它是财务管理理论体系中的基本要素，有学者甚至认为它是研究财务管理理论体系的逻辑起点；从实践方面看，财务管理目标直接反映着财务管理环境的变化，并应根据理财环境的变化做动态调整，它制约着财务运行的基本特征和发展方向，是财务运行的驱动力量和行为导向，是进行财务决策的出发点和归宿。科学制定自身的财务管理目标，对企业确立科学的财务运行机制，优化理财行为，实现财务管理良性循环，具有重要意义。

财务管理是企业管理的一个方面，因此从根本上看，财务管理目标应当取决于企业目标，受企业目标的制约，应该与企业目标保持统一性，但财务管理毕竟仅是企业经营管理的一个方面，是价值管理，有其特殊性，因此，财务管理目标不是对企业目标的简单重复。

（二）财务管理目标的特征

1.可变性

从不同时期看，财务管理目标的定位由当时的理财环境决定。随着理财环境的变化，财务管理目标也会发生变化，如西方企业财务管理基本目标就曾经历过“筹资数量最大化”“利润最大化”“净现值最大化”“资本成本最小化”“每股盈余最大化”“股东财富最大化”“公司价值最大化”等。我国在由计划经济体制向市场经济体制转变的过程中，企业财务目标也发生了一系列变化，如从“总产值最大化”到“利润最大化”“经济效益最大化”“企业财富最大化”等。但在一定时期或特定条件下，财务管理的目标是相对稳定的。

2.多元性

从同一时期的不同企业看，财务管理的目标不是单一的，而是多元的。这是因为企业在所有制、组织形式、所处行业、规模大小、所处生命周期阶段等方面各不相同，不同企业有不同的财务管理基本目标。

3.层次性

从某一具体企业看，其财务管理目标是由不同层次的系列目标所组成的目标体系。财务管理目标之所以具有层次性，主要是因为财务管理的具体内容可以划分为若干层次。财务管理内容的这种层次性和细分化，使财务管理目标成为一个由基本目标、分部目标和具体目标构成的多层次目标体系。

（1）基本目标，又称整体目标，是指企业进行财务管理所要达到的总目标。它决定着财务管理分部目标和具体目标。

（2）分部目标，是指在基本目标的制约下，进行某一部分财务管理活动所要达到的目标。由于财务管理的基本内容可以划分为筹资管理、投资管理、利润分配管理等，因此，分部目标一般包括筹资管理目标（注重资金成本和筹资风险的平衡）、投资管理目标（注重投资收益和投资风险的平衡）、利润分配管理目标（注重各方利益分配关系的合理处理）等几个方面。

（3）具体目标，是指在基本目标和分部目标的制约下，从事某项具体的财务管理活动所要达到的目标，例如，企业某次发行债券要所达到的目标，以及进行某次证券投资所要达到的目标等。具体目标是财务管理目标层次体系中的基层层次，也就是具体的指标。

财务管理目标的层次性要求我们把财务整体管理的共性与财务具体内容管理的个性结合起来，以基本目标为中心，从而做好各项具体的财务管理工作。

二、现代企业财务管理基本目标定位

根据现代企业财务管理理论与实践，当前最具有代表性的财务管理基本目标定位主要有以下几种观点：

（一）利润最大化

利润最大化即企业财务管理行为以追求利润最大化为目标。这是因为企业从事生产经营活动的直接目的是获得利润，只有经济效益好的企业才能在竞争激烈的资金市场上获得更多的资金以壮大企业，而且只有每个企业都讲求经济核算、加强管理、改进技术、提高生产经营效率、努力降低成本，最大限度地获得利润，整个社会的财富才可能实现最大化。因此，以利润最大化作为企业财务管理目标是有一定道理的。但是利润最大化目标在财务管理实践中存在以下难以解决的问题：

（1）这里的利润概念界定不够清晰，因为企业的利润概念有多种，如营业利润、税前利润、净利润等；

（2）没有考虑实现利润的时间，以及资金时间价值；

（3）没有考虑风险因素，高额利润往往要承担高风险；

（4）这一目标体现的是一个绝对数，没有反映创造的利润与投入的资本之间的关系，因此不利于不同投资规模的企业或同一企业不同时期之间的比较；

（5）片面追求当期利润最大化，可能导致企业短期行为。

（二）资本利润率或每股利润最大化

资本利润率（即权益资金税后利润率、净资产收益率、ROE），它是企业净利润与所有者投入的权益资金的比率；每股利润（又称每股收益、每股盈余）是指上市公司普通股股东所获净利润与发行在外的普通股股数的比值。因此，这两项指标最能体现企业所有者自身的投入与净产出之间的对比关系，体现股东财富和利益最大化目标。企业所有者（股东）建立企业的直接目的，在于创造尽可能多的归属于自身的财富和利益，也就是净利润。它用相对数表示，其优点是能够站在企业所有者（股东）的角度说明企业的盈利水平，可以在不同资本规模的企业或同一企业不同时期之间进行比较，揭示其权益资金盈利水平的差异。但该目标反映的主要是企业所有者的利益，对其他利益相关者的利益不够重视，该目标更为主要的缺陷是它仍然没有考虑资金时间价值和风险因素，也不能避免企业的短期行为。

（三）企业价值最大化

这里的企业价值不是企业账面资产的总价值，而是企业所有者权益和债权人权益的市场价值。投资者评价企业价值时，是以投资者预期的投资时间为起点，将未来投资存续期内企业的预期收益（现金净流入）按照自己要求的投资报酬率进行折现来计算的。因此企业价值（现值）的大小主要取决于未来预期收益（现金流量）的多少和投资者要求的投资报酬率的高低。这里的未来预期收益反映了企业潜在的获利能力；而在要求的投资报酬率中投资者考虑了资金时间价值和风险因素。在投资者要求的投资报酬率一定的情况下，企业未来所得的收益（现金流量）越多，获得收益的时间越长，则企业的价值越大。企业的价值越大，企业的各相关利益者（包括股东、政府、债权人、经营者和员工等）从中的获益都将越大。

以企业价值最大化作为财务管理基本目标的优点是，该目标考虑了资金时间价值和投资的风险价值，有利于企业统筹安排长、短期规划，克服经营管理上的片面行为和短期行为，促进企业有效筹措资金，合理选择投资方案，科学制定股利政策，保障企业各相关利益者利益的最大化，也有利于企业资本的保值增值，从而有利于实现社会资源配置的合理化和社会效益的最大化。以企业价值最大化作为财务管理基本目标存在的主要问题是企业价值的确定存在难度，因为该目标过于理论化、不易操作：

（1）对于股票上市企业，虽可通过股票价格（每股市价、市值）来揭示企业价值，但是股价是受多种因素影响的结果，特别是即期市场上的股价不一定能够直接体现企业的长期获利能力，只有长期趋势才能做到这一点。尤其是在我国目前的证券市场还不够完善和理性的情况下，上市公司的企业价值更加无法通过股价来衡量。

（2）对于非股票上市企业，只有对企业进行专门的评估才能确定其价值，但是评估不可能经常进行，从而导致企业价值确定的困难。

我们认为，现阶段不同类型的企业应当选择不同的适合本企业实际的财务管理基本目标作为自身财务管理工作的导向。

另外，在市场经济条件下，企业在生产经营过程中必须履行相应的对员工、债权人、政府、供应商和客户、消费者、社会公益、环境和资源等方面的社会责任，因此财务管理目标应该是在强调企业承担应尽的社会责任的前提下追求企业利润最大化、资本利润率或每股利润最大化，以及企业价值最大化。

思政课堂

请同学们认真学习思考新时代企业的社会责任的具体内容，思考企业履行社会责任与企业发展的关系，回答为什么企业追求和实现其财务管理目标必须建立在企业全面承担和履行相关社会责任的前提下。

三、财务管理的职能

（一）财务管理职能与目标的关系

财务管理职能是指财务管理本身具备的内在的固有功能。财务管理的职能是由财务管理的性质决定的，人们不能主观人为地给财务管理定下这个职能或那个职能。财务管理目标和职能在内容上必须保持一致。这是因为，财务管理目标是一个主观范畴，而财务管理职能是一个客观范畴，所以财务管理目标受制于财务管理职能。具有什么样的职能就只能定什么样的目标，如果提出超过财务管理职能的目标，那么财务管理的目标就等于空中楼阁，毫无意义。合理的财务管理目标定位有利于人们充分认识财务管理的职能，也有利于财务管理职能的充分发挥。

（二）财务管理的基本职能和具体职能

在市场经济条件下，财务管理作为现代企业中的一项综合性的价值管理活动，具有其基本职能和具体职能。

1.财务管理的基本职能

财务管理的基本职能是“管理”。讲得详细一点，就是“组织财务活动、处理财务关系”。财务关系隐含于财务活动之中。只要把财务活动组织好了，就等于把财务关系处理好了；反之，如果财务关系没有处理好，就说明财务活动还没有组织好。

2.财务管理的具体职能

财务管理是财务管理主体运用财务管理的方法对财务管理的客体（对象、内容）所进行的管理。因此，财务管理的具体职能可以分为三个方面：

（1）从财务管理的主体角度看，财务管理具有保证、调节、协调、监督等职能，即保证企业生产经营和各种投资的资金需要，调节资金收入支出、维护良好的筹资、投资结构，协调所有者与经营者、所有者与债权人的财务利益冲突，监督资金运动的整个过程。随着企业财务管理环境的日趋完善和复杂，上述财务管理的保证、调节、协调、监督职能的内容越来越丰富，职能作用发挥的力度也越来越强。

（2）从财务管理的环节和方法角度看，财务管理职能包括财务预测、财务决策、财务计划（预算）、财务控制和财务分析等五项职能。财务预测、财务决策、财务计划（预算）属于事前管理职能，财务控制属于事中管理职能，财务分析属于事后管理职能。

（3）从财务管理的客体（对象、内容）角度看，广义的财务管理具体职能包括资金筹集职能、资金投放职能、资金耗用职能、资金收回职能和资金分配职能；狭义的财务管理具体职能包括资金筹集职能、资金投放职能和净利润分配职能。

第四节 财务管理的原则

财务管理工作与其他管理工作一样，必须要有自己的规范体系，具体包括财务管理必须遵守的相关法律法规、规章制度（如企业内部财务管理制度等）等刚性规范和必须遵循的基本假设、基本价值观念、基本原则、财务惯例、职业道德等柔性规范。这些规范既是从事财务管理工作的行为准则，又是做好财务管理工作的质量标准。所有财务管理工作者都必须熟知、遵守这些规范，并为建立和完善这些规范而努力。

财务管理基本假设是指进行财务管理的基本条件，包括财务主体假设、持续经营假设、有效市场假设等。财务主体假设是指能独立从事财务活动的一个空间范围，如企业、事业单位、家庭等。持续经营假设是指假设财务主体是能保持持续经营的，否则一切财务活动将无法正常开展。这里的有效市场假设是指当企业需要筹资时都能在资金市场上筹到资金，当企业需要投资时都能在资金市场上投出资金。

财务管理基本价值观念将在本书第二章中阐述。

财务管理原则是企业财务管理工作必须遵循的基本准则，它是从长期的企业理财实践中抽象出来，并在实践中被证明是正确的行为规范，它反映着财务管理活动的内在要求。财务管理的基本原则一般包括以下几项：

一、系统原则

系统是由若干个相互作用、相互依存的部分有机结合而成的整体。无论是财务活动还是财务管理活动，都是由相互联系、相互作用、相互依存的部分组成的有机整体，都具有系统的性质，都具有目的性、整体性、层次性和环境适应性的特征。作为一个系统，财务管理可以从不同角度分解成不同的子系统，各个子系统又由若干个分系统组成，例如，可以按管理的内容把财务管理系统分解为筹资子系统、投资子系统、利润分配子系统等，其中投资子系统又可以分为流动资产投资、长期资产投资、证券投资等若干个分系统。为此，要做好财务管理工作，必须从财务管理系统的内部环境与外部环境的协调和联系出发，从财务管理系统内部各个子系统、分系统的协调和统一出发，用联系的观点、全面的观点、统一的观点来看待并解决问题，不能顾此失彼，这就是财务管理的系统原则。

系统原则是财务管理的一项基本原则。在财务管理实践中，归口分级管理、目标利润管理、投资项目的可行性分析、杜邦财务分析体系等都是体现这一原则的典型例子。

二、平衡原则

财务管理管的是企业的资金收支活动。在财务管理中，力求使资金的收支在数量上和时间上达到动态的协调平衡是财务管理的平衡原则。从静态角度看，要做到资金来源数额等于或大于资金运用数额，是不难的，但是财务管理不仅要追求资金运动的这种静态的数量上的平衡，而且要追求资金收支运动的动态的时间上的平衡，即无论在任何时刻都要保持资金收入等于或略大于资金支出，从而保证资金周转的顺畅进行。资金收支在每一时点上的协调平衡，是资金循环过程得以周而复始顺畅进行的条件。否则，企业资金的周转就会出现中断或停滞现象，甚至会导致企业出现财务危机。所以，财务管理的日常工作就是要保持资金收支（尤其是现金流量）运动的动态平衡，从而实现收支相抵，略有结余。

平衡原则是日常财务管理中必须坚持的一项最基本的原则。日常财务管理的过程就是追求资金运动的动态平衡的过程，即资金的调度。如果企业不需要资金运动的动态平衡，那么就不需要财务管理。在财务管理实践中，现金收支预算的编制、企业短期证券投资的决策、企业筹资数量和时间的具体规划等，都是这一原则的具体体现。

三、弹性原则

在前面论述平衡原则时曾提到，财务管理应努力实现资金收支平衡，并略有结余。这里的“略有结余”就是留有一定弹性。在财务管理中，企业必须在追求资金收支准确和节约的同时，留有合理的伸缩余地，这就是财务管理的弹性原则。

在财务管理中，之所以要保持合理的资金弹性，主要是因为：

（1）财务管理的环境是复杂多变的，企业缺乏完全的控制能力；

（2）企业财务管理人员不可能做到料事如神，在管理中不出现任何失误；

（3）财务预测、决策、预算本来就是对未来的一种大致估算和规划，不可能完全准确。

为此，就要求在资金管理的各个方面和各个环节保持一定的可调节余地。

贯彻财务管理弹性原则的关键是防止弹性的过大或过小，因为弹性过大会造成资金浪费，而弹性过小会带来较高的风险。确定合理的弹性必须考虑如下几个问题：

（1）企业适应财务环境的能力；

（2）不利事件出现的可能性；

（3）企业承担风险的能力。

弹性原则也是财务管理中必须遵循的一项原则。在财务管理中，只有允许各资金子系统、分系统都保持一定的弹性，才能保证财务管理系统的整体具有确定性。在财务管理实践中，企业对现金和存货留有一定的保险储备、在编制财务预算的过程中留有余地等，都是对弹性原则的具体应用。

四、比例原则

财务管理除了对总体绝对量进行规划和控制外，还必须通过分析总体中各构成部分之间的比例关系来发现管理中存在的问题，并采取相应的措施，使有关比例（结构）趋于合理和优化，这便是财务管理的比例原则。

财务管理中的大量指标都表现为一定的比例（结构）关系，如流动比率说明的是流动资产和流动负债之间的比例关系，资产负债率说明的是负债总额与资产总额的比例关系等。各种比例关系一般都有一个公认的比较合理的标准，但由于财务活动十分复杂，影响比例关系的因素有很多，因此，企业财务管理中的一些比例关系可能会经常出现不合理的情况。正确地贯彻比例原则，就是要使不合理的比例关系逐渐减少，不断优化，使合理的比例关系得以保持，以顺利实现财务管理的目标。

比例原则是财务管理的一项重要原则。只有各种比例（结构）关系都比较合理，企业的资金周转才能顺利进行。在财务管理实践中，财务分析中的比率分析、企业筹资中的资金结构决策、企业投资中的资产配置结构决策、利润分配比例的确定等都必须贯彻这一原则。

思政课堂

请同学们认真学习马克思主义方法论，尤其是系统论方法、实事求是方法、全面看问题的方法、矛盾分析方法和辩证思维的方法，回答马克思主义方法论与财务管理基本原则的关系，如何将马克思主义方法论贯彻应用到企业财务管理的实践中。尤其是第二个问题的内容，教师可结合后面各章相关专业知识的讲解时时插入，使企业财务管理思想和知识的传授有机运用马克思主义方法论。

第五节 财务管理的基本方法

一、财务管理方法及分类

财务管理的方法是为了实现财务管理目标，完成财务管理任务，进行理财活动时所采用的各种技术和手段。

财务管理的方法有很多，可按多种标准进行分类：

（1）根据财务管理的具体内容，财务管理可以分为筹资管理方法、投资管理方法、利润分配管理方法。

（2）根据财务管理的环节，财务管理可以分为财务预测方法、财务决策方法、财务预算方法、财务控制方法和财务分析方法。财务预测、财务决策、财务预算、财务控制和财务分析也是财务管理的基本环节，它们构成了财务管理循环。因此，它们之间有一种顺序关系，不能颠倒。

（3）根据财务管理方法的特点，财务管理可分为定性财务管理方法和定量财务管理方法。

财务管理方法和财务管理内容的关系是：任何财务管理的内容都要用各种财务管

理方法来进行管理，任何财务管理的方法都应该运用到对各种财务管理内容的管理之中。

二、财务管理基本方法

现以财务管理环节为标准，对财务管理的基本方法说明如下：

（一）财务预测

财务预测是指财务预测人员根据历史资料，考虑现实的要求和条件，运用特定的方法对企业未来财务活动的状况、发展趋势及其结果所作出的科学预计和测算。

财务预测是财务决策的基础，是编制财务预算的前提，也是组织日常财务活动的必要条件。

财务预测的对象包括了企业整个财务活动的内容，即筹资、投资、收入和成本费用、利润分配等方面。

企业进行财务预测一般应根据以下四项原理：

（1）连续性原理。我们一般可以假设在周围环境不发生重大改变的情况下，原本的活动将会持续下去，因此可以把未来视作历史的延伸。财务活动也不例外。

（2）相关性原理。在财务活动中，企业某项资金运动与其主要影响因素之间往往存在着相互依存、相互制约的因果关系，即相关性。因此可以利用这种相互的因果关系来进行财务预测。

（3）相似性原理。在财务活动过程中，有些财务变量所遵循的发展规律，有时具有惊人的相似性，可以根据某一财务活动或某一指标的发展变化规律，推理出其他财务活动或财务指标的发展规律。

（4）统计规律性原理。在财务活动中，对于某个变量所作的多次观察的结果具有某种统计规律性。财务变量的这种统计规律性，是我们运用概率论及数理统计方法进行财务预测的基础。

财务预测工作主要包括以下几个步骤：

（1）明确预测的对象和目的；

（2）搜集和整理相关信息资料；

（3）选用合适的预测方法，建立预测模型；

（4）进行实际预测，对预测结论进行分析后确定预测结果。

在财务预测中常用的预测方法主要有以下两类：

（1）定性预测法。定性预测法主要是利用直观资料，依靠有经验的财务预测人员的主观判断和综合分析能力，对未来财务活动的状况、趋势、结果作出预测的方法，如意见汇集法、专家小组法、德尔菲法等。这类方法一般在企业缺乏完备、准确的定量预测依据的情况下采用。

（2）定量预测法。定量预测法是根据变量之间存在的数量关系（如时间关系、因果关系）建立数学模型来进行预测的方法，具体又可分为趋势外推预测法和因果关系预测法。①趋势外推预测法，是按时间顺序排列历史资料，并根据事物发展的连续性和相似性来进行预测的方法，因此该方法又称时间序列预测法。趋势外推预测法又可细分为算术平均法、加权平均法、指数平滑法、回归分析法等。②因果关系预测法，是根据历史资料，运用相关性和相似性原则，通过多次分析，找出需要预测的指标与其他因素之间的因果关系，从而建立数学模型来进行预测的方法。只有合理地找出变量之间的因果关系，才能科学地进行预测，如筹资需要量预测中的销售百分比法。

定性预测法和定量预测法各有优缺点，在实际预测工作中可把两者结合起来应用，既进行定性预测分析，又进行定量预测分析，效果更好。

（二）财务决策

财务决策是指财务决策人员在财务目标的总体要求下，从若干个可以选择的财务活动方案中选择最优方案的过程。当然，当财务活动的预期方案只有一个时，财务决策人员是否采用这个方案也属于决策问题。

企业财务管理的核心是财务决策，决策科学与否关系到企业的兴衰成败。财务预测是为财务决策服务的，财务预算是财务决策的具体化。筹资、投资、利润分配等整个资金运动的各个方面都需要财务决策。

财务决策可以根据不同的标准进行分类：

（1）按决策能否程序化，财务决策可以分为程序化决策和非程序化决策。

（2）按对企业未来发展的影响程度，财务决策可以分为战略决策和战术决策。

（3）按决策影响所及的时间长短，财务决策可以分为中长期决策和短期决策。

（4）按决策所涉及的风险程度，财务决策可以分为确定型决策（无风险决策）、风险型决策和不确定型决策。

确定型决策是指未来结果确定不变或已知的决策，如投资者购买收益确定的国债的决策；风险型决策是指未来结果有多种情况，不完全确定，但各种结果发生的可能性（概率）可知的决策；不确定型决策是指未来结果情况不确定，各种情况发生的可能性也不清楚，只能通过估计“主观概率”的办法把它转化为风险型决策后才能进行决策的那类决策。

一个财务决策系统一般必须包括决策者、决策对象、决策依据、决策理论与方法、决策结果等五个要素。

财务决策一般要遵循的原则主要有系统原则、多方案选择原则、可行性原则、满意原则和反馈原则。

财务决策一般包括以下步骤：

（1）确定决策目标；

（2）根据财务预测的信息资料提出解决问题的备选方案；

（3）拟定择优标准；

（4）分析、评价、对比各备选方案；

（5）选择最佳方案。

财务决策的方法有很多，因此要根据决策类型的不同，进行合理选择。一般而言，对于确定型决策，可以采用优选对比法、数学微分法、线性规划法等；对于风险型决策，常选用概率决策法；对于不确定型决策，只能选用损益决策法。

（1）优选对比法。它把各种不同方案排列在一起，按其收益的好坏进行优选对比，进而作出决策。按其对比方式不同，又可分为：①总量对比法，是将不同方案的总收入、总成本或总利润进行对比，以确定最佳方案的一种方法；②差量对比法，是将不同方案的预期收入之间的差额与预期成本之间的差额进行比较，求出差量利润，进而作出决策的方法；③指标对比法，是把反映不同方案收益的指标进行对比以确定最优方案的方法，例如，当进行长期项目投资决策时，分析人员可对不同投资方案的投资回收期、净现值、内含报酬率等指标进行对比，从而选择最优方案。

（2）数学微分法。它是根据边际分析原理，运用数学上的微分方法，对具有曲线联系的极值问题进行求解，进而确定最优方案的一种决策方法。当使用数学微分法进行决策时，凡以成本为判别标准的决策，一般求其极小值；凡以收入或利润为判别标准的决策，一般求其极大值。在财务决策中，最优资本结构决策、现金最佳余额决策、存货的经济批量决策都可以使用数学微分法。

（3）线性规划法。它是根据运筹学原理，对具有线性关系的极值问题进行求解，进而确定最优方案的一种决策方法。在有若干个约束条件（如资金供应、人工工时数、产品销售数量）的情况下，这种方法能够帮助管理人员对如何合理组织人力、物力、财力等作出最优决策。

（4）概率决策法。它是进行风险型决策的一种主要方法。风险型决策，是指一项财务活动产生的结果不是一个而可能是多个，但每个结果出现的概率是可以预知的决策。当采用这种方法进行决策时，分析人员必须计算各个方案的期望值和标准离差或标准离差率，进而计算风险报酬和投资报酬率，再根据风险与收益的关系来进行决策。

（5）损益决策法。其适用于不确定型决策。不确定型决策，是指在对未来情况很不明了的情况下，只能预测有关因素可能出现的状况，但其概率不可预知（只能确定主观概率）的决策，在这种情况下进行决策相当困难。财务管理中常用最大最小收益值法（又称小中取大法、悲观准则法）、最小最大后悔值法（又称大中取小法）来进行决策，统称为损益决策法。最大最小收益值法是把各个方案的最小收益值都计算出来，然后取其最大者；最小最大后悔值法是把各个方案的最大损失值（后悔值）都计算出来，然后取其最小者。

（三）财务预算

财务预算是一系列以价值形式反映企业在未来一定预算期内资金来源和运用情况、财务成果及其分配情况、现金收支情况的各种预算的总称。财务预算是以财务决策确立的方案和财务预测提供的信息为基础来编制的，是财务决策的具体化，是控制财务活动的依据和标准。

（四）财务控制

财务控制是在财务活动进行的过程中，利用有关信息和特定手段，对企业财务活动所施加影响或进行调节，以实现财务预算所规定的财务指标的过程。实施财务控制是落实预算任务、保证预算目标实现的有效措施，是日常财务管理的主要手段之一。

（五）财务分析

财务分析是根据核算资料和其他资料，运用特定的方法，对企业财务活动过程及其结果进行分析和评价的一项工作。通过财务分析，企业可以实现总结过去、评价现在、预测未来的目的。

本书将结合筹资、投资和利润分配等财务管理的主要内容阐明财务预测、决策方法的具体应用，并用专门章节说明财务预算、财务控制和财务分析这三种财务管理的基本方法。

本章小结

财务管理是企业根据相关财经法规制度，按照财务管理的原则，组织财务活动、处理财务关系的一项经济管理工作，是企业管理的一个重要组成部分。1897年托马斯·格林纳（Thomas L.Greene）的《公司理财》的出版，标志着财务管理学成为一门独立的学科。实行市场经济体制之后，我国正在建立一套适合目前国情的财务管理理论和方法体系。财务管理与会计虽然联系十分紧密，但也存在明显区别。财务管理工作的对象是企业资金运动的本身，会计工作的对象则是企业资金运动的信息。它们是现代企业中两种不同性质的工作。在市场经济条件下，财务管理按财务主体划分，可以分为企业财务管理、事业单位财务管理和家庭（个人）理财。本书所述的财务管理是指企业财务管理，尤其是指工商业公司的财务管理。

企业财务管理的对象是财务，财务包括财务活动和财务关系两个方面。由于企业财务关系通常蕴含在企业的财务活动（资金运动）之中，因此，财务管理的内容又可以概括为财务活动或资金运动。从广义角度看，企业的财务活动（资金运动）包括资金筹集、资金投放、资金耗用、资金收回和资金分配五个方面的内容。从狭义角度看，财务活动主要包括资金筹集、资金投放和净利润分配三个方面。企业财务关系是指企业在组织财务活动过程中与有关各方所发生的经济利益关系。

财务管理目标取决于企业目标，但不是对企业目标的简单重复。目前，现代企业财务管理基本目标定位最有代表性的观点有利润最大化、资本利润率或每股利润最大化、企业价值最大化三种。它们各有利弊，因此现阶段各类企业应当选择不同的适合本企业实际的财务管理基本目标作为自身财务管理工作的导向。

财务管理原则是企业财务管理工作必须遵循的基本准则和行为规范，是财务管理工作规范体系的一个重要方面。其一般包括系统原则、平衡原则、弹性原则和比例原则。

财务管理环境对企业财务活动和财务管理有着重大影响，进行财务管理必须以理财环境为依据，适应环境的变化，正确地制定理财策略。金融环境是影响企业财务活动和财务管理最为主要、最为直接的宏观环境因素。资金市场是企业向社会筹资、投资，从事财务管理工作必不可少的条件。资金市场必须要具备三个要素：第一，交易的双方——资金供应者和资金需求者（使用者）；第二，交易的商品——资金；第三，利率——资金这种商品的交易价格。在市场经济条件下，利率主要是由资金供求关系来决定的。站在整个资金市场的宏观角度看，利率主要由纯利率、风险贴补率、通货膨胀贴补率三部分组成；站在资金市场交易双方的微观角度看，对于资金供应者（投资者）而言，利率就是其要求获得的投资报酬率，对于资金使用者（筹资者）而言，利率就是其预计所要付出的资金成本（率）。投资报酬率和资金成本（率）性质相反，但数额相等。投资者要求的投资报酬率，由无风险报酬率（资金时间价值）、要求的风险报酬率（风险价值）和通货膨胀贴补率组成。

财务管理的方法有很多，根据财务管理的环节，可以分为财务预测方法、财务决策方法、财务预算方法、财务控制方法和财务分析方法。财务预测、财务决策、财务预算、财务控制和财务分析也是财务管理的基本环节，它们构成了财务管理循环。财务决策是企业财务管理的核心。

思考与练习

思考题

1. 财务管理的具体内容主要有哪些？
2. 你认为在市场经济条件下现代企业的财务管理基本目标应该如何定位？
3. 财务管理必须遵守的基本原则有哪些？
4. 试述资金市场的构成要素。
5. 简述利率问题。
6. 财务管理循环包括哪些内容？它们之间的关系如何？

第二章

财务管理基本价值观念

学习要求： 本章主要讲述企业财务管理的基本价值观念，也是财务管理的基础知识。通过本章学习，我们可以知晓财务管理的三大基本价值观念：资金时间价值观念、风险价值（风险与收益均衡）观念和资金成本观念。要求掌握资金时间价值的概念及其在财务管理中的重要意义、资金时间价值的计算；掌握风险和风险价值的概念；掌握资金成本的意义及测算；熟悉风险的衡量和风险报酬的计算；在第一章有关“利率”阐述的基础上更加深入地理解资金时间价值、风险价值和资金成本的关系。

案例导入

福启集团公司现有一笔资金想通过资金市场进行投资，当前资金市场上的无风险报酬率为3%，通货膨胀率为5%。福启集团公司要求的投资报酬率为14%以上。现有B、C两公司为扩大业务规模需要在资金市场上进行筹资。B公司的业务规模大、发展基础好、市场销售情况好，负债比率（资产负债率）不高，只有30%左右，这两年一直在准备上市，估计不久就可能上市成功；C公司是一家小企业，是一年前刚刚成立的有限责任公司，现正处于创业后的业务扩张时期，负债比率也在30%左右。经福启集团公司对B、C两家公司的调查并经双方讨价还价，福启集团公司向B公司投资5 000万元，要求的投资报酬率为15%；向C公司投资300万元，要求的投资报酬率为20%。B、C两公司经研究，都与福启集团公司达成了投融资协议。

张小姐是福启集团公司下属全资子公司——福迪公司的财会人员，公司为了培养她的专业工作能力，派她参与了集团公司这次投资的部分过程。事后，许多问题让她陷入思考：为什么资产负债率基本相同的两家公司，而且处在同样的时间（即宏观经济环境相同），投资者福启集团公司对它们的投资报酬率要求却不一样？C公司的财务管理人员讨价还价的本领与B公司相比并不差甚至更精明，且明明知道B公司向福启集团公司筹资的资金成本率只是15%，而自己却要付出高达20%的资金成本率，却仍愿意向福启集团公司进行筹资，甚至还为筹资成功而感到庆幸？

观念是进入人们头脑并指导人们行动的思想意识。科学的财务管理观念一旦在财务管理人员头脑中树立，可以用来指导他们科学有效地从事财务管理活动。在市场经济条件下，企业经济管理工作的从业者必须树立市场观念、竞争观念、效益观念、创新观念和风险观念等普遍观念。作为从事价值管理工作的企业财务管理者更必须树立三项基本的价值观念，即站在投资者角度，必须树立资金时间价值观念、风险与收益均衡观念；站在筹资者角度，必须树立资金成本观念。这三项基本价值观念对财务管理而言极其重要。

第一节　资金时间价值观念

一、资金时间价值观念概述

（一）资金时间价值的实质

资金时间价值，又称货币时间价值，是指资金在其周转使用过程中，随着时间的推移而形成的增值。在资金投入社会再生产运动的条件下，即使不存在通货膨胀和风险，等量的资金在不同时点上的价值量也不相等，今天的1元钱比未来的1元钱具有更高的价值。比如，若银行存款的年利率为10%，将今天的1元钱存入银行，一年后就会是1.10元。可见，经过一年时间的投资，这1元钱发生了0.10元的增值，今天的1元钱与一年后的1.10元钱等值。如果假设银行存款这种投资没有风险，这一年中也没有发生任何通货膨胀，那么这0.10元就是这1元钱经过一年投资后产生的资金时间价值。

特别需要强调的是，资金只有被投入周转使用过程并且随着时间的推移才会产生时间价值，因此，资金时间价值是劳动等生产要素创造的利润的一部分，这是资金时间价值的实质。资金被投入周转使用过程之后，所获得的增值也并非都是时间价值。在通常情况下，只有不考虑风险和通货膨胀的投资报酬率才是资金的时间价值。对投资者而言，资金时间价值是投资所要求或预期能获得的投资报酬率（利率）的一部分，也可称为无风险报酬率。在资金市场上，资金的时间价值相当于在没有风险和通货膨胀条件下的市场平均资金利润率（利率），又称纯利率。在一般情况下，为了方便起见，我们用短期国债的利率近似地代替无风险报酬率。

思政课堂

请同学们认真思考并回答，马克思的劳动价值理论与资金时间价值有关吗？怎样理解资金时间价值的实质是由劳动等生产要素创造的利润的一部分，而并不是由“时间”创造的这一理论思想。

（二）资金时间价值的表示方式

在财务管理中，因为特别重视预测和决策，所以资金时间价值往往是一个要求或预期的概念，而不是指实际数。资金时间价值可以使用绝对数（如元、万元等金额）或相对数（如百分率）来表示，但在一般情况下使用的是相对数。

例如，某投资者准备用10 000元投资某一项目，投资报酬率为10%，一年后，如果项目取得投资收益1 000元，且这一年中也没有发生通货膨胀，这项投资也没有冒任何风险，那么这1 000元的投资收益就是这10 000元投资资金在一年时间中的时间价值的绝对数表现形式，其利率为10%，可以看作是这项资金在这一年时间中的时间价值的相对数表现形式。

（三）资金时间价值观念的启示

资金时间价值是现代企业财务管理中的重要价值观念，正确认识和计算资金时间价值，对于客观公正地分析和评价企业的投资效果，科学合理地进行各种财务决策具有重要的意义。它告诉我们这样的原理：

（1）由于资金具有时间价值，因此，企业的资金收入越是提前，资金支出越是延后，对企业越有利。

（2）由于等量资金在不同的时间具有不同的价值，因此，不同时间产生的资金收入和资金支出不宜直接进行比较，需要把它们换算到相同时点，才能进行价值大小的比较和比率的计算。

二、资金时间价值的计算

当计算资金时间价值时，我们首先要明确这样几个概念：单利和复利、现值和终值。

在单利方式下，每期都按投资的初始本金计算投资收益，当期收益即使不取出也不计入下期本金，计算投资收益的基础始终不变；在复利方式下，以当期期末的本利和为计算收益的基础计算下期投资收益，即逐期滚算，利上加利，俗称“利滚利”。在财务管理中一般用复利方式计算资金时间价值。

终值又称将来值，是指现在一定量的资金在未来某一时点上的价值，俗称本利和；现值又称本金，是指未来某一时点上的一定量资金折合到现在的价值，例如，某投资者投资100元，年利率为10%，1年后一次性可以取得本利和110元。这里的本利和就是这100元本金1年后的终值，1年后的110元折合到现在的价值为100元，这100元即为现值。

（一）一次性收付款项终值与现值的计算

在某一特定时点上一次性支付（或收取），经过一段时间后再相应地收取（或支付）的款项，即为一次性收付款项。这种性质的款项在日常经济生活中最为常见。

1.单利终值和现值的计算

为了计算方便，先设定以下符号标识：I为投资收益（利润或利息）；P为现值；F为终值；i为每一计息期的利率（折现率），资金时间价值是利率i的一部分；n为计息期数。

按照单利的计算法则，投资收益的计算公式为：

$$I=P\cdot i\cdot n \qquad (2.1.1式)$$

在财务管理中，除非特别说明，当计算投资收益（利润或利息）时，用%表示的利率均为年利率，一年按360天折算。

【例2-1】福意公司持有一张带息票据，面额为2 000元，票面利率为5%，出票日期为8月12日，到期日为11月10日（90天），则该公司到期可得的收益（利息）为：

I=2 000×5%×90÷360=25（元）

（1）单利终值的计算。

单利终值（本利和）的计算公式为：

$$F=P+I=P+P\cdot i\cdot n=P(1+i\cdot n) \qquad (2.1.2式)$$

【例2-2】假设福运公司投资60万元，期限是5年，利率为5%，则5年后的单利终值（本利和）是：

F=P（1+i·n）=60×（1+5%×5）=75（万元）

（2）单利现值的计算。

单利现值的计算同单利终值的计算是互逆的，由终值计算现值称为折现。将单利终值计算公式（2.1.2式）变换形式，得到单利现值的计算公式为：

$$P=F\div(1+i\cdot n) \qquad (2.1.3式)$$

【例2-3】福善公司若想在5年后得到本利和1 000万元，用于支付一笔款项，则在利率为5%，采用单利方式计息的条件下，该公司现在应投资多少钱？

P=1 000÷（1+5%×5）=800（万元）

在上述单利终值和现值的计算过程中，资金时间价值是利率i的一部分。

2.复利终值和现值的计算

（1）复利终值的计算（已知现值P，求终值F）。

资金的时间价值，一般都按复利方式计算。复利不同于单利，它是指在一定期间内按一定利率将本金所生收益（利润或利息）加入本金再计收益。

复利终值，是指一定量的本金按复利计算若干期后的本利和。其计算公式为：

$$F=P\cdot(1+i)^n \quad (2.1.4式)$$

从上式可知，i、n越大，计算出来的F越大。2.1.4式中的$(1+i)^n$通常称作“一次性收付款项终值系数”，简称“复利终值系数”，用符号（F/P，i，n）表示。它表示利率为i、期数为n的复利终值系数。复利终值系数可以通过查阅“复利终值系数表”（见附录一）直接获得。2.1.4式也可以写作：F=P（F/P，i，n）。

【例2-4】假设福正公司现在投资1 000万元，期限是5年，利率为10%，则5年后该公司能拿到的复利本利和为：

$$F=1\,000\times(1+10\%)^5=1\,610.51（万元）$$

（2）复利现值的计算（已知终值F，求现值P）。

复利现值是复利终值的逆运算，它是指今后某一特定时间收到或付出的一笔款项，按折现率（i）计算的现在时点价值。由复利终值计算公式（2.1.4式），可得复利现值计算公式为：

$$P=F(1+i)^{-n} \quad (2.1.5式)$$

从2.1.5式可知，i、n越大，计算出来的P越小。式中，$(1+i)^{-n}$通常被称为“一次性收付款项现值系数”，简称“复利现值系数”，记作（P/F，i，n）。它表示利率为i、期数为n的复利现值的系数。复利现值系数可以通过查阅“复利现值系数表”（见附录二）获得。2.1.5式也可以写作：P=F（P/F，i，n）。

【例2-5】福本公司的某投资项目预计6年后可获得收益800万元，按年利率（折现率）12%折算，则这笔收益的现值为：

$$P=800\times(1+12\%)^{-6}=800\times(P/F,12\%,6)=800\times0.507=405.6（万元）$$

在上述一次性收付款项复利终值和现值的计算中，资金时间价值是利率i的一部分。

（二）年金终值与现值的计算

上面介绍了一次性收付款项终值和现值的计算，除此之外，在现实经济生活中，还存在一定时期内多次收付的款项，即系列收付款项。如果每次收付的金额相等、间隔时间相同，那么这样的系列收付款项便称为年金。简言之，年金是指在一定时期内每次等额收付的系列款项，通常记作A。

年金的形式多种多样，如采用直线法提取的折旧、租金、保险费、等额分期收款、等额分期付款以及零存整取或整存零取储蓄等通常都表现为年金的形式。

年金按其每次收付发生的时点不同，可分为普通年金、先付年金、递延年金和永续年金等几种。

1.普通年金终值和现值的计算

（1）普通年金终值的计算（已知年金A，求年金终值F）。

普通年金是指在一定时期内，每期期末等额收付的系列款项，又称后付年金。这种年金在现实经济生活中最为常见，不加说明时，年金即指普通年金。

普通年金终值，是指在一定时期内每期期末等额收付款项的复利终值之和。其计算公式为：

$$F=A+A(1+i)+A(1+i)^2+\cdots+A(1+i)^{n-1}$$

$$=A\cdot\frac{(1+i)^n-1}{i} \qquad (2.1.6式)$$

式中：$\frac{(1+i)^n-1}{i}$的数值，通常被称为“普通年金终值系数”，记作（F/A，i，n），可直接查阅“年金终值系数表”（见附录三）。2.1.6式也可以写作：F=A（F/A，i，n）。

【例2-6】 假设福共公司的某项目在3年建设期内每年年末向银行借款2 000万元，年借款利率为4%，则当该项目竣工时应付银行本息的总额是多少？

F=2 000×（F/A，4%，3）=2 000×3.122=6 244（万元）

上述普通年金终值计算如图2-1所示：

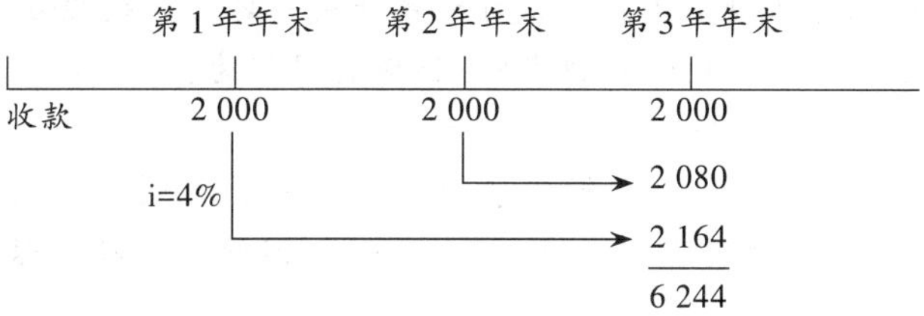

图2-1　普通年金终值计算图解

（2）年偿债基金的计算。

年偿债基金是指为了在约定的未来某一时点清偿某笔债务或积聚一定数额的资金而必须分次等额准备的款项，也就是为使年金终值达到既定金额的年金数额（即已知终值F，求年金A）。这个A就是年偿债基金。A可以根据普通年金的终值公式解出。

$$A=\frac{F}{(F/A,\ i,\ n)}$$

【例2-7】 某人需在5年后用10万元办一件大事，因此他从现在起于每年年末等额存入一笔款项。假设投资报酬率为10%，在复利条件下，他每年年末需存入多少元？

A=100 000÷（F/A，10%，5）=100 000÷6.105=16 380（元）

（3）普通年金现值的计算（已知年金A，求年金现值P）。

普通年金现值，是指在一定时期内每期期末等额收付款项的复利现值之和。其计算公式为：

$$P=A\div(1+i)+A\div(1+i)^2+\cdots+A\div(1+i)^n$$

$$=A\cdot\frac{1-(1+i)^{-n}}{i} \qquad (2.1.7式)$$

其中，$\frac{1-(1+i)^{-n}}{i}$为“普通年金现值系数”，记作（P/A，i，n），可直接查阅“年金现值系数表”（见附录四）。2.1.7式也可以写作：P=A（P/A，i，n）。

【例2-8】 福平公司的某投资项目从今年起，连续3年，每年年末可获收益2 000万元，年利率按4%计算，复利计息，则各年收益的总现值为：

$P=2\,000\times[1-(1+4\%)^{-3}]\div4\%=2\,000\times(P/A,\ 4\%,\ 3)=2\,000\times2.775=5\,550$（万元）

上述普通年金现值计算如图2-2所示：

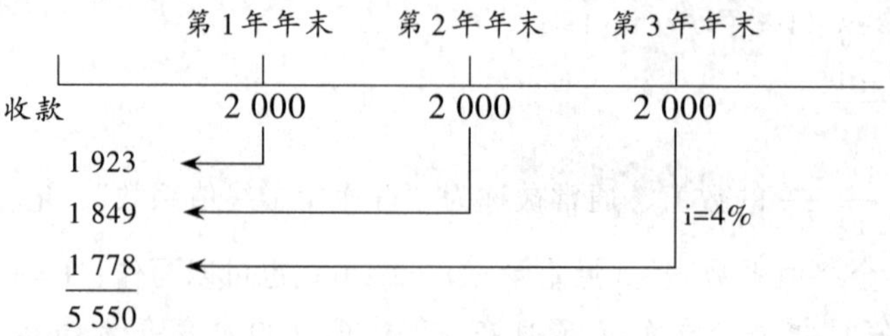

图2-2 普通年金现值计算图解

【例2-9】福图机械加工厂准备从银行贷款20万元购买一条生产线，可使用5年，期满无残值，估计使用该项设备每年年末可获收益5万元。该工厂拟从银行借款，年利率为8%。试问福图机械加工厂向银行借款并购买该生产线的方案是否可行？

5年期的5万元年金，按借款利率8%折成的现值为：

P=5×（P/A，8%，5）=5×3.993=19.965（万元）

现值小于生产线的购价（银行借款额）20万元，说明在年利率为8%的条件下，5年投资收益的价值小于投资额（银行借款额），因此，此项向银行借款并购买生产线的方案不可行。

（4）年资本回收额的计算。

年资本回收额是指在约定年限内等额回收初始投资额或清偿所欠债务的金额。它是一个考虑了资金时间价值的年平均额，在财务管理中，该指标是一个很有用的概念。年资本回收额的计算是年金现值的逆运算（即已知现值P，求年金A），其计算公式为：

$$A = \frac{P}{(P/A,\ i,\ n)} \qquad (2.1.8式)$$

【例2-10】福中公司现借得10万元贷款，拟在5年内以年利率10%等额还清，请问每年年末等额偿还的金额应为多少？

因为企业在5年内于每年年末偿还同样金额，所以这是一项普通年金，其5年现值之和应等于10万元。该企业于每年年末应偿还的金额A为：

A=10÷（P/A，10%，5）=10÷3.791=2.638（万元）

2.先付年金终值和现值的计算

先付年金是指在一定时期内于每期期初等额收付的系列款项，又称即付年金、预付年金。先付年金与普通年金的区别仅在于每次收付款的时点不同，一个在期初，一个在期末。

（1）先付年金终值的计算。

先付年金的终值是其最后一期期末时的本利和。它与普通年金终值的区别，如图2-3所示。

由图2-3可见，n期先付年金与n期普通年金的收付款次数相同，但由于收付款的时点不同，n期先付年金终值比n期普通年金终值的每一期都要多计算一期收益（利润或利息），因此，可以先依2.1.6式求出n期普通年金终值，然后再乘以（1+i）便可得出n期先付年金的终值。

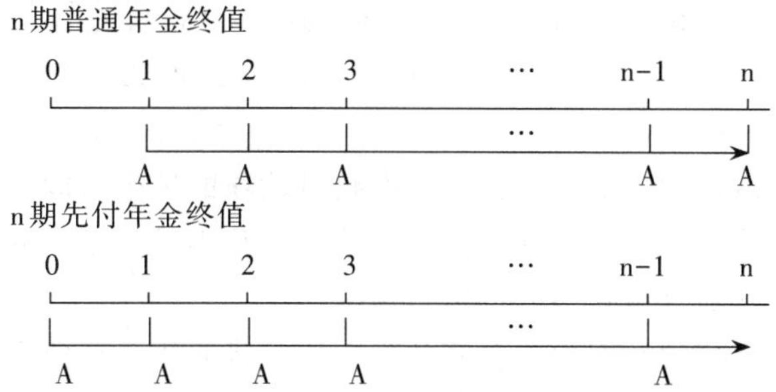

图2-3　先付年金终值与普通年金终值的比较

$$F=A\cdot(F/A,\ i,\ n)(1+i) \tag{2.1.9式}$$

$$=A\cdot\left[\frac{(1+i)^{n+1}-1}{i}-1\right] \tag{2.1.10式}$$

由2.1.10式可见，与普通年金终值系数（$\frac{(1+i)^{n}-1}{i}$）相比，先付年金终值系数（$\frac{(1+i)^{n+1}-1}{i}-1$）是在普通年金终值系数的基础上期数加1、系数减1所得的结果，通常记作（（F/A，i，n+1）−1）。这时可用公式：F=A·［（F/A，i，n+1）−1］，计算先付年金的终值。

【例2-11】 福圆公司于每年年初投资1 000元，年复利率为8%，到第10年年末的本利和为：

F=1 000×（F/A，8%，10）×（1+8%）=1 000×14.487×1.08=15 645①（元）

或　F=1 000×［（F/A，8%，11）−1］=1 000×（16.645−1）=15 645（元）

（2）先付年金现值的计算。

n期先付年金现值与n期普通年金现值的收付款次数相同，但由于n期普通年金是期末收付款，n期先付年金是期初收付款，因此，当计算现值时，n期先付年金现值就比n期普通年金现值每期都要少折现一期。为此，可先求出n期普通年金现值，然后再乘以（1+i），便可得出n期先付年金的现值，即n期先付年金A的现值为：

$$P=A\cdot(P/A,\ i,\ n)\cdot(1+i) \tag{2.1.11式}$$

$$=A\cdot\frac{1-(1+i)^{-n}}{i}(1+i)$$

$$=A\cdot\left[\frac{1-(1+i)^{-(n-1)}}{i}+1\right] \tag{2.1.12式}$$

式中：($\frac{1-(1+i)^{-(n-1)}}{i}+1$)为“先付年金现值系数”，它是在普通年金现值系数的基础上期数减1、系数加1所得的结果，通常记作（（P/A，i，n−1）+1）。这时可用公式：P=A·［（P/A，i，n−1）+1］，计算先付年金的现值。

【例2-12】 福存公司租用一台机器10年，于每年年初要支付租金5 000元，年复利率为8%，这些租金的现值是：

---

① 使用不同的方法进行计算会产生尾数差异，此处进行了尾数调整，后面涉及的例题计算同。

P=5 000×（P/A，8%，10）×（1+8%）=5 000×6.710×1.08=36 234（元）

或 P=5 000×［（P/A，8%，9）+1］=5 000×（6.247+1）=36 234（元）

3.递延年金现值的计算

递延年金，又称延期年金，是指第一次收付款项的发生时间不在第一期期末，而是间隔若干期后才开始发生的系列等额收付款项。凡不是从第一期期末开始的普通年金都是递延年金，它是普通年金的特殊形式。

递延年金的终值与递延期无关，其计算方法与普通年金终值完全相同。递延年金的现值是自若干间隔期后开始发生的每期期末收付款项的现值之和。假设最初的m期期末没有收付款项，后面的n期每期期末收付年金A，则该递延年金现值的计算有两种方法，其公式分别为：

P=A［（P/A，i，m+n）－（P/A，i，m）］ （2.1.13式）

或 P=A·（P/A，i，n）·（P/F，i，m） （2.1.14式）

上述第一种方法是减法，先计算出（m+n）期的普通年金现值，然后减去前m期的普通年金现值，即得到递延年金的现值；第二种方法是分两步走，先将此递延年金视为n期普通年金，求出在第（m+1）期期初（即第m期期末）的现值，然后将这个现值视为一次性收付款项的终值，再折现到第1期期初。

【例2-13】福有公司向银行借入一笔款项，年利率为8%，银行规定前10年不用还本付息，但从第11年至第20年于每年年末偿还本息10 000元，这笔款项的现值是：

P=10 000×［（P/A，8%，20）－（P/A，8%，10）］

=10 000×（9.818−6.710）=31 080（元）

或 P=10 000×（P/A，8%，10）×（P/F，8%，10）

=10 000×6.710×0.463=31 080（元）

4.永续年金现值的计算

永续年金，又称永久年金或无限期年金，是指无限期的期末等额收付的年金，可视为普通年金的特殊形式，如存本取息的利息、无限期附息债券的利息可视为永续年金的例子。

永续年金没有终止的时间，因此没有终值，只有现值。通过普通年金现值的计算公式 $P=A\cdot(P/A,\ i,\ n)=A\cdot\frac{1-(1+i)^{-n}}{i}$，我们可推导出永续年金现值的计算公式为：

$$P=A\cdot(P/A,\ i,\ \infty)=A\cdot\frac{1-(1+i)^{-\infty}}{i}$$

$$P=\frac{A}{i}$$ （2.1.15式）

【例2-14】福渊公司想投资一项于每年年末给付股利800元的优先股股票，若福渊公司想长期持有该股票，在福渊公司要求的投资报酬率为8%的情况下，则该股票对福渊公司而言的投资价值是：

P=800÷8%=10 000（元）

又如，有一位企业家在其母校设立一项永久性奖学金，奖学金于每年年末发放一次，每次2万元，奖学金基金存在银行，如果银行一年的定期存款利率为2%，那么这位企业家一开始要拿出多少钱来建立这项奖学金基金？

P=2÷2%=100（万元）

在上述各种年金复利终值和现值的计算中，资金时间价值是利率i的一部分。

5.资金时间价值计算中还应注意的问题

（1）计息期短于一年的终值与现值的计算。

在上述一次性收付款项终值与现值和年金终值与现值的计算过程中，计息期都以年为单位，但在实际经济生活中，各种项目的计息期并不一定是以年为单位的，有可能以半年为单位，还有可能以季度为单位。

以一次性收付款项的复利终值计算为例，某企业于年初投资10万元，在年利率10%、半年计复利一次的情况下，到第10年年末，该企业投资的本利和为多少？

$F=10\times(1+10\%\div2)^{2\times10}=10\times(F/P,5\%,20)=26.53$（万元）

与一年计复利一次（$F=10\times(1+10\%)^{10}=10\times(F/P,10\%,10)=25.94$（万元））相比较，在同样的时间段内，计息期越短，计算出来的终值越大，而计算出来的现值则越小。

一次性收付款项的复利现值、年金的复利终值和复利现值可以参照同样方式计算出来。

（2）报价利率和有效年利率的计算。

这里的报价利率是指票面利率，有效年利率是指投资者得到收益回报的真实利率。如果以“年”为基本计息期，且每年计算一次复利，那么这种情况下的有效年利率等于报价利率。如果按照短于一年的计息期计算复利，那么这种情况下的有效年利率高于报价利率。报价利率与有效年利率的换算关系如下：

$$i=(1+\frac{r}{m})^{m}-1$$

式中：i为有效年利率；

r为报价利率；

m为每年复利计息次数。

例如，年利率为12%，按季度计复利，有效年利率是多少？

$$i=(1+\frac{r}{m})^{m}-1=(1+12\%\div4)^{4}-1=112.55\%-1=12.55\%$$

（3）通货膨胀情况下名义利率与实际利率的计算。

名义利率是指未调整通货膨胀因素的利率，即包括补偿通货膨胀风险的利率。实际利率是指剔除通货膨胀率后投资者得到收益回报的真实利率。名义利率与实际利率之间的关系为：1+名义利率=（1+实际利率）×（1+通货膨胀率），因此，实际利率 $=\frac{1+\text{名义利率}}{1+\text{通货膨胀率}}-1$。

例如，2×17年我国商业银行一年期存款年利率为3%，假设当年通货膨胀率为2%，则储户的实际利率为多少？

$$\text{实际利率}=\frac{1+3\%}{1+2\%}-1=0.98\%$$

（三）折现率的推算

折现率即上述计算终值、现值时用到的利率i。资金时间价值其实就是折现率i的一部分。站在投资者角度看，折现率就是投资者要求的投资报酬率（又称必要报酬率或期望报酬率）。没有它，终值、现值都计算不出来。而接下来我们要推算的折现率是指在项目的其他情况（如P或F、A、n等）都已知的条件下的折现率，即在投资该项目后可望实现的实际报酬率，即该项目的预期报酬率（又称内含报酬率）。投资者进行投资决策的时候，一般根据项目的预期报酬率能否大于或至少等于他们要求的投资报酬率来加以判断，因此，折现率（即项目预期报酬率）的推算对以后学习投资管理的内容非常重要。

（1）对于一次性收付款项，根据其复利终值（或现值）的计算公式可得折现率的计算公式为：

$$i=\left(\frac{F}{P}\right)^{\frac{1}{n}}-1 \qquad (2.1.16式)$$

因此，若已知F、P、n，不用查表便可直接计算出一次性收付款项的折现率（利率）i。

（2）永续年金折现率（利率）i的计算也很方便。若P、A已知，则由公式$P=\frac{A}{i}$变换形式即可得到i的计算公式：$i=\frac{A}{P}$。

（3）普通年金折现率（利率）i的推算比较复杂，无法直接套用公式，而必须利用有关的系数表，有时还会涉及内插法的应用。下面重点对此加以介绍。

根据普通年金终值和现值的计算公式，可以推出：

F/A=（F/A，i，n）

P/A=（P/A，i，n）

从这两个式子可以看出，两式右边分别为普通年金终值系数和普通年金现值系数。若F、A、n已知，则可利用公式F/A=（F/A，i，n），查普通年金终值系数表，找出系数值F/A所对应的i即可；若P、A、n已知，则可利用公式P/A=（P/A，i，n），查普通年金现值系数表，找出系数值P/A所对应的i即可。若找不到完全对应的i，则可按照比例原理，采用内插法求得对应的i。

$$i=i_1+\frac{B-B_1}{B_2-B_1}(i_2-i_1)$$

式中：所求利率为i，i对应的终值（或现值）系数为B，B_1和B_2为终值（或现值）系数表中与B相邻的系数，i_1和i_2为B_1、B_2所对应的利率。

现以公式P/A=（P/A，i，n）为例，即已知P、A、n，说明求i的基本方法。

【例2-15】福津公司于第一年年初投资20 000元，于每年年末均能收到4 000元，并能连续收取9年。那么该项投资的实际报酬率（预期报酬率或内含报酬率）为多少？

根据题意，已知P=20 000，A=4 000，n=9，则：

$P/A=\frac{20\,000}{4\,000}=5=$（P/A，i，9）

查普通年金现值系数表。在n=9一行无法找到恰好等于5的系数值，于是找大于和小于5的临界系数值，分别为5.132 >5，4.946<5。同时找到它们对应的临界利率分别为i=13%和i=14%。根据比例原理，用内插法（又称插值法）求i，则：

$$i=13\%+\frac{5-5.132}{4.946-5.132}\times(14\%-13\%)=13.71\%$$

对于先付年金折现率（利率）i的推算，同样可遵照上述办法。

第二节 风险与收益均衡观念

一、风险的概念和分类

风险是现代企业财务管理环境的一个重要特征。在市场经济条件下，几乎所有财务活动都有风险，财务管理的每一个环节都不可避免地要面对不同的风险。当然，企业选择冒险，是为了获得额外收益。

（一）风险的概念

一般认为，风险是指某一行动的结果具有变动性，即某种行动具有多种可能的结果而无法确定。人们只能事先确定采取某种行动可能产生的结果，以及每种结果出现的可能性程度（概率），而行动的最终结果究竟会怎样，人们不得而知，这就是风险，例如，向上抛一枚硬币，落下后的结果有两种，即正面和反面，两种可能性各占一半，但究竟是正面还是反面，谁也确定不了。与风险相关的决策问题称为风险型决策。

如果某种行动的结果十分肯定，就是无风险，又称确定性。相应的决策问题称确定型决策。

与风险相联系的另一个概念是不确定性，即人们事先只知道采取某种行动可能形成的多种结果，但不知道它们出现的概率，或者两者皆不知。对于后一种情况的不确定性问题，由于人们不能对未来出现的各种可能结果作出预测，因此无法决策；对于前一种情况的不确定性问题，人们可以通过估计“主观概率”的方法将它转化为风险问题而进行决策，相应的决策称为不确定型决策。因此，前一种情况的不确定性和风险只不过是程度不同而已，在实践中很难对它们加以严格区别，因为对风险问题的概率往往也只能估计和测算，而不能确切知道。

从财务管理的角度看，风险就是企业在各项财务活动中由于各种难以预料或无法控制的因素的作用，使自身的实际收益与预期收益产生背离，从而存在不确定结果的可能性。所以，风险是指收益的不确定性，只要实际收益不等于预期收益，就存在风险。由于人们对风险存在反感心理，因此，一提到风险，人们总是将它与损失联系在一起。其实，风险不能等同于危险，其本身未必就一定是超出预期的损失，它同样也可能带来超出预期的收益，存在正反两面，危险与机会并存。因此，对企业家和财务管理者而言，风险与希望并存，富有开拓精神的企业家和财务管理者应该可以根据实际情况为获取较高的收益而接受一些策略性的风险。但目前在人们一般的观念中，风险仍主要是指无法达到预期收益，从而蒙受经济损失的可能性。

（二）风险的分类

在财务管理中，按不同的标准和条件，风险可以划分为若干类别，主要分类有：

1.按其能否被分散，风险可分为系统性风险和非系统性风险

（1）系统性风险是指那些由客观存在的系统性宏观因素（如战争、自然灾害、经济衰退、通货膨胀、宏观政策等）而引发的影响资金市场上所有公司收益的风险。由于系统性风险会影响整个资金市场的所有企业，因此，系统性风险又称“市场风险”。虽然系统性风险对每个企业及其资产的影响程度不同，但由于这类风险涉及市场上的所有企业，对单个企业而言无法消除，因此，又称“不可分散风险”。

（2）非系统性风险是指由于个别公司发生的特有事件所造成的风险。非系统性风险是个别公司或个别资产所特有的，如罢工、诉讼失败、失去销售市场、成本费用上升、融资不力或得到重要合同、开发出重要新产品、发现新矿藏等，所以，非系统性风险又称“企业风险”或“公司特有风险”。这类风险可以通过多样化投资来分散，因此，又称“可分散风险”。

2.按产生非系统性风险的因素，风险可分为经营风险和财务风险

（1）经营风险是指企业因生产经营方面的原因而导致的收益不稳定性，如材料供应情况的变动、新材料的出现等因素给材料成本带来的影响；由于生产组织方面的原因而造成生产成本的变动；由于销售管理和销售市场的原因而导致的销售价格和销售量的波动等，这些生产经营方面的因素均会造成企业息税前利润的不稳定，因此，由上述因素产生的非系统性风险都属于经营风险。

（2）财务风险有广义和狭义之分，一般意义上的财务风险往往是指狭义的财务风险，它又称筹资风险，是指企业由于利用了具有固定性财务费用的资金（如计息负债和优先股）而给企业所有者的收益（净利润）带来的不确定性。以计息负债为例，由于负债利息是固定的，因此，企业负债会引起两方面的结果：①当企业运用全部资金创造的息税前利润率（即总资产息税前利润率）高于负债的利息率时，使用负债资金给企业带来的收益除了补偿负债利息外还有剩余，从而可以提高企业权益资金税后利润率；②当企业总资产息税前利润率低于负债的利息率时，使用负债资金获得的利润还不够支付利息，就要用权益资金获得的部分利润去支付利息，从而会减少企业的净利润，降低权益资金税后利润率，导致企业的财务状况恶化，严重时甚至会破产。这种风险与负债在企业筹资结构中的占比有关，负债占比越高，风险就越高，因此，企业必须保持一个合理的资金结构。

本节所讲的风险主要是指站在投资者角度的投资风险。与收益相关的风险才是财务管理中所说的风险。投资对象的风险具有客观性，是不以投资者的意志为转移的，因此，我们才可以用客观的尺度来衡量投资对象的风险。但一个投资者可以投资一项资产，也可以投资多项资产（组合），而投资分散化可以降低风险，因此，投资者是否去冒风险及冒多大风险，是可以选择的，是主观决定的。在什么时间投资、投资什么样的资产、各投资多少，风险是不一样的。

二、风险价值（风险报酬）

为了简化决策分析工作，企业在短期财务决策中可以不考虑风险因素，而在长期

财务决策中则不能不考虑风险因素，应计量风险程度和风险价值。

任何投资者宁愿要肯定的某一投资报酬率，也不愿意要不肯定的同一报酬率，这种现象称为“风险反感”。在风险反感普遍存在的情况下，诱使投资者进行风险投资的，是超过资金时间价值的那部分额外收益。

风险价值又称风险报酬、风险收益、风险溢价、风险贴补率、风险贴水等，是指投资者冒着风险进行投资所要求获得的超过资金时间价值（即无风险报酬率）的那部分额外收益。它是对投资者甘冒风险的一种价值补偿，与资金时间价值一样，它是投资者投资所要求的投资报酬率（又称期望报酬率或必要报酬率）的一部分。它的大小取决于两个因素：一是所冒风险的高低；二是投资者对风险的偏好，因此，风险价值与所冒投资风险的高低成正比。

与时间价值一样，在财务管理中风险价值是一个要求或预期的概念，而不是指实际数。风险价值的表示方式也有两种：一是绝对数，即风险报酬额；二是相对数，即风险报酬率。在财务管理中，风险常用相对数表示。

风险价值的概念，正确地揭示了风险与收益之间的关系，是财务投资决策的基本依据，因为投资者投资决策考虑的主要是投资的预期收益（预期报酬率）和风险程度是否达到自己要求的必要水平。如果投资者可望实现的预期报酬率（又称内含报酬率）能够大于或等于其要求的投资报酬率（期望或必要报酬率），那么就可以投资；否则，不能投资。投资者要求的风险报酬率与所冒投资风险的高低成正比，而其要求（期望）的投资报酬率在没有通货膨胀的情况下由无风险报酬率（资金时间价值）和要求的风险报酬率组成，因此，投资者要确定必要（期望）的投资报酬率，必须先确定必要的风险报酬率；要确定要求的必要风险报酬率，必须先确定投资所冒的风险。下面先讲述风险高低与必要的风险价值的计量问题。

三、风险和风险价值的计量

（一）风险的计量

特定投资对象的风险是客观的，它是由事物本身的不确定性决定的。风险是对可能结果的描述，即决策者一般能预测各种可能出现的结果，并且能够估测每种结果出现的概率，因此风险的高低是能用数学方法来度量的。

在财务管理实践中，风险的高低可以采用概率分布法、杠杆系数法、β系数法等方法来计量。这里我们先结合实例介绍概率分布法。杠杆系数法和β系数法将分别在第四章和第七章中介绍。

概率分布法是指利用统计学中的概率分布、期望值、标准差、标准离差率等指标来计算与衡量风险高低的一种方法，也是最为常见的一种衡量风险的方法。

概率分布法计量风险的步骤是：

1.确定概率分布

在经济活动中，某一事件在相同的条件下可能发生也可能不发生，这类事件称为随机事件。概率就是用来表示随机事件发生可能性大小的数值。概率越大就表示该事件发生的可能性越大。通常把必然发生事件的概率定为1，把不可能发生事件的概率定为0，而一般随机事件的概率是介于0与1之间，所有可能结果的概率之和等于1，即$\sum_{i=1}^{n} P_i = 1$，这里的n表示可能结果的个数。

概率分布有离散型概率分布和连续型概率分布两种。离散型概率分布又称不连续的概率分布，其特点是概率分布在各个特定的点上；连续型概率分布的特点是概率分布在连续图形的两点之间的区间上。两者的区别在于：在离散型分布中，随机变量（如报酬率）只取有限个值，其概率是可数的；而在实际经济中，往往有无数种可能的情况会出现，如果对每种情况都赋予一个概率，那么就只能用连续型分布来描述，所以连续型分布中的概率是不可数的。

在实际经济中，并非所有问题都按正态分布（连续型正态分布其曲线为对称的钟形），但根据统计学的理论，不论总体分布是正态分布还是非正态分布，当样本很大时，其样本平均数都呈正态分布，所以正态分布在统计上被广泛使用。

【例2-16】福保公司生产的甲产品投产后预计收益情况与市场销售有关，可用表2-1描述各种可能收益的概率分布。

表2-1 **甲产品未来销售状况及概率表**

市场情况	年收益x_i（万元）	概率P_i
销量很好	50	0.2
销量一般	20	0.5
销量很差	−5	0.3

这里50万元、20万元、−5万元就是在不同市场状况下企业生产经营的可能结果，即随机变量x_i。概率P_i是各个随机变量可能发生的程度，一般可用小数或百分数表示，例如，企业在销量很好的情况下取得年收益50万元的概率为0.2。

2.计算期望值

期望值是对随机变量的各种可能结果集中趋势的量度。它是通过概率分布中的所有可能结果，乘以各结果相对应的概率（权数）来计算的加权平均值，是加权平均的中心值，例如，企业有多种投资的可能性，那么企业的预期投资收益应该用期望值来表示，它代表投资者对收益的合理预期。其计算公式为：

$$\bar{x} = \sum_{i=1}^{n} P_i x_i \qquad (2.2.1式)$$

【例2-17】福多公司现有两个投资方案，其投资报酬率及其概率分布见表2-2。

表2-2 **投资方案收益情况表**

经济情况	概率P_i	投资报酬率（%）	
		A方案	B方案
繁荣	0.25	17	23
一般	0.50	15	15
较差	0.25	13	7

根据2.2.1式分别计算A方案和B方案的投资报酬率的期望值：

$\bar{x}_A=0.25\times17\%+0.50\times15\%+0.25\times13\%=15\%$

$\bar{x}_B=0.25\times23\%+0.50\times15\%+0.25\times7\%=15\%$

从计算结果可以看出，两个方案投资报酬率的期望值都是15%，那么是否可以就此认为两个方案的投资价值是等同的呢？期望值反映的仅是随机变量（投资报酬率）的平均化（均值），只体现了投资价值的一个方面，即收益情况，没有体现两个投资方案的风险高低，因此我们还需要通过计算概率分布的离散程度来了解两个方案的风险程度，即计算标准离差和标准离差率。

3.计算标准离差

离散程度是用于衡量风险高低的统计指标。一般来说，离散程度越大，风险越高；离散程度越小，风险越低。反映随机变量离散程度的指标包括平均差、方差、标准离差、标准离差率和全距等。下面主要介绍标准离差、标准离差率两项指标。

标准离差又称均方差或标准差，是方差的平方根。它是用来表示随机变量与期望值之间的离散程度的一个指标。在这里，它反映的是投资项目的各种可能结果与其期望值的离散程度。其计算公式为：

$$\sigma=\sqrt{\sum_{i=1}^{n}P_i\left(x_i-\bar{x}\right)^2} \qquad (2.2.2式)$$

依【例2-17】，根据2.2.2式，A、B两个投资方案的投资报酬率的标准离差计算结果如下：

$\sigma_A=\sqrt{0.25\times(17\%-15\%)^2+0.50\times(15\%-15\%)^2+0.25\times(13\%-15\%)^2}=1.414\%$

$\sigma_B=\sqrt{0.25\times(23\%-15\%)^2+0.50\times(15\%-15\%)^2+0.25\times(7\%-15\%)^2}=5.657\%$

该例中的两个投资方案的投资报酬率的期望值相同，均为15%，但是$\sigma_A<\sigma_B$，说明A方案的风险比B方案的风险低，而且两者风险相差的程度也通过标准离差的数值体现了出来。

对于一个决策方案，标准离差越大，说明其风险越高。对于两个或两个以上的决策方案，若各个方案的期望值相等，标准离差越大，风险越高；反之，标准离差越小，风险越低。若各个方案的期望值不等，标准离差的大小并不能直接说明各方案风险的高低，因为标准离差以绝对数衡量决策方案的风险，只适用于期望值相同的决策方案之间风险程度的比较，而不能用来比较期望值不同的各方案之间的风险程度。因此，期望值不同的投资方案的风险程度，只能用标准离差率这个相对数指标来进行比较。

4.计算标准离差率

标准离差率，又称变异系数或离散系数，它是标准离差与期望值之比，通常用符号V表示。其计算公式为：

$$V=\frac{\sigma}{\bar{x}}\times100\% \qquad (2.2.3式)$$

仍依【例2-17】，根据2.2.3式，计算A、B两个投资方案投资报酬率的标准离差率如下：

$$V_A=\frac{\sigma_A}{\bar{x}_A}=\frac{1.414\%}{15\%}=9.43\%$$

$$V_B=\frac{\sigma_B}{\bar{x}_B}=\frac{5.657\%}{15\%}=37.71\%$$

标准离差率是一个相对数，是从相对角度观察的差异和离散程度。因此在期望值不同的情况下，标准离差率越大，风险越高；反之，标准离差率越小，风险越低。从计算结果可知，用标准离差率衡量两个方案风险高低的结果与标准离差一致，这是因为两个方案的期望值相同。标准离差率指标比标准离差指标的功能更多，既可以用于期望值相同的方案之间风险高低的比较，又可以用于期望值不同的方案之间风险高低的比较。

需要说明的是，投资的风险尽管可以用历史数据去估算，但由于投资的风险受投资资产特性的影响较大，且环境因素的多变、管理人员估测技术的限制等，都会造成对投资结果的估计不够可靠、不够准确。因此，当估测某项投资风险的高低时，分析人员通常会综合采用各种定量方法，并结合自身的经验等判断得出。

（二）风险价值的计量

1.要求的风险报酬率的测算

投资者投资决策的标准有二：一是比较投资价值与投资价格，投资价值需要用要求的投资报酬率作为折现率进行折现；二是比较投资后的预期报酬率与要求的投资报酬率。因此，无论采用哪一种决策标准，投资者都必须先确定要求的投资报酬率（或称期望报酬率或必要报酬率）以科学地进行投资决策，而要求的投资报酬率=无风险报酬率+要求的风险报酬率+通货膨胀贴补率，从而就需要先把要求的风险价值（风险报酬）计算出来。风险报酬的大小应与所冒风险的高低成正比，因此，表示要求的风险报酬率的指标应与反映投资风险程度的标准离差率指标成正比。但是，标准离差率V还不是报酬率指标，不能直接用来确定投资者因冒险投资所要求获得的风险报酬率R。为了确定要求的风险报酬率，我们需要导入一个参数——风险价值系数b。

风险价值系数又称风险报酬系数或风险价值斜率，它是一个大于0的正数。对于不同的风险投资方案而言，有些方案的风险价值系数较大，而有些方案的风险价值系数较小，这取决于投资者对待风险的态度：如果资金市场上的投资者都比较敢于承担风险，那么风险价值系数就较小，冒同样风险所要求的风险报酬就较小；如果投资者普遍比较保守稳健，那么风险价值系数就较大，冒同样风险所要求的风险报酬就较大。在西方国家，风险价值系数一般由专门的投资服务机构计算并公布，供投资者参考。我国有关部门也在进行这方面的尝试。如果没有投资方案风险价值系数的参考数据，那么企业可以组织有关专家、财务人员自行测定该系数。风险报酬率、风险价值系数和标准离差率之间的关系可用公式表示如下：

风险报酬率=风险价值系数×标准离差率

$R=b\cdot V$ （2.2.4式）

风险报酬额=投资额×风险报酬率

【例2-18】仍依【例2-17】资料，假如A、B两方案的投资额均为200万元，无风险报酬率为6%。经测算两个投资方案的风险价值系数应为8%。那么这两个投资方案要求的风险报酬率计算如下：

$R_A=b_A\times V_A=8\%\times 9.43\%=0.75\%$

$R_B=b_B\times V_B=8\%\times 37.71\%=3.02\%$

A方案的风险报酬额=200×0.75%=1.50（万元）

B方案的风险报酬额=200×3.02%=6.04（万元）

2.要求的投资报酬率的计算

在不考虑通货膨胀因素的情况下，要求（期望、必要）的投资报酬率包括两部分：一是资金时间价值，即无风险报酬率；二是风险价值，即要求的风险报酬率。其公式表示：

要求的投资报酬率=无风险报酬率+要求的风险报酬率 （2.2.5式）

期望投资报酬额=无风险报酬额+要求的投资报酬额 （2.2.6式）

依【例2-18】，计算A、B两方案要求的投资报酬率和期望投资报酬额如下：

A方案要求的投资报酬率=6%+0.75%=6.75%

B方案要求的投资报酬率=6%+3.02%=9.02%

A方案期望投资报酬额=200×6%+1.50=13.50（万元）

B方案期望投资报酬额=200×6%+6.04=18.04（万元）

四、风险与收益的均衡观念及风险型决策的决策标准

（一）风险与收益的均衡观念

风险与收益的均衡是指风险和收益之间存在一种均衡关系，即投资者冒一定风险应当取得与所承受风险相对等的收益。风险与收益的基本关系决定了财务管理者必须树立风险与收益的均衡观念。

在不考虑通货膨胀的前提下，投资者要求的投资报酬率=无风险报酬率+要求的风险报酬率。由此可见，风险与要求的风险报酬率成正比，与投资者整个要求的投资报酬率正相关。在市场经济条件下，投资者冒的风险越高，获得收益的机会也越多，要求的投资报酬率和预期的报酬率也越大；而投资者冒的风险越低，获得收益的机会也越少，要求的投资报酬率和预期的报酬率也相对越小。风险与收益的这种均衡关系可用资本资产定价模型（CAPM）来量化描述（资本资产定价模型我们将在第七章详细阐明）。风险与收益的均衡观念对现实财务决策的意义在于：如果企业要取得较高的收益，就要承担与之相适应的风险；反之，如果企业想避免风险，就只能要求得到较低的收益。低风险下的高收益或者高风险下的低收益等经济现象，在一定程度上都是违背市场规律的。在市场完善有效的前提下，从长期趋势看风险与收益的均衡是必然的，即在实际中冒了较高风险的投资者往往能够得到较高的收益，而不敢冒风险的投资者，往往只能得到较低的收益。

成功的财务管理者，总是能在风险与收益的相互协调中进行权衡，努力在风险一定的条件下使收益达到较高水平，或者在收益一定的情况下使风险维持在较低水平，以期取得较满意的收益。树立风险与收益的均衡观念，就是要求决策者将财务活动所面临的风险与预期取得的收益进行比较，从而选择合适的方案。因此，财务管理人员在进行财务决策时，必须极其慎重地在风险和收益之间进行权衡，既不能害怕风险而坐失有利的投资机会，又不能不顾风险、盲目决策而给企业造成损失。

（二）风险型决策的决策标准

通过上述方法将决策方案的风险加以量化之后，决策者便可据此作出决策。

对于单个方案，在保证要求的投资报酬率能够实现的情况下，决策者可根据其标准离差或标准离差率的大小，将其与设定的可接受的此项指标最高限值进行对比，看

前者是否低于后者，然后作出取舍。

对于多个方案的择优，决策者的行动准则应是选择低风险、高收益的方案。然而高收益往往伴有高风险，低收益方案的风险程度往往也较低，究竟选择何种方案，就要权衡预期收益与风险，而且还要视决策者对风险的态度而定。对风险比较反感的人可能会选择预期收益较低同时风险也较低的方案，喜欢冒风险的人则可能选择风险虽高但同时收益也高的方案。

第三节 资金成本观念

一、资金成本的概念和作用

（一）资金成本的概念

1.资金成本的含义

资金成本是指企业为筹集和使用资金而必须付出的各种成本费用。在市场经济条件下，企业筹集和使用资金都必须付出代价，所以企业必须树立资金成本的观念，讲求筹资效率，节约使用资金，提高资金的使用效率。这也是资金成本观念给企业财务管理者的重要启示。

在企业筹资实践中，一般将资金分为短期资金和长期资金，长期资金按资金来源性质又可分为权益资金（自有资金）和长期负债。长期资金的资金成本一般称为资本成本。

企业所付出的资金成本从数量上看实际上就是资金供应者（所有者和债权人）所要求的投资报酬。因此，资金成本也是利率的表现形式之一。在财务管理中，资金成本与资金时间价值和风险报酬一样，往往是一个预计的概念，往往是指预计成本，而不是指实际成本。

资金成本主要有个别资金成本、分类资金成本、综合资金成本和边际资金成本等。

2.资金成本的构成

资金成本，包括用资成本和筹资费用两部分。

用资成本，又称用资费用，是指企业为使用资金而支付的各种代价，如使用债务资金所支付的利息和使用权益资金所支付的股利、红利等。它往往随资金占用数量的多少和资金使用时间的长短的变动而变动，属于变动性资金成本。它是资金成本的主要内容。

筹资费用是指企业在筹集资金的过程中为了取得资金而支付的各种费用，例如，向银行借款支付的手续费，因发行股票和债券而支付的各种发行费用等。筹资费用与用资成本不同，它通常是在筹资时一次性支付的，在用资过程中不再发生，属于固定性的资金成本，可视为对筹资额的一项扣除。

3.资金成本的表示方式

资金成本，可以用绝对数表示，即资金成本额；也可以用相对数表示，即资金成本率。因为绝对数不利于不同资金规模企业或项目之间的比较，所以在财务管理实践中，资金成本一般采用相对数表示，即资金成本率。资金成本率是用资成本与实际筹得资金（即筹资总额扣除筹资费用后的余额）的比率。其通用计算公式为：

$$资金成本（率）=\frac{年用资成本}{筹资总额-筹资费用}=\frac{年用资成本}{筹资总额\times(1-筹资费用率)}$$

从上述测算资金成本的公式看，资金成本率的高低取决于三个因素，即年用资成本、筹资费用和筹资总额。

而站在资金市场的角度看，筹资者预计要付出的资金成本就是投资者（所有者、债权人）要求或预期的投资报酬率，它们都是资金交易价格（利率）的表现。影响资金成本高低的因素不仅是筹资者和投资者针对利率这一资金交易价格讨价还价的技巧和能力，更取决于当时宏观总体经济环境、资金市场的效率和风险、企业经营状况和融资状况所决定的企业风险高低、企业筹资规模和时限的需求等因素。因此企业降低资金成本的关键是提升经济效益，做大做强，从而降低风险，当与资金供应者进行讨价还价时能够成为强势的一方。

（二）资金成本的作用

资金成本是企业财务管理中的最重要的概念之一。一个投资项目只有当它的投资报酬率高于其资金成本时，才是有利的、可行的，因此国际上将其视为一项重要的“财务标准”。资金成本是筹资决策、投资决策的主要依据。

1.资金成本在筹资决策中的作用

资金成本是企业拟定筹资方案、选择资金来源和方式、确定最优资本结构的依据，是企业确定筹资决策时要考虑的首要问题。在企业筹资决策中，资金成本的作用有：

（1）资金成本是影响企业筹资总额的重要因素。随着筹资数额的增加，资金成本不断变化，当资金的边际成本超过企业的承受能力时，企业便不能增加筹资数额。

（2）资金成本是企业选择资金来源和筹资方式的基本标准。企业的资金可以从多个渠道来筹集，筹资方式多种多样，究竟选用哪种渠道、采用哪些筹资方式首先要考虑的因素便是其资金成本的高低。

（3）资金成本是确定企业最优资金结构的主要参数。当确定企业最优资金结构时，企业考虑的主要因素是综合资金成本的高低。

2.资金成本在投资决策中的作用

资金成本是企业分析评价投资项目可行性、选择投资方案的主要标准。一般来说，资金成本被视为投资方案能否被接受的最低报酬率，是投资项目可行的起码标准，又称作投资方案是否可行的“取舍率”。当利用净现值指标进行决策时，投资者常用资金成本作为折现率，净现值为正，项目才可行；当利用内含报酬率指标进行决策时，投资者一般以资金成本作为基准收益率进行比较，只有当内含报酬率高于资金成本率时，该项目才可行。可见资金成本在投资决策评价中有着非常重要的作用。

3.资金成本在评价企业整个经营业绩中的作用

企业整个经营业绩可以用企业全部投资的报酬率（总资产净利率）来衡量，并可与企业全部资金的综合资金成本比较，如果报酬率高于综合资金成本，则认为企业经营有利；反之，则认为企业经营业绩不佳，需要改善经营管理。所以，资金成本不仅反映企业筹资管理的水平，而且可以作为评价企业整个经营业绩的基准。

二、个别资金成本的测算

个别资金成本是指企业各种筹资方式中的每一种筹资方式的资金成本。企业所有者投入的权益资金和向债权人借入的负债资金这两类资金中的每种筹资方式的个别资金成本，都是根据前述资金成本计算的公式来计算的。短期资金（即流动负债）也有资金成本，但比长期资金的资金成本要低。下面说明企业各种长期资金筹资方式资金成本的测算方法。

（一）长期负债资金成本的测算

企业长期负债的筹资方式主要有发行长期债券、向银行等金融机构举借长期借款和融资租赁等。

1.长期债券资金成本

长期债券又称公司债券，可以溢价发行、平价发行和折价发行，其资金成本包括债券利息和债券发行费用，利息在税前支付，与权益资金的资金成本（如股利）相比，利息支出具有抵免所得税的效果。为了与权益资金的资金成本具有可比性，企业测算长期负债资金的资金成本时，需要在分子的年利息成本上扣除所得税。发行债券的筹资费用一般较高，不能忽略不计。

债券成本的计算公式为：

$$K_b = \frac{I \cdot (1 - T)}{B_0 \cdot (1 - f)} = \frac{B \cdot i \cdot (1 - T)}{B_0 \cdot (1 - f)} \times 100\% \qquad (2.3.1式)$$

式中：K_b为长期债券的资金成本；

I为每年支付的债券利息；

B为债券面值；

I为债券票面利率；

B_0为债券实际筹资额，按发行价格确定；

f为债券筹资费用率，即债券筹资费用与实际筹资额的比率；

T为所得税税率。

【例2-19】 福实公司按面值等价发行一笔期限为10年的债券，面值为1 000万元，票面利率为12%，每年付息一次，发行费用率为3%，所得税税率为25%。则该债券的资金成本为：

$$K_b = \frac{1\,000 \times 12\% \times (1 - 25\%)}{1\,000 \times (1 - 3\%)} \times 100\% = 9.28\%$$

2.长期借款资金成本

长期借款资金成本的测算基本与长期债券成本一致，其计算公式为：

$$K_l = \frac{I \cdot (1 - T)}{L \cdot (1 - f)} = \frac{L \cdot i \cdot (1 - T)}{L \cdot (1 - f)} \times 100\% \qquad (2.3.2式)$$

式中：K_l为长期借款的资金成本；

I为长期借款每年支付的利息；

L为长期借款筹资总额；

i为长期借款年利率；

f为长期借款筹资费用率，主要是借款手续费率；

T为所得税税率。

由于银行借款的手续费很低，因此，2.3.2式中的f常常可以忽略不计，则2.3.2式可简化为：

$$K_l=i\cdot(1-T) \quad (2.3.3式)$$

一般而言，长期借款的资金成本要低于发行长期债券的资金成本。

3.融资租赁资金成本

融资租赁各期的租金包含本金的偿还和各期手续费用（即租赁公司的各项业务费用、利润等），其资金成本只能按折现模式计算。

【例2-20】 福威公司于2×16年1月1日从租赁公司租入一套设备，价值60万元，租期6年，租赁期满预计残值5万元，归租赁公司。年利率为8%，租赁手续费率每年为2%。租金于每年年末支付一次。

$$每期租金=\frac{600\,000-50\,000(P/F,10\%,6)}{(P/A,10\%,6)}=131\,297（元）$$

$$600\,000-50\,000\times(P/F,K,6)=131\,297\times(P/A,K,6)$$

得：$K=10\%$

在测算长期债券资金成本和长期借款资金成本的过程中，我们没有考虑每期利息的资金时间价值，如果考虑每期利息的资金时间价值，那么长期债券和长期借款所付出的每期利息的价值并不相等，因此，当测算资金成本时，需要考虑资金时间价值，用求折现率（即投资者的预期报酬率，又称内含报酬率）的形式，即折现模式，更为科学。投资者的预期报酬率等于筹资者预计要付出的资金成本。关于“折现率的推算”在本章第一节中已经讲过其基本计算原理。

（二）权益资金成本的测算

1.优先股资金成本

公司发行优先股，既要支付较高的筹资费用，又要定期支付股利。优先股没有固定的到期日，股利一般固定。不过，优先股的股利在税后利润中支付，是税后成本，不具有减税效应。股票可以平价发行，也可以溢价发行。优先股资金成本的计算公式为：

$$K_P=\frac{D}{P_0(1-f)} \quad (2.3.4式)$$

式中：K_p为优先股的资金成本；

D为优先股每年的股利；

P_0为发行优先股的实际筹资总额，按发行价确定；

f为优先股筹资费用率。

【例2-21】 福望公司按面值发行100万元的优先股，筹资费用率为4%，每年支付12%的股利，则优先股的成本为：

$$K_P=\frac{100\times12\%}{100\times(1-4\%)}\times100\%=12.5\%$$

由于优先股股东所冒的投资风险要高于长期债券的投资者，且优先股的股利从净利润中支付，因此，优先股的资金成本通常要高于长期债券的资金成本。

2.普通股资金成本

普通股资金成本的测算有多种方法，常见的主要有股利折现模型、资本资产定价模型和债券收益率风险调整模型。

（1）股利折现模型。

由于普通股的股利不稳定，很难预测，因此，普通股资金成本的测算十分困难，只能按折现模式计算，主要方法为估价法（股票投资价值的估算方法将在本书第七章中讲述）。利用普通股的价值估价公式：$V=\sum_{t=1}^{\infty}\frac{d_t}{(1+K)^t}$，求出公式中的投资者预期报酬率（内含报酬率）K，即为普通股筹资的资金成本。

$$V_0(1-f)=\sum_{t=1}^{\infty}\frac{D_t}{(1+K_s)^t} \quad (2.3.5式)$$

式中：K_s为普通股的预期报酬率，即普通股的资金成本；

D_t为普通股第t年的股利；

V_0为发行普通股的实际筹资总额，按发行价确定；

f为普通股筹资费用率。

①如果每年的股利固定不变，则可视为永续年金，把筹资费用考虑进去，计算公式可简化为：

$$K_S=\frac{D}{V_0(1-f)} \quad (2.3.6式)$$

式中：D为每年固定股利。

【例2-22】福贵公司拟发行一批普通股，每股发行价格为12元，每股发行费用为2元，预计每年每股分派现金股利1.5元。则该普通股资金成本为：

$$K_s=\frac{1.5}{12-2}=15\%$$

②股利增长模型。若股利每年以一个固定的年增长率增长。假设年增长率为g，则普通股资金成本的计算公式为：

$$K_S=\frac{D_1}{V_0(1-f)}+g \quad (2.3.7式)$$

式中：D_1为第1年股利。

【例2-23】福富公司准备增发普通股，每股发行价格为15元，每股发行费用为3元，预定第一年每股分派现金股利1.5元，以后每年的股利增长5%，则该普通股资金成本率为：

$$K_s=\frac{1.5}{15-3}+5\%=17.5\%$$

（2）资本资产定价模型。

资本资产定价模型是测算普通股资金成本的常用方法之一。按照资本资产定价模型，普通股资金成本等于无风险报酬率加上风险报酬率。

$$K_s=R_f+\beta\cdot(R_m-R_f) \quad (2.3.8式)$$

式中：K_s为投资者投资普通股要求的投资报酬率，即筹资公司发行普通股筹资预计要付出的资金成本；

β为该普通股的系统性风险系数；

R_f为无风险报酬率，由于普通股是长期证券，因此，通常可以用10年期长期政府债券的利率来近似替代；

R_m为证券市场普通股的平均投资报酬率。

【例2-24】福乐公司发行的普通股β值为1.2，当时证券市场的无风险报酬率为5%，普通股平均投资报酬率为14%。则该普通股的资金成本为：

$K_s=5\%+1.2\times(14\%-5\%)=15.8\%$

（3）债券收益率风险调整模型。

普通股股东对公司投资的风险高于债券投资者，因而普通股股东会在债券投资者要求的投资报酬率的基础上再要求一定的风险报酬率。依照这一理论，普通股资金成本的公式为：

$$K_s=R_{dt}+RP_c \quad (2.3.9式)$$

式中：R_{dt}为税后债券资金成本；

RP_c为普通股股东比债券投资者承担更高风险而要求的风险报酬率。

风险报酬率是根据每个公司的具体情况凭经验估计的。一般认为，某公司普通股股东要求的风险报酬率相对于该公司发行债券的投资者来讲，大约多出3%～5%。

例如，对于债券资金成本为10%、中等风险的公司来讲，其普通股的资金成本为：

$K_s=10\%+4\%=14\%$

前面讲了几种测算普通股资金成本的方法，针对同一公司普通股的资金成本，这几种方法的计算结果经常会不一致。实际上，并不存在一种公认的确定普通股真实资金成本的方法。因此，一种常见的做法是将每种方法计算出来的普通股资金成本进行算术平均。有时决策者基于他对某种方法所采用的数据更有信心，而注重其中的一种方法。

3.留存收益资金成本

留存收益是企业的一种内部资金来源，由企业税后利润留用形成，属于权益资金范畴。从表面上看，企业利用留存收益筹资没有如股利、利息等这样的外显资金成本，但留存收益等于股东对企业进行追加投资，股东愿意将其留用于公司发展而不作为股利取出投资于别处，总是要求获得与以前缴给企业的普通股股本等价的报酬补偿。因此，留存收益也有资金成本，不过是一种机会成本。留存收益资金成本的测算方法与普通股资金成本基本相同，其区别仅仅在于留存收益的筹资费用、发行溢价都为零。用K_e表示留存收益资金成本，其计算公式为：

$$K_e=\frac{D}{V_0} \quad (2.3.10式)$$

股利不断增加的公司，其计算公式则为：

$$K_e=\frac{D_1}{V_0}+g \quad (2.3.11式)$$

普通股属于权益资金，股利在税后支付，且支付不固定，如果企业被进行清算，普通股的财产求偿权又处于最后，股东投资在普通股上的风险最高，普通股的投资收益要求因而也最高，因此，普通股的资金成本也是在各种筹资方式中最高的。留存收益的资金成本仿效普通股成本计算，只不过不用考虑筹资费用，因此，留存收益的资金成本仅次于普通股的资金成本，但一般比优先股的资金成本要高。

综上所述，企业各种筹资方式的资金成本从低到高的排列顺序是：短期资金、长期借款、发行长期债券、融资租赁、发行优先股、留存收益、发行普通股。这是因为投资者投资这些筹资方式所冒的投资风险依次也从低到高，短期资金的投资风险最低，投资者要求的投资收益最低，普通股的投资风险最高，投资者要求的投资收益自然也最高。投资者期望获得的投资收益就是筹资者要付出的资金成本，从而正好符合了风险与收益的均衡原理。分类资金成本和财务风险比较表见表2-3。

表2-3 分类资金成本和财务风险比较表

资金类别	筹资者角度		投资者角度	
	资金成本	财务风险	投资收益	投资风险
短期资金	低	高	低	低
长期资金	高	低	高	高
权益资金	高	低	高	高
负债资金	低	高	低	低

非股份制企业吸收直接投资的筹资额是可知的，但每年的用资成本（股息红利等）、留存收益筹资额的预测比较困难，如果在吸收直接投资协议中约定了固定的利润分配额，这类似于优先股，在这样的条件下其吸收直接投资及留存收益的资金成本率，可按优先股资金成本的测算方法进行测算。如果每年的用资成本（股息红利等）、留存收益筹资额不确定，那么只能仿效上述普通股和留存收益的资金成本测算方法进行测算。

三、综合资金成本（加权平均资金成本）的测算

企业的资金来源和筹资方式多种多样，它们构成了企业的整个筹资结构。综合资金成本就是企业全部资金构成的整个资金来源结构的资金成本，它是以各种资金在总资金中所占的比例为权数，对各种个别资金成本进行加权平均测算出来的，因此又称加权平均资金成本。在个别资金成本一定的情况下，综合资金成本的高低是由各种资金占总资金的比例即资金来源结构所决定的。

综合资金成本（加权平均资金成本）的计算公式为：

$$K_w=\sum_{i=1}^{n}W_iK_i \qquad (2.3.12式)$$

式中：K_w为综合资金成本或加权平均资金成本；

K_i为第i种资金的个别资金成本；

n为筹资方式的种类数；

W_i为第i种资金在总资金中所占的比例（权重或权数）。

当计算权重W_i时，各种资金的价值可以按账面价值计算，也可以按其市场价值

或未来预计价值计算。按账面价值计算的方法称为账面价值权数法，按当前市场价值计算的方法称为市场价值权数法，按未来预计价值（账面价值或市场价值）计算的方法称为目标价值权数法。使用账面价值确定各种资金比例的优点是易于从资产负债表中取得这些数据，容易计算；其主要缺点是资金（尤其是股票资金）的账面价值可能不符合市场价值，如果资金的市场价值已经脱离账面价值许多，那么采用账面价值作为基础来确定资金比例就会失去客观性，从而不利于综合资金成本的准确测算以及现时资金结构管理的科学决策。当计算各种资金权重时，企业究竟应该采用何种方法，需要由计算综合资金成本的目的而定：以了解过去的综合资金成本为目的，宜采用账面价值权数法；以计算目前的综合资金成本为目的，宜采用市场价值权数法；以进行新的筹资决策分析，并反映期望的资金结构为目的，宜采用目标价值权数法。但在企业筹资实务的测算过程中，不少公司仍更愿意采用账面价值权数法，主要是因为账面价值最易于取得，而现行市价则经常处于变动之中，目标价值的确定又难免具有主观性。

【例2-25】福荣公司现有长期资金10 000万元，其中长期借款2 000万元，长期债券3 500万元，优先股1 000万元，普通股3 000万元，留存收益500万元；上述各种长期资金的个别资金成本分别为4%、6%、10%、14%和13%。该公司目前长期资金的综合资金成本的计算如下：

第一步：计算各种长期资金在资金总额中的比例。

长期借款资金所占比例=2 000÷10 000 ×100%=20%

长期债券资金所占比例=3 500÷10 000×100%=35%

优先股资金所占比例=1 000÷10 000 ×100%=10%

普通股资金所占比例=3 000÷10 000 ×100%=30%

留存收益资金所占比例=500÷10 000 ×100%=5%

第二步：计算长期资金综合资金成本。

K_w=4%×20%+6%×35%+10%×10%+14%×30%+13%×5%=8.75%

综合资金成本额=10 000×8.75%=875（万元）

上述计算过程也可通过列表进行，见表2-4。

表2-4 **综合资金成本计算表**

资金种类	资金价值（万元）	资金比例（%）	个别资金成本（%）	综合资金成本（%）
长期借款	2 000	20	4	0.80
长期债券	3 500	35	6	2.10
优先股	1 000	10	10	1.00
普通股	3 000	30	14	4.20
留存收益	500	5	13	0.65
合计	10 000	100	—	8.75

四、边际资金成本

边际资金成本是企业追加筹资的成本，指资金每增加一个单位筹资额而增加的资金成本。它是企业追加筹资时必须考虑的问题。随着时间的推移或筹资条件的变化，企业各种筹资方式的个别资金成本是不断变化的，因此，即使资金结构保持不变，各种资金形成的整个资金来源结构的综合资金成本也不是一成不变的。企业不仅要考虑目前所用资金的综合资金成本，而且要考虑不断扩大筹资规模后逐步递增的综合资金成本，这就需要计算在不同筹资规模下资金的综合边际成本进而作出决策。

资金的综合边际成本也需要采用加权平均法计算，但因为是面向未来，因此其权数不能使用账面价值权数，而应该使用市场价值权数，最好采用目标价值权数。

资金综合边际成本的计算过程为：

第一步，确定公司最佳的资金结构。

第二步，确定各种筹资方式的资金成本，即在保持最佳资金结构的前提下，确定随着公司筹资规模的增加，各种筹资方式在新的筹资数量范围内的个别资金成本的情况。

第三步，根据最佳资金结构和各种筹资方式个别资金成本变化的资金分界点，计算公司筹资总额的分界点及各种追加筹资的总额范围。

第四步，测算各种新的筹资总额范围内的综合边际资金成本，为企业追加筹资决策提供资金成本方面的依据。

下面举一简单例子，但限于篇幅，只能帮助读者了解一下边际资金成本的概念，而无法详细说明边际资金成本的计算过程。

【例2-26】福大公司设定的目标资金结构（即最优资金结构）为银行借款20%、公司债券15%、股东权益65%。现拟追加筹资300万元，按目标资金结构来筹资。个别资金成本分别为银行借款7%，公司债券12%，股东权益15%。该公司追加筹资300万元的边际资金成本见表2-5。

表2-5 **边际资金成本计算表**

资金种类	目标资金结构	追加筹资额（万元）	个别资金成本	边际资金成本
银行借款	20%	60	7%	1.4%
公司债券	15%	45	12%	1.8%
股东权益	65%	195	15%	9.75%
合计	100%	300		12.95%

思政课堂

推进供给侧结构性改革，要从生产端入手，重点是促进产能过剩有效化解，促进产业优化重组，降低企业成本，发展战略性新兴产业和现代服务业，增加公共产品和服务供给，提高供给结构对需求变化的适应性和灵活性。简言之，就是去产能、去库存、去杠杆、降成本、补短板。全国各地随即推开了“三去一降一补”工作。其中“降成本”可以说是企业永恒的主题，尤其是在近年来受新冠肺炎疫情影响的背景下，降成本对企业的重要性凸显出来。财务成本（资金成本）属于成本费用的一个重要组成部分。请同学们利用所学的有关企业资金成本的知识和其他专业知识，学以致用，并结合当地当前的实际，组织研究和讨论，发散思维，为当地中小微企业或当地重点行业的企业的资金成本控制献计献策，发挥经济管理专业大学生为当地经济社会发展服务的积极性、主动性，并树立社会责任感。

本章小结

资金时间价值、风险价值和资金成本是公司财务管理中的三个重要概念。资金时间价值观念、风险与收益的均衡观念以及资金成本观念是在市场经济条件下现代企业的财务管理者必须树立的三个基本价值观念，它们对财务管理者科学合理地从事各种财务管理工作具有重要的指导意义。

由于资金投入周转使用过程后随着时间的推移能够产生增值，因此，不同时点的等量资金实际上是不等值的。资金收入越是提前，资金支出越是延后，对企业越有利；不同时间的资金收入和资金支出不宜直接进行比较，需要把它们换算到相同时点的基础上，才能进行大小的比较和比率的计算。资金时间价值是投资者要求（期望、必要）的投资报酬率（利率）的一部分，即无风险报酬率。它在财务管理中一般用复利计算。一次性收付款项终值和现值的计算、各种年金终值和现值的计算、折现率（即预期报酬率、内含报酬率）的推算，都是财务管理学最基础的常识和财务管理最基本的工具。

由于风险的客观存在，使得投资收益具有不确定性，投资者愿意冒险投资是为了获得超过资金时间价值的那部分风险价值，要求（期望、必要）的投资报酬率=无风险报酬率+要求的风险报酬率，因此，对风险高低的衡量和风险价值的计量是测算投资者要求的投资报酬率的重要一环，是进行科学投资决策的基础之一。在市场有效的条件下，风险与收益的均衡关系从长期来看是一种规律。人们可以利用这种规律进行科学的财务管理活动。

在市场经济条件下，企业筹集和使用资金都必须付出代价，所以企业必须树立资金成本观念，讲求筹资效率，节约使用资金，提高资金的使用效率。企业所付出的资金成本从数量上看实际上就是投资者所要求的投资报酬，所以资金成本也是利率的表现形式之一。企业各种筹资方式的资金成本从低到高的排列顺序应该是：短期资金、长期借款、发行长期债券、融资租赁、发行优先股、留存收益、发行普通股。这是因为与这些筹资方式相应的投资者所冒的投资风险和要求的投资报酬率也依次从低到高，这正好符合了风险与收益的均衡原理。

思考与练习

思考题

1. 资金时间价值的实质是什么？资金时间价值观念给我们什么启示？

2. 简述风险的类型。

3. 什么是风险与收益的均衡观念？

4. 什么是资金成本？资金成本在财务管理中有什么作用？

5. 试述资金时间价值、风险价值和资金成本三者的关系。

计算分析题

（一）资金时间价值相关计算

1.A公司2×20年年初对某设备投资10万元，该项目于2×22年年初完工投产。2×22年、2×23年、2×24年年末的预期收益分别为2万元、3万元、5万元。银行存款年利率为10%。

要求：按复利计算2×22年年初投资额的终值和2×22年年初各年预期收益的现值之和。

2.B公司2×20年年初、2×21年年初对某设备的投资均为6万元，该设备2×22年年初完工投产。2×22年、2×23年、2×24年年末的预期收益均为5万元。银行存款年利率为8%。

要求：按年金计算2×22年年初投资额的终值和2×22年年初各年预期收益的现值之和。

3.C公司现在存入银行一笔现金，计划8年后每年年末从银行提取现金6 000元，连续提取10年。

要求：计算在年利率为7%的情况下，该公司现在应存入银行多少元？

4.D公司5年后需用现金40 000元。

要求：计算若每年年末存款一次，在年利率为6%的情况下，该公司每年年末应存入银行多少元？

5.E公司现在存入银行20 000元。

要求：计算在银行存款年利率为6%的情况下，今后10年内每年年末可提取多少元？

6.F公司于年初存入银行20万元。

要求：计算在年利率为12%，每月复利一次的情况下，到第5年年末，该公司可取得本利和多少元？

7.G公司拟于明年年初借款42 000元，从明年年末开始，每年年末还本付息额均为6 000元，连续10年还清。假设贷款机构要求的借款年利率为8%。

要求：请确定该公司能否按其计划借到款项。

（二）投资风险的衡量和决策

H公司现有一笔资金准备对外投资，现有A、B、C三家公司可供选择，这三家公司的年预期收益额及其概率的资料见表2-6。

表2-6 三家公司的年预期收益额及其概率

市场状况	概率	年预期收益额（万元）		
		A公司	B公司	C公司
良好	0.3	40	50	80
一般	0.5	20	20	-20
较差	0.2	5	-5	-30

要求：假定你是该公司的稳健型决策者，请依据风险与收益原理作出选择。

（三）资金成本的计算

1. I公司发行一笔期限为5年的债券，债券面值为1 000万元，实际发行价格为面值的110%，票面年利率为10%，每年年末付一次利息，筹资费用率为5%，所得税税率为25%。

要求：计算该债券的资金成本。

2. J公司留存收益100万元，上一年公司对外发行普通股的股利率为12%，预计年股利增长率为3%。

要求：计算该公司留存收益的资金成本。

3. K公司拟筹资5 000万元，其中按面值发行债券2 000万元，票面利率为10%，筹资费用率为2%；发行优先股800万元，股利率为12%，筹资费用率为3%；发行普通股2 200万元，筹资费用率为5%，预计第一年股利率为12%，以后每年按4%递增，所得税税率为25%。

要求：(1) 计算债券成本；(2) 计算优先股成本；(3) 计算普通股成本；(4) 计算综合资金成本（加权平均资金成本）。

第三章

筹资概论

学习要求： 本章主要讲述企业筹资方式和筹资预测问题。通过本章学习，要求了解企业筹资的目的、动机和原则；掌握筹资渠道、筹资方式和筹资类型；掌握资金需要量预测的方法；掌握权益资金和长期债务资金筹集的主要方式及其优缺点；熟悉短期资金筹集的主要方式及其优缺点。

案例导入

张小姐因工作出色，最近刚被提拔为福启集团公司全资子公司——福迪公司的财务总监。根据集团公司的决策部署，近几年生产经营势头良好的福迪公司需要扩大生产经营规模，为此需要筹资1 000万元。张小姐与集团公司下派的本公司总经理商讨，总经理表示，筹资的定量预测自己不懂，需要张小姐给自己一个简要的定性结论即可。他的意思很明白，筹资具体安排的责任只能由张小姐承担，因此，筹资方案必须要有可操作性。于是，张小姐在公司为配合扩大生产经营战略部署而必须筹措的长期资金方面，只选择了中小企业在资金筹措上最常用的两条渠道：一是由福启集团公司继续追加权益资金投资；二是以公司现有可抵押资产作为偿还贷款的保证向银行申请长期借款。考虑到福迪公司现有资金结构中的负债比率已经达到50%，银行在没有得到值得信赖的还本付息计划以及适当方式的担保之前，是难以追加长期贷款的。如果仍按过去所实行的以短期周转名义与银行洽借，就等于先天给公司资金期限结构种下病根，因此，从公司健康成长并维持良好财务状况的立场出发，只能采取以权益资金为主、银行长期借款为辅的筹资方针。张小姐于是将1 000万元所需资金筹集比例定为6∶4（权益资金60%、银行长期借款40%），这当然也是为了减少与银行交涉的麻烦。不料张小姐的方案被总经理直接驳回，理由是集团公司当前的资金很不宽裕，向集团公司伸手要钱无异于浪费时间。张小姐却不这样认为，经总经理同意后，她拟订了一份“筹资计划方案”递交给集团公司，并详细申述了理由。这份“筹资计划方案”经集团公司高管层激烈辩论后作出批示：福迪公司的增资计划是符合该公司实情的，但集团公司当前的资金紧张，只能同意增资400万元，其余600万元的资金缺口由福迪公司克服困难自行解决。当张小姐将集团公司的审批意见交给福迪公司总经理看时，脸上流露出几分得意的神情，总经理则有几分不解，难道她的“筹资计划方案”真有神奇的感召力？

作为我们，当然更想知道，张小姐的这份“筹资计划方案”到底写了些什么？究竟是怎么打动集团公司高管层的？

第一节 企业筹资概述

企业筹资是企业根据其生产经营、对外投资和调整资本结构的需要，通过资金市场的筹资渠道，运用适当的筹资方式，有效筹措资金的过程。筹资有时又称融资，它是一项基本的财务活动，是资金运动的起点。筹资管理是企业财务管理的一项主要内容。企业要在科学预计资金需要量的基础上，合理安排筹资渠道、选择筹资方式，在筹资中努力降低资金成本、控制财务风险。

一、企业筹资的目的和动机

资金是企业开展生产经营活动的基本条件之一，企业从创建到生存发展的整个过程中为了生产经营、对外投资、调整资金结构的需要都要进行筹资。企业筹资的基本目的是维持企业的经营和发展，为企业的生产经营活动提供资金保障，但每次具体的筹资行为，往往受特定的动机驱动。归纳起来，企业主要有以下几个方面的筹资目的和动机：

（一）形成生产经营条件

首先，资金是设立企业的第一道门槛，任何一个企业或公司在设立时，都要按照设立后的初始经营规模核定长期资本和流动资金需要量，用于购建厂房设备，安排铺底流动资金，从而形成基本生产经营能力，因此，企业设立时一般都需要通过全体股东认缴出资额的方式筹措股权资金，其余不足部分再以银行借款等债务资金补充。因此，筹集资本金并形成开展生产经营活动的基本条件是企业设立时最初的筹资目的，可以将其称为设立性筹资动机。

其次，企业或公司开展生产经营活动后，有时会出现超出维持正常生产经营活动资金需求的季节性、临时性交易支付需要，如购买原材料的大额支付、员工工资的集中发放、银行借款的提前偿还、股东股利的发放等，因此，必须通过临时性筹资来满足生产经营活动的波动性支付需求，这就是支付性筹资动机。

（二）扩大生产经营规模

企业的发展离不开资金。虽然有时有临时性资金周转需要，但企业维持简单再生产所需要的资金总体还是比较稳定的，通常很少需要追加筹资。但企业一旦为促进自身发展，扩大生产经营规模，如研制开发新产品、进行技术改造、调整生产经营结构、开拓对外投资领域等，就都需要大量追加筹资，尤其是具有良好发展前景、处于成长期的企业，扩大生产经营规模成为企业筹资的重要目的，可以将其称为扩张性筹资动机。扩张性筹资会导致企业资产规模的增加和资金结构的变化。

（三）调整现有资金结构

资金结构是企业不同性质、不同期限的资金的比例关系和各种筹资方式的组合，其合理与否决定了企业资金成本的高低、财务风险的高低、收益水平的升降和企业价值的增减。随着企业内外相关情况和条件的变化，企业原有的合理的资金结构可能不再合理，需要相应地予以调整优化，使资金结构不断适应客观情况的变化而趋于合理。资金结构的调整，可能不会增加企业的资金总额，但会引起权益资金和负债资金、短期资金和长期资金内部数额的变化，可以将调整筹资的目的称为调整性筹资动机。

在实务中，企业筹资的动机可能不是单纯的或唯一的，如通过追加筹资，既满足了生产经营、对外投资的资金需要，又达到了调整资金结构的目的。这类情况也不少，可以归纳称为混合性筹资动机。

二、企业筹资的原则

筹资活动是企业资金运动的起点，筹资管理要求解决企业为什么要筹资、需要筹集多少资金、从什么渠道以什么方式筹集，以及如何协调财务风险和资金成本、合理安排资金结构等问题。为了经济、有效地筹集资金，企业筹资时要在严格遵守国家法律法规的基础上，分析影响筹资的各种因素，权衡资金的性质、数量、成本和风险，合理选择筹资渠道和方式，提高筹资效率，因此必须遵循规模适当、筹措及时、来源合理、方式经济等基本原则。

（一）规模适当原则

企业无论出于何种筹资动机，通过哪些渠道、采用什么方式筹集资金，都应科学预计、预先确定资金的合理需要量，使筹资数额与生产经营、对外投资的需要达到数量规模的平衡，匹配一致，防止因筹资不足而影响对各种内外投资活动的资金供应，或因筹资数量过剩而造成资金闲置从而增加资金成本。

（二）筹措及时原则

企业筹资还必须根据资金的投放时间予以筹划安排，合理安排筹资时间，适时取得资金，从而保障资金及时到位，使筹资与用资在时间上很好地配合衔接，实现时间上的动态平衡。避免取得资金过早而造成投放前的资金闲置，或取得资金滞后而贻误投放的最有利时机。

（三）来源合理原则

资金的来源渠道和资金市场为企业提供了资金的源泉和筹资场所。不同来源的资金，对筹资者和投资者的成本、风险、收益有不同的影响。因此，企业应认真研究资金来源渠道和资金市场，合理选择资金来源。遵守国家有关法律法规，合法合规筹资，严格履行合同，依法披露信息，避免因非法筹资行为而给企业自身及相关主体造成损失。

（四）方式经济原则

在确定筹资数量、筹资时间、资金来源的基础上，由于不同筹资方式的资金成本高低不同，企业在筹资时还必须认真研究并对比各种筹资方式，选择经济、可行的筹资方式，力求降低资金成本，寻求最优的筹资组合，以便经济有效地筹集资金。另外，与筹资方式有紧密联系的是资金结构问题，因此企业应确定合理的资金结构并不断优化，以便降低成本、减少风险，保持适当的偿债能力，防范财务危机。

三、企业筹资渠道与方式

企业筹资需要通过一定的筹资渠道，并运用一定的筹资方式。不同的筹资渠道和筹资方式各有其特点和适用性，为此需要进行分析研究。

（一）企业筹资渠道

企业筹资渠道，是指企业筹措资金的来源与通道，它体现着资金的来源和性质。认识筹资渠道的种类及每种筹资渠道的特点和适用性，有利于企业充分开拓和正确利用筹资渠道，实现各种筹资渠道的合理组合，有效地筹集资金。目前企业的筹资渠道，主要包括以下几种：

1.政府财政资金

政府财政资金通常只有国有企业（包括国有控股企业、混合所有制企业）才能利用，其是国有企业获得自有资本的基本来源。现在的国有企业，其资本大部分是过去由政府通过财政以拨款的方式投资而形成的。政府财政资金，具有广阔的来源和稳固的基础，并在国有企业资本金预算中进行安排，其今后仍然是国有企业权益资本筹资的重要渠道。另外，政府的各种财政补贴、奖励也是部分企业的资金来源。

2.银行信贷资金

银行信贷资金是目前我国各类企业重要的资金来源。银行分为商业性银行和政策性银行。在我国，商业性银行主要有中国工商银行、中国农业银行、中国建设银行、中国银行等国有商业银行和交通银行、民生银行、地方商业银行等股份制商业银行以及少数民营银行。政策性银行有国家开发银行、中国农业发展银行和中国进出口银行。商业银行以营利为目的，为各类企业提供商业贷款；政策性银行主要为特定企业提供政策性贷款。银行信贷资金主要来自居民储蓄、单位存款等经常性的资金来源，贷款方式多种多样，可以适应各类企业的多种资金需要。

3.非银行金融机构资金

非银行金融机构主要包括信托投资公司、保险公司、证券公司、财务公司、金融资产管理公司、金融租赁公司、典当行、担保公司、小额信贷公司、信用合作社、各类基金公司等。它们提供包括信贷资金投放、融资融物、信托服务、承销证券等各种金融服务，可以为一些企业直接提供部分资金或为企业筹资提供服务。

4.其他单位资金

其他企事业单位的资金也能为筹资企业提供资金来源，如其他单位可以将其暂时闲置的资金以购买股票、债券或直接投资等形式向筹资企业投资，或以国家规定的利率借给筹资企业使用；筹资企业在购销业务中可以利用其他企业提供的商业信用等。

5.自然人资金

自然人资金主要是指"游离"于银行及非银行金融机构等之外的居民个人资金，可通过多层次资金市场以各种形式用于对筹资企业的投资，形成民间资金来源渠道，为企业筹资提供资金来源。

6.企业自留资金

企业自留资金是指企业内部形成的资金，又称企业内部留存，主要包括盈余公积和未分配利润等。这项资金的重要特征是直接由企业内部生成的，无须通过一定的方式去对外筹集，使用便捷。

（二）企业筹资方式

企业筹资方式是指企业筹措资金时所采取的具体形式。对应各种筹资渠道，企业可采用不同的筹资方式筹集资金。正确认识筹资方式的种类及每种筹资方式的属性，有利于企业选择适宜的筹资方式和并对筹资组合进行优化。

企业筹集资金的方式，一般主要有以下七种：

第一，吸收直接投资；

第二，发行股票；

第三，利用留存收益；

第四，向金融机构借款；

第五，利用商业信用；

第六，发行债券；

第七，融资租赁。

其中，利用第一种到第三种筹资方式筹措的资金为权益资金；利用第四种到第七种筹资方式筹措的资金是负债资金。

另外，还有发行可转换债券、认股权证等兼具权益资金和负债资金性质的混合筹资方式。

（三）企业筹资渠道与筹资方式的配合

企业筹资渠道与筹资方式有着密切的联系。同一筹资渠道的资金往往可以通过不同的筹资方式取得，而同一筹资方式又往往可以筹集来源于不同筹资渠道的资金。因此，企业在筹资时，应当实现筹资渠道和筹资方式两者之间的合理配合。企业筹资渠道与筹资方式配合的主要对应关系参见表3-1。

表3-1　　企业筹资渠道与筹资方式配合的主要对应关系表

筹资方式 筹资渠道	吸收直接投资	发行股票	利用留存收益	向金融机构借款	利用商业信用	发行债券	融资租赁
政府财政资金	√						
银行信贷资金				√			
非银行金融机构资金		√		√		√	√
其他单位资金	√	√			√	√	
自然人资金	√	√			√	√	
企业自留资金			√				

四、筹资的类型

企业筹集的资金，由于具体的属性、期限、范围和机制不同而形成不同的类型。

（一）权益资金与负债资金

企业的全部资金，按属性（性质）的不同，可以分为权益资金与负债资金两种类型。

1.权益资金

权益资金，又称主权资金、股权资金、自有资金，是指企业依法取得并长期拥有，可以自主调配运用的资金。在财务管理中，一般将权益资金分为两类：投入资本和留存收益。投入资本包括股本（或实收资本）和资本公积、其他综合收益；留存收益包括盈余公积和未分配利润。

权益资金具有下列属性：第一，其所有权属于企业所有者。企业所有者依法凭其所有权参与企业的重要经营管理和利润分配，并对企业债务承担有限责任或无限责任。第二，企业对权益资金依法享有使用权。在企业存续期间，企业有权调配、使用权益资金，企业所有者除依法转让其所有权外，不得以任何方式抽回其投入的资本，因而权益资金被视为企业的“永久性资本”。

企业的权益资金一般通过政府财政资金、其他单位资金、自然人资金、企业自留资金等渠道，采用吸收直接投资、发行股票、利用留存收益等筹资方式筹得。

2.负债资金

负债资金，又称债务资金、借入资金，是指企业依法取得并依约运用、按期偿还的资金。

企业负债体现着企业与债权人的债务与债权关系。企业对持有的负债资金，在约定的期限内享有使用权，并承担按期还本付息的义务。债权人无权参与企业的经营管理和利润分配，对企业的其他债务也不承担责任。

企业负债资金一般通过银行信贷资金、非银行金融机构资金、其他单位资金、自然人资金等筹资渠道，采用向金融机构借款、发行债券、利用商业信用和融资租赁等筹资方式筹得。

由于筹集权益资金和负债资金的资金成本和筹资风险不同，每个企业的权益资金与负债资金应该存在一个合理的比例，因此，合理安排权益资金和负债资金的比例关系是企业筹资管理的核心问题之一。

（二）长期资金与短期资金

企业的全部资金，按期限的长短不同，可以分为长期资金与短期资金。

1.长期资金

长期资金，是指使用期限在一年以上的资金。长期资金在财务管理中通常称作资本，包括各种权益资金和长期借款、应付长期债券、融资租赁产生的长期应付款等长期负债资金。长期资金主要用于购建长期资产、产品和技术的研发、对外长期投资等方面，一般采用吸收直接投资、发行股票、利用留存收益、发行长期债券、举借长期借款和融资租赁等方式筹得。

2.短期资金

短期资金，是指使用期限在一年以内的资金。企业由于在生产经营过程中的流动资产投入、资金日常周转调度等原因，往往需要一定数量的短期资金。企业的短期资金，即流动负债，主要包括短期借款、应付或预收商业账款、其他应付款、应付职工薪酬、应交税费等项目，通常采用向银行等金融机构借款、利用商业信用、保理业务、发行短期债券等方式筹得。

由于筹集长期资金和短期资金的资金成本和财务风险不同，每个企业的长期资金与短期资金之间也应该存在一个合理比例，因此，合理安排长期资金和短期资金的比例关系也成为企业筹资管理的重要问题之一。

（三）内部筹资与外部筹资

企业的全部筹资按资金来源的不同，可分为内部筹资和外部筹资两种类型。

1.内部筹资

内部筹资，是指企业在内部通过留存收益等而形成的资金来源。内部筹资数额的大小主要取决于企业可分配利润的多少以及利润分配政策，一般无须花费筹资费用，也不需要支付外显用资成本（只有机会成本），从而降低了资金成本。

2.外部筹资

外部筹资，是指企业的留存收益不能满足需要时，向企业外部筹措资金而形成的资金来源。处于初创期的企业，内部筹资的可能性有限；而处于成长期的企业，内部筹资往往难以满足需要。于是，企业就要广泛开展外部筹资。企业外部筹资的渠道和方式有很多，包括前述的筹资渠道和筹资方式中的除留存收益外的所有渠道和方式。外部筹资既需要支付筹资费用，又需要支付用资成本。

（四）直接筹资与间接筹资

企业的筹资活动按其是否借助银行等金融机构为中介，可分为直接筹资和间接筹资两种类型。

1.直接筹资

直接筹资是指企业不借助银行等金融机构，直接向资金所有者融通资金的一种筹资活动。在直接筹资过程中，筹资企业依赖资金市场机制，直接面向资金所有者，以股权协议或股票、债券等证券工具为媒介，采用吸收直接投资、发行股票、发行债券等筹资方式取得资金。由于筹资程序较为繁杂，因此，直接筹资的筹资效率较低，筹资费用也较高。但由于直接筹资可以最大限度地筹集社会资金，并且随着我国金融体制改革的深入、多层次资金市场的完善和网络通信技术的发展，具有广阔领域的企业直接筹资将得到更大的发展。

2.间接筹资

间接筹资是指企业借助银行等金融机构而融通资金的筹资活动，是一种传统的适应企业资金周转需要的筹资类型。在间接筹资活动过程中，银行等金融机构发挥着中介作用。它们先聚集资金，然后提供给筹资企业。间接筹资的基本方式是向银行等金融机构借款，此外还有融资租赁等筹资方式。间接筹资过程简单，手续简便，所以筹资效率高，筹资费用低。

五、企业资金需要量的预测

企业的资金需要量是筹资的数量依据，必须进行科学合理的预测。开展资金需要量预测的目的，是为了保证企业生产经营等业务的顺利进行，使筹集来的资金既能保证满足生产经营等业务的需要，又不会产生资金闲置，从而促进企业筹资、投资目标的实现。

预测资金需要量可以采用定性预测与定量预测的方法。定性预测是指预测者根据掌握的资料，凭经验对企业资金需要量作出评估和判断；定量预测是指预测者借助一定的数学模型和方法，对企业资金需要量作出数量分析预测，通常有因素分析法、销售百分比法和资金习性预测法等。在实际工作中，定性预测法和定量预测法往往配合使用，互为补充，即以定性预测法为基础，并结合定量预测法来预测企业的资金需要量。

（一）定性预测法

定性预测法是指由熟悉企业生产经营和财务情况，并有足够专业知识与判断能力的专业人员，根据所积累的专业经验，进行分析判断，提出初步意见，然后通过召开专题座谈会或发出相关问卷表格进行专家调查的形式，对上述预测的初步意见进行修正补充，从而得出最终结果的资金需要量预测方法。

定性预测法十分实用，适用于在筹资活动过程中缺乏统计数据和原始资料，只能由有关人员对相关因素的主观判断起主要作用的场合。

（二）定量预测法

1.因素分析法

因素分析法又称分析调整法，是指以有关资金项目上期的实际平均需要量为基础，根据预测期的生产经营任务和加速资金周转的要求，进行分析调整，来预测资金需要量的一种方法。这种方法的计算比较简单，容易掌握，但预测结果不太精确，因此，它通常用于品种繁多、规格复杂、用量较小、价格较低的资金占用项目的预测，也可以用来测算企业全部资金的需要量。企业采用这种方法时，首先应在上期资金平均占用额的基础上，剔除其中呆滞积压的不合理部分，然后再根据预测期生产经营任务和加速资金周转的要求进行测算。因素分析法的基本模型是：

$$\text{资金需要量}=(\text{上期资金实际占用额}-\text{上期不合理资金占用额})\times(1\pm\text{预测期销售增长率})\times(1-\text{预测期资金周转速度增长率}) \quad (3.1.1式)$$

【例3-1】福庆公司上年度实际资金平均占用额为2 200万元，经分析，其中不合理占用部分200万元，预计本年度销售增长5%，资金周转速度加快2%，则：

资金需要量=（2 200−200）×（1+5%）×（1−2%）=2 058（万元）

2.销售百分比法

根据财务预测的相关性和相似性原理，企业资金的投入量与销售规模之间往往存在着相互依存的因果关系，而且在没有重要情况变化的条件下，资金和销售收入两者之间的增减存在相似的发展规律，即当企业销售规模扩大时，要相应增加企业的资产投入，为此企业需要筹措资金。这些资金，一部分来自随销售收入同比例增加的流动负债，还有一部分来自预测期的留存收益，另外的只能通过外部筹资取得。

值得一提的是，当企业满足以下三个条件时，企业销售增长率=资产增长率=负债增长率=股东权益增长率=本期留存收益÷期初股东权益：

（1）经营效率（销售净利率、总资产周转率）不变；

（2）财务政策（筹资结构、股利政策即股利支付比率）不变；

（3）不愿意或不打算发行新股（即企业所有者不再增加资本金投入），增加债务是其唯一的外部筹资来源，企业的销售增长率称为可持续增长率。

可持续增长率是进行财务预测的重要依据。

销售百分比法是以资金与销售额的比例关系为基础，预测未来资金需要量的方法。

销售百分比法假设企业部分资产项目、负债项目与销售收入之间存在稳定的百分比关系，根据预计销售收入的变动额和相应的百分比来预测资产、负债项目的变动额，然后利用“资产=负债+所有者权益”这一会计等式来确定筹资需要量。

【例3-2】福宝公司2×21年的实际销售额为100 000万元，销售净利率为10%，股利支付率为50%，福宝公司2×21年12月31日的资产负债表（简表）见表3-2。2×22年公司预计销售额将增至120 000万元，假定公司现在还有剩余生产能力，即增加销售收入不需要进行固定资产方面的投资，并假定2×22年的销售净利率和股利支付率与2×21年相同，要求用销售百分比法预测2×22年公司需追加的外部筹资额。

表3-2 **福宝公司资产负债表（简表）**

2×21年12月31日 单位：万元

资产	金额	负债和所有者权益	金额
货币资金	2 000	负债：	
应收账款	28 000	短期借款	5 000
存货	30 000	应付账款	13 000

续表

资产	金额	负债和所有者权益	金额
固定资产净值	40 000	应付费用	12 000
		应付债券	20 000
		负债合计	50 000
		所有者权益：	
		实收资本	40 000
		留存收益	10 000
		所有者权益合计	50 000
资产总计	100 000	负债和所有者权益总计	100 000

第一步，预计销售增长率。

销售增长率=（120 000−100 000）÷100 000×100%=20%

第二步，将资产负债表中的随销售额变动而变动的资产和负债项目分离出来，并确定其销售百分比。

这些随销售额变动而变动的资产和负债项目称为变动性（或敏感性）资产项目和变动性（或敏感性）负债项目。

由于公司现在还有剩余生产能力，增加收入不需要进行固定资产方面的投资，因此，在资产项目中除了固定资产外的其他项目都将随着销售额的增加而增加，因为较多的销售量需要占用较多的存货，发生较多的应收账款，导致货币资金需求增加。在负债和所有者权益项目中，应付账款、应付费用（自然性筹资项目）也会随销售额的增加而自然增加，但短期借款、应付债券、实收资本（人为性筹资项目）不会随销售额的增加而自动增加。公司的利润如果不全部分配出去，那么留存收益也会有适当增加。预计随销售额增加而自动增加的项目及其占销售额的百分比列示在表3−3中。

表3−3　**福宝公司销售百分比表**

资产	销售百分比	负债和所有者权益	销售百分比
货币资金	2%	短期借款	不变动
应收账款	28%	应付账款	13%
存货	30%	应付费用	12%
固定资产净值	不变动	应付债券	不变动
		实收资本	不变动
		留存收益	不变动
合计	60%	合计	25%

上述变动性资产项目和变动性负债项目的销售百分比是根据2×21年的相关情况和数据确定的，假设2×22年没有发生重要变动情况，销售百分比得以继续维持。

需要说明的是，如果原有非变动性资产（如固定资产）项目在预测期需要增加，则这类资产项目在预测期也将成为变动性项目，相应的销售百分比也要确定下来，相应的资金投入量也需要增加。

第三步，确定需要增加的资金。

从表3-3可以看出，销售收入每增加100元，必须增加60元的资产投入（资金占用），但同时相应增加25元的资金来源（自然性筹资）。从销售增长额60%的资金需求中减去25%自动产生的资金来源，还剩下销售增长额35%的资金需求。因此，每增加100元的销售收入，福宝公司必须取得35元的资金来源。在本例中，销售收入从100 000万元增加到120 000万元，增加了20 000万元，按照35%的比率可预测将增加7 000万元的资金需求。

第四步，根据有关财务指标的约束条件，确定对外界资金需求的数额。

上述7 000万元的资金需求的一部分可以通过企业内部来筹集。依题意，福宝公司2×22年的净利润为12 000万元（120 000×10%），公司股利支付比率为50%，则将有50%的利润（6 000万元）被留存下来，从7 000万元中减去6 000万元的留存收益，则还有1 000万元的资金必须到公司外部去筹集。

上述预测过程可用下列公式表示：

$$\text{对外筹资需要量}=\text{变动性资产销售百分比}\times\text{新增销售额}-\text{变动性负债销售百分比}\times\text{新增销售额}-\text{预测期销售额}\times\text{预测期销售净利率}\times(1-\text{股利支付率})\quad(3.1.2式)$$

依上例，福宝公司对外筹资需要量=20 000×60%−20 000×25%−120 000×10%×（1−50%）=12 000−5 000− 6 000=1 000（万元）。

销售百分比法的主要优点是易于应用。其缺点是如果基期销售百分比与预测期实际不符，据以进行预测就会造成错误的结果。因此，在有关因素发生变动的情况下，企业必须相应地调整原有的销售百分比。

3.资金习性预测法

资金习性预测法是指企业根据资金习性预测未来资金需要量的方法。资金习性，是指资金的变动与产销量变动之间的依存关系。按照资金习性，我们可以把资金分为不变资金、变动资金和半变动资金。

不变资金是指在一定的产销量范围内，不受产销量变动的影响而保持固定不变的那部分资金。也就是说，产销量在一定范围内变动，这部分资金保持不变，例如，企业为维持营业而占用的最低数额的现金、原材料的保险储备、必要的成品和商品储备，以及厂房、机器设备等固定资产占用的资金。

变动资金是指随产销量的变动而同比例变动的那部分资金。它一般包括直接构成产品实体的原材料、外购件等占用的资金。另外，应收账款、在最低储备以外的现金、在保险储备以外的存货等也具有变动资金的性质。

半变动资金是指虽然受产销量变化的影响，但不同比例变动的资金，如一些辅助材料所占用的资金。半变动资金可采用一定的方法划分为不变资金和变动资金两部分。

设产销量为自变量X，资金需要量为因变量Y，它们之间的关系可用下式表示：

$$Y=a+bX \qquad (3.1.3式)$$

式中：a为不变资金；

b为单位产销量所需变动资金。

可见，利用3.1.3式，只要求出a和b，并知道预测期的产销量，就可以测算出预测期的资金需要量。

资金需要量可采用高低点法或回归直线法求得。

（1）高低点法。

高低点法是指根据企业一定期间资金占用的历史资料，按照资金习性原理和Y=a+bX直线方程式，用最高收入期和最低收入期的资金占用量之差，同这两个收入期的销售额（或销售量）之差进行对比，先求出b值，然后再代入原直线方程，求出a值，从而估测资金需要量Y，即：

$$b=\frac{\text{最高收入期资金占用量}-\text{最低收入期资金占用量}}{\text{最高收入期销售额}-\text{最低收入期销售额}}$$

a=最高收入期资金占用量-b·最高收入期销售额

或 a=最低收入期资金占用量-b·最低收入期销售额

然后根据Y=a+bX直线方程式，代入相应产销额X，便可求得相应的资金需要量Y。

上述最高收入期销售额、最低收入期销售额在假设销售单价不变的情况下，也可以用产销量代替。

【例3-3】福达公司2×17—2×21年的产销量和资金占用量见表3-4。假定2×22年预计产销量为7.8万件。试预测2×22年该公司的资金需要量。

表3-4 **福达公司产销量与资金需要量表**

年度	产销量X（万件）	资金需要量Y（万元）
2×17年	6	500
2×18年	5.5	475
2×19年	5	450
2×20年	6.5	520
2×21年	7	550

根据以上资料采用高低点法计算如下：

b=（550-450）÷（7-5）=50（万元）

a=550-50×7=200（万元）

或 a=450-50×5=200（万元）

得出：Y=200+50X

将2×22年预计产销量7.8万件代入上式，则：

Y=200+50×7.8=590（万元）

高低点法简便易行，在企业的资金变动趋势比较稳定的情况下，较为适宜。

（2）回归直线法。

回归直线法是指根据企业若干期产销量和资金需要量的历史资料，运用最小平方法的原理计算不变资金a和单位产销量的变动资金b，从而求得资金需要量Y的一种资金习性分析方法。

仍沿用【例3-3】，福达公司2×22年资金需要量预测过程如下：

第一步，根据表3-4的资料，可计算整理出表3-5的数据。

表3-5 回归直线方程数据计算表

年度	产销量X（万件）	资金需要量Y（万元）	XY	X^2
2×17年	6	500	3 000	36
2×18年	5.5	475	2 612.5	30.25
2×19年	5	450	2 250	25
2×20年	6.5	520	3 380	42.25
2×21年	7	550	3 850	49
n=5	$\sum X = 30$	$\sum Y = 2\,495$	$\sum XY = 15\,092.5$	$\sum X^2 = 182.5$

第二步，将表3-5的数据代入下式：

$$a = \frac{\sum X^2 \cdot \sum Y - \sum X \cdot \sum XY}{n\sum X^2 - (\sum X)^2}, \quad b = \frac{\sum Y - n \cdot a}{\sum X}$$

或：$$b = \frac{n\sum XY - \sum X \cdot \sum Y}{n\sum X^2 - (\sum X)^2}, \quad a = \frac{\sum Y - b\sum X}{n}$$

求得：a=205；b=49

第三步，将a=205，b=49，代入Y=a+bX，得：

Y=205+49X

第四步，将2×22年预计产销量7.8万件代入上式，测算出福达公司2×22年资金需要量为：

205+49×7.8=587.2（万元）

这也说明福达公司2×22年需要筹资37.2万元（587.2-550）。

从理论上说，回归直线法是一种计算结果最为精确的方法。但运用回归直线法必须注意以下问题：第一，资金需要量与产销量之间的线性关系假定应符合实际情况；第二，确定a、b数值，应利用预测年度前连续若干年的历史资料，一般要有3年以上的资料；第三，还要考虑价格等因素的变动情况。

企业进行资金习性分析，要把资金划分为变动资金和不变资金两部分，从数量上掌握了资金同销售量之间关系的规律性，从而对准确预测资金需要量有很大帮助。实际上，销售百分比法也是资金习性分析法的一种具体运用。

第二节 权益资金的筹集

企业权益资金由投入资本和留存收益构成。权益资金的出资人是企业的所有者，拥有对企业净资产的所有权。企业权益资金的筹集方式主要有吸收直接投资、发行股票、利用留存收益等。

一、吸收直接投资

吸收直接投资是指非股份制企业根据国家法律法规的规定，按照“共同投资、共同经营、共担风险、共享收益”的原则，以投资合同、协议等形式吸收国家、法人单位、自然人等投资主体直接投入的资本，从而形成资本金的一种筹资方式。它是非股份制企业筹集权益资本的基本方式。采用吸收直接投资的企业，资本不分为等额股份、不发行股票。在吸收直接投资的实际出资额中，注册资本部分，形成实收资本，超过注册资本部分，属于资本溢价，形成资本公积。

（一）吸收直接投资的出资方式及程序

投资者的出资形式可以是货币资产，也可以是适用的实物资产（包括房屋、建筑物、设备等固定资产和材料物资、商品等流动资产）和工业产权（包括专有技术、商标权、专利权等）、土地使用权等各种无形资产，还可以是可转作股权的特定债权（包括上市公司依法发行的可转换债券以及按照国家有关规定可转作股权的各种债权）。非现金出资应按照评估确定或合同、协议约定的金额计价。此外，国家相关法律法规对无形资产出资方式另有限制：股东或者发起人不得以劳务、信用、自然人姓名、商誉、特许经营权或者设定担保的财产等作价出资。

吸收直接投资的程序一般是：第一，确定筹资数量；第二，寻找合适的投资方；第三，由筹资企业和投资者协商确定出资数额、具体形式、资产作价及出资时间，签署投资合同或协议，明确双方权利和责任；第四，办理产权转移手续，取得所筹集的资产（资金）。

（二）吸收直接投资的种类

1.吸收国家投资

国家投资是指有权代表国家投资的政府部门或者机构，以国有资产投入筹资企业，国家投资形成的资本称为国有资本。吸收国家投资是国有企业筹集权益资金的主要方式。吸收国家投资一般具有以下几个特点：①产权归属于国家；②资金的运用和处置受国家约束较大；③在国有企业中广泛采用。

2.吸收法人投资

法人投资是指企业、事业单位等法人单位以其依法可以支配的资产投入筹资企业，这种情况下形成的资本称为法人资本，包括中外合资经营企业的外国公司、企业和其他经济组织的直接投资。吸收法人投资一般具有以下特点：①发生在法人单位之间；②以参与企业利润分配为目的；③出资方式灵活多样。

3.吸收社会公众投资

社会公众投资是指社会个人或本企业内部职工以个人合法财产投入企业，这种情况下形成的资本称为个人资本，包括中外合资经营企业中的外国个人的直接投资等。吸收社会公众投资一般具有以下特点：①参加投资的人员较多；②每人投资数额相对较少；③以参与企业利润分配为目的。

（三）吸收直接投资的优缺点

1.吸收直接投资的优点

（1）有利于提升企业信誉。筹集到的资金是企业自有资金，相对于负债资金而言，它能提高企业的资信度，提升企业的负债能力和偿债能力。

（2）有利于尽快形成生产经营能力。吸收直接投资的出资形式多样，企业既可以取得货币资金，又可以直接获得生产经营所需的先进设备和技术，以便于尽快形成生产经营能力，并尽快开拓市场取得效益。

（3）有利于降低企业财务风险。

2.吸收直接投资的缺点

（1）筹得资金的资金成本较高。虽然吸收直接投资的手续相对比较简便，筹资费用较低，但相对于股票筹资方式来说，吸收直接投资的用资成本可能更高，因为投资者往往要求将大部分盈余作为红利分配。

（2）企业控制权集中，不利于公司治理和产权交易。采用吸收直接投资方式筹集资金的企业，往往某个投资者的投资比例较高，企业的控制权集中，跟股份公司相比，不易形成规范的公司治理结构，由于吸收直接投资不以证券为媒介，也不利于产权交易，因此，难以进行产权转让。

二、发行股票

（一）股票的特征与分类

1.股票的特征

股票是股份有限公司为筹集股权资本而发行的可转让有价证券，是股东按其所持股份享有权利和承担义务的凭证，它代表对发行公司净资产的所有权。发行股票是股份有限公司筹措资本的基本方式。股票持有人即为公司的股东。股东最基本的权利是按投入公司的股本份额，依法享有所有者的资本收益权、重大决策参与权和选择公司管理者的权利，并以其所持股份为限对公司承担责任。

发行股票筹集的资金属于公司的长期自有资金，没有期限，具有永久性；股票在资本市场上可以自由流通，也可以继承、赠送或作为抵押品，因此，其流动性强，并且具有很强的变现能力；由于股票价格的波动性、股利分配的不确定性，公司破产清算时股东处于剩余财产分配的最后顺序，因此，股票投资者的风险很高。

2.股票的分类

（1）按股东享受的权利和承担的义务，股票可分为普通股股票和优先股股票。

普通股股票，简称普通股，是指股份公司依法发行的代表着股东享有（或承担）平等的权利、义务，不加特别限制的，股利不固定的股票。普通股是最基本的股票，构成股份公司股本的最基本部分。我国股份公司通常只发行普通股。普通股股东的主要权利有公司管理权、收益分享权、股份转让权、优先认股权和剩余财产要求权等。

优先股股票，简称优先股，是股份公司依法发行的相对于普通股具有一定优先权的股票。优先股也是公司自有资金的一部分。其股息一般预先确定，股利分配顺序排在普通股之前；当公司解散时，优先股股东将先于普通股股东分配公司剩余财产。但优先股股东在股东大会上无表决权，在参与公司管理上受到一定限制，仅对涉及优先股权利的问题有表决权。

（2）按是否记入股东名册，股票可分为记名股票和无记名股票。

记名股票，是在股票上载有股东姓名或名称并将其记入公司股东名册的一种股票。记名股票的转让、继承都要办理过户手续。《中华人民共和国公司法》（以下简称《公司法》）规定，公司向发起人、法人发行的股票，应当为记名股票。

无记名股票不登记股东姓名或名称，公司只记载股票数量、编号及发行日期。无记名股票的转让、继承无须办理过户手续。公司向社会公众发行的股票可以为记名股票，也可以为无记名股票。

（3）按发行对象和上市地点，股票可分为A股、B股、H股、N股和S股等。

A股即人民币普通股票，由我国境内公司发行，境内上市交易，它以人民币标明面值，以人民币认购和交易。B股即人民币特种股票，由我国境内公司发行，境内上市交易，以人民币标明面值，但以外币认购和交易。H股，是公司注册地在内地、上市地在中国香港的股票。依此类推，在纽约和新加坡上市的股票分别称作N股和S股。

（二）股份有限公司的设立与股票的发行

1.股份有限公司的设立

设立股份有限公司，应当有2人以上200人以下的发起人，其中须有半数以上的发起人在中国境内有住所。股份有限公司的设立，可以采取发起设立或者募集设立的方式。发起设立，是指由发起人认购公司应发行的全部股份而设立公司。募集设立，是指由发起人认购公司应发行股份的一部分，其余股份向社会公开募集或者向特定对象募集而设立公司，其中发起人认购的股份不得少于公司股份总数的35%（法律、行政法规另有规定的，从其规定）。

股份有限公司的发起人在公司不能成立时，对设立行为所产生的债务和费用负连带责任，对认股人已缴纳的股款负返还并加算银行同期存款利息的连带责任，在公司设立过程中，由于发起人的过失致使公司利益受到损害，发起人要对公司承担赔偿责任。

2.股票的发行

股票的发行就是股份公司以募集资本为目的，分配或出售自己的股份。公司设立时，要通过发行股票募集股本。公司设立之后，为了扩大经营、改善资本结构，也会增资发行新股。股票发行实行公平、公正的原则，必须同股同权、同股同利。同次发行的同种类股票，每股的发行条件和价格应当相同。发行股票应接受国务院证券监督管理机构的管理和监督。股票发行应执行具体的管理规定，主要包括股票发行条件、发行程序和方式、销售方式等。

（1）股份有限公司首次发行股票的一般程序。

第一，发起人认足股份、交付股资。发起设立方式的发起人认购公司全部股份，募集设立方式的发起人认购的股份不得少于公司股份总数的35%。发起人可以用货币出资，也可以非货币资产作价出资。

第二，提出公开募集股份的申请。以募集方式设立的公司，发起人向社会公开募集股份时，必须向国务院证券监督管理部门递交募股申请，并报送批准设立公司的相关文件（如公司章程、招股说明书等）。

第三，公告招股说明书，签订承销协议。公开募集股份申请经国家批准后，应公告招股说明书，同时，与证券公司等证券承销机构签订承销协议。

第四，招认股份，缴纳股款。

第五，召开创立大会，选举董事会、监事会。

第六，办理公司设立登记，交割股票。

(2) 股票的发行方式。

股票发行方式，是指公司发行股票的途径。根据股票发行是否公开，股票发行方式可分为公开间接发行股票和非公开直接发行股票两类。

公开间接发行股票，又称公募发行，是指股份有限公司通过中介机构，公开向社会公众发行股票。采用募集设立方式成立的股份有限公司，向社会公开发行新股时，须由有资格的证券经营中介机构（如证券公司、信托投资公司等）负责承销（包销或代销）。这种发行方式的发行范围广、发行对象多，易于足额募集资本；股票的变现性强，流通性好；有助于提高发行公司的知名度，扩大其影响力。但是，这种发行方式存在手续繁杂严格、发行成本高等不足之处。

非公开直接发行股票，又称私募发行，是指股份公司只向少数特定的对象直接发行股票，不需要中介机构负责承销。采用发起设立方式成立并采用向特定对象募集的方式发行新股的股份有限公司，向发起人和特定对象发行股票，应采用直接将股票销售给认购者的自销方式。这种发行方式弹性较大，发行成本低，但发行范围小，不易及时足额筹集资本，发行后股票变现性差。

(3) 股票的发行价格。

股票的发行价格一般有等价发行、时价发行、中间价发行、溢价发行与折价发行等类型。

等价发行，又称平价发行或面值发行，就是以股票面额为发行价格发行股票，即股票发行价格与股票面额等价。平价发行股票一般容易推销，但无法取得股票的溢价收入。这种发行价格，一般在股票的初次发行，或在股东内部分摊增资的情况下采用。

时价发行，又称市价发行，是以本公司原发行的同种股票在流通市场上买卖的现行市场价格为基准来选择增发新股的发行价格。

中间价发行是取股票市场价格（时价）与面额（等价）的中间值作为股票的发行价格。

以中间价发行或时价发行都可能是溢价发行，也可能是折价发行。溢价发行股票所获的溢价款，应列入资本公积。

值得注意的是，我国《公司法》规定，我国公司发行股票的发行价格可以等价发行、中间价发行或溢价发行，但不准折价发行，即不准以低于股票面额的价格发行。

（三）股票上市

股票上市是指股份有限公司公开发行的股票，经核准在证券交易所挂牌交易。在证券交易所上市的股票，称为上市股票，其股份有限公司称为上市公司。

1.股票上市的条件

根据《中华人民共和国证券法》（以下简称《证券法》）的有关规定，股份有限公司申请股票上市交易，应当向证券交易所提出申请，由证券交易所依法审核同意，并由双方签订上市协议。申请股票上市交易，应当符合证券交易所上市规则规定的上市条件。这些条件包括发行人的经营年限、财务状况、最低公开发行比例和公司治理、诚信记录等。

2.上市公司的股票发行

上市的股份有限公司在证券市场上发行股票包括公开发行股票和非公开发行股票两种类型。公开发行股票又分为首次上市公开发行股票和上市公开发行股票，非公开发行股票即向特定投资者发行股票，又称定向增发股票。

（1）首次上市公开发行股票（Initial Public Offering，IPO）。

首次上市公开发行股票，是指股份有限公司对社会公开发行股票并上市流通和交易。实施IPO的公司，自股份有限公司成立后，持续经营时间应当在3年以上（经国务院特别批准的除外），应当符合中国证券监督管理委员会（以下简称“中国证监会”）《首次公开发行股票并上市管理办法》规定的相关条件（如最近3个会计年度净利润均为正数且累计超过人民币3 000万元，净利润以扣除非经常性损益前后较低者为计算依据；最近3个会计年度经营活动产生的现金流量净额累计超过人民币5 000万元；或者最近3个会计年度营业收入累计超过人民币3亿元；发行前股本总额不少于人民币3 000万元；最近一期末无形资产（扣除土地使用权、水面养殖权和采矿权等后）占净资产的比例不高于20%；最近一期期末不存在未弥补亏损），经公司董事会和股东大会决议，由保荐人保荐并向中国证监会申报，经中国证监会核准后，在12个月内公开发行股票。

根据2020年2月修订的《上市公司证券发行管理办法》规定，上市公司发行证券（股票和可转换公司债券），必须真实、准确、完整、及时、公平地披露或者提供信息，并符合以下一般规定：

① 组织机构健全、运行良好（如公司章程合法有效，股东大会、董事会、监事会和独立董事制度健全，能够依法有效履行职责等）。

② 盈利能力具有可持续性（如最近3个会计年度连续盈利等）。

③ 财务状况良好（如资产质量良好；经营成果真实，现金流量正常；最近3年及一期财务报表未被注册会计师出具保留意见、否定意见或无法表示意见的审计报告；最近3年以现金方式累计分配的利润不少于最近3年实现的年均可分配利润的30%等）。

④ 最近36个月内财务会计文件无虚假记载，且不存在重大违法行为（如违反证券法律、行政法规或规章，受到中国证监会的行政处罚，或者受到刑事处罚等）。

⑤ 募集资金的数额和使用应当符合相关规定（如募集资金数额不超过项目需要量等）。

（2）上市公开发行股票（公开增发股票和配股）。

上市公开发行股票，是指股份有限公司上市后，通过证券交易所在证券市场上对社会公众公开发行股票，具体包括公开增发股票和配股两种方式。

①公开增发股票。

公开增发股票是指上市公司向社会公众发售股票的再融资方式。与IPO一样，公开增发股票没有特定的发行对象，股票市场上的投资者均可以认购。公开增发也要满足上市公司公开发行的一般规定。

上市公司公开增发股票的定价要遵照“发行价格应不低于公告招股意向书前20个交易日公司股票均价或前1个交易日的均价”的规定。

公开增发股票的认购方式通常为现金认购。

②配股。

配股是指上市公司向原有股东以低于股票市价的某一特定价格配售股票的再融资方式。按照惯例，公司配股时新股的认购权按照原有股权比例在原股东之间分配。因此，配股权是普通股股东的优惠权，实际上是一种短期的看涨期权，是对公司股东的一种类股利分配方式。

配股一般采取网上定价发行方式。配股价格由主承销商和发行人协商确定。

上市公司向原股东配股的，除了要符合公开发行股票的一般规定外，还应当符合下列规定：第一，拟配售股份数量不超过本次配售股份前股本总额的30%；第二，控股股东应当在股东大会召开前公开承诺认配股份的数量；第三，采用证券法规定的代销方式发行。

（3）非公开发行股票（定向增发股票）。

上市公司非公开发行股票，是指上市公司采用非公开方式，向特定对象发行股票的行为，又称非公开增发股票或定向增发股票。定向增发的对象主要是机构投资者与大股东及关联方，可以是老股东，也可以是新投资者，但发行对象不超过35名。机构投资者大体可以分为战略投资者和财务投资者。发行对象为境外战略投资者的，应当遵守国家的相关规定。

非公开发行股票的发行价格应不低于定价基准日前20个交易日公司股票均价的80%。第一，本次发行的股份自发行结束之日起，6个月内不得转让；第二，控股股东、实际控制人及其控制的企业认购的股份，18个月内不得转让；第三，募集资金使用符合《上市公司证券发行管理办法》第十条的规定；第四，本次发行将导致上市公司控制权发生变化的，还应当符合中国证监会的其他规定。定价基准日是指计算发行底价的基准日，为本次非公开发行股票的发行期首日。定价基准日前20个交易日公司股票交易均价=定价基准日前20个交易日股票交易总额÷定价基准日前20个交易日股票交易总量。

非公开增发股票的认购方式不限于现金，还包括股权、债权、无形资产、固定资产等非现金资产。通过非现金资产认购的非公开增发股票往往是以重大资产重组或者引进长期战略投资为目的。

上市公司定向增发股票的优势在于：有利于引入战略投资者和机构财务投资者。战略投资者一般拥有资金、技术、管理、市场、人才等方面的优势，有较好的实业基础和较强的投融资能力。上市公司引入战略投资者能够和本公司形成紧密的伙伴式合作关系，由此提升本公司形象和资本市场认同度，优化上下游业务，从而增强公司的经营实力和核心竞争力，提高公司的管理水平，改善公司的股权结构，健全公司的治理结构；有利于利用上市公司的市场化估值溢价，将母公司（即大股东及关联方）资产通过资本市场放大，从而提升母公司的资产价值。定向增发还是一种主要的并购手段，特别是资产并购型定向增发，有利于集团企业进行股权、业务的整合及整体上市，同时，减轻了并购的现金流压力。

相对于公开增发股票和配股而言，上市公司定向增发股票的要求要低得多，因此，对于一些以往盈利记录未能满足公开融资条件但又面临重大发展机遇的公司而言，非公开增发股票为其提供了一个关键性的融资渠道。

3.股票上市的暂停、终止与特别处理

当上市公司出现经营情况恶化、存在重大违法违规行为或其他原因导致不符合上市条件时，该上市公司就可能被暂停上市或被终止上市，以及被特别处理。

（1）暂停上市。

上市公司出现以下情形之一的，由交易所暂停其上市：①公司股本总额、股权分布等发生变化不再具备上市条件；②公司不按照规定公开其财务状况，或者对财务会计报告作虚假记载，可能误导投资者；③公司有重大违法行为；④公司最近3年连续亏损。对于前3条，证券交易所根据中国证监会的决定暂停该公司股票上市；第4条由证券交易所决定。12个月内仍不达标的，证券交易所将终止其股票上市交易。

（2）终止上市。

上市公司出现以下情形之一的，由证券交易所决定终止其股票上市：①公司股本总额、股权分布等发生变化不再具备上市条件，在证券交易所规定的期限内仍不能达到上市条件；②公司不按照规定公开其财务状况，或者对财务会计报告作虚假记载，且拒绝纠正；③公司最近3年连续亏损，在其后1个年度内未能恢复盈利；④公司解散或者宣告破产；⑤证券交易所上市规则规定的其他情形（如公司股票连续20个交易日（不含停牌交易日）每日股票收盘价均低于股票面值。截至2022年3月在沪深交易所上市的A股绝大多数股票面值为1元/股，仅有3个特例：面值为0.1元/股的紫金矿业，面值为0.2元/股的洛阳钼业和面值为0.25元/股的福莱特）。

（3）特别处理。

上市公司出现财务状况和其他状况异常的，其股票交易将被交易所“特别处理”(Special Treatment，ST)。“财务状况异常”是指以下几种情况：①最近2个会计年度的审计结果显示的净利润为负值；②最近1个会计年度的审计结果显示其股东权益低于注册资本；③最近1个会计年度经审计的股东权益扣除注册会计师、有关部门不予确认的部分，低于注册资本；④注册会计师对最近1个会计年度的财务报告出具无法表示意见或否定意见的审计报告；⑤最近1期经审计的财务报告对上年度利润进行调整，导致连续2个会计年度亏损；⑥经交易所或中国证监会认定为财务状况异常的情况。“其他状况异常”，是指自然灾害、重大事故等导致生产经营活动基本中止，公司涉及的可能赔偿金额超过公司净资产的诉讼等情况。

在上市公司的股票交易被实行特别处理期间，其股票交易遵循下列规则：第一，股票报价日涨跌幅限制为5%；第二，股票名称改为原股票名称前加“ST”；第三，上市公司的中期报告必须经过审计。

4.股票上市的利弊分析

（1）股票上市的有利影响。

① 有助于改善财务状况。公司一旦上市，就可以有更多机会从证券市场上筹集新的自有资金，从而增强财务实力和负债能力。

② 有利于利用股票并购其他企业。可以通过出让股票的方式而不一定通过支付现金的方式实施对其他企业的并购。

③ 有利于利用股票市场确定公司自身价值。对上市公司来说，即时的股市交易行情，就是对公司价值比较客观的市场评价。

④ 有利于利用股票期权等股权激励手段激励本公司的关键员工。

⑤ 有利于提高公司知名度，吸引更多客户。

（2）股票上市的不利影响。

① 上市公司必须公开关键的经营情况信息，可能使公司失去隐私权并暴露商业秘密。

② 上市手续复杂严格，上市后要接受严格监管，因此，上市时和上市后公司需要负担较高的成本费用。

③ 由于股东通常会以公司盈利、分红、股价等指标来判断公司管理者的业绩，因此，容易诱发管理者的短期行为。

④ 股价有时会歪曲公司的实际情况，从而影响公司声誉。

⑤ 可能会分散公司的控制权，造成管理上的困难。

（四）普通股筹资的优缺点

1.普通股筹资的优点

（1）没有固定到期日，不用偿还。发行普通股筹集的是永久性资本，除非公司清算时才需偿还。这对保证公司最低资金需求、维持公司长期稳定发展极为有益。

（2）没有固定的股利负担。股利的支付与否以及支付多少，视公司有无盈利与投资和经营需要而定，因此，公司的财务负担相对较轻。

（3）筹资风险低。由于普通股筹资没有固定的到期日，且不存在不能偿付的风险，也不用支付固定的股利，因此，筹资风险最低。

（4）能提高公司的社会声誉和信用价值。普通股筹集的资金可作为其他方式筹资的基础，尤其可以为债权人提供保障，能提高公司的负债能力。股权的流通和转让，便于吸收新的投资者。

2.普通股筹资的缺点

（1）资金成本高。首先，普通股投资者所冒的投资风险高（收益不确定性大），要求的投资报酬率自然也高；其次，普通股股利从税后利润中支付，不具有抵税作用。此外，普通股的发行费用也高。

（2）容易分散公司控制权。普通股筹资会增加新股东，容易导致公司控制权的分散，从而削弱了原有股东对公司的控制，也增加了公司被收购的风险。

（五）优先股

1.优先股的特征和分类

（1）优先股的特征。

优先股是一种特别股票，发行优先股筹集的是一般没有固定到期日、不用偿还本金的权益资金，但普通股股东一般将优先股看成是一种特殊债券，因为优先股大都股息固定且应以现金支付，与债券利息相似，对利润的分配和剩余财产的求偿与普通股相比又具有优先权，这也类似于债券，且其参与公司管理的权利又受到限制，一般只有在股东大会研究与优先股股东利益相关的特定问题时才有表决权；债券持有人则视其为股票，因为它毕竟是公司股权，也能对债权起保障作用。所以从财务角度看，优先股属于股债联结产品，是一种混合性筹资。

我国于2014年3月21日发布并实施的《优先股试点管理办法》规定了上市公司发行优先股的一般条件、上市公司公开发行优先股的特别规定、交易转让及登记结算等。其规定：上市公司可以发行优先股、非上市公众公司可以非公开发行优先股；优先股每股票面金额为100元；优先股发行价格和票面股息率应当公允、合理，发行价格不得低于票面金额；公开发行优先股的价格或票面股息率以市场询价或证监会认可的其他公开方式确定，非公开发行优先股的票面股息率不得高于最近2个会计年度的年均加权平均净资产收益率。

（2）优先股的分类。

优先股按不同的标准有不同的分类：①按股息在股权存续期内是否固定，可分为固定股息率优先股和浮动股息率优先股；②按在公司章程中是否规定在有可分配税后利润时必须向优先股股东分红，可分为强制分红优先股和非强制分红优先股；③按股息能否累积，即公司因当年可分配税后利润不足而未向优先股股东足额派发股息，差额部分是否可累积到下一会计年度或以后某一有盈利年度，可分为累积优先股和非累积优先股；④按是否可在规定时间内按一定的转换比率转换为该公司普通股股票，可分为可转换优先股和不可转换优先股；⑤按优先股股东按照确定的股息率分配得到股息后是否还有权与普通股股东一起参与剩余净利润的分配，可分为参与优先股和非参与优先股；⑥按发行人或优先股股东是否享有要求公司回购优先股的权利，可分为可回购优先股和不可回购优先股（可回购优先股包括发行人要求赎回优先股和投资者要求回售优先股两种情况应在公司章程和招股文件中规定其具体条件）。

其中，强制分红优先股、累积优先股、可转换优先股、参与优先股、投资者要求回售优先股等均对股东有利，而非强制分红优先股、发行人要求赎回优先股、不可回购优先股等则对股份公司有利。

根据《优先股试点管理办法》的规定：上市公司不得发行可转换为普通股的优先股。上市公司公开发行的优先股，应当在公司章程中规定以下事项：①采取固定股息率；②在有可分配税后利润的情况下必须向优先股股东分配股息；③未向优先股股东足额派发股息的差额部分应当累积到下一会计年度；④优先股股东按照约定的股息率分配股息后，不再同普通股股东一起参与剩余利润的分配。

2.优先股筹资的优缺点

优先股筹资的优点：一般没有固定到期日，不用偿还本金；股利支付既固定，又有一定弹性；能提高公司的信用能力，降低公司财务风险；有利于公司股权结构的调整，保障普通股的收益和控制权。

优先股筹资的缺点：资金成本较高；股利支付可能给公司带来一定财务压力。

（六）认股权证

认股权证是由股份公司发行的可认购其股票的一种证明文件，它赋予持有者在特定的期限内以事先约定的价格购买发行公司一定数量股票的选择权利。

认股权证本质上是一种股票期权（即买入期权或看涨期权），属于金融衍生工具，具有实现融资和股票期权激励的双重功能，但认股权证本身是一种认购普通股的期权，投资者可以通过购买附认股权证的股票获得市场价与认购价之间的股票差价收益，或直接出售认股权证获益，但它既没有普通股的红利收入，也没有与普通股相应的投票权。认股权证尤其是依附于债券等发行的认股权证是一种混合型筹资。

对筹资公司而言，发行认股权证是一种特殊的筹资手段。认股权证本身含有期权条款，其持有者在认购股份之前，对发行公司既不拥有债权也不拥有股权，而只是拥有股票认购权。发行公司通过发行认股权证不仅可以筹得一笔额外现金，而且能促进其他筹资方式的运用，还有利于公司推进对技术和管理骨干的股权激励机制，约束公司大股东及管理层的败德行为，激励他们更加努力地提升公司的市场价值，从而增强了公司的资本实力和运营能力。

认股权证的形式多种多样，运用十分灵活。按允许认股的期限分，认股权证可分为长期认股权证和短期认股权证。长期认股权证的认股期限通常持续数年，甚至为10年以上。短期认股权证的认股期限一般在90天以内；按发行方式分，认股权证可分为单独发行的认股权证和附带发行的认股权证。单独发行的认股权证是指不依附于其他证券而独立发行的认股权证，它有利于企业将来发售股票。附带发行的认股权证是指依附于债券、优先股、普通股或短期票据发行的认股权证，它可促进其所依附证券的发行效率，是一种促进筹资的有力工具。发行分离交易的可转换公司债券，其认股权证上市交易的，认股权证约定的要素应当包括行权价格、存续期间、行权期间或行权日、行权比例，其行权价格应不低于公告募集说明书日前20个交易日公司股票均价和前一个交易日的均价。

三、利用留存收益

利用留存收益筹资是指企业在内部通过留存收益而形成的资金（包括盈余公积和未分配利润）。它是企业筹集权益资金的方式之一。利用留存收益进行内部筹资是企业经常采用的筹资渠道，有些小企业无法取得外部资金，有些大企业取得外部资金的来源不足，就要依靠内部筹资。企业应在充分利用内部筹资来源之后，再考虑外部筹资问题。

留存收益是企业缴纳所得税之后形成的，当企业不将全部税后利润作为股利支付给股东，未分配的税后利润构成留存收益，其所有权属于股东，实质上是股东对企业的追加投资。留存收益的多少取决于企业净利润的多少和股利支付率的高低。从表面上看，企业利用留存收益筹资不需要花费资金成本，但实际上，所有者（股东）愿意将其留用于企业而不作为股利取出投资于别处，总是要求获得与对外直接投资（普通股投资）等价的报酬。如果企业将留存收益用于再投资所获得的收益率低于所有者（股东）自己进行另一项风险相似的投资的收益率，那么企业就不应该保留留存收益而应将其分派给股东。因此，企业利用留存收益筹资也存在资金成本，只不过它是一种机会成本。

利用留存收益筹资因为没有筹资费用，所以资金成本较普通股低，而且能保持普通股股东对企业的控制权，从而维持企业的控制权分布。由于留存收益属于权益资金，因此，其也能降低企业的财务风险，提高企业的负债能力。但留存收益的数额往往有限，所以仅仅依靠留存收益往往会限制企业的发展，企业还应当充分利用各种外部筹资方式。

第三节　长期负债资金的筹集

负债是企业的一项重要资金来源，几乎没有一家企业是只靠自有资金，而不运用负债就能满足生产经营活动需要和对外投资需要的。负债资金与权益资金性质不同，与权益资金相比，债权人对企业没有资本收益权、决策管理权和选择管理者的权利，而且还具有以下几个特点：负债筹集的资金具有使用上的时间性，不能归企业永久支配使用，必须按期偿还，因此，财务风险较高；不论负债企业经营情况如何，都需支付固定的债务利息，从而形成企业的固定负担，但具有财务杠杆作用；负债资金的资金成本一般比权益资金低，且不会分散所有者对企业的控制权。按照所筹负债资金可使用时间的长短，我们通常将其分为长期负债筹资和短期负债筹资两类。长期负债，是指偿还期超过1年的负债，主要筹资方式包括金融机构长期借款、发行公司债券、融资租赁等；短期负债，是指偿还期小于1年的负债，主要筹资方式包括利用商业信用、短期借款、发行短期融资券等。

一、长期借款

长期借款是借款企业向银行或其他非银行金融机构借入的使用期限超过1年的借款，主要用于购建固定资产并满足长期流动资金占用的需要。

（一）长期借款的种类

长期借款的种类有很多，各企业可根据自身情况和各种借款条件选用。我国目前各金融机构的长期借款主要有以下几种分类：

1.按照用途不同，长期借款可分为基本建设借款、专项借款、长期流动资金借款

（1）基本建设借款是指借款企业因从事固定资产新建、改建、扩建等基本建设项目而申请借入的款项。

（2）专项借款是指借款企业因为专门用途而向银行等金融机构申请借入的款项，包括更新改造借款、大修理借款、技术研发和新产品研制借款、小型技术措施借款、出口专项借款、引进技术转让费周转金借款、进口设备本外汇借款及国内配套设备借款等。

（3）长期流动资金借款是指借款企业为满足长期性流动资金占用需要而向银行等金融机构借入的款项。

2.按照提供贷款的机构不同，长期借款可分为政策性银行借款、商业银行借款及其他金融机构借款

（1）政策性银行借款是指符合条件的借款企业从执行国家政策性贷款业务的银行借入的款项，例如，国家开发银行贷款，主要满足企业承建国家重点建设项目的资金需要；中国进出口信贷银行贷款，主要为大型设备的进出口提供买方信贷或卖方信贷；中国农业发展银行贷款，主要用于确保国家对粮棉油等政策性收购资金的供应。

（2）商业银行借款是指借款企业向各商业银行借入的为满足生产经营长期资金需

要的款项。

（3）其他金融机构借款，如借款企业从信托投资公司取得的实物或货币形式的信托投资借款，从财务公司、保险公司取得的各种中长期借款等。其他金融机构借款一般较商业银行借款的期限要长，支付的利率要高，对借款企业的信用要求和担保的选择比较严格。

3.按照有无担保，长期借款可分为信用借款和担保借款

（1）信用借款是指无须以财产做抵押，仅凭借款企业的信誉或保证人信用而借到的借款。对于这种贷款，由于风险较高，银行等金融机构通常要收取较高的利息，因此，往往还附加一定的限制条件。

（2）担保借款是指借款企业或第三方依法提供担保而借到的借款。担保包括保证责任、财产抵押、财产质押，由此，担保借款也分保证借款、抵押借款和质押借款三种类型。

① 保证借款是指按《中华人民共和国担保法》（以下简称《担保法》）规定的保证方式，以第三方作为保证人，承诺当借款人不能偿还借款时，保证人按约定承担一定保证责任或连带责任而取得的借款。

② 抵押借款是指按《担保法》规定的抵押方式，以借款人或第三方的财产作为抵押物而取得的借款。抵押，是指债务人或第三方并不转移对财产的占有，只将该财产作为对债权人的担保。当债务人不能履行债务时，债权人有权将该财产折价或者以拍卖、变卖的价款优先受偿。长期借款的抵押品可以是房屋、建筑物、机器设备、交通运输工具等实物资产，也可以是依法有权处分的土地使用权，还可以是股票、债券等有价证券等，它们必须是能够变现的资产。抵押贷款有利于降低金融机构贷款的风险，从而提高贷款的安全性。

③ 质押借款是指按《担保法》规定的质押方式，以借款人或第三方的动产或财产权利作为质押物而取得的借款。质押，是指债务人或第三方将其动产或财产权利交给债权人占有，将该动产或财产权利作为债权的担保。当债务人不能履行债务时，债权人有权将该动产或财产权利折价或者以拍卖、变卖的价款优先受偿。作为借款的质押品可以是汇票、支票、债券、存款单、提单等信用凭证，也可以是依法可以转让的股份、股票等有价证券，还可以是依法可以转让的商标专用权、专利权、著作权中的财产权等。

（二）长期借款筹资的程序

1.企业提出申请

企业申请借款必须符合银行等贷款机构的贷款原则和条件，填写以借款金额、借款用途、偿还能力以及还款方式等为主要内容的“借款申请书”，并提供以下资料：①借款人及保证人的基本情况；②经财政部门或会计师事务所核准的上年度财务报告；③原有的不合理借款的纠正情况；④抵押物或质押物清单及同意抵押或质押的证明，保证人拟同意保证的有关证明文件；⑤项目建议书和可行性报告；⑥贷款机构认为需要的其他资料。

2.贷款机构进行审批

贷款机构接到借款企业的申请后，要对企业的申请进行审查，以决定是否对其提

供贷款。

（1）对借款人的信用情况进行评估；

（2）对借款的合法性、安全性和借款人的盈利稳定性、发展前景进行调查；

（3）评估借款投资项目的可行性，核实抵押物或质押物、保证人情况，测定贷款风险；

（4）与借款企业进一步协商贷款的具体条件，审批贷款。

3.签订借款合同

借款合同是规定借贷各方权利和义务的契约，其内容分为基本条款和限制条款。限制条款不是借款合同的必备条款。基本条款则是借款合同的必备条款，其内容一般包括：借款种类、借款用途、借款金额、借款利率、借款期限、还款资金来源及还款方式、保证条款、违约责任等。

4.企业取得借款

借款合同生效后，企业便可在额定的贷款指标范围内，根据用款计划和实际需要，一次或分次将借款转入企业存款结算户，以便使用。贷款人不按合同约定按期发放贷款、借款人不按合同约定用款，都要偿付违约金。

5.企业偿还借款

待借款到期时，企业应按借款合同的规定按时足额还本付息。如果企业不能按期归还借款，应在借款到期之前，向贷款机构申请借款展期，由贷款机构根据具体情况决定是否给予展期。

（三）长期借款的限制条款

由于长期借款金额较大、期限较长、风险较高，按照惯例，贷款机构通常会对借款企业提出一些有助于保证贷款本息按时足额偿还的限制条件，这些条件写进借款合同中，形成了合同的限制条款（又称保护条款）。归纳起来，限制条款大致有如下三类：

1.一般性限制条款

一般性限制条款是贷款机构对借款企业资产流动性及偿债能力等方面的要求条款，应用于大多数借款合同，但根据具体情况会有不同内容。一般包括：

（1）规定借款企业流动资金的保持量。一般规定企业必须保持的最低营运资金数额和最低流动比率数值，其目的在于保持借款企业资金的流动性和偿债能力。

（2）限制企业非经营性支出。如限制支付现金股利、再购入股票和职工加薪，其目的在于限制借款企业现金过度外流。

（3）限制资本支出规模。其目的仍着眼于保持借款企业资金的流动性。

（4）限制借款企业借入其他长期债务。

2.例行性限制条款

这类条款作为例行常规，会在大多数借款合同中出现，主要包括：

（1）要求借款企业定期向贷款机构提交财务报表，其目的在于及时掌握企业的财务状况和经营成果。

（2）不准在正常情况下出售较多经营用资产，以保持企业正常的生产经营能力。

（3）如期缴纳税金和清偿其他到期债务，以防被罚款而造成现金流失。

（4）不准以资产作为其他承诺的担保或抵押，以避免企业负担过重。

（5）不准贴现应收票据或出售应收账款，以避免或有负债等。

3.特殊性限制条款

特殊性限制条款是针对某些特殊情况，而出现在少数借款合同中的条款，例如，贷款专款专用、限制企业高级职员的薪金和奖金总额、要求企业主要领导人在合同有效期间担任领导职务、要求企业主要领导人购买人身保险等。

（四）长期借款的成本和偿还方式

长期借款的利息率通常高于短期借款，但规模大、实力强、信誉好、抵押品流动性强的借款企业仍可以争取到较低的借款利息率。长期借款利率有固定利率和浮动利率两种，浮动利率通常有最高限值和最低限值，并在借款合同中明确。对于借款企业来讲，若预测市场利率将上升，则应与银行等贷款机构签订固定利率合同；反之，则应签订浮动利率合同。

除了利息之外，银行等贷款机构还会向借款企业收取其他费用，如实行周转信贷协定所收取的承诺费、要求借款企业在本贷款机构中保持一定的补偿性余额等，这些费用都会增加长期借款的成本。

长期借款的偿还方式不一，包括：定期支付利息、到期一次性偿还本金；如同短期借款那样的定期等额偿还；平时逐期偿还小额本金和利息、借款到期时偿还余下的大额部分等。第一种偿还方式会加大企业借款到期时的还款压力，而定期等额偿还又会提高使用借款的有效年利率。

（五）长期借款筹资的优缺点

1.长期借款筹资的优点

（1）筹资速度快。借款的手续比发行证券、融资租赁等筹资简单得多，得到借款所需要的时间较短，因此，可以迅速获取资金。

（2）筹资成本较低。与股票筹资相比，长期借款的利息可在所得税前支付，因此，可减少企业实际负担的成本；与债券相比，长期借款无须支付大量的发行费用；与融资租赁相比，长期借款的手续费用很低。

（3）借款弹性好。借款企业可以与贷款机构直接交涉借款内容，容易就借款的时间、数量、还款方式、利率等内容达成协议。用款期间，如企业经营和财务情况发生变化，也可与贷款机构再协商变更借款数量、时间和条件，或提前偿还本息，这比债券筹资方便灵活得多。

（4）可以发挥财务杠杆的作用。只要投资报酬率大于借款利率，那么企业所有者将会因财务杠杆的作用而获得更多的收益。

2.长期借款筹资的缺点

（1）筹资风险较高。由于长期借款于到期时必须还本付息，因此，如果借款企业经营不善，就可能会产生不能偿债的风险，严重时甚至会导致借款企业破产。

（2）限制条款较多。为了防范风险，贷款机构在借款合同中一般都会设定一些限制性条款，这可能会影响借款企业今后的经营活动和筹资能力。

（3）筹资数额有限。为降低贷款风险，银行等贷款机构往往不愿意向一家企业发放长期的巨额贷款。通常在资金需求量不大、需求时间相对较短的情况下，企业采用长期借款的方式筹资比较有利。

二、发行公司债券

债券是发行人为筹措负债资金，依照法定程序发行，承诺按约定的利率和日期支付利息，并于特定日期偿还本金的书面债务凭证。它是一种有价证券。本节所说的公司债券，是指公司发行的期限超过一年的债券，其发行目的通常是为投资大型项目而筹集大笔长期资金。

（一）债券的基本要素和评级

1.债券的基本要素

（1）债券的面值。债券的面值包括两个基本内容：一是币种，二是票面金额。债券的票面金额是债券到期时发债人偿还债务本金的金额，要在债券上载明。

（2）债券的期限。债券都有明确的到期日，债券从发行之日起至到期日的时间称为债券的期限。债券的发行人必须于债券到期时偿还本金。

（3）债券的利率。债券上通常会载明年利率，即票面利率。它一般为固定利率，也有浮动利率债券。

2.债券的评级

公司公开发行债券通常需要由债券评信机构评定等级。债券的信用等级对于发行公司和购买人都有重要影响，因为债券评级既是度量违约风险的一个重要依据，对债务筹资利率以及公司债务成本产生直接影响，又为投资者尤其是中小投资者进行债券投资决策提供了方便。

国际上流行的债券等级是三等9级，分别为：AAA（最高级）、AA（高级）、A（上中级）、BBB（中级）、BB（中下级）、B（投机级）、CCC（完全投机级）、CC（最大投机级）、C（最低级）。债券等级为投资者提供参考。

我国的债券评级工作正在开展，但尚无统一的债券等级标准和系统评级制度。根据中国人民银行的有关规定，凡是向社会公开发行的企业债券，需要由经中国人民银行认可的资信评级机构根据发行公司的企业素质、财务质量、项目状况、项目前景和偿债能力等方面进行信用评级。

（二）公司债券的种类

公司债券可按不同标准进行分类，主要种类如下：

（1）按有无特定财产担保，公司债券可分为信用债券和担保债券。

信用债券属于无担保债券，是指仅凭公司自身的信用发行的、没有抵押品作抵押担保的债券。当公司清算时，信用债券的持有人因无特定的资产做担保品，只能作为一般债权人参与公司剩余财产的分配。

担保债券是指以抵押方式担保发行人按期还本付息的债券，主要是指抵押债券。抵押债券按其抵押品的不同，又分为不动产抵押债券、动产抵押债券、证券信托抵押债券。

（2）按债券是否记名，公司债券可分为记名债券和无记名债券。

记名债券的转让，由债券持有人以背书方式或者法律、行政法规规定的其他方式转让；无记名债券的转让，由债券持有人将该债券交付给受让人后即发生转让的效力。

（3）按利率不同，公司债券可分为固定利率债券和浮动利率债券。

（4）按偿还方式不同，公司债券可分为到期一次偿还债券和分期偿还债券。

（5）按能否转换为公司股权，公司债券可分为可转换债券和不可转换债券。

可转换债券是指债券持有者可以在规定的时间内按规定的价格转换为发债公司股票的一种债券。这种债券在发行时，对债券转换为股票的价格和比率等都作出了详细规定。《公司法》规定，可转换债券的发行主体必须是上市公司。

不可转换债券是指不能转换为发债公司股票的债券，大多数公司债券属于这一类型。

（6）按债券是否上市交易，公司债券可分为上市债券和非上市债券。

（三）发行公司债券的条件

在我国，根据《公司法》的规定，股份有限公司和有限责任公司，具有发行债券的资格。发行公司债券的申请经国务院授权的部门核准后，应当公告公司债券募集办法，并载明下列主要事项：公司名称；债券募集资金的用途；债券总额和债券的票面金额；债券利率的确定方式；还本付息的期限和方式；债券担保情况；债券的发行价格、债券发行的起止日期；公司净资产额；已发行的尚未到期的公司债券总额；公司债券的承销机构。

按照我国《证券法》的规定，公开发行公司债券，应当符合以下条件：

（1）具备健全且运行良好的组织机构；

（2）最近3年平均可分配利润足以支付公司债券1年的利息；

（3）国务院规定的其他条件。

公开发行公司债券筹集的资金，必须按照公司债券募集办法所列的资金用途使用，不得用于弥补亏损和非生产性支出。改变资金用途，必须经债券持有人会议作出决议。

上市公司发行可转换为股票的公司债券，除应当符合上述“具备健全且运行良好的组织机构”（具体见2020年2月修订的《上市公司证券发行管理办法》）的条件外，还应当遵守“具有持续经营能力（盈利能力具有可持续性，财务状况良好）”的规定（具体见2020年2月修订的《上市公司证券发行管理办法》）。但是，按照公司债券募集办法，上市公司通过收购本公司股份的方式进行公司债券转换的除外。

有下列情形之一的，不得再次公开发行公司债券：①对已公开发行的公司债券或者其他债务有违约或者延迟支付本息的事实，且仍处于继续状态；②违反《证券法》规定，改变公开发行公司债券所募资金的用途。

公司债券要上市交易，应当按照证券交易所的交易规则转让。

（四）发行公司债券的程序

发行公司债券，一般要经过下列程序，并办理规定的手续。

（1）作出发债决议。

拟发行公司债券的公司，由公司董事会制订公司债券发行方案，并由公司股东大会批准，作出发行公司债券的决议。

(2) 提出发债申请。

公司向国务院证券监督管理部门提出申请并按规定提交公司章程、公司债券募集管理办法、资产评估报告等相关文件，由证券监督管理部门根据有关规定，对公司的申请予以核准。

(3) 公告募集办法。

公司发行债券的申请被批准后，要向社会公告公司债券的募集办法。公司债券募集分为私募发行和公募发行。前者以特定的少数投资者为指定对象发行，后者在证券市场上以非特定的广大投资者为对象公开发行。

(4) 委托证券承销机构发售。

公司债券的公募发行采取间接发行方式，发行公司与承销团（由数家证券公司或投资银行组成）签订承销协议。承销方式有代销和包销两种。代销是指由承销机构代为推销债券，承销机构不承担发行风险；包销是指由承销团先购入发行公司拟发行的全部债券，然后再售给社会投资者，如果在约定期限内未能全部售出债券，那么余额要由承销团负责认购。

(5) 交付债券，收缴债券款，登记债券存根簿。

（五）公司债券发行价格的确定

债券的发行价格是指债券发行时使用的价格，即投资者购买债券时所实际支付的价格。在实务中，公司债券的发行方式通常有三种情况，即平价发行、溢价发行和折价发行。

平价发行，是指按债券的票面金额发行债券；溢价发行，是指按高出债券票面金额的价格发行债券；折价发行，是指按低于债券票面金额的价格发行债券。

债券发行价格的形成，受债券面额、票面利率、市场利率、债券期限、利息支付方式等诸多因素的影响，其中主要的影响因素是票面利率与市场利率的一致程度。债券的票面金额、票面利率于债券发行时已参照市场利率和发行公司的具体情况确定下来，一并载明于债券之上，无法改变，但市场利率经常发生变动，当发行债券时，如果票面利率与市场利率不一致，为了协调债券购销双方在债券利息上的利益，就需要调整发行价格：当票面利率高于市场利率时，以溢价发行债券，这个溢价额实际上是对发行公司未来多付利息的一种事先补偿；当票面利率低于市场利率时，以折价发行债券，这个折价实际上是对债券投资者未来少得利息的一种事先补偿；当票面利率与市场利率一致时，则以平价发行债券。

以分期付息、到期还本的债券为例，债券发行价格的计算公式为：

债券发行价格=到期票面金额按市场利率折算的现值+各期利息按市场利率折算的现值 (3.3.1式)

即：$$\text{债券发行价格}=\sum_{t=1}^{n}\frac{\text{票面金额}\times\text{票面利率}}{(1+\text{市场利率})^{t}}+\frac{\text{票面金额}}{(1+\text{市场利率})^{n}}$$

式中：n为债券期限；

t为付息期数。

【例3-4】福吉公司发行面值为1 000元，利率为10%，期限为10年，每年付息一次的公司债券。资金市场上的同类债券的市场利率为15%。该公司债券的发行价格可计算如下：

债券发行价格=1 000×10%×（P/A，15%，10）+1 000÷（1+15%）^{10}

=100×5.019+247.18=749.08（元）

【例3-5】如果【例3-4】中的福吉公司发行公司债券时的市场利率为5%，则该公司债券的发行价格可计算如下：

债券发行价格=1 000×10%×（P/A，5%，10）+1 000÷（1+5%）^{10}

=100×7.722+613.91=1 386.11（元）

（六）公司债券筹资的优缺点

1.公司债券筹资的优点

（1）与发行股票筹资相比，发行公司债券筹资的资金成本较低。一是因为投资者投资债券的风险比投资股票要低，因此要求的投资报酬率也低些；二是因为债券利息可以在税前列支，具有节税效应。

（2）保证股东的控制权，募集资金的使用限制较少。债券持有人无权参与发行公司的决策管理，所以债券筹资不会稀释股东对公司的控制权，而且与银行借款相比，发行债券募集的资金既具有长期性和稳定性，在使用上又具有相对的灵活性和自主性，从而有利于公司的扩张发展。

（3）可以提高公司声誉，发挥财务杠杆作用。公司债券的发行主体，有严格的资格限制，必须是实力强大的公司，其通过发行债券既募集了大额资金，又进一步提高了公司的声誉，而且债券的利息是固定的，当公司息税前利润率高于债券利率时，将有更多的收益留给股东。

2.公司债券筹资的缺点

（1）财务风险高。与发行股票相比，债券有固定的到期日，而且必须定期支付利息，当公司经营欠佳时，债券大量还本付息，会加剧公司财务状况的恶化，从而增加公司的财务风险，甚至会导致公司破产。因此，为确保在债券到期时有足额的现金偿还债券，有时公司需要建立偿债基金。

（2）与银行借款筹资相比，发行公司债券筹资的利息负担、发行费用等筹资费用和信息披露成本都较高。

（七）可转换债券

可转换债券是指由公司发行并规定债券持有人在一定期限内按约定的条件可将其转换为发行公司股票的债券。可转换债券是一种特殊的债券，是公司普通债券与证券期权的组合体，是一种混合型筹资。

一般来说，可转换债券可以分为两类：一类是不可分离交易的可转换债券（即一般可转换债券），其转股权和债券不可分离，债券持有者直接按照债券面额和约定的转股价格，在规定的期限内将债券转换为股票；另一类是可分离交易的可转换债券（即附认股权证的可转换债券），这类债券在发行时附有认股权证，是认股权证与公司债券的组合，这类债券发行上市后，公司债券和认股权证各自独立流通、交易。附认股权证的可转换债券的持有者，同时拥有1份债权和1份股票的看涨期权。公司发行附认股权证可转换债券可以起到一次发行、二次融资的作用，而且可以以潜在的股权稀释为代价换取较低的债券票面利息，从而有效降低融资成本，但是该类可转换债券的灵活性较差，相对于一般可转换债券，发行公司一直都有偿还本息的义务，因无赎回和强制转股条款，当市场利率大幅降低时，发行公司需要承担一定的机会成本。附认股权证的可转换债券的发行公司，其主要目的是发行债券而不是股票，是为了发债而附带期权，如果将来公司发展良好，股票价格大大超过执行价格，那么原有股东也会蒙受较大损失。

1.一般可转换债券的基本要素

可转换债券的基本要素是指构成可转换债券基本特征的必要因素，它们代表了可转换债券与普通债券的区别。可转换债券通常应当具备这样几个基本要素：

（1）可转换性。可转换债券一般可以转换为发行公司自己的普通股。这种转换是一种期权，债券持有人可以选择转换普通股，也可选择不转换普通股而继续持有债券。

（2）票面利率。可转换债券的票面利率一般会低于普通债券的票面利率，有时甚至还低于同期银行存款的利率。因为在可转换债券的投资收益中，除了债券的利息收益外，还附加了股票买入期权的收益部分。一个设计合理的可转换债券，在大多数情况下其股票买入期权的收益足以弥补债券利息收益的差额。

（3）转换价格。转换价格又称转股价格，是指将可转换债券转换成普通股的每股价格，通常由发行公司在发行可转换债券时约定。约定的转换价格通常比发行时的股价高出10%～30%。

（4）转换比率。转换比率即每一张可转换债券在既定的转换价格下能够转换的普通股股数。在债券面值和转换价格确定的前提下，转换比率=债券面值÷转换价格，例如，A公司于2×00年发行了12.5亿元可转换债券，其每张面值为1 000元，年利率为4.75%，于2×10年到期。转换可以在此前的任何时候进行，转换比率为6.41。其转换价格为156元（1 000÷6.41）。也就是说，投资者为了取得A公司的1股普通股，需要放弃金额为156元的债券面值。

（5）转换期。转换期是指可转换债券的持有人行使转换权的有效期限，也就是可转换债券转换为股份的起始日至结束日的期间。可转换债券的转换期可以与债券的到期期限相同，也可以短于债券的到期期限。超过转换期后的可转换债券不再具有转换权，自动成为普通债券。根据我国《上市公司证券发行管理办法》的规定，可转换公司债券自发行结束之日起6个月后方可转换为公司股票，转换期限由公司根据可转换债券的存续期限及公司财务状况决定。

（6）赎回条款。赎回条款是指发行公司有权在债券到期日之前提前赎回债券的相关规定，通常包括不可赎回期（即从发行时开始，不能被赎回的那段时间）、赎回期（即发行公司可以赎回债券的期间；不可赎回期结束之后，即进入债券的赎回期）、赎回价格（即事前规定的发行公司赎回债券的出价；赎回价格一般高于债券的面值，两者之差为赎回溢价；赎回溢价随债券到期日的临近而减少）、赎回条件（分为赎回期内发行公司无条件随时赎回和有条件赎回）等。设置赎回条款最主要的功能是强制债券持有者积极行使转股权，因此又被称为加速条款。

（7）回售条款。回售条款是指可转换债券发行公司的股票价格在一定时期内连续低于转换价格达到某一幅度时，债券持有人有权按照约定的价格将可转换债券卖给发行公司的有关规定。设置回售条款是为了保护债券持有人的利益，从而降低其投资风险。

（8）强制性转换条款。强制性转换条款是指在某些条件具备之后，债券持有人必须将可转换债券转换为股票，无权要求偿还债券本金的规定。设置强制性转换条款，是为了保证可转换债券顺利地转换成股票，从而实现发行公司扩大权益筹资的目的。

2.可转换债券的发行条件

（1）发行一般可转换债券的条件。

根据《上市公司证券发行管理办法》的规定，上市公司发行一般可转换债券，除了应当符合发行证券（股票、可转换债券）的一般条件之外，还应当符合以下条件：

① 最近3个会计年度加权平均净资产收益率平均不低于6%。扣除非经常性损益后的净利润与扣除前的净利润相比，以低者作为加权平均净资产收益率的计算依据。

② 本次发行后累计公司债券余额不超过最近一期期末净资产额的40%。

③ 最近3个会计年度实现的年均可分配利润不少于公司债券1年的利息。

（2）发行分离交易的可转换公司债券的条件。

根据《上市公司证券发行管理办法》的规定，发行分离交易的可转换公司债券，除符合公开发行证券（股票、可转换债券）的一般条件外，还应当符合下列条件：

① 公司最近一期期末经审计的净资产不低于人民币15亿元。

② 最近3个会计年度实现的年均可分配利润不少于公司债券1年的利息。

③ 最近3个会计年度经营活动产生的现金流量净额平均不少于公司债券1年的利息，符合“最近3个会计年度加权平均净资产收益率平均不低于6%”规定的公司除外。

④ 本次发行后累计公司债券余额不超过最近一期期末净资产额的40%，预计所附认股权全部行权后募集的资金总量不超过拟发行公司债券金额。

3.公司发行可转换债券的其他规定

（1）可转换公司债券的期限最短为1年，最长为6年。

（2）可转换公司债券每张面值100元。

（3）可转换公司债券的利率由发行公司与主承销商协商确定，但必须符合国家的有关规定。

（4）公开发行可转换公司债券，应当委托具有资格的资信评级机构进行信用评级和跟踪评级。

（5）公开发行可转换公司债券，应当约定保护债券持有人权利的办法，以及债券持有人会议的权利、程序和决议生效条件。

（6）公开发行可转换公司债券，应当提供全额担保（但最近一期期末经审计的净资产不低于人民币15亿元的公司除外），担保范围包括债券的本金及利息、违约金、损害赔偿金和实现债权的费用。

4.一般可转换债券筹资的优缺点

（1）可转换债券筹资的优点。

① 转换前资金成本较低。可转换债券的票面利率一般低于同一条件下普通债券的利率，从而降低了转换之前发行公司的资金成本。

② 筹集效率高。可转换债券除让投资者获得固定利息外，还向其提供了债权投资或股权投资的选择权，对投资者有吸引力，从而有利于债券的发行。其转换价格一般高于其发行时的公司股票价格，通过转换，发行公司可实现较高价位的股权筹资，还有利于调整资本结构。

③ 有利于稳定公司股价。可转换债券的转换期较长，即使在将来转换成股票时，对公司股价的影响也较温和，有利于稳定公司股票价格。

④ 可以减少筹资中的利益冲突。发行可转换债券不会给公司增加太多的偿债压力，所以其他债权人对此的反对和约束较少。

（2）可转换债券筹资的缺点。

① 股价上涨风险。虽然可转换债券的转换价格高于其发行时的股票价格，但是如果转换时股票价格大幅上涨，公司只能以较低的固定转换价格换出股票，那么会降低公司的股权筹资额，从而使公司遭受筹资损失。

② 存在财务风险。如果公司的股价长期低迷，债券持有者没有如期转换成普通股，则会增加公司到期集中兑付债券本金的压力，从而提高了公司的财务风险。在设定有回售条款的情况下，公司在短期内集中偿还债务的压力会更明显。尤其是有些公司发行可转换债券的目的是筹集权益资金，股价低迷则会使其原定目的无法实现。

③ 总体资金成本高于普通债券。尽管可转换债券的票面利率比普通债券低，但转股后可转换债券将失去票面利率较低的好处，再加上转换成本，可转换债券的总体资金成本比普通债券反而要高。

（八）永续债券

永续债券，又称无期债券，是指非金融企业（发行人）在证券市场发行的没有明确到期时间或期限非常长的债券。其持有人不能要求发行公司清偿本金（在实际操作中一般会附加公司赎回及利率调整条款），也不能像普通股股东一样参与公司的决策管理，而只能按期取得比普通债券高得多的利息（通常前2~3年的利息就比普通债券高，从第3年或第4年开始还会大幅增加）。因此，与优先股类似，永续债券作为具有一定权益资金属性的债务工具，也是一种混合型筹资方式。它不会稀释公司的股权，一般只需付息无须还本，因此财务风险较低，适合发行公司用债券所筹资金投资一些开发周期长的项目。如果发行公司出现清算重组等情形，从债务偿还的顺序看，大部分永续债券的偿还顺序在普通债券之后优先股和普通股之前。

三、融资租赁

租赁是指出租人以收取租金为条件，将资产租借给承租人并在约定的期限内占有和使用的一种交易行为。租赁行为，使承租人通过支付租金得到了所需资产的使用权，完成了筹资，因此其实质上具有借贷属性。它与银行信贷一样，资金（银行借贷的载体只是货币资金，租赁则是资金与实物相结合）的所有权与使用权相分离，通过融资与融物相结合，以商品形态与货币形态相结合提供信贷，以分期支付租金的方式来实现借物还钱，使银行信贷和财产信贷融合在一起，成为企业融资的一种特定形式。现在，租赁已经成为企业筹集资金的一种重要方式。

（一）租赁的分类

租赁分为经营租赁和融资租赁。

经营租赁又称服务性租赁，无融资特征，只是一种融物方式。一般由租赁公司根据市场需求选定出租的设备，然后再寻找承租企业，租赁期较短（短于资产的有效使用期，承租企业可以在合理的限制条件内中途解约），租赁设备的维修、保养等由租赁公司负责，租金仅是设备使用费，租赁期满或合同中止以后，出租资产由租赁公司收回。因此经营租赁比较适用于技术过时较快的通用生产设备的租赁。

融资租赁又称金融租赁，是区别于经营租赁的一种长期租赁形式，由于它可满足企业对资产的长期需要，因此，又称资本租赁。它是现代租赁的主要形式。

融资租赁是指由租赁公司按承租企业的要求出资购买设备，在较长的合同期内提供给承租企业使用的融资信用服务，它是以融通资金为主要目的的租赁。其主要特点是：

（1）出租的设备（一般为专用设备）根据承租企业提出的要求购买，或者由承租企业直接从设备制造商或销售商那里选定；

（2）租赁期较长，接近于资产的有效使用期，在租赁期间双方无权取消合同；

（3）由承租企业负责设备的维修、保养；

（4）租金的构成包括设备价款、利息和租赁手续费（租赁公司的业务费用和必要的利润）；

（5）租赁期满，按事先约定的方法处理设备，包括退还租赁公司，或继续租赁，或由承租企业留购，或无偿赠送给承租企业，通常采用的方式为由承租企业以很少的“名义价格”（相当于设备的残值）买下设备。

（二）融资租赁的基本形式

融资租赁按其租赁方式不同，主要可分为以下三种形式：

1.直接租赁

直接租赁即出租方根据承租方的要求，向国内外厂商购进承租方所需固定资产（多为专用设备），并直接租给承租方使用。这是融资租赁的主要形式。

2.售后回租

售后回租即承租方由于急需资金等各种原因，将自有的固定资产售给出租方，从而获得一笔相当于市价的资金，再以承租人的身份，从出租方原封不动地租回资产的使用权。采用这种租赁方式，除资产所有权的名义改变了以外，其余情况均无变化。

3.杠杆租赁

杠杆租赁，又称平衡租赁。它是涉及承租人、出租人和资金出借者三方当事人的融资租赁业务。一般来说，当所涉及的资产价值昂贵时，出租人只出购买资产所需的部分资金（通常为资产价值的20%～40%）作为自己的投资，另以该资产作为抵押担保向资金出借者（通常为银行）借入其余资金，购进资产租给承租人使用，以收取的租金偿还借款，该资产的所有权属于出租人。出租人既是债权人又是债务人。如果出租人不能按期偿还借款，那么资产的所有权就要转归资金出借者。

（三）融资租赁的程序

融资租赁业务，具有融资与融物的双重性质，其业务程序要比一般信贷业务复杂得多。融资租赁的一般程序是：

（1）选择租赁公司。

当企业决定采取融资租赁方式筹取某项设备时，要在多家租赁公司之间进行比较，以了解各公司的经营范围、业务能力、资信情况、融资条件、租赁费率等情况，择优选定。

（2）办理租赁委托。

企业选定租赁公司后，便可向其提出申请，办理委托。企业需填写“租赁申请书”，说明所需固定资产的具体要求，并提供企业财务报表等有关经营财务状况的文件。

（3）签订购货协议。

由承租企业与租赁公司的一方或双方合作选定设备供应厂商，并与设备供应厂商进行购买设备的技术谈判和商务谈判，在此基础上与设备供应厂商签订购货协议。

（4）签订租赁合同。

租赁合同系由承租企业与租赁公司签订，它是租赁业务的重要法律文件。融资租赁合同的内容可分为一般条款和特殊条款两部分。

（5）办理验货和投保。

（6）依约支付租金。

承租企业按租赁合同规定，分期支付租金，即承租企业对所筹资金的分期还款。

（7）合同期满处理设备。

（四）融资租赁租金的计算

租金的数额和支付方式对承租企业的未来财务状况具有直接影响，同时也是租赁筹资决策的重要依据。

1.融资租赁租金的构成

（1）设备价款及预计残值。这是租金的主要内容。它由设备的买价、运输费、安装调试费、保险费以及设备租赁期满后出售可得的收入构成。

（2）租息。租息又可分为租赁公司的融资成本和租赁手续费两部分。租赁公司的融资成本是指租赁公司为购买租赁设备所筹资金的成本，即设备租赁期间的利息；租赁手续费包括租赁公司承办租赁设备的业务费用和必要的盈利。租赁手续费的数额一般由租赁公司和承租企业协商而定。

2.租金的支付方式

租金的支付方式也影响到租金的计算。支付租金的方式一般有以下分类：

（1）按支付间隔期长短，租金的支付方式可以分为年付、半年付、季付和月付等。

（2）按支付时间先后，租金的支付方式可分为先付租金（期初支付）和后付租金（期末支付）两种。

（3）按每期支付的金额，租金的支付方式可分为等额支付和不等额支付两种。

在实务中，承租企业与租赁公司商定的租金支付方式，大多为后付等额年金。

3.租金的计算方法

在我国的融资租赁实务中，计算租金的方法一般采用等额年金法。它是将年金现值的计算公式变换形式后计算每期支付租金的方法，通常要根据利率和租赁手续费率确定一个租息率，作为折现率。

假如承租企业与租赁公司商定的租金支付方式为后付等额租金，即普通年金，则根据P=A·（P/A，i，n），可推导出在后付租金方式下每年年末支付租金数额的计算公式：

$$A=\frac{P}{(P/A,\ i,\ n)} \qquad (3.3.2式)$$

【例3-6】福祥公司采用融资租赁方式于2×16年1月1日从某租赁公司租入一套设备，设备价款为60万元，租期为6年，租赁期满时预计残值为5万元，设备归租赁公司。年利率为8%，租赁手续费率每年为2%。租金于每年年末支付一次。试计算福祥公司每年年末应支付的等额租金。

每年租金（A）=［600 000-50 000×（P/F，10%，6）］÷（P/A，10%，6）

=131 297（元）

（五）融资租赁的主要优缺点

1.融资租赁的优点

（1）筹资速度快，能迅速获得资产。融资租赁集融资与融物于一身，通常要比筹措大量现金后再购置设备来得更快，可尽快形成企业的生产能力。这使企业在资金短缺情况下引进专用先进设备成为可能，特别是对中小企业、新创企业而言，融资租赁是一条重要的融资途径，大型企业的大型设备、重要工具等固定资产，也经常通过融资租赁方式解决巨额资金的需要，如商业航空公司的飞机，大多是通过融资租赁取得的。

（2）限制条件较少。企业利用发行股票和债券、举借长期借款等方式筹资，都受到相当多的资格条件和抵押品等的限制。相比之下，融资租赁筹资的限制条件很少。

（3）财务压力和风险较低。融资租赁与一次性支付相比，全部租金在整个租期内分期支付，财务支付压力小，企业无须一次筹集大量资金，当还款时，租金可以通过项目本身产生的收益来支付，是一种基于未来的“借鸡生蛋、卖蛋还钱”的筹资方式，财务优势明显。通常为购置资产而借款的期限比该资产的物理寿命要短得多，而融资租赁的融资期限却可以接近该资产的全部使用寿命期限，不仅能延长资金融通的期限，并且其金额随资产价款金额而定，无融资额度的限制。另外，租金可在税前扣除，具有抵免所得税的作用。

2.融资租赁的缺点

（1）资金成本高。一般来说，融资租赁的租金要比银行借款或发行债券支付的利息高得多，租金总额通常要比设备价值高出30%左右。另外，当市场利率下降或企业财务困难时，受融资租赁合同的制约，固定的租金会构成一项沉重的负担。

（2）配套技改不易实施。通常租赁合约规定，承租企业在合同期内，不得对设备进行拆卸、改装，不得中途解约，这使得设备技改难以实施。

第四节 短期资金的筹集

企业短期资金筹集方式，按其形成情况分类，可分为自然形成的流动负债和人为形成的流动负债。自然形成的流动负债，即自然性短期筹资，是指不需要正式安排，在企业经营活动中，由于结算程序等原因自然而然形成的短期负债，如应付账款（包括应付票据）、预收货款等。人为形成的流动负债，即人为性短期筹资，是指由财务人员根据企业对短期资金的需求，通过人为安排而形成的短期负债，如短期借款、发行短期融资券、应收账款的转让等。与长期资金相比，短期资金总体而言都具有筹资速度快、筹资灵活性强、资金成本低、财务风险高的特征。

一、商业信用

（一）商业信用的形式

商业信用是指在商品交易过程中由于延期付款或预收货款所形成的企业间的借贷关系。商业信用运用广泛，在短期资金筹资中占有相当高的比例。

1.赊购商品（应付账款、应付票据）

赊购商品是一种最典型、最常见的商业信用的形式。在这种形式下，买卖双方发生商品交易，买方收到商品后不立即支付现金，而是通过应付账款或应付票据的形式，延期到一定时期以后付款。

2.预收货款

通常销售方在销售紧俏商品或者生产周期长、售价高的商品（如飞机、轮船等）时，会向购买方预收部分货款，然后延期到一定时期后交货，这等于销售方向购买方先借贷一笔资金，也是一种较典型的利用商业信用的形式。

3.应计未付款

应计未付款是指企业在生产经营和利润分配过程中已经计提但尚未以货币支付的款项，主要包括应付职工薪酬、应交税费、应付利润或应付股利、其他应付款等。它们随着企业规模的扩大而增加，企业使用这些自然形成的资金无须付出任何代价，但能使用的时间不长。

（二）在有现金折扣条件下利用商业信用的资金成本

购买方企业利用商业信用筹措短期资金，一般不会发生资金成本，但销售方允许购买方在交易发生后一段时间内付款，若购买方提前付款，则销售方可以给予一定现金折扣的信用条件，如果购买方放弃现金折扣的机会，利用商业信用将成为一种成本较高的短期筹资方式。其资金成本的计算公式为：

$$资金成本=\frac{折扣率}{1-折扣率}\times\frac{360}{信用期-折扣期} \qquad (3.4.1式)$$

【例3-7】福德公司赊购一批材料，销售方提供的信用条件是“2/10，n/30”（即信用期限为30天，30天内必须付款，如果10天之内付款，将给福德公司2%的现金折扣，只需要支付货款的98%）。假如福德公司决定放弃这项现金折扣，准备在30天到期时再付款。那么放弃该项现金折扣的资金成本为：

资金成本$=\frac{2\%}{1-2\%}\times\frac{360}{30-10}=36.73\%$

（三）利用商业信用筹资的优缺点

1.利用商业信用筹资的优点

（1）筹资便利。对正常经营的企业来说，利用商业信用筹资是一种持续性的资金来源，运用非常方便，因为商业信用与商品买卖同时进行，是一种自然性筹资，无须正式的筹资手续。

（2）资金成本低。如果没有现金折扣，或企业不放弃现金折扣，或使用不带息的票据，则利用商业信用筹资没有实际资金成本。

（3）限制条件少。如果企业利用银行等金融机构借款筹资，金融机构往往对贷款的使用规定一些限制条件，而除商业票据外利用商业信用则几乎没有限制条件。

2.利用商业信用筹资的缺点

利用商业信用筹资的时间一般较短，如果企业使用现金折扣，则时间会更短；如果企业放弃现金折扣，则要付出较高的资金成本。

二、短期借款

短期借款，是指企业向银行和其他金融机构借入的期限在1年以内（含1年）的借款。在企业短期资金筹资中，短期借款的重要性仅次于利用商业信用。

目前我国的短期借款按照目的和用途可分为若干种，主要有生产周转借款、临时借款、结算借款、票据贴现、卖方信贷等。

（一）短期借款的信用条件

银行等金融机构在发放短期贷款时，通常会附带一些信用条件，常见的信用条件主要有：

1.信用额度

信用额度即贷款限额，是指银行对借款企业规定的贷款最高限额。信用额度的有效期限通常为1年。在一般情况下，企业在批准的信用额度内，可根据需要，随时向银行申请借款，但银行并不承担必须支付全部信贷数额的义务，如果企业信誉恶化，那么即使在信贷限额内也可能无法从银行得到借款，而且银行还不承担法律责任。

2.周转信贷协定

周转信贷协定是指银行向企业承诺提供的、具有法律义务的、不超过某一最高限额的贷款协议。在周转信贷协定的有效期内，只要企业借款总额未超过最高限额，银行就必须满足企业任何时候提出的借款要求。企业享用周转信贷协定，通常要就贷款限额的未使用部分向银行支付一笔承诺费。

【例3-8】福观公司与银行商定的周转信贷额度为5 000万元，承诺费率为0.5%，福观公司年度内使用了4 000万元，公司该年度应向银行支付的承诺费为：

承诺费=（5 000−4 000）×0.5%=5（万元）

周转信贷协定的有效期常超过1年，但实际上贷款每几个月发放一次，所以这种信贷具有短期借款和长期借款的双重特点。

3.补偿性余额

补偿性余额，是指银行要求借款企业在银行中保持按贷款限额或实际借用额的一定比例（通常为10%～20%）计算的最低存款余额。其目的是降低银行的贷款风险，但对借款企业而言，补偿性余额，减少了借用款项的实际可用金额，从而提高了借款的有效年利率（实际利率）。

【例3-9】福随公司按年利率6%向银行借入800万元，银行要求公司按借款额的10%保持补偿性余额，因此该公司实际可用资金为720万元。该借款的实际利率为：

$$实际利率=\frac{800\times 6\%}{720}=\frac{6\%}{1-10\%}=6.67\%$$

4.借款抵押

银行向风险较高的企业或对其信誉没有把握的企业提供贷款，都要有抵押品做担保，以降低自己蒙受损失的风险。短期借款的抵押品，通常是应收账款、应收票据、存货、股票和债券等。银行接受抵押品后，一般按抵押品面值的30%～90%发放贷款，具体比例取决于抵押品的变现能力和银行对风险的态度。抵押借款的成本通常高于非抵押借款的成本，这是因为银行主要向信誉好的客户提供非抵押贷款，而将抵押贷款看成是一种风险投资，而且银行管理抵押贷款要比管理非抵押贷款困难。

5.借款偿还方式

借款偿还方式，有到期一次偿还和在借款期内定期（每月、每季）等额偿还两种。一般来说，借款人不希望采用后一种偿还方式，因为这会提高借款的有效年利率（实际利率）；而银行不希望采用前一种偿还方式，因为它会增加企业的拒付风险，同时会降低贷款的有效年利率。

6.借款利息支付方式

一般来说，短期借款利息支付方式有收款法、贴现法和加息法。

（1）收款法，又称利随本清法，是指在借款到期时向银行支付利息的方法。银行向企业发放贷款一般都采用这种方法收息。当采用收款法时，短期借款的实际利率就是名义利率。

（2）贴现法，又称折价法，是指银行向企业发放贷款时，先从本金中扣除利息，而到期时借款企业需偿还全部本金的一种计息方法。采用这种方法，借款企业可利用的借款额只有本金减去利息后的差额，因此贷款的实际利率要高于其名义利率。

【例3-10】福果公司按年利率6%向银行借入200万元，期限为1年，利息为12万元。按贴现法计息，公司实际可用资金为188万元。该借款的实际利率为：

$$实际利率=\frac{200\times 6\%}{188}=\frac{6\%}{1-6\%}=6.38\%$$

（3）加息法，是指银行发放分期等额偿还贷款时采用的利息收取方法。在分期等额偿还贷款的情况下，银行将根据名义利率计算的利息加到贷款本金上，从而计算出贷款的本息和，并要求企业在贷款期内分期偿还本息之和的金额。由于贷款本金分期等额偿还，因此，借款企业实际上只平均使用了贷款本金的一半，却支付了全额利息。这样企业所负担的实际利率便要高出名义利率大约1倍。

【例3-11】福应公司按（名义）年利率12%向银行借入20 000元，分12个月等额偿还本息。该项借款的实际年利率为：

$$实际年利率=\frac{20\,000\times12\%}{20\,000\div2}=24\%$$

（二）短期借款筹资的优缺点

1.短期借款筹资的优点

（1）筹资速度快。企业向金融机构举借短期借款，所需时间较短，可以迅速获取资金。

（2）资金成本低。短期借款的资金成本比发行债券或举借长期借款都要低。

（3）借款弹性好。短期借款一般可在资金需要增加时借入，在资金需要减少时还款，便于企业灵活使用。

2.短期借款筹资的缺点

（1）财务风险较高。短期借款的财务风险可以说是所有筹资方式中最高的，因为到期还本付息的时间很短。

（2）筹资数量少，且可能附带不少条件。

（三）企业对银行等贷款机构的选择

随着金融信贷业的快速发展，可向企业提供贷款的银行和非银行金融机构不断增多，使借款企业有可能在各贷款机构之间作出比较和选择，以实现对己最为有利的效果。

企业选择银行等贷款机构，重要的是选用适宜的借款种类、借款成本和借款条件，此外企业对贷款机构还应考虑以下因素：

（1）对贷款风险倾向于保守还是敢于承担较高的风险；

（2）对企业的支持与服务的态度和力度；

（3）贷款管理的经验和专业化程度；

（4）贷款机构的资本规模和业务稳定性等。

三、发行短期融资券

（一）短期融资券及其种类

短期融资券是企业短期债券的一种，它是由企业为筹集短期资金而发行的短期无担保本票，是企业筹措短期（1年以内）资金的直接融资方式，是货币市场上重要的短期融资工具之一。在我国，短期融资券是指企业按照《银行间债券市场非金融企业债务融资工具管理办法》的条件和程序在银行间债券市场发行和交易并约定在一定期限内还本付息的有价证券。

短期融资券按发行人不同，可分为金融企业的融资券和非金融企业的融资券。在我国，目前发行和交易的主要是非金融企业的融资券；短期融资券按发行方式不同，可分为经纪人承销（代销）的融资券和发行人直接销售的融资券。非金融企业发行融资券一般采用经纪人承销的方式，金融企业发行融资券一般采用直接销售的方式。

（二）我国非金融企业发行短期融资券的相关规定

（1）发行人为非金融企业，发行企业均应经过在中国境内工商注册且具备债券评级能力的评级机构的信用评级，并将评级结果向银行间债券市场披露。

（2）发行和交易的对象是银行间债券市场的机构投资者，不向社会公众发行和交易。

（3）融资券的发行由符合条件的金融机构承销，企业不得自行销售融资券，发行融资券募集的资金用于本企业的生产经营。

（4）实行余额管理，待偿还融资券余额不超过企业净资产的40%。

（5）融资券采用实名记账方式在中央国债登记结算有限责任公司（2013年5月后改为在上海清算交易所）登记托管，并负责提供有关服务。

（6）债务融资工具发行利率、发行价格和所涉费率以市场方式确定，任何商业机构不得以欺诈、操纵市场等方式获取不正当利益。

（三）发行短期融资券筹资的优缺点

1.发行短期融资券筹资的优点

（1）资金成本较低。相对于发行公司债券筹资而言，发行短期融资券的资金成本较低。

（2）筹资数额较大。银行借款筹资一般有数量上的限制，对于需要大量短期资金的大企业而言，发行短期融资券更为适用。由于发行短期融资券的条件严格，必须是信誉好、实力强、效益高的企业才能够发行，因此，发行公司还可以由此提高自身的信誉度和知名度。

2.发行短期融资券筹资的缺点

短期融资券筹资的缺点主要是筹资风险高。短期融资券到期必须归还，一般不得延期，也不能提前偿还，筹资弹性小，因此会给企业带来较大的偿债压力，筹资风险高。

除公司债券和短期融资券（CP）之外，目前我国企业和相关机构还可以根据实际情况和条件发行中期票据（MTN）、超短期融资券（SCP）、定向工具（PPN）、资产支持票据（ABN）、项目收益票据（PRN）、绿色债务融资工具（GN）、扶贫票据（PAN）、乡村振兴票据（RVN）、自贸试验区债务融资工具（F-CP）、中小企业集合票据（SMECN）等融资工具。

思政课堂

党和国家自2014年提出和大力提倡“大众创业、万众创新”以来，政府、社会和学校对大学生创业创新不断营造良好环境，大学生创业创新掀起经久不衰的热潮。但大学生在创业过程中由于其自身特点遇到的一个重要问题是资金短缺，从而成为制约大学生创业创新的问题之一。尤其是在校大学生的创业活动更发生在我们身边。请同学们结合大学生创业的实际深入思考如何利用并创新筹资渠道和方式，联系诚信在筹资中的作用，解决大学生在创业创新过程中的筹资难问题。

随着可持续发展、循环经济和低碳经济理念的深入人心，建立健全绿色低碳循环发展经济体系不断推进，“碳达峰和碳中和”目标的提出，资源和环境问题越来越受到社会的关注。2018年3月通过的宪法修正案将生态文明写入了宪法。在习近平生态文明思想的指导下，在全国上下贯彻新发展理念、着力推动经济社会发展全面绿色低碳转型的今天，认真学习并贯彻运用习近平生态文明思想，以此引领和指导绿色融资的理论建设和实践运作对作为生态环境的主要破坏者、降碳及污染治理的主要对象及承担者的企业而言尤为重要。因此请同学们认真学习和深入思考，当前我国绿色融资的主要方式有哪些，各种绿色融资方式的特点、要求和运作程序，开展绿色融资对企业经济和社会发展的重要意义，企业应如何创造条件以达到绿色融资的要求，以提升绿色融资的比例。

本章小结

企业筹资，就是企业根据其生产经营、对外投资和调整资本结构的需要，通过筹资渠道和资金市场，运用筹资方式，经济有效地筹措和集中资金的过程。

为了经济有效地筹集资金，企业必须遵循规模适当、筹措及时、来源合理、方式经济等基本原则。

企业筹资渠道是指企业筹措资金来源的方向与通道，体现着资金的来源和性质。它包括政府财政资金、银行信贷资金、非银行金融机构资金、其他单位资金、自然人资金、企业自留资金等。

企业筹资方式是指企业筹措资金时所采取的具体形式，体现着企业筹集资金的属性。企业主要有吸收直接投资、发行股票、利用留存收益、向金融机构借款、利用商业信用、发行债券、融资租赁等筹资方式。

企业可以使用定性预测法和定量预测法来预测资金的需要量。定量预测法通常有因素分析法、销售百分比法和资金习性预测法等。在实际工作中，定性预测法和定量预测法往往配合使用，互为补充。

各种筹资方式都有其不同的优缺点。企业应根据自己的实际情况选择合适的筹资渠道和方式进行筹资。

思考与练习

思考题

1.什么是企业筹资？企业筹资的要求是什么？

2.目前我国企业的筹资渠道和筹资方式主要有哪几种？

3.试比较企业权益资金和债务资金、短期资金和长期资金的筹资方式。

4.试述用销售百分比法预测资金需要量和外部筹资额的过程。

5.简述普通股筹资和公司债券筹资的优缺点。

6.简述筹集短期资金的各种方式。

计算分析题

1.A公司准备发行面值为1 000元，票面年利率为5%，期限为5年，每年支付一次利息的公司债券。若发行时的市场利率分别为3%、5%和8%，则其发行时的价格应为多少？

2.B公司2×21年12月31日的简易资产负债表见表3-6。

表3-6　**资产负债表（简表）**

编制单位：B公司　　2×21年12月31日　　单位：万元

资产	期末余额	负债和所有者权益	期末余额
货币资金	45	应付账款	40
应收账款	60	应付票据	60
存货	95	长期借款	70
固定资产净值	130	实收资本	100
		未分配利润	60
资产总计	330	负债和所有者权益总计	330

该公司2×21年的销售收入为500万元，销售净利润率为10%，其中，60%的净利润分配给股东。假设2×22年的销售净利率和利润分配政策与2×21年相同。在资产负债表中，流动资产、固定资产、应付账款、应付票据与销售收入的变动有关。若预计2×22年的销售收入将提高到600万元。

要求：计算该公司2×22年需要从外部筹集的资金数额。

3.C企业2×17—2×21年的销售量和资金需要量的历史资料见表3-7。假定2×22年的销售量预计为320件。

表3-7　**C企业2×17—2×21年的销售量和资金需要量**

年度	销售量X（件）	资金需要量Y（元）	XY	X^2
2×17	40	12 000	480 000	1 600
2×18	160	24 000	3 840 000	25 600
2×19	120	27 000	3 240 000	14 400
2×20	80	22 000	1 760 000	6 400
2×21	200	40 000	8 000 000	40 000
合计（N=5）	600	125 000	17 320 000	88 000

要求：预测2×22年的资金需要量。

4.D公司采用融资租赁方式，于2×21年1月1日从租赁公司租入一台专用设备，该设备价款为200 000元，租期为4年，到期后设备归承租方所有。租赁期间的租息率（折现率）为15%，采用后付等额年金方式支付租金。

要求：测算该公司每年年末应支付的租金数额。

5.E公司最近从某公司购进一批原材料，合同信用条件是“2/10，n/40”。该公司由于流动资金紧张，因此，不准备获取现金折扣，在第40天按时付款。

要求：试计算该公司放弃此项现金折扣的年资金成本。

第四章

筹资决策

学习要求： 本章主要讲述企业筹资决策问题。通过本章学习，要求理解经营杠杆、财务杠杆、复合杠杆、经营风险、财务风险的概念及其相互关系；理解资金结构、最佳资金结构问题；掌握经营杠杆系数、财务杠杆系数和复合杠杆系数的计算方法；掌握企业资金结构决策的基本方法，了解主要的资本结构理论。

案例导入

福迪公司财务总监张小姐经过努力，终于得到母公司——福启集团公司的追加直接投资，公司扩大再生产的长期资金看似解决了。张小姐一开始还兴奋了一阵子，但不久后静下心来一想，问题还是挺大。因为当初计划的内容是得到福启集团公司权益资本投资600万元，银行长期借款400万元，而现在集团公司因为资金紧张，只同意投资400万元，而银行借款的难度很大，因为负债比率已在50%左右，又拿不出过多的适合抵押的资产，在计划借款400万元的基础上再增加银行长期借款这条路根本走不通。那么，还有200万元的资金缺口怎么办？而且必须早点落实，否则项目上马后可能变成“烂尾”工程。作为负责这项工作具体操作的财务总监，张小姐又陷入了苦恼：一是这200万元怎样落实？二是原计划新项目的600万元+400万元（权益资本+长期负债）的筹资结构需要调整，资金成本和财务风险跟原计划肯定不同，筹资决策分析要重新做，资金成本太高了不行，财务风险太高了也不行。张小姐该怎么办？

第一节　杠杆原理

一、杠杆效应的含义

自然界中的杠杆效应，是指人们利用杠杆，可以用较小的力量移动较重物体的现象。在企业财务管理活动中，杠杆效应是指由于固定性成本（固定性生产经营成本或固定性财务费用）的存在而导致的，当某一财务变量以较小幅度变动时，另一相关财务变量会以较大幅度变动的现象。

财务管理中的杠杆效应主要包括经营杠杆、财务杠杆和复合杠杆三种形式。合理运用这些杠杆原理，有助于企业合理规避风险，科学进行经营和筹资决策，从而提高资金营运效率和财务管理水平。

要了解这些杠杆的原理，需要首先了解成本习性、边际贡献和息税前利润等相关概念。

二、成本习性、边际贡献与息税前利润

（一）成本习性及其分类

成本习性，又称成本性态，是指成本总额与产销业务量（假设产销平衡，产量与销售量相等）之间在数量上的依存关系。按照成本习性对成本进行分类，对于正确地进行成本控制和财务管理，具有十分重要的意义。

按成本习性可把企业全部成本费用分为固定成本、变动成本和混合成本三类。

1.固定成本

固定成本是指其总额在一定时期和一定业务量范围内不随产销业务量的变化而发生任何变动的那部分成本费用。企业中的固定成本主要有按直线法计提的折旧费、房屋租金、财产保险费、管理人员工资、办公费等。即使产销业务量在一定范围内变动，这些成本费用也会保持固定不变。正是由于这些成本费用是固定不变的，因而随

着产销量的增加，意味着它将分配给更多数量的产品，也就是说，单位固定成本将随产销量的增加而逐渐变小。

固定成本还可进一步区分为约束性固定成本和酌量性固定成本两类：

（1）约束性固定成本，属于企业“生产经营能力”的成本，企业的生产经营能力一经形成就必然要发生一定的最低支出，因此它是指企业为维持一定的业务量所必须负担的最低固定成本，如厂房及机器设备折旧费、管理人员基本工资等。企业的生产经营能力一经形成，在短期内很难有大的改变，因而这部分成本具有很大的约束性，管理层的决策行动不能轻易改变其数额。要想降低约束性固定成本，只能从合理利用生产经营能力入手，提高生产经营效率，以取得更大的经济效益。

（2）酌量性固定成本，属于企业“经营方针”的成本，是指根据企业经营方针由管理层决策确定的一定时期的固定成本，如广告费、研究开发费、职工培训费等。这些成本支出，是可以随企业经营方针的变化而变化的。一般在一个预算年度开始时，管理层要根据企业的经营方针和财务情况，斟酌决策，安排这部分成本的开支。酌量性固定成本并非可有可无，它关系到企业的竞争能力，因此，要降低酌量性固定成本，就要在预算时厉行节约、精打细算，合理确定这部分成本的数额。

应当指出的是，固定成本总额只是在一定时期和业务量的一定范围（通常称为相关范围）内保持不变。当产品产销量的变动超过一定的范围时，固定成本也会发生变动。因此，固定成本必须和一定时期、一定业务量联系起来进行分析。固定成本是一个相对固定的概念，从较长时期来看，所有的成本都会变化，没有绝对不变的固定成本。

2.变动成本

变动成本是指其总额随着业务量的变动而成正比例变动的成本费用。这里的变动成本是就总业务量的成本总额而言的。若从单位业务量的变动成本来看，它反而是固定的，即它不受业务量增减变动的影响。企业的直接材料、直接人工、按销售量支付的推销人员佣金、按产量计提的固定资产折旧等都属于变动成本，但单位产品成本中的这些成本将保持不变。

与固定成本相同，变动成本也存在“相关范围”的问题。也就是说，只有在一定业务量范围之内，业务量和变动成本才能完全同比例变化，即呈完全的线性关系，超过了一定的业务量范围，这种关系也就不存在了。

3.混合成本

在实务中，固定成本和变动成本只是两种极端的类型，企业中的更多的成本费用虽然也随产销业务量的变动而变动，但并不是单一正比例变动，因此不能简单地归入变动成本或固定成本，这类成本称为混合成本。混合成本兼具固定和变动两种性质，按其与业务量的关系又可分为半变动成本、半固定成本、延期变动成本、曲线变动成本等。

（1）半变动成本，是指在一定初始量的基础上，随着产销业务量的变化而正比例变动的成本。它通常有一个初始的固定基数，这个初始的固定基数与业务量变化无关，在此基数之上的部分，则随着业务量的增加而正比例增加，如电话方面的成本费用就是这样，首先，你要安装一个座机或购买一个手机，花费一笔固定成本，然后，打电话的费用则跟你的通话时长正比例变动。

（2）半固定成本，又称阶梯式变动成本，这类成本随业务量的增长而呈阶梯式增长，业务量在一定限度内，这种成本保持不变，当业务量增长超过一定限度后，这种成本就突然跳跃到一个新台阶、新水平，然后在新业务量增长的一定限度内又保持固定，直到再一次新的跳跃，例如，企业中的运货员、检验员等员工的工资薪酬往往采用这种方式。

（3）延期变动成本，通常在开始的一定业务量范围内，它有一个固定不变的基数，当业务量增长超出这个范围时，它就与业务量的增长按正比例变动了，例如，企业员工的工资，在正常工作时间范围内是不变的，但工作时间超出正常标准，则需要按加班时间的长短支付加班薪金。

（4）曲线变动成本，通常也有一个不变的初始量，在这个初始量的基础上，随着业务量的增加，成本也逐步变化，但变化与业务量的关系是非正比例的，有些呈递增曲线状，如违约金，有些呈递减曲线状，如有价格折扣或优惠条件的商品等。

在企业实务中，不少成本费用属于混合成本，而且混合成本的形式多种多样，为了经营管理需要，必须把混合成本按一定方法分解成变动部分和固定部分。分解的方法有高低点法、回归分析法等，也可以采用账户分析法、技术测定法（工业工程法）、合同确认法等。

这样，将混合成本分解后，企业的所有成本费用都区分成了固定成本和变动成本两部分。根据成本的习性，企业总成本习性模型可用下式表示为：

$$y=a+bx \qquad (4.1.1式)$$

式中：y为总成本；

a为固定成本；

b为单位变动成本；

x为产销业务量。

显然，若能求出公式中的a和b的值（a和b的求法可以参照第三章介绍的高低点法、回归直线法等方法），就可以利用总成本习性模型进行成本预测、成本决策、量本利分析、短期经营决策和各部门业绩评价，所以总成本习性模型是一个非常重要的模型。量本利分析图如图4-1所示。

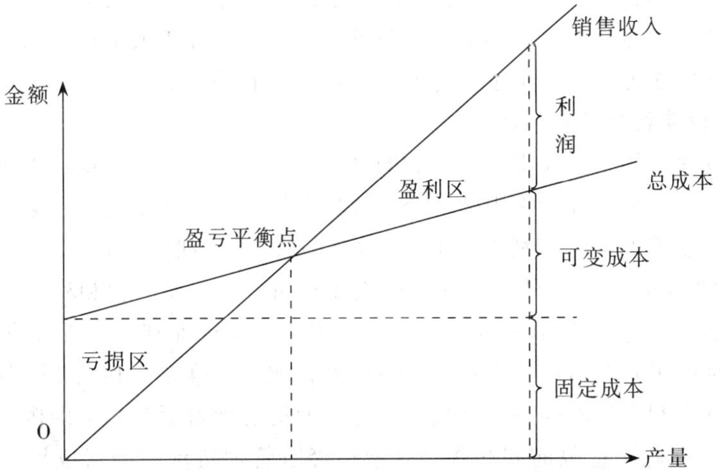

图4-1　量本利分析图

（二）边际贡献及其计算

边际贡献，又称边际利润或贡献毛益，是指销售（营业）收入减去变动成本以后的差额。当产销业务量达到保本点之后，每增加一个单位的产销量，企业的利润就增加相当于一个单位边际贡献的数额。因此，边际贡献是经营财务决策中的一个重要概念。

边际贡献的计算公式为：

$$M=px-bx=(p-b)x=mx \quad (4.1.2式)$$

式中：M为边际贡献；

p为销售单价；

x为产销量；

b为单位变动成本；

m为单位边际贡献。

边际贡献式的量本利分析图如图4-2所示。

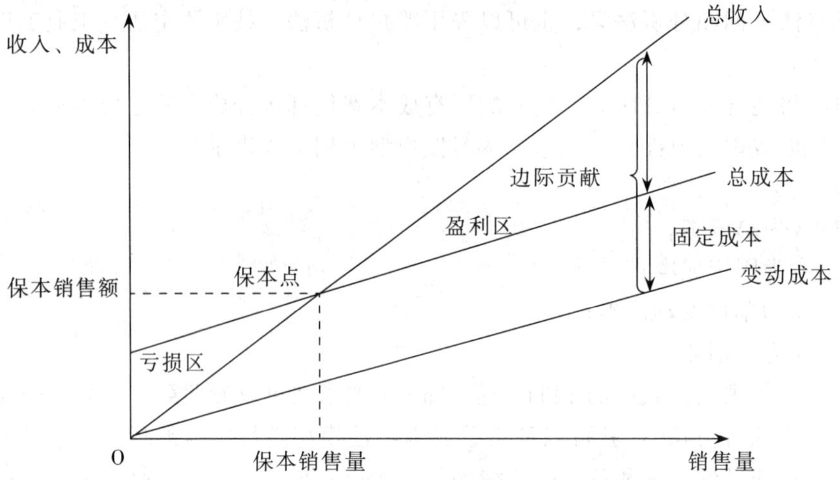

图4-2 边际贡献式的量本利分析图

（单位）边际贡献与（单位）销售收入之比，称为边际贡献率，它表明销售收入每变化一个单位，边际贡献受到影响的程度，便于企业经管人员用它来比较企业各个部门获取利润的能力。边际贡献率与变动成本率之和等于1。

（三）息税前利润及其计算

息税前利润是指企业在支付利息和缴纳所得税之前的利润，也可以用税前利润加利息费用求得。它是财务管理中的一个重要的利润概念。这是因为：第一，企业的社会贡献一般包括净利润（归所有者）、税收（归政府）、利息（归债权人）、工薪（归员工），这四种贡献中有三种是体现在息税前利润中的，而工薪和税收中的流转税及一些费用性税金一般都属于成本费用范畴，因此，息税前利润（即净利润+所得税+利息）充分反映了企业运用所有资产创造的经营成果。第二，利息是财务费用，是计算财务成果（净利润）时的一个减项，是与企业筹资理财紧密相关的概念，必须由财务管理负责，因此，息税前利润作为企业由经营管理负责的经营成果，不能将利息减去。

成本按习性分类后，息税前利润可用下列公式计算：

EBIT=px-bx-a=（p-b）x-a=M-a （4.1.3式）

式中：EBIT为息税前利润；

a为固定成本。

显然，不论利息费用的习性如何，它不能出现在计算息税前利润的公式中，即在4.1.3式的固定成本（包括固定性生产成本和固定性管理费用、固定性销售费用）和变动成本（包括变动性生产成本和变动性管理费用、变动性销售费用）中，都不应包括利息费用因素。

上述量本利分析中的“利润”是指“息税前利润”。

在财务管理中，通常采用的成本计算方法是变动成本法，将成本分为变动成本和固定成本的目的是有利于成本控制，因为一般来说固定成本已经固定，加大管控力度也没多少潜力可挖，而在变动成本方面加强管理与控制，就会起到很好的效果，从而提高成本控制的效率。

变动成本法与完全成本法的比较见表4-1。

表4-1 **变动成本法与完全成本法的比较**

变动成本法	完全成本法
销售收入 减：变动性生产成本 　　变动性销售和管理费用 =边际贡献 减：固定性生产成本 　　固定性销售和管理费用 =息税前利润 减：财务费用（利息支出） =税前利润 减：所得税 =税后利润（净利润）	销售收入 减：生产成本 减：期间费用 =税前利润 减：所得税 =税后利润（净利润）

三、经营杠杆

（一）经营杠杆的含义

固定成本不随产销业务量的变动而变动，因此，通过提高产销业务量能够降低单位产品所负担的固定成本从而增加单位产品的息税前利润，使息税前利润的增长幅度大于产销业务量的增长幅度。反之，产销业务量的减少会提高单位固定成本，降低单位利润，使息税前利润的下降幅度大于产销业务量的下降幅度。如果不存在固定成本，所有成本都是变动的，那么边际贡献就是息税前利润，这时息税前利润的变动率就与产销业务量的变动率一致。这种由于固定成本的存在而导致的息税前利润变动率大于产销业务量（销售额）变动率的杠杆效应，称为经营杠杆，又称营业杠杆。

（二）经营杠杆的计量

只要企业存在固定性生产经营成本，就存在经营杠杆效应，但不同企业或同一企业不同产销业务量基础上的经营杠杆效应大小是不同的，为此需要对经营杠杆的作用程度进行计量。对经营杠杆的计量最常用的指标是经营杠杆系数。经营杠杆系数（DOL），又称经营杠杆程度，是指息税前利润变动率相当于产销业务量（销售额）变动率的倍数。其计算公式为：

$$经营杠杆系数=\frac{息税前利润变动率}{销售量(额)变动率} \quad (4.1.4式)$$

或：

$$DOL=\frac{\frac{\Delta EBIT}{EBIT}}{\frac{\Delta x}{x}}=\frac{\frac{\Delta EBIT}{EBIT}}{\frac{\Delta px}{px}} \quad (4.1.5式)$$

式中：DOL为经营杠杆系数；

ΔEBIT为息税前利润变动额；

EBIT为变动前的息税前利润；

Δx为销售量变动额；

x为变动前的销售量；

Δpx为销售收入变动额；

px为变动前的销售收入。

【例 4-1】 福久公司基期2×21年和预测期2×22年的销售额分别为10 000元和12 000元；变动成本分别为6 000元和7 200元；息税前利润分别为2 000元和2 800元。则该公司预测期2×22年的经营杠杆系数为：

$$DOL=\frac{\frac{2\,800-2\,000}{2\,000}}{\frac{12\,000-10\,000}{10\,000}}=40\%\div20\%=2$$

4.1.5式是计算经营杠杆系数的理论公式，但利用该公式计算经营杠杆系数必须以知道变动前后基期和预测期的相关数据资料为前提，比较麻烦。如果只知道基期数据，不知道预测期的数据，那么预测期经营杠杆系数还可以按以下简化公式计算：

$$预测期经营杠杆系数=\frac{基期边际贡献}{基期息税前利润} \quad (4.1.6式)$$

$$或：DOL=\frac{M}{EBIT}=\frac{M}{M-a}=\frac{(p-b)x}{(p-b)x-a} \quad (4.1.7式)$$

【例 4-2】 根据【例 4-1】中基期2×21年的资料可求得预测期2×22年的经营杠杆系数：

DOL=（10 000−6 000）÷2 000=2

计算结果表明，两个公式计算出的预测期2×22年的经营杠杆系数是完全相同的。

同理，假设2×22年是基期，那么可以根据基期2×22年的资料求出预测期2×23年的经营杠杆系数：

DOL=（12 000−7 200）÷2 800=1.71

（三）经营杠杆与经营风险的关系

经营风险是与企业生产经营相关的风险，是指企业因生产经营方面的原因而导致的收益（息税前利润）不稳定的可能性。由于企业的息税前利润=销售收入-变动成本-固定成本=（销售单价-单位变动成本）×销售量-固定成本，因此，引起经营风险的主要原因，是销售单价、销售量、单位变动成本和固定成本等四个因素的变化。这些因素均会造成企业息税前利润的不稳定，因此都属于经营风险。由于固定成本的存在而产生的经营杠杆效应，加剧了息税前利润的波动，因此，也加剧了经营风险。如果固定成本为零，则经营杠杆系数等于1，企业没有经营杠杆的作用，但此时企业的经营风险由于销售量、销售单价和变动成本的影响而依然存在。

固定成本、经营杠杆系数和经营风险三者呈同方向变化，即在其他因素一定的情况下，固定成本越高，经营杠杆系数越大，经营杠杆的作用程度越高，企业经营风险也就越高。在固定成本不变的情况下，销售额越大，经营杠杆系数越小，企业经营风险也就越低；反之，销售额越小，经营杠杆系数越大，经营风险就越高。也就是说，经营杠杆作用的大小取决于一定时期企业的固定成本占销售收入的比例。

企业一般可以通过增加销售额、降低产品单位变动成本、降低固定成本等措施来增加息税前利润，通过稳定销售额、稳定变动成本和固定成本、降低固定成本占销售收入的比例来促使经营杠杆系数下降，降低经营风险。

四、财务杠杆

（一）财务杠杆的含义

负债利息和优先股股利是企业的固定支付义务，与企业实现利润的多少无关。因此，当息税前利润增大时，企业每一元息税前利润中所负担的固定性财务费用（负债利息和优先股股利）就会相对减小，从而给企业所有者（上市公司为普通股股东）带来更大幅度的收益（净利润）增加；同样，当息税前利润减少时，企业每一元息税前利润中所负担的固定性财务费用就会相对加重，从而会更大幅度地减少所有者（普通股股东）的净利润。这种由于固定性财务费用的存在而导致的企业净利润（权益资金税后利润率、普通股每股利润）变动率大于息税前利润变动率的杠杆效应，称为财务杠杆。

下面用表4-2加以说明：

表4-2　　甲公司、乙公司的资金结构与普通股利润表　　金额单位：元

时间	项目	甲公司	乙公司
2×20年	发行在外的普通股股数（股）	2 000	1 000
	普通股股本（每股面值100元）	200 000	100 000
	负债（年利率8%）	0	100 000
	资金总额	200 000	200 000
	息税前利润（10%）	20 000	20 000
	负债利息	0	8 000
	税前利润	20 000	12 000
	所得税（税率25%）	5 000	3 000
	净利润	15 000	9 000
	每股利润	7.5	9.0

续表

时间	项目	甲公司	乙公司
2×21年	息税前利润增长率	20%	20%
	增长后的息税前利润	24 000	24 000
	负债利息	0	8 000
	税前利润	24 000	16 000
	所得税（税率25%）	6 000	4 000
	净利润	18 000	12 000
	每股利润	9.0	12.0
	每股利润增长额	1.50	3.0
	每股利润增长率	20%	33.33%

在表4-2中，甲、乙两公司的资金总额相同，息税前利润相等，息税前利润的增长率也相同，不同的是资金结构。甲公司的资金全部是权益资金（普通股股本），没有负债，乙公司的权益资金（普通股股本）和负债资金各占总资金的一半。在甲、乙两公司息税前利润均增长20%的情况下，甲公司净利润或每股利润增长了20%，与息税前利润的增长幅度相同，而乙公司净利润或每股利润却增长了33.33%，比息税前利润的增长幅度大，这就是因为乙公司利用了负债资金而产生了财务杠杆正效应。当然，这项财务杠杆正效应的产生前提是资金息税前利润率10%大于负债利率8%。如果息税前利润下降，那么乙公司净利润或每股利润的下降幅度也会大于甲公司净利润或每股利润的下降幅度。

（二）财务杠杆的计量

只要在企业的筹资方式中有固定性财务费用支出的债务和优先股，就会存在财务杠杆效应，但不同企业和同一企业的不同时期财务杠杆的作用程度是不一样的，为此需要对财务杠杆的作用加以计量，对财务杠杆计量的主要指标是财务杠杆系数。财务杠杆系数（DFL），又称财务杠杆程度，它是指企业净利润（或权益资金税后利润或普通股每股利润）的变动率相当于息税前利润变动率的倍数。

对于一般企业来说，其计算公式为：

$$DFL=\frac{权益资金税后利润变动率}{息税前利润变动率} \tag{4.1.8式}$$

或：

$$DFL=\frac{净利润变动率}{息税前利润变动率} \tag{4.1.9式}$$

对于上市公司而言，除可用4.1.9式计算财务杠杆系数外，还可用下述公式计算：

$$DFL=\frac{普通股每股利润变动率}{息税前利润变动率} \tag{4.1.10式}$$

$$DFL=\frac{\frac{\Delta EPS}{EPS}}{\frac{\Delta EBIT}{EBIT}} \tag{4.1.11式}$$

式中：DFL为财务杠杆系数；

ΔEPS为普通股每股利润变动额；

EPS为变动前普通股每股利润。

【例 4-3】沿用表 4-2 的内容，甲、乙两公司投入资金的规模相同，经营状况相同。甲公司没有举借负债和发行优先股，其 2×20 年和 2×21 年的息税前利润分别为 20 000 元和 24 000 元，净利润分别为 15 000 元和 18 000 元，每股利润分别为 7.5 元和 9.0 元；乙公司有 100 000 元负债，负债年利率为 8%，其 2×20 年和 2×21 年的息税前利润分别为 20 000 元和 24 000 元，净利润分别为 9 000 元和 12 000 元，每股利润分别为 9.0 元和 12 元。那么甲、乙两公司 2×21 年的财务杠杆系数分别为：

$DFL_{甲}$=[（18 000−15 000）÷15 000]÷[（24 000−20 000）÷20 000]=1.00

$DFL_{乙}$=[（12 000−9 000）÷9 000]÷[（24 000−20 000）÷20 000]=1.67

或：

$$DFL_{甲}=\frac{\frac{9.0-7.5}{7.5}}{\frac{24\,000-20\,000}{20\,000}}=1.00$$

$$DFL_{乙}=\frac{\frac{12-9.0}{9.0}}{\frac{24\,000-20\,000}{20\,000}}=1.67$$

4.1.11 式是计算财务杠杆系数的理论公式，必须以已知变动前后两期的相关数据为前提，比较麻烦。如果只知道基期数据，不知道预测期数据，要计算预测期的财务杠杆系数，则需要使用下述简单公式：

$$DFL=\frac{基期息税前利润}{基期息税前利润-基期利息}$$

$$DFL=\frac{EBIT}{EBIT-I} \tag{4.1.12式}$$

式中：I 为负债利息。

对于既存在负债又发行优先股的企业来说，可以按以下公式计算预测期的财务杠杆系数：

$$DFL=\frac{基期息税前利润}{基期息税前利润-基期利息-\frac{基期优先股股息}{1-所得税税率}} \tag{4.1.13式}$$

【例 4-4】根据【例 4-3】，甲公司、乙公司 2×21 年的财务杠杆系数分别为：

甲公司 2×21 年的 DFL=20 000÷（20 000−0）=1

乙公司 2×21 年的 DFL=20 000÷（20 000−100 000×8%）=1.67

如果假设以 2×21 年为基期，以 2×21 年的相关数据为基期数据，那么预测期 2×22 年的财务杠杆系数为：

甲公司 2×22 年的 DFL=24 000÷（24 000−0）=1

乙公司 2×22 年的 DFL=24 000÷（24 000−100 000×8%）=1.50

【例 4-5】假设福召公司基期 2×21 年的息税前利润为 1 000 万元，债务利息为 300 万元，优先股股息为 140 万元，公司所得税税率为 25%，则该公司预测期 2×22 年的财务杠杆系数为：

$$DFL=\frac{1\,000}{1\,000-300-\frac{140}{1-25\%}}=1.948$$

（三）财务杠杆与财务风险的关系

广义的财务风险，是指企业在组织财务活动过程中，由于客观环境的不确定性以及主观认识上的偏差，导致企业预期收益产生多种结果的可能性，它存在于企业财务活动的全过程，包括筹资风险、投资风险和收益分配风险等。狭义的财务风险又称筹资风险，是指企业为取得财务杠杆利益而利用具有固定性财务费用的资金（负债、优先股等）时，给企业所有者的收益（净利润、普通股每股利润）带来变动的可能性。财务管理中的财务风险概念往往是指狭义的财务风险。

由于净利润=息税前利润-利息-所得税，因此，影响财务风险的因素主要包括企业资金规模和资金结构（负债比率）的变化、负债利率水平的波动、获利能力（资金息税前利润率）的变化等。

在资金总额、资金息税前利润率、负债利率、优先股股息率相同的情况下，企业固定性财务费用的占比越高，财务杠杆系数越大，财务杠杆作用越强，财务风险也越高，企业所有者（上市公司为普通股股东）的收益变动也越剧烈；企业固定性财务费用的占比越低，财务杠杆系数越小，财务杠杆作用越小，财务风险也越低；当企业无债务利息负担和优先股股息时，财务杠杆系数为1，此时，企业不存在狭义的财务风险。可见，在其他条件相同的情况下，企业财务杠杆作用的大小、财务风险的高低取决于固定性财务费用占息税前利润的比例高低。企业所有者欲获得财务杠杆利益，企业就要多利用具有固定性财务费用的资金，为此需要承担由此引起的财务风险，因此，财务管理者必须在财务杠杆利益与财务风险之间作出权衡。在资金息税前利润率大于负债利率的情况下，企业可以多举借一些负债，以获得财务杠杆的正效应，从而增加企业的净利润或每股利润，提升企业价值。

五、复合杠杆

（一）复合杠杆的含义

如前所述，由于企业存在固定性生产经营成本，因此，产生了经营杠杆效应，使息税前利润的变动率大于产销业务量（或销售额）的变动率；同样，由于企业存在固定性财务费用，因此，产生了财务杠杆效应，使净利润（权益资金税后利润率或普通股每股利润）的变动率大于息税前利润的变动率。如果两种杠杆共同起作用，那么销售量（额）稍有变动就会使净利润（权益资金税后利润率或普通股每股利润）产生更大的变动。这种由于固定性生产经营成本和固定性财务费用的共同存在而导致的净利润（权益资金税后利润率或普通股每股利润）变动率大于产销业务量（或销售额）变动率的杠杆效应，称为复合杠杆。它是经营杠杆和财务杠杆作用的联合，因此，又称总杠杆或联合杠杆。

（二）复合杠杆的计量

只要企业同时存在固定性生产经营成本和固定性财务费用，就会存在复合杠杆的作用，但不同企业和同一企业不同时期的复合杠杆作用的程度是不一样的，为此需要对复合杠杆的作用程度进行计量。对复合杠杆计量最常用的指标是复合杠杆系数。复合杠杆系数（DTL），又称复合杠杆度，是指净利润（权益资金税后利润率或普通股每股利润）的变动率相当于产销业务量（或销售额）的变动率的倍数。其计算公式为：

$$DTL=\frac{普通股每股利润变动率}{产销业务量(或销售额)变动率} \quad (4.1.14式)$$

即：$$DTL=\frac{\frac{\Delta EPS}{EPS}}{\frac{\Delta x}{x}}=\frac{\frac{\Delta EPS}{EPS}}{\frac{\Delta px}{px}}$$

或：$$DTL=\frac{净利润变动率}{产销业务量(或销售额)变动率}$$

或：$$DTL=\frac{权益资金税后利润率变动率}{产销业务量(或销售额)变动率}$$

【例 4-6】福旦公司基期 2×20 年和预测期 2×21 年的销售收入分别为 1 000 万元和 1 200 万元，变动成本分别为 400 万元和 480 万元，息税前利润分别为 200 万元和 320 万元，两年利息均为 80 万元，每股利润分别为 0.6 元和 1.2 元，则该公司预测期 2×21 年的复合杠杆系数为：

$$DTL=\frac{\frac{1.2-0.6}{0.6}}{\frac{1\,200-1\,000}{1\,000}}=5$$

复合杠杆系数与经营杠杆系数、财务杠杆系数之间的关系为：

$$DTL=DOL\cdot DFL \quad (4.1.15式)$$

即复合杠杆系数等于经营杠杆系数与财务杠杆系数的乘积。

【例 4-7】福程公司的经营杠杆系数为 1.8，财务杠杆系数为 1.5，则该公司销售额每增长 1 倍，其净利润或每股利润会增长多少？

DTL=1.8×1.5=2.7

即该公司销售额增长 1 倍，其净利润或每股利润会增长 2.7 倍。

如果只知道基期的相关数据，不知道预测期的相关数据，那么预测期的复合杠杆系数也可以这样计算：

$$DTL=\frac{基期边际贡献}{基期息税前利润-基期利息-\frac{基期优先股股息}{1-所得税税率}} \quad (4.1.16式)$$

【例 4-8】根据【例 4-6】的相关数据，该公司预测期 2×21 年的复合杠杆系数为：

2×21年的DTL=（1 000−400）÷（200−80）=5

如果假设【例 4-6】中的 2×21 年为基期、2×21 年的数据为基期数据，那么预测期 2×22 年的复合杠杆系数为：

2×22年的DTL=（1 200−480）÷（320−80）=3

【例 4-9】福起公司年销售额为 500 万元，变动成本率为 40%，经营杠杆系数为 1.5，财务杠杆系数为 2。如果固定成本增加 50 万元，那么，复合杠杆系数将变为多少？

$$DOL=1.5=\frac{500-500\times 40\%}{500-500\times 40\%-a}$$

a=100万元

$$DFL=2=\frac{500-500\times 40\%-100}{500-500\times 40\%-100-I}$$

I=100万元

当固定成本增加50万元时：

$$DOL=\frac{500-500\times 40\%}{500-500\times 40\%-150}=2$$

$$DFL=\frac{500-500\times 40\%-150}{500-500\times 40\%-150-100}=3$$

DTL=DOL·DFL=6

（三）复合杠杆与企业风险的关系

由于复合杠杆作用使企业净利润（权益资金税后利润率或普通股每股利润）大幅度波动而造成的风险，称为复合风险。复合风险直接反映企业的整体风险。在其他因素不变的情况下，复合杠杆系数越大，复合风险（即企业整体风险）越高；复合杠杆系数越小，复合风险越低。

复合杠杆作用带给财务管理者的启示是：由于复合杠杆系数是经营杠杆系数与财务杠杆系数的乘积，因此，经营杠杆和财务杠杆可以按许多方式组合，以得到一个理想的复合杠杆系数和实现理想的企业整体风险程度。经营风险已经比较高的企业，可选择较低的财务风险，这样可以用较低的财务风险配合较高的经营风险；反之，经营风险较低的企业，如果资金息税前利润率大于负债利率，可选择较高的财务风险，企业在资金结构中可以多安排一些负债资金，以充分发挥财务杠杆的作用。

第二节　资金结构

一、资金结构概述

（一）资金结构的含义和表示方式

1.资金结构的含义

资金结构是指企业总资金中的各种资金的价值构成及其比例关系。资金来源结构是企业筹资决策的核心问题。资金来源结构的安排是否合理，直接决定着企业资金成本的高低、财务风险的高低，以及财务杠杆能否有效发挥作用，从而关系到企业的筹资效率和治理效率，进而直接关系到企业的价值。资金投向结构的安排是否合理，直接决定着企业投资收益的高低和投资风险的高低。因此每个企业都应该努力寻求自己的最佳资金来源结构和最佳资金投向结构，并且在财务管理活动中努力调整、保持这种最佳的资金结构，从而动态地实现来源结构与投向结构的最优组合。

从筹资角度看，资金结构有广义与狭义之分。狭义的资金结构是指企业各种长期资金的价值构成及其比例关系，即长期资金中的权益资金及长期负债资金的价值构成及其比例关系，又称资本结构。而广义的资金结构是指企业全部资金的价值构成及其比例关系，不仅包括长期资金，而且包括短期资金。

从投资角度来看，企业投资形成的资产配置结构也是资金结构的一种形式，又称资产结构，它包括企业对内投资和对外投资的配置比例关系，对内投资中的流动资产和非流动资产的配置比例关系，流动资产中的长期性流动资产和波动性流动资产的配置比例关系等。

本节下面讨论的仅是筹资管理活动方面的资金结构，尤其是资本结构。

2.资金结构的表示方式

企业筹资方面的资金结构是由企业采用的各种筹资方式筹集资金而形成的，各种筹资方式的不同组合类型决定着企业资金结构及其变化。企业筹资方式虽然众多，但从其总体来源和性质来看，不外乎权益资金和负债资金两类。因此，资金结构问题总体来说是负债资金的占比问题，即负债资金在企业全部资金中所占的比例。

资金结构的表示方式主要有两种，即负债比率和负债比。

（1）负债比率，又称资产负债率，它反映企业负债资金在总资金中所占的比例。负债比率+权益资金比率=1。

（2）负债比，是指负债资金和权益资金的比率。负债比率一旦定下，负债比也就定下了。

（二）优化资金结构的作用

在企业资金结构决策中，合理地利用负债资金，科学地安排负债资金的比例，是企业筹资管理的一个核心问题。根据风险与收益（成本）的均衡原理对企业各种资金来源和筹资方式的资金成本和财务风险进行比较分析，可以看出，企业筹集负债资金的资金成本比筹集权益资金的资金成本要低，但财务风险要高；企业筹集短期资金的资金成本比筹集长期资金的资金成本要低，但财务风险要高。因此在筹资过程中不断优化资金结构可以使企业能够在资金成本和财务风险之间动态地实现平衡，努力做到在资金成本一定的情况下，尽可能地降低财务风险，或者在财务风险一定的情况下尽可能地降低资金成本，还可以达到节税的目的。因此，企业规划资金结构时，应努力促使负债比率及负债结构不断实现优化，这不仅有利于企业资金成本和财务风险的控制，而且能充分发挥财务杠杆的作用，从而提高筹资效率和权益资金报酬率。推而广之，资金结构规划对企业治理结构的优化也能起到积极的作用，从而对增加企业价值产生重要的意义。

（三）资金结构决策的影响因素

资金结构决策是个系统工程，其影响因素有很多，不仅有企业内部制约因素，而且有外部宏观因素。除资金成本和财务风险这两个影响资金结构决策的最基本因素外，影响资金结构决策的因素还包括：

1.企业财务状况

企业的财务状况越好、盈利能力越高、变现能力越强、现金流量越稳定，就越有能力承担财务上的风险。因而，随着企业财务状况、盈利能力、变现能力的增强，现金流量的稳定，举债筹资就越有条件和吸引力。当然，盈利能力强、留用利润多、现金流量丰沛、财务灵活性大的企业对负债的需求较小。

2.企业资产结构

企业资产结构也就是投资结构。企业的投资结构会以多种形式影响着企业筹资结构的选择，例如，拥有大量长期资产的企业必然要多筹集长期负债和权益资金；拥有较多流动资产的企业必然要更多依赖流动负债来筹集资金，以达到合理的筹资组合。当拥有较多的适合用于抵押担保的资产时，企业会考虑举借较多的债务。

3.企业经营风险的高低

企业整体风险由经营风险和财务风险构成，因此，经营风险已经较高的企业，会选择较低的财务风险，这样就会保持较低的负债比率；经营风险较低的企业，会选择较高的财务风险，这样就会在资金结构中多安排一些负债资金。

4.企业投资者和经营管理者的态度

投资者（所有者）和经营管理者的态度对企业资金结构特征的形成也有重要影响，因为他们是企业资金结构决策的决定者。投资者对企业控制权和股权结构的态度，决定了企业是较多采用普通股的方式筹资还是较多采用优先股或负债的方式筹资；经营管理者对财务风险的偏好程度，会影响企业是否安排较高的负债比例。

5.企业债权人和信用评级机构的影响

一般而言，企业债权人都希望企业的负债比例低一些，一方面，过高的负债意味着债权人所冒的风险太高；另一方面，如果企业负债太多，那么信用评级机构可能会降低企业的信用等级，这样会影响企业的筹资能力，从而提高企业的资金成本。

6.企业发展所处阶段和成长性

由于企业所处行业、所处生命周期阶段、企业的成长性等方面的不同，因此，也会导致企业的资金结构具有显著的差异，例如，成长性好的企业因其快速发展，对外部资金的需求比较大，从而要比成长性差的类似企业的负债水平高。

7.所得税税率的高低

企业利用负债可以获得节税利益，所以，所得税税率越高，负债抵税的好处越多；如果税率很低，那么采用举债方式的节税效应就不明显。

8.利率水平的变动趋势

利率水平的变动趋势也会影响企业的资金结构安排。偏高的利率水平会增加负债企业的固定性财务费用负担，因此，企业只能将负债比例安排得低一些。当预期利率会上升时，企业会较多地利用长期债券筹资，以便把利率固定在较低的水平上。

此外，由于经济金融、社会文化、科教发展等环境因素的影响，导致了资金结构在不同国家、地区间的差异。

需要强调的是，企业实际资金结构往往受企业自身状况与政策条件及市场环境等多种因素的共同影响，并同时伴随着企业管理层的偏好与主观判断，从而使资金结构的决策难以形成统一的原则与模式。

二、最佳资金结构

（一）资本结构理论

资本结构理论是关于资本结构（负债比率）、公司综合资金成本与企业价值三者之间关系的理论。它是企业财务理论的重要内容，也是资金结构决策的重要理论基础。从资本结构理论的发展来看，以莫迪利安尼（Modigliani）和米勒（Miller）于1958年提出“MM资本结构理论”为标志，可分为早期资本结构理论和现代资本结构理论。

1.早期资本结构理论

1952年，美国财务学家大卫·杜兰特（David Durand）系统地总结和提出了早期的资本结构理论，主要有三种观点：

（1）净收益理论。

净收益理论认为，在负债利率固定的基础上，利用负债可以降低企业的综合资金成本，因此，负债程度越高，加权平均资金成本就越低，公司的市场价值就越大，当负债比率达到100%时，企业价值将达到最大。这是一种极端的资本结构理论观点，它考虑了财务杠杆利益，但过分强调了财务杠杆的作用，从而忽略了财务风险，没有在财务杠杆利益和财务风险之间进行很好的权衡。

（2）净营业收益理论。

净营业收益理论认为，不论企业的财务杠杆作用如何变化，企业的综合资金成本都是固定的，资本结构与企业的总价值无关，决定企业价值高低的关键要素是企业的净营业收益。这是因为当企业加大负债利用财务杠杆时，即使债务资金成本本身不变，但由于加大了企业风险，因此，会导致企业的权益资金成本上升，这一升一降，相互抵消，综合资金成本不会因为负债比率的提高而降低，而是维持不变，企业的价值也就不受资本结构的影响而固定不变，因而不存在最佳资金结构。这是另一种极端的资本结构理论观点。它过分夸大了财务风险的作用，实际上公司加权平均资金成本不可能是一个常数，公司价值也不仅取决于净营业收益。

（3）传统折中理论。

该理论是介于净收益理论和净营业收益理论之间的折中理论。该理论认为，企业利用财务杠杆尽管会导致权益资金成本的上升，但在一定范围内并不会完全抵消利用资金成本较低的债务所带来的好处，因此，会使加权平均资金成本下降、企业价值上升；但一旦超过某一限度，综合资金成本又会上升。综合资金成本由下降变为上升的转折点，资本结构达到最优。可见，该理论认为，确实存在一个最佳资金结构，即使企业价值最大的资金结构，并且最佳资金结构可以通过适度地运用财务杠杆来获得。

由于杜兰特的三种理论都是单纯从有关投资者如何评估企业负债及权益价值的多种不同假设甚至经验判断推演出来的，在理论上缺乏实证支持，因此，只能视为资本结构理论研究的开端。

2.MM资本结构理论

美国学者莫迪利安尼和米勒共同创立了“MM资本结构理论”，标志着现代资本结构理论的产生，从而开创了将资本结构理论研究与经济学研究充分融合的先例，奠定了现代公司财务理论的基础。自该理论创立以来，迄今为止几乎所有的资本结构理论研究都是围绕它进行的。

（1）无税MM理论。

1958年，莫迪利安尼和米勒发表了《资本成本、公司理财和投资理论》一文，提出在假设不考虑企业所得税和个人所得税，资本市场完美因而无证券交易成本和财务危机成本，所有信息公开、企业经营风险相同，企业未来的经营利润（EBIT）预测值构成永续年金而不受负债比率的影响、负债的杠杆利益全部支付给股东，投资者可按个人意愿进行套利活动而不受法律和制度约束（即个人运用杠杆和企业运用杠杆可相互替代）等情况下，资本结构不影响加权平均资本成本和企业价值。他们提出三个定理：第一，有负债企业的价值与无负债企业的价值相等。企业的价值独立于资本结构，不受有无负债及负债程度的影响，企业的资本结构与企业价值无关。第二，有负债企业的权益资本成本随着财务杠杆的提高而增加。负债企业的权益资本成本等于同一风险等级中无负债企业的权益资本成本加上一定数量的风险报酬，而风险报酬的大小视负债程度而定，与以市值计算的财务杠杆成正比，财务杠杆利益全部转化为股利，但加权平均资本成本不会因为负债的增加而下降。总之，在不考虑公司所得税等条件下，对于风险等级相同的企业，负债资本的增加并不会提高企业的价值，因为负债的低廉的成本优势会被因其风险的增加（即风险补偿报酬的增加）而使权益资本成本增加所抵消。因此，在这种条件下，企业的价值与其加权平均资本成本都不会受资本结构的影响。如果两个企业只存在资本结构方面的差别，其他方面完全相同，那么其价值必须相等，否则就会发生投资者的套利行为，抛售价值被高估的企业股票导致其股票价格下降，购入价值被低估的企业股票，导致其股票价格上升，最终使两个企业的总价值相等。第三，预期报酬率（内含报酬率）大于加权平均资本成本，是企业投资决策的基本前提，即企业应投资于那些报酬率大于加权平均资本成本的项目。

（2）有税MM理论。

由于存在企业所得税，而且企业在实践中都在较大程度上重视资本结构对企业价值的影响，无税MM理论在现实中面临挑战，因此，莫迪利安尼和米勒于1963年又发表了《税收与资本成本：一个更正》一文，引入企业所得税，修正了最初的三个定理，其基本思想是，由于负债利息的抵税作用所产生的财务杠杆效应，企业可以通过增加负债而降低加权平均资本成本，从而提高企业价值：第一，有负债企业的价值等于具有相同风险等级的无负债企业的价值加上债务利息抵税收益的现值。债务利息的抵税价值又称杠杆收益，它等于企业所得税税率乘以负债额。债务利息的抵税收益相当于增加了企业的现金流量，从而增加了企业价值。从理论上讲，在财务杠杆效应的作用下，当企业负债融资达到100%时，企业价值达到最大。第二，有负债企业的权益资本成本等于相同风险等级的无负债企业的权益资本成本加上与以市值计算的债务和权益比例成比例的风险补偿报酬，该风险报酬的多少取决于企业的债务比例、无负债企业权益资本成本与债务资本成本之差以及所得税税率。其用公式表示为：负债企业权益资本成本=无负债企业的权益资本成本+（无负债企业权益资本成本-债务税前资本成本）×（1-所得税税率）×（负债资本市场价值÷权益资本市场价值）。这一公式与无税MM理论第二个定理的公式相比，多了一个“（1-所得税税率）”。（1-所得税税率）<1，使有负债企业的权益资本比无税时的权益资本要小，这说明企业所得税使有负债企业的权益资本成本的上升幅度低于无税时的权益资本成本的上升幅度。由此可见，随着负债额的增加，企业加权平均资本成本会逐渐下降，股东可获得净收益方面的更多好处，企业的价值逐步增加。第三，在投资项目中，预期报酬率（内含报酬率）只有大于或等于某个临界报酬率时，才能被接受。该临界报酬率，就是负债经营下的加权平均资本成本。

（3）米勒模型。

上述有税MM理论考虑了企业所得税，但没有考虑个人所得税对债务比例与企业价值之间关系的影响。米勒在1977年进一步提出了同时考虑个人所得税和企业所得税的资本结构理论模型，称为米勒模型。他认为，当其他条件不变时，个人所得税会降低无负债企业的价值，并且当普通股投资收益的有效税率通常低于债券投资的有效税率时，有负债企业的价值会低于MM理论考虑所得税时有负债企业的价值。这表明，有税MM理论过高估计了财务杠杆对企业价值的贡献，而个人所得税的存在在一定程度上部分抵消了负债的抵税作用。

3.新的资本结构理论

20世纪七八十年代后，西方财务学家以MM理论的研究成果为分析起点，不断放宽假设条件，从不同视角对资本结构理论进行了大量研究，从而出现了一些新的资本结构理论，其中最有代表性的有权衡理论、代理理论、优序融资理论等。

（1）权衡理论。

权衡理论认为，在存在所得税的条件下，由于利息的节税利益，企业价值会随负债程度的提高而增加，从而提高公司的价值，但如果使用过多的债务，随着债务比例的提高，公司的风险也会提升，因而陷入财务危机，甚至破产的可能性也就越大，由此会降低公司的价值。企业陷入财务困境后所引发的成本（即财务危机成本，又称财务拮据成本）分为直接成本和间接成本。直接成本又称破产成本，是指企业破产、进行清算或重组所发生的法律费用和管理费用；间接成本则通常比直接成本大得多，主要是指由财务困境所引发企业资信状况恶化以及持续经营能力下降而导致的企业价值损失，如客户、供应商、员工的流失，投资者的警觉和谨慎导致的筹资成本增加，被迫接受保全他人利益的交易条款等。因此，负债在为企业带来抵税收益的同时也给企业带来了陷入财务困境的成本。权衡理论就是强调在平衡债务利息的抵税收益与财务危机成本的基础上，实现企业价值最大化的最佳资本结构。这个最佳资本结构应当是债务抵税收益与因负债比例上升而带来的财务危机成本之间的平衡点的负债比率。此时，债务抵税收益的边际价值等于增加的财务危机成本的现值。因此，企业负债比率必须保持在适度的区间之内。

（2）代理理论。

詹森（Michael C.Jensen）和麦克林（William H.Meckling）于1976年提出的代理理论认为，代理成本包括设计、监督和约束利益冲突的代理人之间的一组契约所必须付出的成本，加上执行契约时成本超过利益所造成的损失。不完全契约、信息不对称以及经营者、股东与债权人之间的利益冲突将影响企业资本结构的选择。负债企业存在两种代理关系：一是债权人与股东的代理关系；二是股东与企业经营者的代理关系。虽然股东、债权人与经营者三者之间存在着利益冲突，但一般来说，企业经营者是站在股东的立场上采取行动的。因此，债务筹资能够促使经营者更加努力、谨慎地工作，作出更好的筹资决策并选择更好的投资项目，减少过度投资和投资不足，从而降低由于两权分离而产生的代理成本，进而影响企业未来现金流入和企业市场价值。但是，负债筹资可能导致另一种代理成本，即随着负债增加，违约风险提升，债权人的监督成本随之上升，债权人会要求更高的利率，并于提供贷款时要求企业列入更多的限制性条款，这不但导致企业的筹资成本上升，还导致企业经营决策的灵活性和效率降低，这种代理成本最终要由股东承担（即股权代理成本上升），导致股东价值降低。均衡的企业资本结构是由股权代理成本和债权代理成本之间的平衡关系来决定的，所以代理理论认为，适度负债的资本结构会增加股东和企业的价值。除债务的代理成本之外，还有一些代理成本涉及公司雇员、消费者和社会等，在资本结构决策中也应予以考虑。

（3）优序融资理论。

优序融资理论由梅耶斯（Mayers）和马基卢夫（Majluf）在1984年提出，又称等级筹资理论或啄食顺序理论。它是在信息不对称框架下研究资本结构的一个理论。这里的信息不对称，是指企业内部管理层通常要比外部投资者（包括股东、债权人）拥有更多、更准的关于企业的信息。在这种情况下，企业管理层的许多决策，如筹资方式的选择、股利分配等，不仅具有财务上的意义，而且向市场传递着信号。外部投资者只能通过管理层的这些决策所传递的信息了解企业对未来收益的预期和投资风险，从而间接地评价企业价值。企业的债务比例或资本结构就是一种把内部信息传递给市场的工具。在信息不对称条件下，优序融资理论认为，为减少外部投资者因信息不对称而对企业权益的市场价值进行逆向选择，也为了摆脱企业管理层利用价值被高估而进行外部筹资的嫌疑，企业筹资时必须确立两个中心思想：第一，尽量以内源融资方式从留存收益中筹措资金；第二，如果必须进行外部筹资，则在负债筹资和股权筹资之间优先考虑负债筹资。首先，通过比较内部筹资和外部筹资的成本，理论上应优先考虑内部筹资。企业用内部积累的资金去满足净现值为正的投资机会，还可以消除因不对称信息带来的“投资不足效应”而引起的成本。其次，负债筹资优先于股权筹资。由于企业负债具有节税利益，因此，负债筹资可以增加企业的价值，即负债越多，企业价值增加越多，这是负债的第一种效应；但是，预期财务危机成本的现值和代理成本的现值会导致企业价值的下降，即负债越多，企业价值减少额越大，这是负债的第二种效应。由于上述两种效应相互不完全抵消，因此，企业应适度负债。最后，由于不对称信息的存在，外部投资者认为企业股票被管理层人为高估的可能性会超过债券等负债，因此，企业需要保留一定的负债容量以便当有利可图的投资机会来临时可以举债，从而避免以过高的成本发行新股。留存收益和增发新股均属股权筹资，但前者最先选用，后者最后选用，因此，按照优序融资理论，不存在明显的最佳资本结构。在信息不对称的框架下，企业的筹资优序模式首先是内部筹资，其次是借款、发行债券（先普通债券后可转换债券），最后是发行新股筹资。

（二）最佳资金结构理论

企业利用负债资金具有双重作用，适当利用负债资金，能够降低资金成本，带来财务杠杆利益，但当负债比率过高时，会给企业带来较高的财务风险。因此，每一个企业都必须权衡资金成本和财务风险的关系，并考虑影响资金结构决策的其他因素，以确定本企业最佳的资金结构。

现代资本结构理论认为，在筹资过程中，由于代理成本（如监督成本引起的负债利率上升等）和财务危机成本的存在，随着负债比率的提高，公司陷入财务危机甚至破产的可能性也就越大，债务利息带来的财务利益（如节税利益）将逐渐被代理成本和财务危机成本所抵消，因此，总是可以找到一个最佳资金结构点，这一点便是负债比率提高带来的财务利益与带来的代理成本和财务危机成本之间的平衡点。在这一点上，企业的加权平均资金成本最低、企业价值最大。

因为企业的加权平均资金成本=负债比率×负债资金成本+权益资金比率×权益资金成本，而负债资金成本比权益资金成本要低，从图4-3可以看出，负债资金成本和权益资金成本都随着负债比率的提高而逐渐上升，当负债比率上升到较高水平时，由于代理成本、财务危机成本及其发生概率的增长，负债资金成本和权益资金成本增长加速。由负债资金成本和权益资金成本形成的加权平均资金成本先是下降，在B点达到最低，随后上升。B点也就成为企业使用负债资金的临界点。过了这一点，代理成本和财务危机成本就会抵消负债的利益，使企业实际价值下降。

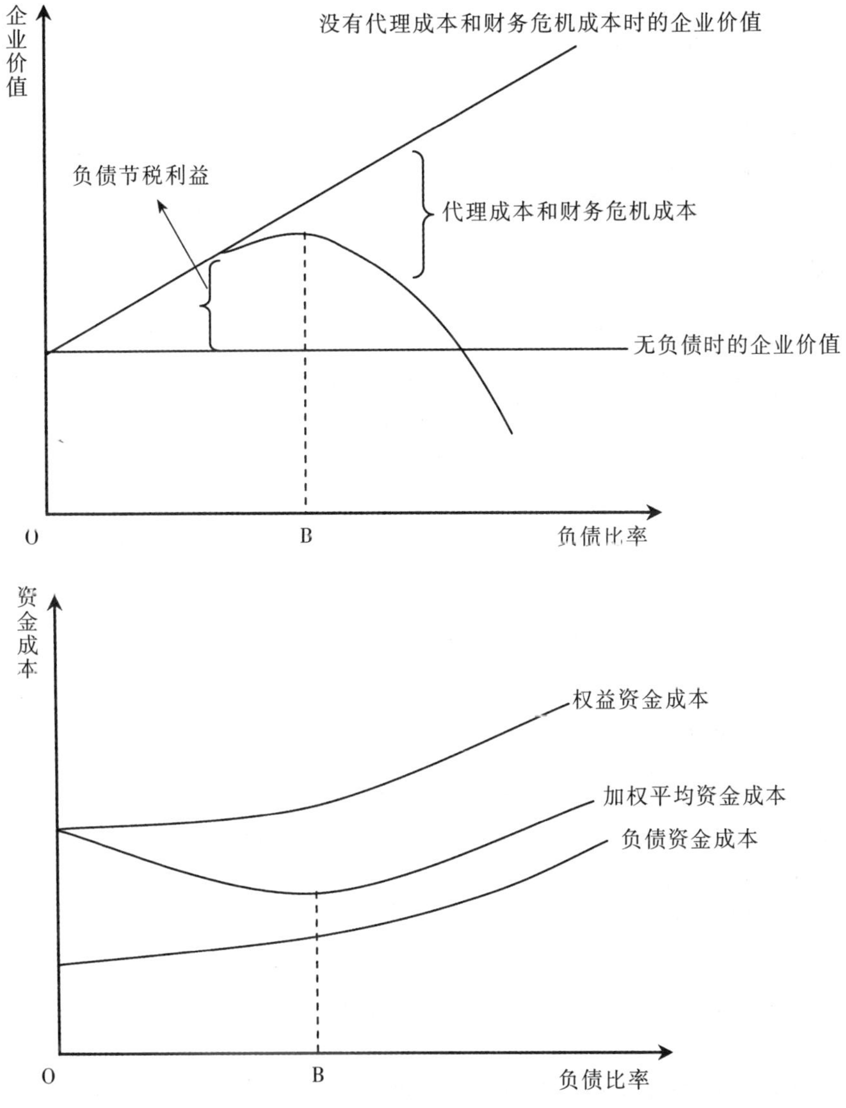

图4-3 资金结构与企业价值、资金成本的关系示意图

因此，最佳的资金结构，是指企业在一定条件下，使加权平均资金成本最低、企业价值达到最大的资金结构。它应作为企业的目标资金结构。

在完善有效的资金市场条件下，当加权平均资金成本最低时，企业的每股收益最高，企业的股票市价达到最高，以股票市价体现的企业价值因而也达到最高。

从理论上讲，最佳资金结构是存在的，但由于企业内部条件和外部环境的经常性变化，动态地保持最佳资金结构十分困难。在实践中目标资金结构通常是企业结合自身实际进行适度负债经营所确立的资金结构，是根据满意化原则确定的资金结构。因此，企业应综合考虑有关影响因素，运用适当的方法确定自身的目标资金结构，并在以后的追加筹资中继续保持。如果现有资金结构与目标资金结构存在较大差异，那么企业应抓住机会采用合理的方法进行调整，使其趋于合理化。一般来说，调整资金结构的机会主要有：

（1）现有资金结构弹性较好时；

（2）有增加投资或减少投资时；

（3）企业盈利较多时；

（4）债务重新调整时。

资金结构调整的方法有存量调整法、增量调整法和减量调整法。

思政课堂

本教材上文分析资金结构决策的影响因素时，提到了很多影响因素，但总体来看主要侧重于跟财务有关的显性因素，当然也提到“此外，由于经济金融、社会文化、科教发展等环境因素的影响，导致了资金结构在不同国家、地区间的差异”“企业实际资金结构往往受企业自身状况与政策条件及市场环境多种因素的共同影响，并同时伴随着企业管理层的偏好与主观判断”。请同学们结合第一章中学到的财务管理环境方面的知识深入思考和探讨一下，在社会主义核心价值观中，国家、社会、公民个人层面的“富强、民主、文明、和谐”“自由、平等、公正、法治”“爱国、敬业、诚信、友善”中的一些方面内容是不是对企业资金结构的决策会产生影响，会产生怎样的影响，如何产生影响。

三、资金结构的决策方法

企业资金结构决策就是要确定最佳资金结构。根据前述资金结构原理，确定企业最佳资金结构，可以采用比较资金成本法、每股利润（或权益资金税后利润率）无差别点法和公司价值分析法。

（一）比较资金成本法

比较资金成本法，是指通过计算各方案加权平均资金成本，并根据加权平均资金成本的高低来确定最佳资金结构的方法。这种方法确定的最佳资金结构即加权平均资金成本最低的资金结构。

【例 4-10】福昌公司年初原有资金16 000万元，其中发行利率为10%的债券8 000万元，发行普通股800万股，每股面值1元，发行价为10元/股，筹得资金8 000万元。该普通股目前价格也为10元/股，今年期望股利为1元/股，预计以后每年股利增加5%。公司适用的所得税税率为25%，假设发行各种证券均无筹资费用。该公司为了扩大生产经营规模拟增资4 000万元，现有以下三个方案可供选择：

A方案：增发4 000万元债券，因负债增加，投资人风险提升，债券利率增至12%才能发行，预计普通股股利不变，但由于风险提升，普通股市价降至8元/股。

B方案：发行债券2 000万元，年利率10%，发行股票200万股，每股发行价为10元/股，预计普通股股利不变。

C方案：发行股票363.6万股，普通股市价增至11元/股，筹资4 000万元。

为了确定上述三个方案哪个最好，下面分别计算其加权平均资金成本。

1.计算年初加权平均资金成本

各种资金的比例和个别资金成本分别为：

W_b=8 000÷16 000×100%=50%

W_s=8 000÷16 000×100%=50%

K_b=10%×（1−25%）=7.5%

K_s=1÷10+5%=15%

年初公司的加权平均资金成本为：

K_{w0}=50%×7.5%+50%×15%=11.25%

2.计算A方案的加权平均资金成本

各种资金的比例和个别资金成本分别为：

W_{b1}=8 000÷20 000=40%

W_{b2}=4 000÷20 000=20%

W_s=8 000÷20 000=40%

K_{b1}=10%×（1−25%）=7.5%

K_{b2}=12%×（1−25%）=9.0%

K_s=1÷8+5%=17.5%

A方案实施后公司的加权平均资金成本为：

K_{w1}=40%×7.5%+20%×9.0%+40%×17.5%=11.80%

3.计算B方案的加权平均资金成本

由于采用B方案后的资金结构与年初的资金结构一样，因此，各种资金所占的比例和个别资金成本与年初资金结构的情况一样。

B方案实施后公司的加权平均资金成本为：

K_{w2}=50%×7.5%+50%×15%=11.25%

4.计算C方案的加权平均资金成本

债券资金和普通股资金的比例分别为40%、60%；债券资金的资金成本不变，普通股资金的资金成本为：

K_s=1÷11+5%=14.1%

C方案实施后公司的加权平均资金成本为：

K_{w3}=40%×7.5%+60%×14.1%=11.46%

从以上计算可以看出，B方案实施后公司的加权平均资金成本最低，所以应选用B方案，即该公司应保持原来的资金结构，50%为负债资金，50%为权益资金。

比较资金成本法是以资本成本最低为决策标准的方法，在对可选择筹资方案计算加权平均资金成本的基础上，接受加权平均资金成本最低的筹资方案。这种方法通俗易懂，计算过程也不复杂，简单实用，是确定最佳资金结构的一种常用方法。但由于所拟订的方案数量有限，因此，有可能会漏掉最佳方案。

（二）每股利润（或权益资金税后利润率）无差别点法

负债的偿还能力建立在未来的生产经营能力和盈利能力的基础之上。研究资金结构，不能脱离企业的预期生产经营能力和盈利能力。企业的生产经营能力和盈利能力，可以用产销业务量水平（或销售额）和息税前利润（EBIT）表示。

负债筹资是通过它的财务杠杆作用来增加所有者的收益（每股利润或权益资金税后利润率）的。确定资金结构不能不考虑它对每股利润或权益资金税后利润率的影响，可以通过分析每股利润（EPS）或权益资金税后利润率的变化来判断公司资金结构是否合理，能提高每股利润或权益资金税后利润率的资金结构是合理的；反之，则不够合理。

每股利润无差别点法，又称息税前利润-每股利润分析法（EBIT-EPS分析法）。每股利润（或权益资金税后利润率）无差别点法，是指通过分析资金结构与每股利润或权益资金税后利润率之间的关系，计算各种筹资方案的每股利润或权益资金税后利润率的无差别点，进而确定合理的资金结构的方法。

这种方法确定的最佳资金结构即每股利润或权益资金税后利润率最大的资金结构。

当采用这种方法确定最佳资金结构时，股份公司应采用每股利润无差别点法，非股份公司则应采用权益资金税后利润率无差别点法。

无差别点，是指在两种基本筹资方式（负债资金与权益资金）下，每股利润或权益资金税后利润率相等时的息税前利润点或产销业务量（销售额）水平。在每股利润（或权益资金税后利润率）无差别点上，不同筹资方案的每股利润或权益资金税后利润率是相等的。

每股利润（EPS）的计算公式为：

$$EPS=\frac{(px-bx-a-I)(1-T)-d}{N}=\frac{(EBIT-I)(1-T)-d}{N} \qquad (4.2.1式)$$

式中：N为发行在外的普通股股数；

d为优先股股息。

权益资金税后利润率的计算公式为：

$$权益资金税后利润率=\frac{税后利润}{权益资金}\times100\% \qquad (4.2.2式)$$

根据每股利润（或权益资金税后利润率）无差别点的定义，能够满足下列条件的息税前利润（EBIT）或产销业务量（或销售额）水平就是每股利润或权益资金税后利润率无差别点。

$$\frac{(EBIT-I_1)(1-T)-d_1}{N_1}=\frac{(EBIT-I_2)(1-T)-d_2}{N_2}$$

$$\frac{(EBIT-I_1)(1-T)}{权益资金_1}=\frac{(EBIT-I_2)(1-T)}{权益资金_2}$$

每股利润无差别点处的息税前利润的计算公式为：

$$EBIT=\frac{N_2\left[I_1(1-T)+d_1\right]-N_1\left[I_2(1-T)+d_2\right]}{\left(N_2-N_1\right)(1-T)} \quad (4.2.3式)$$

如果公司没有发行优先股，那么上式可简化为：

$$EBIT=\frac{N_2I_1-N_1I_2}{N_2-N_1} \quad (4.2.4式)$$

利用$\frac{(EBIT-I_1)(1-T)}{权益资金_1}=\frac{(EBIT-I_2)(1-T)}{权益资金_2}$这一式子同样可以计算出权益资金税后利润率无差别点处的息税前利润。

这种方法选择筹资方案的主要依据是各筹资方案每股利润或权益资金税后利润率的大小。当息税前利润或产销业务量（或销售额）水平大于每股利润或权益资金税后利润率无差别点的息税前利润或产销业务量（或销售额）水平时，运用负债资金筹资可获得较高的每股利润或权益资金税后利润率；反之，当息税前利润或产销业务量（或销售额）水平低于每股利润或权益资金税后利润率无差别点的息税前利润或产销业务量（或销售额）水平时，运用权益资金筹资可获得较高的每股利润或权益资金税后利润率。

【例4-11】福华股份公司目前资金结构为：总资金投入1 000万元，其中负债资金400万元（年利息40万元），普通股资本600万元（600万股）。现公司有一较好的投资项目，需要追加筹资300万元。有两种筹资方案：甲方案为增发普通股100万股，每股发行价为3元。乙方案为向银行取得长期借款300万元，年利率为16%。根据公司财务人员测算，追加筹资而投资于项目后公司销售额可望达到1 200万元，变动成本率为60%，固定成本为200万元，所得税税率为20%，筹资费用忽略不计。根据上述数据，代入每股利润无差别点计算公式：

$$\frac{(EBIT-40)(1-20\%)}{600+100}=\frac{(EBIT-40-48)(1-20\%)}{600}$$

得：EBIT=376万元

这里，EBIT为376万元是两个筹资方案的每股利润无差别点。在此点上，两个方案的每股利润相等，均为0.384元/股。福华股份公司预期追加筹资而投资于新项目后销售额可望达到1 200万元，预期可获得息税前利润280万元，低于每股利润无差别点时的息税前利润376万元，因此，公司应当采用财务风险较低的甲方案，即增发普通股的方案。在预期1 200万元销售额、280万元息税前利润的水平上，甲方案的每股利润为0.274元/股，乙方案的每股利润为0.256元/股。

【例4-12】福国公司的资金总额为1 000万元，其中负债资金为200万元，权益资金为800万元。公司现拟追加筹资200万元，有两种方案：（1）增加权益资金；（2）增加负债资金。该公司增资前的负债利率为10%，若采用负债增资，则由于财务风险的提升，所有负债的利率提高到12%。增资后的资金息税前利润率可达20%，企业所得税税率为25%。

权益资金税后利润率无差别点的计算：

$$\frac{(EBIT-200\times10\%)(1-25\%)}{800+200}=\frac{(EBIT-400\times12\%)(1-25\%)}{800}$$

得：EBIT=160万元

根据每股利润无差别点法的原理，当预计息税前利润等于160万元时，选择权益资金筹资和选择负债资金筹资没有差别；当预计息税前利润大于160万元时，则增加负债资金更为有利；当预计息税前利润小于160万元时，则增加权益资金更为有利。该公司预计增资后的息税前利润可达240万元，故采用负债资金筹资方式较为有利。

公司预计增资后的权益资金税后利润率计算表见表4-3。

表4-3 **公司预计增资后的权益资金税后利润率计算表** 金额单位：万元

项　目	（1）增加权益资金	（2）增加负债资金
资金总额	1 200	1 200
其中：权益资金	800+200=1 000	800
负债资金	200	200+200=400
息税前利润（EBIT）	1 200×20%=240	1 200×20%=240
减：利息	200×10%=20	400×12%=48
税前利润	220	192
减：所得税费用（25%）	55	48
税后利润	165	144
权益资金税后利润率	16.50%	18%

由计算结果可知，当资金息税前利润率为20%时，追加负债筹资的权益资金税后利润率较高（18%），从而验证了采用权益资金税后利润率无差别点法确定资金结构的正确性。

资金结构决策的每股利润（或权益资金税后利润率）无差别点法是以每股利润或权益资金税后利润率最大化财务管理目标为指导的，它以每股利润或权益资金税后利润率最大为决策标准，筹资者主要根据每股利润或权益资金税后利润率的多少来作出筹资决策。

当资金需要量较大时，企业可能会采用多种筹资方式组合融资。这时，企业需要详细比较分析各种组合筹资方式下的资金成本负担及其对每股利润或权益资金税后利润率的影响，从而选择每股利润或权益资金税后利润率最高的筹资方式组合。

（三）公司价值分析法

以上两种方法都是从账面价值的角度分析资金结构决策，没有考虑市场反应，对风险因素的考虑也不够。公司价值可分为股权价值和实体价值，股权价值仅指股权资本的价值，实体价值是指公司的总价值。公司价值分析法，是在考虑市场风险的基础上，通过测算和比较各种资金结构下公司的市场总价值来确定最佳资金结构的方法。最佳资金结构即能提升公司市场总价值、使公司市场总价值最大的资金结构。在公司总价值最高的资金结构下，公司的加权平均资金成本也是最低的。这种方法主要用于对现有资金结构进行调整，适用于资本规模较大的上市公司资金结构决策。

这种方法的出发点是，从根本上讲，财务管理的目标在于追求公司价值最大化。只有在风险不变的情况下，每股利润的增长才会导致股价上升，但实际上经常是随着每股利润的增长，风险也提升。如果每股利润的增长不足以弥补风险提升所需的报酬补偿，则尽管每股利润增加，股价仍可能下降。因此，最佳资金结构应当是可使公司的市场总价值最高的资金结构，而不是每股利润最大的资金结构。

公司的市场总价值（V）=权益资本总市价（S）+负债资本总市价（B） （4.2.5式）

为简化起见，假定公司负债资本（长期借款和长期债券）的市场价值（现值）等于其账面价值。权益资本的市场价值（现值）则等于公司未来所得净利润按股东要求的投资报酬率的折现值。假设公司的经营利润（息税前利润）永续，股东要求的投资报酬率（权益资本的资本成本率）不变，则权益资本的市场价值计算公式如下：

$$\text{权益资本市场价值}=\frac{(\text{息税前利润}-\text{利息})\times(1-\text{所得税税率})}{\text{权益资本成本率}} \quad (4.2.6式)$$

$$S=\frac{(EBIT-I)\times(1-T)}{K_S}$$

式中：权益资本成本（K_S）可根据资本资产定价模型（CAPM）：$K_S=R_f+\beta\times(R_m-R_f)$来确定。

公司的加权平均资本成本K_W计算公式为：

$$K_W=K_b\times\frac{B}{V}\times(1-T)+K_S\times\frac{S}{V}$$

式中：K_b为负债资本的税前成本，即负债利率。

【例4-13】福至公司原无长期负债，资本全部由普通股资本构成，其账面价值为1 500万元，息税前利润为800万元，所得税税率为25%。现公司拟用发行长期债券购回部分普通股股票的方法调整其资本结构。假设无风险报酬率为8%，证券市场同类股票的平均必要报酬率为12%。不同债务水平下的个别资本成本见表4-4。

表4-4 **不同债务水平下的个别资本成本** 金额单位：万元

债券市场价值（B）	债券利率（K_b）	β系数	无风险报酬率（R_f）	证券市场平均必要报酬率（R_m）	权益资本成本（K_S）
0	—	1.1	8%	12%	12.4%
300	6%	1.2	8%	12%	12.8%
600	7%	1.3	8%	12%	13.2%
900	8%	1.5	8%	12%	14.0%
1 200	9%	1.7	8%	12%	14.8%
1 500	10%	2.0	8%	12%	16.0%

以发行债券600万元为例说明权益资本成本的计算过程：

$K_S=8\%+1.3\times(12\%-8\%)=13.2\%$

仍以发行债券600万元为例说明股票市场价值（现值）、公司市场总价值（现值）和加权平均资本成本的计算过程：

$$S=\frac{(800-600\times7\%)\times(1-25\%)}{13.2\%}=4\,307\text{（万元）}$$

$V=600+4\,307=4\,907$（万元）

$K_W=7\%\times(600\div4\,907)\times(1-25\%)+13.2\%\times(4\,307\div4\,907)=12.23\%$

公司总价值和资本成本计算见表4-5。

表4-5 公司总价值和资本成本计算表 金额单位：万元

债券市场价值（B）	股票市场价值（S）	公司总价值（V）	债券利率（K_b）	权益资本成本（K_S）	加权平均资本成本（%）
0	4 839	4 839	—	12.4%	12.40%
300	4 582	4 882	6%	12.8%	12.29%
600	4 307	4 907	7%	13.2%	12.23%
900	3 900	4 800	8%	14.0%	12.50%
1 200	3 507	4 707	9%	14.8%	12.75%
1 500	3 047	4 547	10%	16.0%	13.20%

可见，无负债时的公司总价值等于股票的市场价值；当用负债资本部分地替换权益资本时，公司的总价值开始上升，同时加权平均资本成本开始下降；资本结构在债券市场价值为600万元时达到最佳，即此时公司的总价值最高、加权平均资本成本最低；随后，负债资本的增加导致公司总价值又开始下降，加权平均资本成本又开始增加。

确定资金结构的定量分析方法各有优缺点，在实际工作中企业财务管理者应结合企业的实际情况，并与定性分析方法结合起来加以运用，才能更科学合理地确定最佳资金结构。

思政课堂

企业的利益是其利益相关者共同的利益。请同学们思考和讨论：高度重视社会责任履行的企业，相比对社会责任履行重视程度一般或不大重视社会责任履行的同行业企业而言，其负债比率一般来说要高还是要低？为什么？

本章小结

在企业财务管理活动中，杠杆效应是指由于固定成本（固定性生产经营成本或固定性财务费用）的存在而导致的，当某一财务变量以较小幅度变动时，另一相关财务变量会以较大幅度变动的现象。杠杆效应是企业资金结构决策中的一个重要因素。因此需要分析经营杠杆作用与经营风险，财务杠杆作用及财务风险，以及这两种杠杆的综合作用即复合杠杆作用及复合风险。企业杠杆的作用水平和风险高低可通过计算杠杆系数指标来确定。在其他条件相同的情况下，企业经营杠杆作用的大小取决于一定时期企业的固定成本与销售收入的比例；财务杠杆作用的大小、财务风险的高低取决于固定性财务费用与息税前利润的比例大小。我们需要把握经营杠杆、财务杠杆和复合杠杆的关系。

资金来源结构是企业筹资管理的核心问题。资金结构决策需要在资金成本与财务风险等因素之间进行权衡。资本结构理论是关于资本结构、综合资本成本与企业价值三者之间关系的理论，它主要有早期资本结构理论、MM资本结构理论和新的资本结构理论。最佳的资金结构，是指企业在一定条件下，使企业加权平均资金成本最低、企业价值达到最大的资金结构。它应作为企业的目标资金结构。最佳资金结构的决策方法主要包括比较资金成本法、每股利润（或权益资金税后利润率）无差别点法和公司价值分析法。

思考与练习

思考题

1.简述经营杠杆的基本原理。

2.简述财务杠杆的基本原理和启示。

3.什么是复合杠杆？复合杠杆原理给我们什么启示？

4.什么是资金结构？广义资金结构与狭义资金结构有什么区别？

5.试说明影响资金结构的主要因素。

6.试论最佳资金结构。

7.如何运用资金结构决策的比较资金成本法？该方法有何优缺点？

8.如何运用资金结构决策的每股利润（或权益资金税后利润率）无差别点法？

9.试述资本成本、财务风险与资本结构的关系。

计算分析题

1.A公司2×21年实现销售收入300万元，变动成本总额为150万元，固定成本为80万元，利息费用为10万元。

要求：计算该公司2×22年的经营杠杆系数。

2.B公司资金总额为600万元，负债比率为40%，负债年利率为10%。每年支付4万元优先股股利，所得税税率为25%。2×21年公司实现息税前利润70万元。

要求：计算该公司2×22年的财务杠杆系数。

3.C公司2×21年销售产品10万件，单价50元/件，单位变动成本30元/件，固定成本总额100万元。公司负债60万元，年利率为12%。

要求：（1）计算2×21年的边际贡献；（2）计算2×21年的息税前利润总额；（3）计算该公司2×22年的复合杠杆系数。

4.D、E两公司资料见表4-6：

表4-6　　D、E两公司资料　　金额单位：万元

项　目	D公司	E公司
固定成本	20 000	60 000
单位变动成本（元/件）	1.5	1
销售单价（元/件）	2	2
销售量（件）	140 000	140 000
全部资金	800 000	800 000
负债资金（利率10%）	0	320 000
息税前利润	50 000	80 000

要求：计算D、E两公司的经营杠杆系数、财务杠杆系数和复合杠杆系数，并说明D、E两公司风险的高低。

5.F公司计划期销售收入将在基期基础上增长40%，其他有关资料见表4-7。

表4-7　　F公司有关资料　　金额单位：元

项目＼期间	基期	计划期
销售收入	400 000	①
边际贡献	②	③
固定成本	240 000	240 000
息税前利润	④	⑤
权益资金税后利润率	⑩	35%
边际贡献率（边际贡献/销售收入）	75%	75%
经营杠杆系数	—	⑦
财务杠杆系数	—	⑧
复合杠杆系数	—	7.5
息税前利润增长率	⑥	
权益资金税后利润率的增长率	⑨	

要求：按序号计算表中未填列的数据，并列出计算过程。

6. G公司拟筹资2 000万元，现有甲、乙两个备选方案，有关资料见表4-8。

表4-8　　甲、乙两个备选方案有关资料　　金额单位：万元

筹资方式	甲方案		乙方案	
	筹资额	资金成本	筹资额	资金成本
长期借款	300	9%	400	9%
债券	700	10%	400	10%
普通股	1 000	12%	1 200	12%
合计	2 000		2 000	

要求：确定该公司最佳资本结构。

7. H公司年初的资本总额为1 600万元，各种资本所占比例和资金成本见表4-9。

表4-9　　各种资本所占比例和资金成本

资本项目	资本额（万元）	比例（%）	资金成本（%）
公司债券	480	30	8
优先股	160	10	12
普通股	640	40	18
留存收益	320	20	17
合计	1 600	100	

本年度因扩大经营规模需要增资400万元，现拟出这样一个筹资方案：

公司发行公司债券100万元，普通股300万元，公司债券年利率为10%，筹资费用率为2%，由于增发的普通股大于公司债券，因此，企业的财务风险降低，普通股价格上涨到每股220元（原每股200元），预计本年普通股每股股利为36元，年股利增长率为2%，所得税税率为25%。

要求：计算采纳筹资方案后的企业综合资金成本。

8.I公司2×21年的资本总额为1 600万元，其中普通股1 000万元（1 000万股），公司债券600万元。公司拟扩大筹资规模750万元，有两个备选方案：甲方案提出增发普通股500万股，每股价格为1.5元；乙方案提出平价发行公司债券750万元。若公司债券年利率为12%，所得税税率为25%。

要求：（1）计算两种筹资方式的每股利润无差别点；（2）该公司预计的息税前利润为400万元，对两个筹资方案作出择优决策。

第五章

长期项目投资决策

学习要求：本章主要讲述企业对内长期投资项目的财务可行性评价和决策问题。通过本章学习，要求了解长期项目投资的含义、特点、内容和一般程序；掌握长期项目投资现金流量的含义、计算和常用的投资决策评价指标；掌握在长期项目投资决策中常见项目的决策方法。

案例导入

福迪公司财务总监张小姐的200万元权益资本缺口终于解决了。她提出这样一个方案：吸收几家公司共200万元的直接投资。为了让这些公司乐意出资，她又做了不少工作，展示项目的光明前景，并说服本公司和福启集团公司的管理层：这样做虽然要稀释一点股份，但能够扩大生产经营规模，项目成功投产后将为本公司和本集团带来更大的经济效益，蛋糕做大了虽然要分出一部分（请思考是1/3，还是1/5，还是其他比例），但留下来的仍比没做大前多得多，而且有利于降低公司风险，优化股权结构和治理结构。这样，1 000万元的项目投资资金算是全部落实了，而且维持了张小姐原来计划的权益资金和负债资金比例6∶4。当然整个过程不是张小姐一句话两句话就说得清楚的，而是她用具体的财务预测分析数据进行展示并通过努力沟通，才让对方公司、本公司和集团公司的管理层信服的。接下来的任务就是根据当前实际情况和未来的环境变化趋势设计出具体的项目投资方案，然后对每个方案进行科学严谨的可行性分析，最后由集团公司和本公司相关决策层挑选出最优的方案，并组织实施。这件事的所有相关工作当然又是她这个财务总监必须挑头做好的。张小姐觉得责任和担子不轻。那么接下来她该怎样做呢？

第一节 长期项目投资概述

一、企业投资及其特点

投资是指特定经济主体以在未来可预见的时期内获得经济收益和社会效益为目的，在一定时机向一定领域的具体对象投放资金的经济行为。企业投资是以期望未来收回更多的资金（形成收益）为目的而在现在发生的资金投放行为。在市场经济条件下，企业必须把有限的资金投放到收益和风险都令人满意的各种项目上去。

无论哪一类财务主体，在财务管理活动中，都不可避免地要面对投资过程。从家庭（私人）来讲，在获得一定收入后自然会思考如何花这笔钱，或是投资到衣食住行等方面满足消费需求，或是孩子教育、赡养老人、照顾亲友，或是存入银行，或是投资到证券、保险和企业中去；政府在筹集公共财政收入后也要合理安排，分配在维持经常性开支及教育、国防、公共基础设施和公益事业等方面的投入。作为以营利为主要目的的企业，更要科学决策所筹集资金的投放和使用，以尽可能获得最大的收益，从而实现企业目标。财务是为生产经营服务的，筹资是为投资服务的，投资是企业生存与发展的基本前提，是获取利润的唯一途径，是风险控制的重要手段。因此，投资决策尤其是一些大型投资项目决策的正确与否，直接关系到企业的兴衰成败。

企业投资具有如下特点：

1. 目的性

企业投资是一种有目的的经济行为，是为了获得未来的经济收益而在现在支出一定资金的经济活动。

2.时间性

企业投资是一个行为过程，具有时间性，即投入的资金是现在的，而收回的资金是将来的，从现在支出到将来获得收益，在时间上总要经过一定间隔。这个间隔过程越长，企业未来可获得的收益就越不确定，风险就越高。

3.收益性

投资的目的在于得到未来收益。投资活动以牺牲现在价值为手段，以赚取未来价值为目标。投资的收益可以是各种当期的收益，也可以是长期的资本利得。

4.风险性

投资具有风险性，即收益的不确定性。现在投入的资金是确定的，而未来可能获得的收益一般是不确定的，这种收益的不确定性，即投资的风险。

企业投资的目标是谋求盈利，增加企业价值。企业能否实现这一目标，关键在于企业能否在风云变幻的市场环境下，抓住有利的投资时机，作出合理的投资决策，并做好投资项目全过程的管理工作。为此，对投资尤其是大型的投资项目，企业必须认真地进行市场和政策调研，及时抓住投资机会；建立科学的投资决策程序，认真地进行投资项目的可行性分析；及时足额地筹集资金，保证投资项目的资金供应；认真分析风险与收益的关系，对投资风险进行适当的控制。

二、企业投资分类

为了了解投资活动，加强投资管理，提高投资效益，必须对投资进行科学分类。从不同的角度看，企业投资可作如下分类：

（一）按与企业生产经营的关系，企业投资可分为直接投资和间接投资

直接投资是指企业把资金直接投放于生产经营性资产以获取利润的投资，如生产经营用的厂房设备等固定资产、无形资产、各种流动资产新技术新产品的研发等，包括为了更好地开展生产经营而通过并购、联营、合作等方式向其他单位的投资；间接投资又称证券投资，是指企业把资金投放于证券等金融资产，以便取得股利、利息等当期收益和资本利得的投资，如购买各种债券、股票和其他金融产品等。

（二）按投资回收时间的长短，企业投资可分为短期投资和长期投资

短期投资又称流动资产投资，是指能够并且准备在1年内收回的投资，主要是指对现金、短期证券、应收账款、存货等的投资，长期证券如能随时变现亦可作为短期投资；长期投资是指1年以上才能收回的投资，主要是指对厂房、机器设备等固定资产的投资，也包括对无形资产的投资和长期证券的投资。

（三）按投资的方向，企业投资可分为对内投资和对外投资

对内投资又称内部投资，是指企业将资金投在企业内部，用于形成生产经营用的各种资产的投资；对外投资又称外部投资，是指企业以现金、实物资产和无形资产等可供支配的资源，通过购买股票、债券以及并购、联营、合作等方式向其他单位的投资。短期对外投资的目的主要是利用暂时闲置资金去获取一定的收益；长期对外投资的目的主要是通过控制和影响对方企业的经营为本企业服务、实施多元化经营以分散企业风险或者为未来实施某个项目而积累大笔资金。对内投资都是直接投资，对外投

资主要是间接投资，也可能是直接投资。随着市场竞争的加剧，对外投资对企业而言越来越重要。

无论是何种类型的投资，都需要企业按照合理的程序以科学的方法进行预测、决策、预算、控制和分析。本章和下面两章分别讲述企业内部长期资产投资（长期项目投资）、流动资产投资和对外证券投资的管理。

三、对内长期项目投资的含义、类型、管理要求和特点

（一）对内长期项目投资的含义和类型

企业对内长期项目投资（以下简称长期项目投资或项目投资）是指一种以企业内部特定长期资产项目为对象，直接与新建项目或更新改造项目有关的长期投资行为。

工业企业长期资产投资项目主要可分为固定资产投资项目和无形资产投资项目等。固定资产投资项目主要可分为以新增生产能力为目的的新建项目和以恢复或改善生产能力为目的的更新改造项目两大类。新建项目按其涉及内容还可进一步分为单纯固定资产投资项目和完整工业投资项目。单纯固定资产投资项目在投资中只包括为取得固定资产而投入资金，不涉及周转资金投入；完整工业投资项目则不仅包括固定资产上的投资，而且涉及流动资金垫支，甚至还包括无形资产、递延资产的投资。因此，不能将项目投资简单等同于固定资产投资。

（二）项目投资管理的要求

项目投资管理主要有四项要求：第一，准确预测固定资产和无形资产的需要量；第二，认真做好项目投资的预测和决策工作；第三，正确计提固定资产折旧和无形资产摊销；第四，做好固定资产和无形资产的日常控制和维护工作。

（三）项目投资的特点

众所周知，对内长期项目投资作为企业战略性投资，往往代表着企业的装备技术水平，对企业有着极其重要的意义。一项长期项目投资决策作出后将在很长时期内直接决定着企业的生产经营和战略发展。这主要是由项目投资的特点决定的。

1.投资数额大

每一项对内长期项目投资，一般都需要一次性投入相当数额的资金，而且不经常发生，每次投资的背景、特点、要求都不一样，不能进行程序化决策管理，因此，一方面要求企业必须及时足额地筹集项目投资所需的资金，而且这些资金应主要依靠长期资金筹集的方式解决，另一方面要求企业在投资前必须花较长时间做好投资预测和准备工作，从而审慎地进行项目投资的可行性分析和决策。

2.投资周期长

长期项目投资不仅所需资金数额大，而且其投资周期也很长，往往需要几年、甚至十几年才能收回投资。因此，长期项目投资对企业未来的生产经营活动和长期经济效益将产生重大影响，其投资决策的成败对企业未来的命运将产生重要的甚至是决定性的作用。

3.投资风险高

长期项目投资具有不可逆转性，一旦形成长期资产就不能轻易改变其用途，也很难出售，变现能力差，投资资金占用量相对稳定。由于投资周期长，作出投资决策时

对未来诸如市场销量、资产使用寿命等因素的预测很有可能与实际结果产生或大或小的差异，加上投入资金数额大，因此，长期项目投资的预期目标能否最终实现，面临着较大的不确定性，在投资可行性分析和决策中必须考虑资金时间价值和风险价值。

4.投资的实物形态和价值形态可以分离

固定资产在使用过程中，其价值随着固定资产的磨损而逐渐脱离其实物形态，其余部分仍存在于实物形态中，直至固定资产使用期满，其价值才能全部得到补偿，实物得以更新。由于固定资产的价值补偿和实物更新在时间上具有不一致性，因此，企业对折旧政策的制定和对折旧的管理就显得很重要。无形资产的摊销问题也是如此。

从以上特点可以看出，对内长期项目投资对企业而言可谓举足轻重，其投资决策管理一定要慎重立项、周密实施；否则，一旦投资失误，就可能对企业造成无法挽回的损失，导致企业的经营效益变差，财务状况恶化，甚至拖垮整个企业。

四、对内长期项目投资的决策管理程序

长期项目投资的决策管理程序主要包括以下环节：

（一）投资项目的提出

投资项目根据其资本支出的大小和对企业生产经营的影响不同，分别由不同层次的管理层根据企业业务发展的需要、中长期投资计划和内外部经营环境的变化提出投资项目意向性意见，然后由不同层次相关部门和人员讨论研究，并提出初步的投资计划。

（二）投资项目的可行性分析和评价

这是长期项目投资决策管理的重要步骤，它直接关系到项目投资的合理性和效益性。可行性分析包括环境可行性分析、技术可行性分析、市场可行性分析、财务可行性分析等方面。从经济、市场、财务角度而言，投资项目的可行性分析和评价主要应做好以下几项工作：

（1）进行政策和市场调查分析，了解与项目相关的国家和地方产业政策，预测项目产品市场供需状况和产品的市场竞争能力。

（2）预测投资项目的资金需要和现金流量。

（3）测算投资项目的各种财务和经济评价指标。

（4）淘汰不可行的投资项目，对可行的投资项目提出可行性评价报告，为投资决策提供依据。

项目财务可行性分析的主要内容包括：项目资金需要量、资金筹集和资产配置分析；项目资产、负债、所有者权益等财务状况指标的预测分析；项目收入、成本费用支出和利润等经营成果指标分析；项目资金流转和回收（现金流量）等资金运行过程分析；项目投资回收期、净现值、内含报酬率等财务效益指标分析；项目风险及其防范对策措施分析等。

（三）投资项目的决策

投资项目按照其具体投资数额和意义大小分别由不同层次的决策者根据各种评价指标和企业的战略目标进行综合评价、反复论证。决策者对可行的不同投资项目进行

比较选择，进而对选中的投资项目进行“拍板”。处在不同发展阶段和不同环境条件下的企业，选择的主要依据可能有所不同，但主要是针对投资收益和投资风险两个方面加以衡量。

（四）投资项目的实施和监控

经过投资决策确认的投资项目，要在编制项目资本预算和工程预算的基础上认真地付诸实施，以确保投资按照资本预算如期执行。在组织实施投资过程中，企业应做好以下工作：

（1）密切注意投资项目的进展，积极筹集资金，以保证项目顺利进行。

（2）加强对建设投资的动态监控，以确保质量，节约开支，降低造价。

（3）加强对投资进度的控制，以确保如期投产，及时形成生产能力。

（五）投资项目的信息反馈

一是在投资项目组织实施过程中，注意周围客观环境的变化，如果出现新情况，则要对投资项目进行再评价，并对投资方案进行修改和调整；如果出现了重大变故，使得投资不再可行，就需要立即停止投资。二是投资项目实施后，要对该项投资所产生的效果进行控制、检查和评价，作为今后投资决策的参考。

五、固定资产需要量的预测

长期项目投资以固定资产投资为主要内容。在固定资产投资过程中，预测固定资产的需要量是基础性工作。它不仅有利于企业合理筹集所需要的资金，降低资金成本，避免不必要的闲置浪费，更重要的是有利于对投资方案进行科学正确的评价，从而使项目投产后的经济效益达到最大。

常用的固定资产需要量预测方法有两类：

第一类是经验估计法。由企业领导者以及企业相关部门富有经验的管理人员（必要时可聘请外部相关专家），凭借自己过去的经验，对固定资产的需要量进行估计。这种方法最大的好处就是简单、易行、效率高，常用于处于初创期和成长初期的企业对投资规模较小的固定资产的需要量进行预测。

第二类是定量分析法。其主要是借助数学模型，并结合企业生产经营的需要采用定量计算分析方法进行预测。一般用某一时期企业生产经营的总任务除以单位（如台）固定资产生产经营的能力，求得固定资产的需要数量，进而跟现有固定资产数量比较，求出需要进一步投资的固定资产数额。定量分析法的优点是比较准确、可靠性高，常用于成熟期的企业对投资规模较大的固定资产的需要量进行预测。

第二节　对内长期项目投资现金流量的估算

一、项目现金流量的含义和内容

（一）现金流量的含义

现金流量又称现金流动量、现金流（cash flow）。在长期项目投资决策中，现金流量是指一个投资项目在其计算期内可能或应该发生的各项现金流入量和现金流出量的统称。它是计算决策评价指标的主要依据和基础信息。项目计算期内由该项目导致的现金流入量减去现金流出量的差额，称为项目的净现金流量（NCF）。

当然，这里的现金流量不仅是指各种货币资金的增减变化，而且包括项目需要投入和能够回收的企业非货币资源的变现价值（或重置成本）。

项目计算期是指投资项目从投资建设开始到最终清理结束为止的整个过程的全部时间，即该项目的有效持续期间。完整的项目计算期包括建设期和生产经营期。从建设起点到投产日的时间间隔称为建设期；从投产日到项目终结点的时间间隔称为生产经营期或营业期。

（二）在长期项目投资决策评价中使用现金流量作为基础信息的原因

企业进行长期项目投资决策评价，之所以要采用现金流量而非营业净利润作为基础信息，主要是基于以下几个方面的原因：

（1）在投资项目的整个寿命周期（项目计算期）内，营业净利润总计和净现金流量总计是相等的，因此，可以用净现金流量代替营业净利润来作为项目投资决策评价的基础信息。

（2）利润计算的主观随意性较大，现金流量则相对客观可靠。利润在各年的数据分布，受折旧计提、存货估价、费用摊配等会计政策选择的影响，人为操纵的可能性较大；而现金流量数据相对客观，不受会计政策选择的影响，对投资者评价投资项目而言更为可靠。

（3）采用现金流量信息有利于科学地考虑时间价值因素。利润的计算是以期间为单位的，而现金流量则是时点指标。长期投资项目评价必须考虑资金时间价值，这就要求企业在进行决策分析时能确知每笔预期收支的具体发生时间，而以收付实现制确定的现金流量信息正好可以满足这种需要。

（4）西方经济界早就有句名言："利润只是一种观念，而只有现金才是实在的东西。"在项目投资决策分析中，现金流量信息比利润信息更加重要。一个项目能否维持下去，不取决于其在一定期间是否产生利润，而取决于有没有现金用于各种支付。有些时候，虽然投资项目有利润，但由于利润质量等问题，导致缺乏足够的现金来维持项目的运转。

基于以上原因，财务管理一般用现金流量信息作为评价投资项目优劣的基础信息。

（三）项目现金流量的内容

按照长期投资项目现金流量发生的时间特征，我们可以将项目投资引起的现金流量分为三个组成部分：

1.初始现金流量

初始现金流量是指于投资项目建设期发生的现金流量，一般表现为现金的流出。初始现金流量就是初始投资，又称原始总投资，是企业为使项目完全达到设计生产能力、开展正常经营而投入的全部现实资金，主要包括建设投资和流动资金投资两项内容。

（1）建设投资。建设投资，是指在项目建设期内所发生的固定资产、无形资产和开办费等方面的投资支出和原有固定资产的变价收入等。这是项目建设期发生的主要现金流出量。它可能一次投入，也可能分次投入。其中，固定资产投资主要包括各项建筑工程费用、设备购置成本、安装工程费用、资本化利息和其他费用。

（2）流动资金投资。流动资金投资，是指在完整的工业投资项目中发生的用于生产经营期周转使用的营运资金投资。因为流动资金投资等到项目终结时会重新收回，所以有时流动资金投资又称垫支。

2.营业期现金流量

营业期（生产经营期）现金流量是指长期投资项目投入使用后在整个生产经营期内由于生产经营活动而导致的现金流入和现金流出。

（1）营业收入。营业收入是指在项目投产后的生产经营期内每年实现的销售收入或业务收入。它是生产经营期主要的现金流入量项目，本应按当年现销收入额与回收以前年度应收账款的合计数确认，但为了简化计算，可假定正常营业年度内发生的赊销额与回收的以前年度应收账款额大致相等，因此，在计算每年的营业现金流入时就以每年的营业收入替代。

（2）付现的营业成本。付现的营业成本（简称付现成本），是指在生产经营期内每年发生的需要用现金支付的成本费用和各种流转税款。它是项目生产经营期内最主要的现金流出量项目，是当年的总营业成本（包括费用和各种流转税款）扣除该年折旧额、无形资产摊销额等项目后的差额。折旧、摊销等内容虽然也是成本费用，但不需要动用现金支出，因此，这两项不属于付现成本。

（3）支付的所得税税款。

3.终结点现金流量

终结点现金流量是指于长期投资项目终结时发生的现金流量，具体包括：

（1）回收的固定资产余值。其包括固定资产净残值或变价净收入。

（2）回收的流动资金。其是指于长期投资项目终结时回收的原垫支的全部流动资金。

二、项目现金流量的估算

由于项目投资的投入、回收及收益的形成均以现金流量的形式表现，因此，在整个项目计算期的各个阶段，长期投资项目都有可能发生现金流量，必须逐年估算每个时点上的现金流入量和流出量以及净现金流量。

（一）估算项目现金流量的假设

1.投资项目的类型假设

假设对内长期投资项目只包括单纯固定资产投资项目、完整工业投资项目和更新改造投资项目三种类型。

2.财务可行性分析假设

假设投资项目已经具备了经济、技术、社会效益的可行性，投资决策者仅是为了分析项目的财务可行性而估算现金流量。

3.全投资假设

假设企业估算现金流量时，只考虑全部投资的运行情况，而不分自有资金和借入资金，实际存在的借入资金也将其作为自有资金统一对待。

4.建设期投入全部资金假设

不论项目的原始总投资是一次投入还是分次投入，除个别情况外，假设它们都是在建设期内投入的。

5.生产经营期与折旧年限一致假设

假设投资项目中的主要固定资产的折旧年限一般与其生产经营期相同。

6.时点指标假设

不论现金流量具体内容所涉及的价值指标实际上是时点指标还是时期指标，均假设按照年初或年末的时点指标处理。其中，假设建设投资在建设期内有关年度的年初或年末发生，流动资金投资则在生产经营期初（项目投产时）发生；生产经营期内各年的收入、成本费用、折旧、摊销、利润、税金等均在年末发生；项目最终报废或中途变卖及清理均发生在终结点（但更新改造项目除外）。

7.确定性假设

假设与项目现金流量有关的价格、产销量、成本费用水平、企业所得税税率等因素都是确定的，均为已知常数。

（二）项目净现金流量的估算

项目净现金流量（NCF），又称现金净流量，是指在项目计算期内现金流入量与现金流出量之间的差额。它是计算项目投资决策评价指标的重要依据。

项目某年的净现金流量=该年现金流入量-该年现金流出量

$NCF_t=CI_t-CO_t$（t=0，1，2，…，n）（5.2.1式）

式中：NCF_t为第t年的净现金流量；

CI_t为第t年的现金流入量；

CO_t为第t年的现金流出量。

以完整的工业投资项目为例，项目建设期的净现金流量、生产经营期每年的净现金流量和项目终结点的净现金流量分别计算如下（流出记为负，流入记为正）：

（1）初始净现金流量=-初始投资额

=-（固定资产投资+垫支流动资金等）

（2）生产经营期每年的净现金流量

营业净现金流量=营业收入-付现成本-所得税（5.2.2式）

=营业收入-（营业成本-折旧摊销等）-所得税

=营业收入-营业成本-所得税+折旧摊销等

=营业净利+折旧摊销等（5.2.3式）

=（营业收入-营业成本）×（1-所得税税率）+折旧摊销等

=（营业收入-付现成本-折旧摊销等）×（1-所得税税率）+折旧摊销等

$$=\text{营业收入}\times(1-\text{所得税税率})-\text{付现成本}\times(1-\text{所得税税率})+\text{折旧摊销等}\times\text{所得税税率}$$

=税后营业收入-税后付现成本+折旧摊销等抵税项（5.2.4式）

（3）终结点净现金流量=固定资产净残值或变价净收入±固定资产变现净损益抵税（或纳税）+原垫支流动资金的回收额（5.2.5式）

在5.2.5式中，固定资产净残值或变价净收入是指固定资产到期报废时残值收入或中途变卖时出售价款扣除清理费用后的净额。固定资产变现净损益抵税（或纳税）=（固定资产账面净值-净残值或变价净收入）×所得税税率。固定资产账面净值是指固定资产账面原值与报废或中途变卖时按照税法规定计提的累计折旧的差额。如果（固定资产账面净值-净残值或变价净收入）>0，则意味着发生了变现净损失，可以抵税，减少了现金流出，从而增加了现金净流量；如果（固定资产账面净值-净残值或变价净收入）<0，则意味着发生了变现净收益，应该纳税，增加了现金流出，从而减少了现金净流量。

应该注意的是，估算现金流量的目的在于评价投资项目的可行性，以便作出正确的决策。因此，在估算过程中，估算的投资金额、营业收入和付现成本，都必须是与这个投资项目本身相关的。现金流出，必须是因为实施这个项目而发生的现金支出，现金流入必须是由这个项目导致的现金流入。有些现金流出，在作出项目投资决策前就已经发生了，因此称作沉没成本，视作不相关现金流量。由于受投资资金限制而在决策过程中因选择本项目而放弃其他项目所造成的机会成本必须作为选中项目的成本来考虑。另外，要考虑该投资项目对企业其他部门现金流量的有利影响或不利影响，并把这些影响视为项目的收入或成本。

【例5-1】福通公司准备添置一项设备以扩充生产能力，现有甲、乙两个方案可供选择。假设所得税税率为40%，公司的资金成本为10%。

甲方案采用购买方式需投资30 000元，使用寿命5年，采用直线法计提折旧，5年后设备无残值，在5年中每年的销售收入为15 000元，每年的付现成本为5 000元。

乙方案采用建造方式，建设期为1年，年初和年末分别投入20 000元，投产前还需垫支流动资金3 000元。使用寿命、折旧方法与甲方案相同，5年后有净残值5 000元，在5年中每年的销售收入为18 000元，付现成本第一年为6 000元，以后随着设备陈旧，将逐年增加修理费300元。两个方案各年的净现金流量可计算如下：

（1）甲方案每年折旧额=30 000÷5=6 000（元）

每年净利润=15 000-5 000-6 000-（15 000-5 000-6 000）×40%=2 400（元）

$NCF_{0=}$-30 000元

$NCF_{1\sim5}$=15 000-5 000-（15 000-5 000-6 000）×40%=8 400（元）

或 $NCF_{1\sim5}$=6 000+2 400=8 400（元）

（2）乙方案每年折旧额=（40 000-5 000）÷5=7 000（元）

NCF_0=-20 000元

NCF_1=-（20 000+3 000）=-23 000（元）

NCF_2=18 000-6 000-（18 000-6 000-7 000）×40%=10 000（元）

NCF_3=18 000-6 300-（18 000-6 300-7 000）×40%=9 820（元）

NCF_4=18 000-6 600-（18 000-6 600-7 000）×40%=9 640（元）

NCF_5=18 000-6 900-（18 000-6 900-7 000）×40%=9 460（元）

NCF_6=18 000-7 200-（18 000-7 200-7 000）×40%+5 000+3 000=17 280（元）

$NCF_{2\sim6}$也可以采用折旧加净利润计算：

NCF_2=7 000+［18 000-（6 000+7 000）-（18 000-6 000-7 000）×40%］=10 000（元）

NCF_3=7 000+2 820=9 820（元）

NCF_4=7 000+2 640=9 640（元）

NCF_5=7 000+2 460=9 460（元）

NCF_6=7 000+2 280+5 000+3 000=17 280（元）

第三节　对内长期项目投资决策评价指标

一、项目投资决策评价指标的含义和分类

（一）项目投资决策评价指标的含义

项目投资决策评价指标，是指用于直接衡量和比较投资项目可行性、据以进行方案决策的定量化标准与尺度，是由一系列综合反映投资效益、投入产出关系的量化指标构成的。

项目投资决策评价指标较多，本章主要从财务评价角度介绍投资利润率、静态投资回收期、净现值、净现值率、现值指数、内含报酬率等六项指标。

（二）项目投资决策评价指标的分类

1.按是否考虑资金时间价值分类

项目投资决策评价指标按其是否考虑资金时间价值可以分为非折现评价指标和折现评价指标两类。非折现评价指标，是指没有考虑时间价值因素的评价指标，又称静态评价指标，主要包括投资利润率、静态投资回收期等；折现评价指标，是指考虑了时间价值因素的评价指标，又称动态评价指标，主要包括净现值、净现值率、现值指数、内含报酬率等。

2.按指标性质分类

项目投资决策评价指标按性质不同，可以分为在一定范围内越大越好的正指标和越小越好的反指标两类。投资利润率、净现值、净现值率、现值指数和内含报酬率属于正指标；静态投资回收期属于反指标。

3.按指标数量特征分类

项目投资决策评价指标按其数量特征的不同，可分为绝对量指标和相对量指标。前者包括以时间为计量单位的静态投资回收期指标和以价值量为计量单位的净现值指标；后者除现值指数用指数形式表现外，其他为百分比指标。

4.按指标重要性分类

项目投资决策评价指标按其在决策评价中所处的地位，可分为主要指标、次要指标和辅助指标。净现值、内含报酬率等为主要指标；静态投资回收期为次要指标；投资利润率为辅助指标。

项目投资的决策方法往往以其决策评价指标的名称命名，因此，采用投资利润率、静态投资回收期、净现值、净现值率、现值指数和内含报酬率指标进行投资决策的方法分别被称为投资利润率法、静态投资回收期法、净现值法、净现值率法、现值指数法和内含报酬率法。

二、项目投资决策的非折现评价指标

（一）投资利润率

1.投资利润率指标的含义

投资利润率（ROI）又称投资报酬率，是指在项目生产经营期正常年度的税前利润或平均税前利润占投资总额的百分比，有时分子也可以用息税前利润或净利润。

2.投资利润率指标的计算方法

投资利润率的计算公式为：

投资利润率=经营期年平均利润额÷投资总额×100%　　（5.3.1式）

【例5-2】以【例5-1】资料为例，甲、乙两方案的投资利润率分别计算如下：

甲方案的投资利润率=（15 000−5 000−6 000）÷30 000×100%=13.33%

$$乙方案的投资利润率=\frac{(5\ 000+4\ 700+4\ 400+4\ 100+3\ 800)\div 5}{43\ 000}\times 100\%=10.23\%$$

3.投资利润率法的决策标准

投资利润率是一个非折现的正指标，因此投资项目的投资利润率越高越好。企业对单一项目进行评价时，只有计算出来的投资利润率高于投资者要求的最低利润率的项目才可行；企业对不同投资项目进行比较时，以投资利润率高的项目为优。

4.投资利润率指标的优缺点

该指标的优点是计算比较简单，便于操作。其缺点在于：第一，没有考虑资金时间价值和风险程度；第二，不能正确反映建设期的长短、投资方式的不同及回收额的有无对项目的影响；第三，无法直接利用净现金流量信息；第四，计算公式的分子是时期指标，分母是时点指标，计算口径上的可比性较差。因此，该指标只能作为投资决策的辅助指标。

（二）静态投资回收期

1.静态投资回收期指标的定义

静态投资回收期，即不考虑资金时间价值的回收期，又称全部投资回收期，简称回收期，是指以投资项目经营净现金流量抵偿原始总投资所需要的全部时间。该指标以年为单位，包括以下两种形式：包括建设期的投资回收期（记作PP）和不包括建设期的投资回收期（记作PP′）。显然，当建设期为s时，PP′+s=PP。因此，只要求出其中一种形式，就可以推算出另一种形式。

2.静态投资回收期指标的计算方法

（1）每年净现金流量相等时的投资回收期计算方法。

当投资项目生产经营期每年的净现金流量相等时，企业可以采用简单公式求得不包括建设期的投资回收期。

投资回收期（PP′）=原始总投资/年净现金流量　　（5.3.2式）

（2）每年净现金流量不相等时的投资回收期计算方法。

当投资项目生产经营期每年的净现金流量不等时，企业应先把未来每年的净现金流量逐年加总，计算出“累计净现金流量”，当某年的累计净现金流量正好为0时，此年限即为投资回收期；当累计净现金流量无法直接找到0时，可利用相邻的正值或负值用比例法计算投资回收期，也可以用列表法算出其投资回收期。

【例5-3】仍依【例5-1】资料，分别计算甲、乙两方案的投资回收期。

甲方案投资回收期（PP′）=30 000÷8 400=3.57（年）

因为甲方案的建设期为0，所以PP也是3.57年。

乙方案到经营期第4年年末的累计净现金流量为-4 080元（-43 000+10 000+9 820+9 640+9 460），经营期第5年的净现金流量为17 280元，所以：

乙方案投资回收期（PP′）=4+4 080÷17 280=4.24（年）

因为乙方案有1年的建设期，所以PP为5.24年（4.24+1）。

动态投资回收期法需要将投资引起的未来净现金流量进行折现，以经营期净现金流量的现值等于原始投资额现值时所经历的时间为投资回收期。

如果项目经营期每年的净现金流量相等，如上述甲方案，属于年金形式，用“（P/A，i，n）=原始投资额的现值/经营期每年净现金流量”计算出年金现值系数，i为投资者要求的投资报酬率（一般是资金成本），通过查年金现值系数表，再利用比例原理，用插值法推算出动态回收期n，例如，【例5-1】中的甲方案，（P/A，10%，n）=30 000÷8 400=3.571，查年金现值系数表，4年期的年金现值系数是3.170，5年期的年金现值系数是3.791，用插值法计算，动态投资回收期（n）$=4+\dfrac{3.571-3.170}{3.791-3.170}\times(5-4)=4.646$（年）。

如果项目经营期每年的净现金流量不相等，如上述乙方案，则应把项目经营期每年的净现金流量逐一折现并加总，再根据累计现金流量的现值来确定投资回收期，也要使用插值法。

3.静态投资回收期法的决策标准

静态投资回收期是个非折现的绝对量反指标，在实践中应用较为广泛。该方法的决策标准是：投资回收期最短的方案是最佳方案。因为投资回收期越短，说明投资方案的风险越低。经验上一般认为少于项目计算期的1/2为宜。从这一角度看，还应将各方案的静态投资回收期与基准投资回收期（即投资者要求的投资回收期）进行对比，只有投资回收期小于或等于基准投资回收期的方案才是可行方案。

4.静态投资回收期指标的优缺点

静态投资回收期指标的优点包括：第一，能够直观地反映原始投资的返本期限，可在一定程度上反映该项目投资的风险程度；第二，便于理解，方法简单，计算不难；第三，可以直接利用项目的净现金流量信息。

其缺点包括：第一，没有考虑资金时间价值因素；第二，只考虑了项目经营期净现金流量总和中等于原始投资额的部分，没有再考虑投资回收期之后继续发生的净现金流量的变化情况。

三、项目投资决策的折现评价指标

（一）净现值

1.净现值指标的定义

净现值（NPV），是指在项目计算期内，按投资者要求的投资报酬率计算的项目各年净现金流量现值的代数和，即按投资者要求的投资报酬率计算的项目生产经营期各年净现金流量的现值与建设期各年净现金流量的现值的差额。

2.净现值指标的计算方法

净现值指标的基本计算公式是：

$$净现值(NPV)=\sum_{t=0}^{n}\frac{NCF_t}{(1+i_c)^t}=\sum_{t=0}^{n}NCF_t\cdot(P/F,\ i_c,\ t) \quad (5.3.3式)$$

式中：n为投资项目的项目计算期；

NCF_t为第t年的净现金流量；

i_c为折现率。

这里的折现率即投资者要求的投资报酬率，它可以选择行业基准收益率、资金成本、市场利率或其他设定的折现率。注意：当使用资金成本作为投资者要求的报酬率（折现率）时，如果项目的经营风险与企业当前的资产平均风险相同，且企业继续采用相同的资金结构为新项目进行筹资，那么可以使用企业当前的加权平均资金成本；当等风险假设或资金结构不变假设明显不能成立时，企业就必须采取一定的方法对当前的加权平均资金成本进行调整后才能作为新项目的折现率。

净现值的计算公式也可以表述为：

净现值=项目投产后各年净现金流量的现值合计−原始投资的现值合计　(5.3.4式)

【例5-4】仍依【例5-1】资料，假定投资者要求的投资报酬率为公司的资金成本（10%）。试求甲、乙两个方案的净现值。

甲方案的原始投资在建设起点一次投入，建设期为0，投产后每年的净现金流量相等，表现为普通年金形式，因此，其净现值可用普通年金的现值公式求得。

甲方案原始投资额：NCF_0=−30 000元

甲方案投产后每年相等的净现金流量：$NCF_{1\sim5}$=8 400元

$NPV_{甲}$=−30 000+8 400×（P/A，10%，5）=−30 000+8 400×3.791=1 844.4（元）

乙方案的原始投资在建设期内分两次投入，建设期为1年，投产后每年产生的营业净现金流量不相等，且项目终结时还有净残值和流动资金的回收额，因此，只能用一般的方法计算其净现值。

乙方案原始投资额：

NCF_0=−20 000元

NCF_1=−23 000元

乙方案投产后每年的净现金流量分别为10 000元、9 820元、9 640元、9 460元和17 280元。

$NPV_{乙}$=（−20 000−23 000×0.909）+10 000×0.826+9 820×0.751+9 640×0.683+9 460×0.621+17 280×0.564

=−3 067.48（元）

3.净现值法的决策标准

在只有一个备选方案的采纳与否决策中，净现值大于或等于0，则财务上可行，因为净现值大于或等于0，意味着该投资方案投资后能为投资者带来大于或等于其折现率（即投资者要求的投资报酬率，又称必要报酬率）的投资收益；在多个备选方案的互斥选择决策中，企业应选用净现值为正值且最大者。

在上例中，甲方案的净现值为正数（1 844.4元），说明该方案投资后投资者可望获得的投资报酬率（又称预期报酬率、内含报酬率）将超过投资者要求的报酬率（折现率）10%，因而在财务上是可行的，可以接受。而乙方案净现值为负数（-3 067.48元），说明该方案投资后可望获得的投资报酬率达不到投资者要求的报酬率（折现率）10%，因而在财务上是不可行的，应予放弃。

净现值指标是一个折现的绝对量正指标，是投资决策评价指标中的最重要的指标之一，其计算形式又与净现值率、获利指数、内含报酬率指标的计算有关，是计算其他折现的决策评价指标的基础。因此，必须熟练掌握它的计算技巧。

4.净现值指标的优缺点

净现值指标的优点包括：第一，它充分考虑了资金时间价值，比较科学；第二，计算时能利用项目计算期内的全部净现金流量信息；第三，它可以根据投资者的要求来灵活选择折现率，考虑了投资的风险性，因为对折现率大小的选择与投资者对项目投资风险高低的预期有关，投资者认为所冒投资风险越高，选择的折现率就越高。投资者选择的折现率越高，计算出的项目净现值就越小，投资项目达到投资者要求的可能性就越低，所以在净现值法下，选择一个合理的折现率很关键。

净现值指标的缺点包括：第一，由于它是一个绝对值指标，因此，虽然能基本满足经营期限相同的互斥投资项目的决策，但无法比较投资额不相等的独立投资方案的优劣，此时不得不再使用其他评价指标进行决策。独立投资方案是指两个或两个以上项目互不依赖和影响，可以并存，各方案的决策是独立的。第二，净现值指标也无法从动态的角度直接反映投资项目可望实现的实际报酬率（即预期报酬率、内含报酬率）水平。另外，对投资者而言，选择合理的折现率（必要报酬率）也比较困难。

5.年金净流量

年金净流量（ANCF），是指将在项目计算期间内全部现金净流量总额的总现值（因为原始总投资是现金流出，为负数，所以总现值即净现值）或总终值（即净终值）折算为等额年金的平均现金净流量，它是对净现值或净终值的考虑资金时间价值的年平均数。年金净流量法（又称等额年金法、年均净现值法）是净现值法的辅助方法。

年金净流量的计算公式可以是：年金净流量=净现值/年金现值系数，或：年金净流量=净终值/年金终值系数。常用前者：

$$ANCF=\frac{NPV}{(P/A,\ i,\ n)} \tag{5.3.5式}$$

与净现值指标一样，如果年金净流量指标大于或等于0，则说明每年平均的现金流入能抵补现金流出，投资项目的净现值大于或等于0，投资方案可望实现的实际报酬率将大于或等于投资者要求的报酬率，该方案可行。当比较两个或两个以上生产经营期不同的投资方案时，年金净流量越大的方案越好。

当各投资方案的经营期相同时，年金净流量法实质上就是净现值法（只不过净现值是总数而年金净流量是年平均数而已），因此它适用于经营期限不同的投资方案决策，但同时它也具有与净现值法同样的缺点，即不便于对原始投资额现值不相等的独立投资方案进行决策。

6.净现值法在固定资产更新决策中的应用

固定资产更新是用新资产替代在经济上或技术上不宜继续使用的旧资产。从决策性质上看，固定资产更新决策属于互斥投资方案的决策类型。也就是说，要么采用新设备，要么继续沿用旧设备，只能选择其一。对企业来说，由于科学技术的进步，过时的旧设备往往需要过多的维修费用来维持设备的正常生产能力，产出的产品在技术性能等方面也跟不上客户和消费者的要求，如果不能及时进行更新换代，则很可能导致企业的生产成本上升、竞争力下降、市场份额萎缩。在市场竞争激烈的形势下，这是很危险的。但是对旧设备进行更新，意味着企业需要进行新的长期投资支出。因此，到底是否应该选择对旧设备进行更新需要企业作出决策。如果新旧设备的尚可使用时间相同，新设备的运用能够扩大企业的生产经营能力（又称扩建重置），则企业可以运用净现值法进行决策判断。

【例5-5】福远公司有一台4年前购入的设备，购置成本为10万元，估计仍可以使用6年。假定该设备已提折旧4万元（直线法），账面余额6万元，期末无残值。在使用这台设备的情况下，公司可取得年销售收入20万元，每年付现成本为15万元。

现在该公司技术部门了解到市面上出现了一种新兴替代设备，可提高产品质量和产量，于是提议更新设备。已知新设备价值22万元，估计可使用6年，期末残值为4万元，若购入新设备，则旧设备可折价3万元，年销售收入提高到25万元，每年还可节约付现成本1万元，假设该公司的资金成本为12%，所得税税率为40%。要求对是否应该更新设备作出决策。

我们可以分别计算两种设备所带来的净现值并对其进行比较，选择能带来较大净现值的方案。因为两种设备的使用年限相同，我们也可以通过直接计算、比较新设备与旧设备的差额净现值（△NPV）来进行决策。如果△NPV>0，则选择新设备；否则，继续使用旧设备。

下面采用差额净现值法计算并决策：

（1）新设备年折旧=（220 000−40 000）÷6=30 000（元）

旧设备年折旧=60 000÷6=10 000（元）

△年折旧=30 000−10 000=20 000（元）

（2）△初始投资=220 000−30 000=190 000（元）

（3）表5-1表示福远公司由于更新设备而引起的各年营业现金流量的增量。

表5-1　**各年营业现金流量增量表**　单位：元

项　目	1～6年
△销售收入①	50 000
△付现成本②	-10 000
△折旧额③	20 000
△税前利润④=①-②-③	40 000
△所得税⑤=④×40%	16 000
△税后净利⑥=④-⑤	24 000
△年营业净现金流量⑦=⑥+③=①-②-⑤	44 000

（4）表5-2表示更新设备和继续使用旧设备两个方案的现金流量增量。

表5-2　　现金流量增量　　单位：元

项目	0	1	2	3	4	5	6
△初始投资	-190 000						
△年营业净现金流量		44 000	44 000	44 000	44 000	44 000	44 000
△期末现金流量							40 000
△现金流量	-190 000	44 000	44 000	44 000	44 000	44 000	84 000

（5）计算差额净现值：

△NPV=-190 000+44 000×（P/A，12%，5）+84 000×（P/F，12%，6）
=-190 000+44 000×（P/A，12%，6）+40 000×（P/F，12%，6）
=11 164（元）

可见，使用新设备后，比使用旧设备可以增加净现值11 164元，因此，企业应该更新设备。

如果分别计算两种方案的净现值，然后比较其大小也可以得出同样的结论。

值得注意的是，在上例中，新旧两种设备的年收入不同，两种设备尚可使用的年限一样。但现实中，这两个条件往往都不大可能成立。在固定资产更新决策中，往往设备更换不改变企业的生产能力，不增加企业的销售收入（现金流入）（这种情况称之为“替换重置”），那么更新决策的差额现金流量主要是差额现金流出。即使有少量的残值变现收入，也属于支出抵减，而非实质上的流入增加。由于只有差额现金流出，没有差额现金流入，因此，就给采用差额净现值法的分析比较带来了困难。通常，当收入相同时，我们认为成本较低的方案是好方案。那么，可否通过比较两个方案的总成本来判别方案的优劣呢？仍然不妥，因为新设备可以使用的年限往往比旧设备要长。

【例5-6】福伦公司有一旧设备，工程技术人员提出更新要求，有关数据见表5-3。

表5-3　　福伦公司新旧设备数据　　金额单位：元

项目	旧设备	新设备
原值	2 200	2 400
预计使用年限（年）	10	10
已经使用年限（年）	4	0
最终残值	200	300
变现价值	600	2 400
年运行成本	700	400

假设福伦公司要求的必要报酬率为15%。

表5-3中，旧设备尚可使用6年，而新设备可使用10年，这表明两个方案取得的“产出”不可能相同。因此，我们应当假设将来再更换设备时，在可以按原来的平均年成本找到可代替设备的条件下，仿效上述年金净流量法（等额年金法）的原理，比较继续使用旧设备和更换新设备1年的成本，即获得1年的生产能力所付出的代价（平均每年的现金流出），据以判断方案的优劣。

如果不考虑资金时间价值，则平均年成本是未来使用年限内的现金流出总额与使用年限的比值。

$$旧设备平均年成本=\frac{600+700\times6-200}{6}=767（元）$$

$$新设备平均年成本=\frac{2400+400\times10-300}{10}=610（元）$$

如果考虑资金时间价值，则平均年成本是未来使用年限内现金流出总现值与年金现值系数的比值。因为是长期项目的决策问题，所以使用考虑资金时间价值的指标自然更加科学。

$$旧设备平均年成本=\frac{600+700\times(P/A，15\%，6)-200\times(P/F，15\%，6)}{(P/A，15\%，6)}=836（元）$$

$$新设备平均年成本=\frac{2400+400\times(P/A，15\%，10)-300\times(P/F，15\%，10)}{(P/A，15\%，10)}=863（元）$$

通过上述计算可知，继续沿用旧设备的平均年成本较低，因此，不宜进行设备更新。

（二）净现值率

1.净现值率指标的定义

净现值率（NPVR）是反映投资项目的净现值占原始投资现值的百分比的指标，也可将其理解为单位原始投资的现值所创造的净现值。

2.净现值率指标的计算方法

净现值率的计算公式为：

$$净现值率(NPVR)=\frac{净现值}{原始投资的现值}\times100\% \quad （5.3.6式）$$

【例5-7】依【例5-1】和【例5-4】的资料，分别计算甲、乙两个方案的净现值率为：

$NPVR_{甲}=1\ 844.4\div30\ 000=6.15\%$

$NPVR_{乙}=-3\ 067.48\div40\ 907=-7.50\%$

3.净现值率法的决策标准

只有净现值率大于或等于0的投资项目才具有财务可行性。因为只有投资项目的净现值率大于或等于0，投资者投资后才能取得大于或等于其要求的投资报酬率的投资收益。在【例5-7】中，甲方案的净现值率为6.15%，从财务角度看，可行；而乙方案的净现值率小于0，因此，财务上不可行。

4.净现值率指标的优缺点

净现值率是一个折现的相对量评价指标。它的优点包括：考虑了资金时间价值，也考虑了风险价值，可以从动态的角度反映投资项目的资金投入与净产出（净现值）之间的关系，因此可以用来比较投资额不同的方案的优劣，从而弥补了净现值指标在这方面的缺陷。其缺点与净现值指标相似，同样无法直接反映投资项目投资后可望实现的实际报酬率究竟是多少。

（三）现值指数

1.现值指数指标的定义

现值指数（PI），又称获利指数，是指按投资者要求的投资报酬率折算的项目投产后各年净现金流量的现值合计与原始投资的现值合计之比。

2.现值指数指标的计算方法

现值指数指标的计算公式为：

$$现值指数=\frac{投产后各年净现金流量的现值}{原始投资的现值} \qquad (5.3.7式)$$

现值指数与净现值率有如下关系：

$$现值指数=1+\frac{净现值}{原始投资的现值}=1+净现值率$$

【例 5-8】依【例 5-1】和【例 5-4】资料，分别计算甲、乙两个方案的现值指数为：

$PI_{甲}=8\ 400\times3.791\div30\ 000=31\ 844.4\div30\ 000=1.0615$

$PI_{乙}=37\ 839.52\div40\ 907=0.9250$

同样，根据现值指数与净现值率的关系也可以计算出甲、乙两个方案的现值指数：

$PI_{甲}=1+6.15\%=1.0615$

$PI_{乙}=1+(-7.50\%)=0.9250$

3.现值指数法的决策标准

利用这一指标进行投资项目决策的标准是：如果投资方案的现值指数大于或等于1，则该方案为财务可行方案；否则，为财务不可行方案。如果几个方案的现值指数均大于1，那么现值指数越大，投资方案越好。在【例 5-8】中，甲方案的现值指数大于1，说明其可望实现的投资报酬率超过预定的折现率（投资者要求的报酬率），是可行方案；乙方案的现值指数小于1，说明其可望实现的投资报酬率达不到投资者要求的报酬率，是不可行方案。

4.现值指数指标的优缺点

现值指数也是一个折现的相对量评价指标。现值指数指标有以下优点：现值指数考虑了资金时间价值，也考虑了风险问题，可以从动态的角度反映投资项目的资金投入与总产出（投产后各年净现金流量的现值合计）之间的关系，因此可以用来比较投资额不同的方案的优劣，从而弥补了净现值指标在这方面的缺陷。其缺点与净现值、净现值率指标相似，同样无法直接反映投资项目可望实现的实际报酬率究竟是多少。

（四）内含报酬率

1.内含报酬率指标的定义

内含报酬率（IRR），又称内部收益率，是项目投资后实际可望达到的投资报酬率，所以也可称为真实报酬率。它是指能够使项目未来现金流入量现值等于未来现金流出量现值的折现率，或者说是能使投资项目净现值为0的折现率。

$$\sum_{t=0}^{n}\frac{NCF_t}{(1+IRR)^t}=0 \quad (5.3.8式)$$

净现值、净现值率和现值指数这三个指标虽然都考虑了资金时间价值和风险价值，可以说明项目投资后可望实现的投资报酬率将高于、等于或低于投资者要求的投资报酬率（即选定的折现率），但都没有揭示项目投资后可望实现的实际报酬率（预期报酬率）究竟是多少。而内含报酬率指标克服了这项缺陷，因为它本身就是投资项目可望达到的实际投资报酬率，即真实报酬率。

2.内含报酬率指标的计算方法

（1）当投资项目满足以下特殊条件时，可用简便法求得内含报酬率：①项目全部投资均于建设起点一次投入，建设期为0，即建设起点第0年的净现金流量等于原始投资的负值；②项目投产后每年净现金流量相等，呈普通年金形式。

在简便法下，内含报酬率IRR可按下式确定：

$$(P/A, IRR, n)=\frac{I}{NCF}$$

式中：I为在建设起点一次投入的原始投资；

NCF为在投产后每年相等的净现金流量。

具体计算程序如下：

①计算年金现值系数。

年金现值系数（C）=原始投资额/年均净现金流量

$$(P/A, IRR, n)=\frac{I}{NCF}$$

②根据计算出来的年金现值系数（C），查n年的年金现值系数表。

③若在年金现值系数表n年一行恰好能找到等于上述系数值C的年金现值系数（P/A，i，n），则该系数所对应的折现率i即为所求的项目内含报酬率IRR。

④若在年金现值系数表的n年一行找不到计算出来的系数值C，则可利用年金现值系数表上同期略大于及略小于该数值的两个临界值C_m和C_{m+1}及相对应的两个折现率i_m和i_{m+1}，然后根据比例原理用插值法（内插法）计算近似的内含报酬率。

【例5-9】福机公司某投资项目在建设起点一次性投资254 580元，当年完工并投产，经营期为15年，每年可获净现金流量50 000元，无净残值。按简便法计算该项目的内含报酬率如下：

（P/A，IRR，15）=254 580÷50 000=5.092

查年金现值系数表15年一行所对应的数值，因为（P/A，18%，15）正好等于5.092，因此，本项目的IRR就是18%。

【例5-10】依【例5-1】所列的甲方案净现金流量信息，可计算甲方案内含报酬率如下：

$$(P/A, IRR, 5)=\frac{30\,000}{8\,400}=3.571$$

查年金现值系数表5年一行所对应的数值，（P/A，12%，5）=3.605>3.571，（P/A，13%，5）=3.517<3.571，所以12%<IRR<13%，应用内插法：

$$IRR=12\%+\frac{3.605-3.571}{3.605-3.517}\times(13\%-12\%)=12.39\%$$

（2）若项目的净现金流量不属于上述特殊情况，如【例5-1】中的乙方案，就无法应用简便算法，必须按定义采用逐次测试逼近法：第一步，估计一个折现率，用它来计算投资方案的净现值；第二步，如果净现值为正数，则说明方案本身的内含报酬率超过估计的折现率，应提高折现率进行测试，如果净现值为负数，则说明方案本身的内含报酬率低于估计的折现率，应降低折现率进行测试；第三步，经过逐次测试判断，再采用内插法计算使净现值等于0的折现率，即为该投资方案的内含报酬率。

【例5-11】福恒公司的投资项目A，其净现金流量见表5-4。要求计算该项目的内含报酬率。

表5-4　**福恒公司投资项目A的净现金流量**　单位：元

年度	净现金流量
0	-20 000
1	11 800
2	13 240
净现值	

根据上述资料，我们分别采用18%和16%的折现率进行测试，结果见表5-5：

表5-5　**测试表**　金额单位：元

年度	净现金流量	折现率=18%		折现率=16%	
		折现系数	现值	折现系数	现值
0	-20 000	1.0000	-20 000	1.0000	-20 000
1	11 800	0.8475	10 000.50	0.8621	10 172.78
2	13 240	0.7182	9 508.97	0.7432	9 839.97
净现值			-490.53		12.75

采用折现率16%测试，该投资项目的净现值是12.75元，采用折现率18%测试，该投资项目的净现值是-490.53元，由此可知该投资项目的内含报酬率介于16%和18%之间。可以通过内插法求得：

$$\text{投资项目A的内含报酬率} = 16\%+\frac{12.75-0}{12.75+490.53}\times(18\%-16\%)=16.05\%$$

3.内含报酬率法的决策标准

内含报酬率是一个折现的相对量正指标。采用这一指标的决策标准是将所测算的各方案的内含报酬率与投资者要求的投资报酬率（即计算净现值时采用的折现率）进行对比：如果方案的内含报酬率大于或等于投资者要求的投资报酬率，则该方案为财务可行方案；如果方案的内含报酬率小于投资者要求的投资报酬率，则该方案为财务不可行方案。如果几个投资方案的内含报酬率都大于投资者要求的报酬率，且各方案的投资额相同，那么内含报酬率最大的方案最好。如果几个项目的原始投资不等，关键要看是独立项目还是互斥项目，如果是独立项目，决策时以内含报酬率为准；如果是互斥项目，应以净现值或年金净流量为准。如果项目出现非常规现金流量的情况，如经营期各年的净现金流量有时为正有时为负，那么决策时也应以净现值为准。

4.内含报酬率指标的优缺点

内含报酬率考虑了资金的时间价值和风险价值，能够从动态的角度反映投资项目可望实现的实际收益水平（真实报酬率），比较直观，且不受投资者要求报酬率的影响，比较客观。内含报酬率的概念易于理解，容易被人接受，但计算过程比较烦琐，可以通过电脑计算软件（如Excel）来计算内含报酬率。

（五）折现指标之间的关系

对于同一项目，净现值NPV、净现值率NPVR、现值指数PI和内含报酬率IRR指标之间存在以下数量关系，即：

当NPV＞0时，NPVR＞0，PI＞1，IRR＞I_c；

当NPV=0时，NPVR=0，PI=1，IRR=I_c；

当NPV＜0时，NPVR＜0，PI＜1，IRR＜I_c。

此外，净现值率NPVR的计算需要在已知净现值NPV的基础上进行，现值指数PI、内含报酬率IRR的计算也需要利用净现值NPV的计算技巧或形式。这些指标都受建设期长短、投资方式，以及各年净现金流量的数量特征的影响。所不同的是，NPV为绝对量指标，其余指标为相对数指标。计算净现值NPV、净现值率NPVR和现值指数PI所依据的折现率都是事先确定好的I_c（投资者要求的投资报酬率），而内含报酬率IRR的计算本身与I_c的高低无关，I_c只是内含报酬率法决策比较的标准。

思政课堂

给长期投资项目的财务决策披上绿色。在习近平生态文明思想指导下，“十四五”时期，我国生态文明建设进入了以降碳为重点战略方向、推动减污降碳扩绿协同增效、实现生态环境质量改善由量变到质变的关键时期。减排治污降碳将成为中国未来经济增长和转型最大的推动力。全国上下全面贯彻新发展理念、深入落实“双碳”目标、全力推动经济社会发展全面绿色转型，对企业构成了较为刚性的环境和降碳目标约束，并驱动其加速绿色低碳转型走上可持续发展道路。通过前面的学习我们已经知道，一个长期投资项目是否可行，要从经济、技术、社会（包括资源、环境、就业及有关社会发展的其他方面）、财务等四个方面加以研究，根据项目投资财务可行性分析假设，财务可行性分析研究是在假设投资项目已经具备经济、技术、社会可行性的前提下，投资决策者仅是为了进行项目财务可行性分析而估算相关现金流量，在项目财务决策中只关注财务性指标（如投资回收期、净现值、内含报酬率等）反映的财务经济回报，并将未来投资的财务回报作为投资项目财务决策的最主要评价依据。那么，请同学们思考和讨论：不包括项目的社会可行性研究（社会可行性研究涉及一整套定量指标体系和定性分析内容），仅就项目的财务可行性研究而言，要不要将项目对降碳、环境等绿色发展方面的财务影响（相关收入和由此导致的成本费用）纳入计算项目财务决策指标所依赖的基础信息（现金流量）？为什么要纳入？如何纳入？（最后一问可仅谈谈你的思路）。

四、运用项目投资决策评价指标应注意的事项

设计上述项目投资决策评价指标的目的，在于直接为投资项目的财务可行与否提供决策标准。但是上述指标在设计时遵循了不同的假设条件，自身具有不同的特征，应用范围也不尽相同。因此，企业实际运用上述指标时要注意以下事项：

（一）对单一投资项目的决策

当只有一个投资项目作为决策对象时，企业只需对该项目在财务上是否可行进行判断。当运用上述评价指标时，企业应该注意：

（1）在一般情况下，净现值、净现值率、现值指数和内含报酬率指标都能得出同样的结论，因此，运用任何一种指标均可。

（2）净现值、净现值率、现值指数和内含报酬率等折现评价指标因为考虑了资金时间价值和风险因素，因此，其结论优于依据静态投资回收期、投资利润率等非折现评价指标得出的结论。

① 当净现值、净现值率、现值指数和内含报酬率认定项目可行，静态投资回收期、投资利润率也认定项目可行时，则该投资项目可行。

② 当净现值、净现值率、现值指数和内含报酬率认定项目可行，静态投资回收期、投资利润率却认定项目不可行时，则该投资项目可行。

③ 当净现值、净现值率、现值指数和内含报酬率认定项目不可行，静态投资回收期、投资利润率却认定项目可行时，则基本认定该投资项目不可行。

（二）对多个独立投资项目的决策

独立投资项目是指两个或两个以上项目互不依赖，可以并存，各项目的决策也是独立的。独立投资项目的决策属于筛分决策，即评价各项目本身是否可行。当各个独立投资项目之间进行比较时，决策要解决的问题是如何确定各个可行项目的投资顺序，即各独立项目之间的优先次序。

当对初始投资额不同、生产经营期不同的独立项目进行比较排序分析时，企业应该以各独立项目的获利程度作为评价标准。当净现值、现值指数、内含报酬率、年金净流量等指标之间发生评价矛盾时，企业一般以内含报酬率法为主进行比较决策。因为内含报酬率指标综合反映了各项目的获利程度，在各种情况下的决策结论相对正确。

在多个项目均可行且可同时展开两个以上项目的条件下，如果投资资本总量受到限制，且各个项目的经营期相同，则必须计算每个项目的净现值率或现值指数并对其按大小进行排序，优先安排净现值率或现值指数大的项目，并结合净现值，在保证充分利用投资资本的前提下，进行各种组合的排序，从中选出能使净现值之和最大的组合作为最优项目组合，有限资源的净现值最大化成为具有一般意义的原则；如果各个项目的经营期不同，则应当以内含报酬率为主进行决策。可用内含报酬率标准对所有方案由大到小进行排列，并在资金约束条件下选择方案组合，使其达到整体内含报酬率最大。

（三）对多个互斥投资项目的决策

互斥项目是指企业面对两个或两个以上相互关联、互相排斥、不能并存的投资项目进行决策，即接受一个项目就必须放弃其他项目的情况。不能并存的原因通常是企业没有足够的资金保证多个项目同时展开。因此，互斥项目的评价属于选择决策，即在每一个入选项目都已具备财务可行性的前提下，利用具体的决策指标如净现值、年金净流量、净现值率、现值指数、内含报酬率等对项目进行比较，从中选择一个最优项目的过程。这里又常常包括下列两种情况：

（1）在所有项目的初始投资额和项目经营期限相同的情况下，无论采用净现值、净现值率、现值指数，还是内含报酬率，对项目优劣的排序结论都是一致的，可以选择任意一种方法进行决策。

（2）在更多的情况下，多个投资项目会出现初始投资额不同、项目经营期限不同、经营期净现金流量模式不同（有的前期流入多，有的后期流入多）的情况，此时，采用净现值、年金净流量和内含报酬率等指标评价，可能会得出相互矛盾的结论。此时的原则应该是以净现值指标或年金净流量指标的评价结论为准，尤其是年金净流量指标更是最佳的决策评价指标，相应的决策方法称为年金净流量法（又称等额年金法、年均净现值法）。因为从经济效益最大的要求出发，互斥项目的选优决策应以项目的获利数额作为评价标准，而年金净流量全面反映了各项目获利数额的年平均数。净现值指标在项目经营期不同的情况下，需要按各方案最小公倍期限调整计算，即采用共同年限法，假设投资项目可以在终止时进行重置，通过重置使各项目达到共同的年限，然后计算比较其共同年限条件下的净现值。对初始投资额不等但项目经营期限相同的互斥项目，只用净现值指标的决策结论则没问题。在互斥投资方案的选优决策中，原始投资额的大小并不影响决策的结论，从而无须考虑原始投资额的大小，内含报酬率等相对数指标用不上，因为企业（投资者）需要的是更多的实实在在的回报额，而不是报酬的比率。

本章小结

企业投资是以期望未来收回更多的资金（形成收益）为目的而在现在发生的资金投放行为。它具有目的性、时间性、收益性和风险性等特征。按不同的标准，企业投资可以有不同的分类。企业对内长期项目投资（简称长期项目投资或项目投资），是指一种以企业内部特定长期资产项目为对象，直接与新建项目或更新改造项目有关的长期投资行为。其具有投资数额多、投资周期长、投资风险高、投资的实物形态和价值形态可以分离等特点。

长期项目投资决策以现金流量作为评价项目投资效益的基础信息。现金流量又称现金流。在长期项目投资决策中，现金流量是指一个长期投资项目在其计算期内可能或应该发生的各项现金流入量和现金流出量的统称。按照现金流量发生的时间特征，可以将长期项目投资引起的现金流量分为三个组成部分：初始现金流量、营业期现金流量和终结点现金流量。

在项目投资决策过程中，为了客观、准确、科学地分析评价各种投资方案是否可行，企业应根据具体情况，采用适当的方法确定投资方案的各项决策评价指标。其中，考虑时间价值因素的指标称为折现指标或动态指标，主要包括净现值、年金净流量、净现值率、现值指数、内含报酬率等；没有考虑时间价值因素的指标，称为非折现指标或静态指标，主要包括静态投资回收期、投资利润率等。项目投资的决策方法往往以其评价指标的名称命名，因此，分别有投资利润率法、静态投资回收期法、净现值法、净现值率法、现值指数法和内含报酬率法。

净现值NPV、净现值率NPVR、现值指数PI和内含报酬率IRR指标之间存在以下数量关系：

当NPV＞0时，NPVR＞0，PI＞1，IRR＞I_c；

当NPV=0时，NPVR=0，PI=1，IRR=I_c；

当NPV＜0时，NPVR＜0，PI＜1，IRR＜I_c。

这些指标都受建设期长短、投资方式，以及各年净现金流量的数量特征的影响。所不同的是NPV为绝对量指标，其余为相对数指标。计算净现值NPV、净现值率NPVR和现值指数PI所依据的折现率都是事先确定好的I_c，而内含报酬率IRR的计算本身与I_c的高低无关。

思考与练习

思考题

1.简述固定资产投资的特点。

2.简述在长期项目投资决策中现金流量的构成。

3.在长期项目投资决策中，企业为什么要用现金流量替代利润作为决策评价的基础信息？

4.长期项目投资决策评价的指标主要包括哪些？

5.比较折现评价指标各自的优缺点。

计算分析题

1.A企业投资18.9万元购入一台设备，预计使用年限为10年，预计残值为0.9万元，该设备按直线法计提折旧。该设备投产后预计每年可获得净利1.2万元，则投资回收期为多少？

2.B公司购建一项固定资产，需投资200万元，按直线法计提折旧，预计使用寿命为10年，无残值。该项目于当年投产，预计投产后每年可获净利15万元。假定该项目的行业基准折现率为10%。

要求：请计算该项目的投资利润率、静态投资回收期、净现值、净现值率、现值指数和内含报酬率。

3.C企业计划投资某一长期投资项目，有甲、乙两个方案，具体资料如下：

甲方案原始投资为150万元，其中：固定资产投资100万元，流动资产投资50万元，全部资金于建设起点一次性投入。该项目经营期5年，到期净残值收入5万元。预计投产后年营业收入90万元，年付现成本60万元。

乙方案原始投资为210万元，其中：固定资产投资120万元，无形资产投资25万元，流动资金投资65万元。固定资产和无形资产投资于建设起点一次投入，流动资金于项目建设完工时投入。该项目建设期2年，经营期5年，到期净残值收入8万元，无形资产自投产年份起分5年摊销完毕。该项目投产后，预计年营业收入170万元，年付现成本80万元。

该企业按直线法折旧，全部流动资金于终结点一次性收回，所得税税率为25%，设定折现率为10%。

要求：采用净现值法评价甲、乙两个方案是否可行。

4.D企业有一投资项目，当折现率为16%时，其净现值为338元；当折现率为18%时，其净现值为-22元。该投资项目的内含报酬率是多少？

第六章

流动资产管理

学习要求： 本章主要讲述企业对内短期投资——流动资产——的管理问题。通过本章学习，要求了解企业流动资产的特点和营运资金的管理要求；熟悉企业持有现金的动机，熟悉确定最佳现金持有量的方法；了解企业现金收支日常管理的策略；熟悉应收账款投资的目的和成本，掌握信用政策的构成与决策，了解应收账款的日常管理；熟悉存货投资的功能和成本，熟悉存货资金需要量的测定方法，掌握经济批量控制法、ABC分类控制法等存货资金的日常控制方法；熟悉企业筹资组合和资产组合的策略。

案例导入

新投资项目终于开始按部就班地实施了，福迪公司财务总监张小姐觉得可以稍微松口气了，只要做好项目实施的监控就不会出大问题。但找她的人还是络绎不绝，有财务部门的人，也有销售部门和供应部门的人，因为企业生产经营中现金流的问题、应收账款的问题、存货管理的问题不少，流动资产还要与筹资配合好，这些事情都要她筹划，有些要她直接签字，有些要她利用公司高层例会向高管层汇报，以便通过协调使供产销各部门配合起来。她又是个完美主义者，没有相对妥善的处理方案，总是放不下心来。公司总经理看到她这么忙碌，对她说“要抓大放小”，可她觉得哪个方面的管理事情都不小，都很重要，因为要维持公司生产经营活动的正常进行，现金流的问题、应收账款的问题、存货管理的问题、流动资产和筹资的配合问题、各种资产的配置问题都连在一起，一个方面出了问题肯定要出现连锁反应，所以都须抓好，缺一不可。有时张小姐想起刚参加工作当个“大头兵”的时候，反而觉得最幸福。那么，既没有重大筹资、投资项目，又没有公司分红等重要事情时，她主要在忙什么呢？

第一节 流动资产概述

一、流动资产的含义和分类

（一）流动资产的含义

流动资产是指可以在1年内或者超过1年的一个营业周期内变现或耗用的资产，包括现金、对外短期投资（交易性金融资产）、应收及预付款项、存货等。流动资产是劳动对象，是企业生产经营活动的必要劳动要素。与此相对应，周转期在1年以上的资产，称为长期资产，它包括固定资产、无形资产、对外长期投资等。

（二）流动资产的分类

依照不同的标准，流动资产可以分为以下几种类型：

1.按占用形态，流动资产可分为现金、对外短期投资、应收及预付款项和存货等

（1）现金，是指企业的库存现金、各种类型的活期存款以及其他货币资金。

（2）对外短期投资（交易性金融资产），是指各种准备随时变现的有价证券以及不超过1年的其他投资，其中主要是指有价证券投资。

（3）应收及预付款项，是指企业在生产经营过程中所形成的应收而未收的或预先支付的款项，包括应收账款、应收票据、其他应收款和各种预付款项。

（4）存货，是指企业在生产经营过程中为销售或者耗用而储存的各种物资，如库存材料、在产品和产成品或商品等。

2.按其用途，流动资产可分为波动性流动资产和长期性流动资产

（1）波动性流动资产，又称短期性流动资产，是指随着生产经营活动的进行不断起伏变动的流动资产。企业中大部分的现金、应收账款和相当数量的存货资金都属于波动性流动资产。

（2）长期性流动资产，是指为保证企业生产经营活动的正常开展所必需的最低限

度的流动资产，如最佳现金持有量、原材料等存货的保险储备等。

毫无疑问，无论是波动性流动资产还是长期性流动资产，投入太多都会降低企业资金的使用效益，投入太少又会造成不必要的风险，因此，在企业流动资产管理实践中，到底要投资多少流动资产、各种流动资产所占比例应为多少才是最合理的，是流动资产管理要解决的重要问题。

二、流动资产的特点

流动资产投资又称经营性投资，与长期资产相比，流动资产有以下特点：

（一）周转期短

投放在流动资产上的资金通常在一个营业周期内即可收回，完成一次周转所需的时间较短。流动资产周转速度的快慢取决于企业生产经营周期的长短。根据这一特点，流动资产管理应与企业生产经营管理密切配合，通过对供产销活动的协调，缩短企业的生产经营周期，以达到加速流动资产周转，提高流动资产利用效率的目的。

（二）变现能力强

应收账款等流动资产都具有较强的变现能力。现金就不用说了，即使存货也远比长期资产的变现能力强。如果企业在生产经营中出现意外情况，迫切需要大量现金，那么各种形态的流动资产都可以在较短的时间内变卖出售，因此，其具有较强的变现能力，是企业偿还短期债务和应付临时性资金需求的重要保证。

（三）形态上的并存性和继起性

流动资产在生产经营中依次改变其占用形态，分别表现为现金、各种材料、在产品、产成品、各种应收预付款项、新的现金等，具有时间上的继起性。同时，这些依次改变其形态的流动资产在企业生产经营过程中又在空间上并存，具有并存性和多样化的特征。因此，合理地配置流动资产各项目的比例结构，是保证流动资产顺畅周转的必要条件。

（四）资产占用数量的波动性

占用在各种形态上的流动资产投资并非一个常数，随着供产销活动的进行和内外部条件的变化，其占用数量时高时低，起伏不定，波动较大，不管是季节性生产还是非季节性生产的企业都是如此。根据这一特点，企业在筹集流动资产所需的资金时，应该选择灵活性较好的筹资方式，如利用商业信用、短期借款等，以便迅速取得并及时归还。

总之，流动资产与长期资产相比，流动性好（风险低），收益性差，因此在企业资产配置结构中，如果流动资产占用偏多，那么企业整体资产结构的风险较低，但收益水平较低；如果固定资产等长期资产占用偏多，那么企业整体资产结构的风险较高，但收益水平也会较高。这也符合风险与收益的均衡原理。

流动资产的重要性和特征，决定了流动资产管理是企业财务管理的一项重要内容。企业在进行流动资产的管理时，一要认真分析生产经营状况，合理确定各种流动资产的需要量，以满足正常、合理的流动资产资金需求；二要提高流动资产的使用效率，努力加速存货、应收账款等流动资产的周转，使有限的流动资产投资创造更多的经济效益，发挥出更大的效率；三要节约流动资产的使用成本，既要在保证生产经营需要的前提下，努力挖掘流动资产的潜力，精打细算地使用资金，又要合理配置流动资产，加速资金周转，以此节约筹资成本；四要保持足够的短期偿债能力。偿债能力是企业财务风险高低的标志之一，企业要科学合理地安排好流动资产和流动负债的比例关系，保持流动资产结构和流动负债结构的适配性，做好筹资组合管理工作，保持足够的短期偿债能力，维持合理的财务风险水平。

第二节 现金管理

一、现金的特点和功能

（一）现金的特点和管理目标

现金，是指企业占用在各种货币形态上的资产，包括库存现金、活期存款及其他货币资金。必须注意的是，这里所指的现金具有可以立即支付的特点，不包括那些不准备动用或无法动用的货币资金。

现金是企业中流动性最强的一种资产，代表着企业直接的支付能力和应变能力。持有充足的现金，可以用来满足生产经营开支的各种需要，也是还本付息和履行纳税义务的保证，因此可以提高企业资产的流动性、偿债能力和信用水平，降低企业的财务风险。但现金同时又是一种收益性最差的资产，即使是银行存款，其利率也非常低。现金持有过多，它所提供的流动性边际效益便会递减，进而导致企业的收益水平降低。因此，现金管理直接影响着企业资金的流动性与盈利性。如何在流动性与盈利性之间作出合理的选择，是现金管理的关键和难点。

现金管理的目标，就是要权衡现金的流动性和收益性，从而确定合理的现金持有量，合理安排现金收支，使现金收支不但在数量上而且在时间上相互衔接，即在保证企业正常业务经营等各种需要的同时，尽可能地降低闲置现金的数量，以提高资金收益率。

思政课堂

现金是企业中一种重要的流动资产，对现金流的管理也是企业日常财务管理的主要内容。由于现金资产的特殊性决定了现金也是最容易被侵占和贪污的资产。教师在课堂上举一个让学生感到比较接地气的例子，如本地某财务人员侵占、贪污现金的情况，从而对学生进行守法廉洁思想和职业道德教育，同时提高学生对管理现金资产的重要性的认识。

（二）持有现金的动机

企业平时持有一定量的现金，一般有以下三个方面的动机，即现金具有以下三个方面的功能：

1.交易性动机

交易性动机又称交易性需求，是指企业为了满足日常周转和正常生产经营活动的需要，而必须持有适量现金，用于采购材料物资、支付工资、缴纳税款、偿还到期债务、派发现金红利等方面的需求。在日常生产经营活动中，企业每天都会收到现金，也会发生现金支出，两者不可能同步等量。如果不保持适当的现金余额，那么企业日常的生产经营活动必然难以正常进行，出现无法支付的情况，从而影响企业的效益与信誉。一般来说，企业为满足交易动机所持有的现金余额主要取决于企业的生产经营规模。

2.预防性动机

预防性动机又称预防性需求，是指企业为了应付紧急情况而需要保持的现金支付能力。由于市场行情的瞬息万变和其他各种不测因素的存在，企业通常难以对未来现金流入量与流出量作出准确的估计，因此，企业一般要在正常业务活动现金需要量的基础上，追加一定数量的现金余额以预防一些意外开支的出现。一般来说，这种预防性备用现金的数量，主要取决于企业预测现金收支的可靠程度、临时融资能力的强弱以及企业愿意承担风险的程度。为了提高资金的利用效率，企业应该将备用的额外现金投资于可以迅速兑现的短期证券等“准现金性”资产，作为现金的替代品。

3.投机性动机

投机性动机又称投机性需求，是指企业需要置存现金以随时把握有利可图的投机机会，从而获取高额的投资收益。比如，遇到有特别廉价的原材料等不寻常的购买机会，便可以用手头现金大量购入；再比如，在证券市价大幅跌落时购入证券，以期在价格反弹时卖出证券获取高额的资本利得（差价收入）等。当然，投机性动机是企业确定现金余额时所需考虑的次要因素之一，其持有量的大小往往主要与企业的市场投机机会有关。

企业除以上三种原因持有现金外，也会基于满足将来某一特定需要等原因而持有现金。企业在确定合理的现金余额时，一般应综合考虑各方面的持有动机。但要注意的是，企业平时应持有的现金总额，并非上述三项需求所需现金的简单相加，而是可以比三项需求少些，因为三项需求间的现金占用可以相互调剂使用。另外，对企业而言，三项现金需求的重要性也不一样，交易性需求最为重要，必须切实保证，预防性需求次之，投机性需求最为次要。

（三）现金管理的内容

根据现金管理的目的和要求，企业现金管理的主要内容包括：

（1）确定最佳现金持有量，降低持有现金的总成本。

（2）规划未来的现金流量，编制现金预算。

（3）加强现金的日常管理，控制日常现金流量和余额。

二、最佳现金持有量的确定

确定最佳现金持有量，是企业现金管理的重要事宜。基于交易性、预防性、投机性等动机的需要，以及出于对流动性（风险）和盈利性（收益）关系的考虑，企业必须确定一个最佳的现金持有量水平。确定最佳现金持有量的常用方法主要有以下几种：

（一）成本分析模式

成本分析模式，是指通过分析现金的有关成本，分析预测其总成本最低时现金持有量（最佳现金持有量）的一种方法。

利用成本分析模式确定最佳现金持有量，要考虑持有一定量的现金而产生的机会成本、管理成本和短缺成本。

机会成本是指企业因持有一定量的现金而不能同时用该现金进行其他投资从而丧失的投资收益，它属于变动成本，与现金的持有量呈正比例变动关系，如某企业的有价证券投资报酬率（相当于资金成本率）为10%，年均持有80万元现金，则该企业每年持有现金的机会成本为8万元。现金持有量越大，机会成本越高，反之就越低。

管理成本是指企业因持有一定数量的现金而发生的管理费用，如管理人员工资、安全措施费用等。一般认为，管理成本是一种固定成本，在一定范围内与现金持有量之间没有明显的比例关系。

短缺成本是指因现金持有量不足而不能应付业务开支需要而使企业蒙受的损失，包括直接损失和间接损失。现金短缺成本与现金持有量呈反方向变动关系，即随现金持有量的增加而下降，随现金持有量的减少而上升。

由上述机会成本和短缺成本构成的总成本最低的现金持有量就是成本分析模式所确定的最佳现金持有量。

【例6-1】福上公司现有A、B、C、D四种现金持有方案，有关成本资料见表6-1。

表6-1 福上公司现金持有方案 单位：万元

项　目	方案甲	方案乙	方案丙	方案丁
现金持有量	25 000	50 000	75 000	100 000
机会成本	3 000	6 000	9 000	12 000
管理成本	3 000	3 000	3 000	3 000
短缺成本	12 000	6 750	2 500	0
总成本	18 000	15 750	14 500	15 000

将以上各方案的总成本加以比较可知，丙方案的总成本最低，因此当企业持有75 000元现金时，各方面的总代价最低，所以75 000元是该企业的最佳现金持有量。

（二）存货模式

存货模式又称鲍莫模式，它是根据存货经济订货批量模型的原理来确定最佳现金持有量的方法。这种方法的着眼点也是现金的有关成本最低。在存货模式中，考虑的现金持有成本主要是机会成本和固定性转换成本。在存货模式下，能够使现金管理的机会成本和固定性转换成本之和保持最低的现金持有量，即为最佳现金持有量。

转换成本，是指企业每次用现金购买有价证券以及转让有价证券换取现金时付出的交易费用，如委托买卖佣金、委托手续费、证券过户费等。这些转换成本中的固定性交易费用与证券变现次数呈线性关系，即固定性转换成本总额=证券变现次数×每次转换的固定性转换成本。也就是说，固定性转换成本与现金持有量呈反向变动关系，现金持有量越少，企业进行证券变现的次数越多，相应的固定性转换成本就越多；反之，现金持有量越多，固定性转换成本就越少。而机会成本与现金持有量呈正比例变动关系，因此，固定性转换成本和机会成本随着现金持有量的变动而呈现出相反的变动趋向。存货模式示意图如图6-1所示。

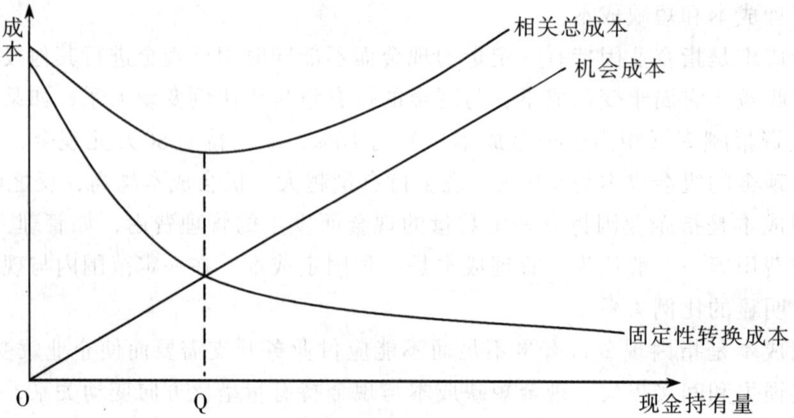

图6-1 存货模式示意图

运用存货模式确定最佳现金持有量时，是以下列假设为前提的：

（1）企业所需要的现金可通过证券变现取得，且证券变现的不确定性很小；

（2）企业预算期内现金需要总量可以预测；

（3）现金的支出过程比较稳定、波动很小，且每当现金余额降至零时，均通过部分证券变现得到补足；

（4）证券的利率或报酬率以及每次固定性交易费用可以获悉。

如果这些条件基本得到满足，那么企业便可以利用存货模式来确定现金的最佳持有量。

设有价证券的利率（机会成本）为K，一个周期内所需现金总额为T，每次转换有价证券的固定性转换成本为F，最佳现金持有量（每次的最佳现金转换量）为Q，现金管理相关总成本为TC。则：

现金管理相关总成本=机会成本+固定性转换成本

$$TC=\frac{Q}{2}\cdot K+\frac{T}{Q}\cdot F \qquad (6.2.1式)$$

每次的最佳现金转换量，应该是使现金相关总成本达到最低的每次现金转换量。为了求解总成本TC的最小值，可对6.2.1式求一阶导数，并令导数为零，得到每次的最佳现金转换量为：

$$Q=\sqrt{2TF/K} \qquad (6.2.2式)$$

将6.2.2式代入6.2.1式，得：

$$最低现金管理相关总成本TC=\sqrt{2TFK} \qquad (6.2.3式)$$

【例6-2】福石公司全年所需现金为62.5万元，并且现金的收支比较稳定，每次有价证券转换成现金的成本为50元，有价证券的利率为10%，则：

$$企业最佳现金持有量（Q）=\sqrt{\frac{2\times 625\,000\times 50}{10\%}}=25\,000（元）=2.5（万元）$$

有价证券的转换次数（T/Q）=62.5÷2.5=25（次）

$$最低现金管理相关总成本（TC）=\sqrt{2TFK}=\sqrt{2\times 625\,000\times 50\times 10\%}=2\,500（元）=0.25（万元）$$

（三）现金周转期模式

现金周转期模式是根据现金的周转速度来确定最佳现金持有量的方法。现金周转期是指企业从购买材料支付现金到出售产品收回现金的时间。显然，现金周转期越短，现金的使用效率就越高。利用这一模式确定最佳现金持有量包括三个步骤：

第一，计算现金周转期。现金周转期的计算公式为：

现金平均周转期=存货平均周转期+应收账款平均周转期-应付账款平均周转期　　（6.2.4式）

存货平均周转期是指从取得原材料到产成品（存货）售出的时间，包括生产周期和产成品（存货）平均周转期。

为了缩短现金周转期，应该缩短“存货平均周转期”与“应收账款周转期”，延长“应付账款周转期”。现金周转期可用图6-2来表示。

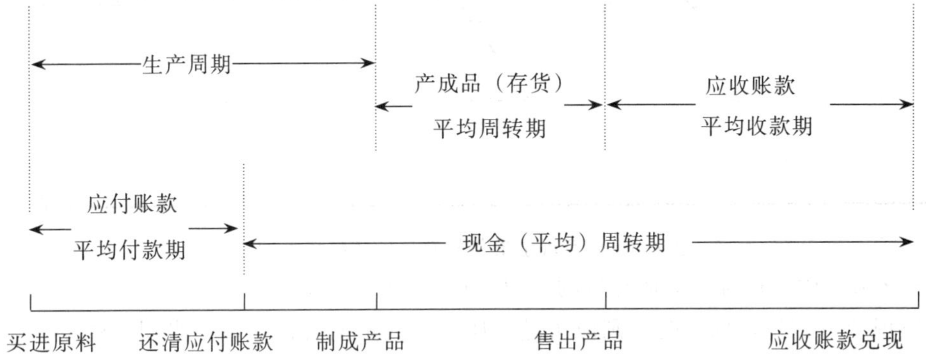

图6-2　现金（平均）周转期的构成

【例6-3】福金公司的原料购买和产品销售都采取赊购赊销方式，应付账款的平均付款天数为30天，应收账款的平均收款天数为70天。假设企业存货平均周转期（即从原材料购买到产品销售）的期限为80天，则：

现金平均周转期=80+70-30=120（天）

第二，计算现金周转率。现金周转率是指1年中现金的周转次数。现金周转次数越多，企业的现金需求量就越少。

【例6-3】的现金周转率为：

现金周转率（次）=日历天数（360）÷现金周转期天数=360÷120=3（次）

第三，计算最佳现金持有量。其计算公式为：

最佳现金持有量=年现金需求量÷现金周转率

假设【例6-3】中的福金公司每年的现金需求量为360万元，则最佳现金持有量为120万元（360÷3）。

如果年现金需求总量和现金周转期已知，则最佳现金持有量的计算也可以按6.2.5式直接算出：

最佳现金持有量=年现金需求总量÷日历天数（360）×现金周转期　　（6.2.5式）

最佳现金持有量=360÷360×120=120（万元）

（四）随机模式

随机模式，是指在现金需求量难以预知的情况下进行现金持有量控制的方法。对大多数企业来讲，现金需求量往往波动大且难以预知，但企业可根据历史经验和现实需要，测算出一个现金持有量的控制范围，当现金持有量接近或超过控制上限时，可投资有价证券，而当现金持有量接近控制下限时，就要通过出售有价证券来补充现金，使现金持有量保持在上下限之间的正常水平。这种对现金持有量的控制方式，可用图6-3表示。

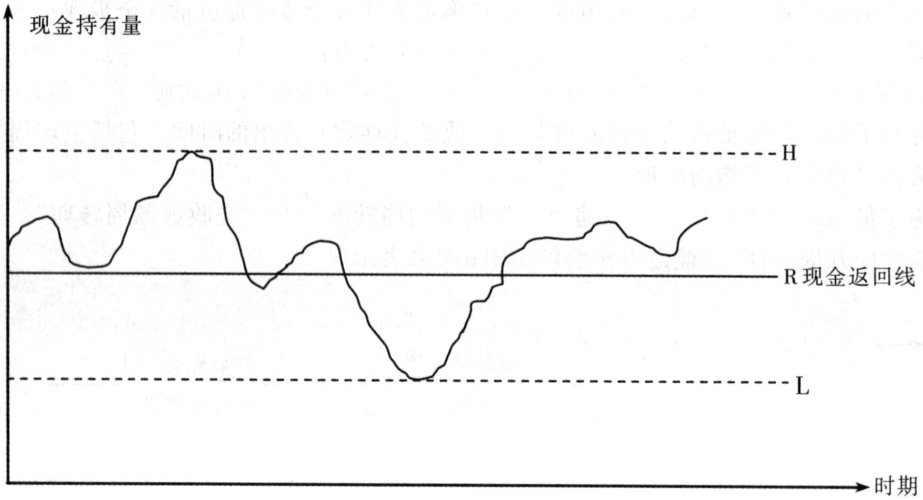

图6-3 确定现金最佳持有量的随机模型图

在图6-3中，H为现金持有量的上限，L为现金持有量的下限。

当现金持有量达到H时，则应买进（H-R）数量的有价证券；当现金的持有量降至L时，则应卖出（R-L）数量的有价证券，从而使现金持有量始终保持在R附近的水平上。此模型的关键问题是确定现金返回线和现金持有量上、下限的标准。一般的计算公式为：

$$R=\sqrt[3]{0.75b\delta^2/i}+L \quad (6.2.6式)$$

$$H=3R-2L \quad (6.2.7式)$$

式中：δ为预计每日现金余额变化的标准差（可根据历史资料测算）；

i为有价证券的日利率；

b为每次有价证券的固定转换成本；

下限L的确定，则受企业每日现金的最低需要、管理人员的风险倾向等因素的影响。

【例6-4】设福磊公司投资有价证券的年利率为9.36%，每次有价证券的固定转换成本为50元，企业管理层认为，在任何时候其现金余额均不能低于1 000元，又根据以往经验，测算出每日现金余额变化的标准差为500元。则现金返回线R与现金持有量上限H分别为：

$$R=\sqrt[3]{0.75\times50\times500^2\times360\div0.0936}+1\,000=4\,303.69（元）$$

$$H=3\times4\,303.69-2\times1\,000=10\,911.07（元）$$

当企业现金持有量接近10 911.07元时，则应将6 607.38元（10 911.07-4 303.69）投资于有价证券，使企业现金持有量回归现金返回线；当企业现金持有量下降到1 000元时，就应抛售有价证券，补充现金3 303.69元（4 303.69-1 000），以使现金持有量回归现金返回线。

运用随机模型求最佳现金持有量符合随机思想，即企业现金支出是随机的，现金收入是无法预知的，所以随机模式似乎比存货模型更切合企业实际，适用于所有企业最佳现金持有量的测算。由于它建立在企业的现金未来需求总量和收支不可预测的前提下，因此，计算出来的现金持有量比较保守。

（五）确定合理现金持有量的简化方式

在财务实践中，企业的现金余额往往波动较大，与之相关的各种因素也不易预测，所以企业尤其是小微企业在测定合理现金持有量时，有时可以采用简化的方式。

因为合理的现金持有量=合理的库存现金余额+合理的银行存款余额，而合理的库存现金余额因数额较小，可按银行核定的企业库存现金限额确定。银行存款余额以满足企业交易需求为主要目的，因此可以根据销售收入的变动情况加以确定。

$$\begin{matrix}\text{合理的}\\\text{银行存款余额}\end{matrix}=\left(\begin{matrix}\text{上年银行}\\\text{存款平均余额}\end{matrix}-\frac{\text{不合理的}}{\text{占用额}}\right)\times\left(1\pm\frac{\text{预计销售收入}}{\text{变动的百分比}}\right) \quad (6.2.8式)$$

三、日常现金收支的管理

企业日常现金收支的管理，主要是根据最佳现金持有量和现金预算（现金预算问题将在本书第九章中详细讲述），合理安排现金收支，尽可能使现金流入和流出的时间趋于一致，当现金不足时适时进行不足现金的筹措，当现金多余时适时进行多余现金的投资安排，从而使现金收支达到动态平衡，以保证其持有的现金量达到合理的水平。具体而言，企业日常现金收支管理主要包括现金回收管理、现金支出管理、现金收支的综合控制和闲置现金的投资管理等内容。

（一）现金回收管理

为了提高现金的使用效率，加速现金周转，企业不仅应尽量加速对应收账款的收回，缩短应收账款的回收期，而且要想办法缩短银行结算的收款浮动期，使之转化为可用现金。企业间在采用纸基支付工具的情况下，收款浮动期是指从客户支付开始到企业收到资金的时间间隔，包括客户邮寄支票的时间、企业处理支票的时间和银行支票结算时间，所需的时间长短不但与客户、企业、银行之间的距离有关，而且与三方的工作效率有关。在实际工作中，缩短收款浮动期的方法一般有锁箱法、银行业务集中法等。

1.锁箱法

锁箱法，又称邮政信箱法，是指企业在各主要销售地区租用专用的邮政信箱，并开立分行存款户，授权当地银行每日开启邮箱，在取得客户票据后立即予以结算，并通过电汇再将货款存入企业基本账户的一种加速收款的方法。在锁箱法下，不但缩短了客户支票的邮寄时间，而且免去了企业办理收款、货款存入银行等手续，因而缩短了支票邮寄及在企业的停留时间。但采用这种方法成本较高，当地银行要收取提供额外服务的费用。

2.银行业务集中法

银行业务集中法，是指企业指定一个主要开户行（通常是总部所在地）为集中银行，设立收款中心，并在收款客户较为集中的地区设立若干个收款分中心。客户收到账单后直接汇给当地收款分中心，收款分中心收款后立即存入当地银行；当地银行在进行票据交换后立即转给企业总部所在集中银行。这种方法不仅缩短了账单和支票的往返邮寄时间和支票兑现的时间，而且便于应收账款的及时清理。但采用此法后，按规定各收款分中心在当地银行开设的账户应保持一定的存款补偿余额，所设的收款分中心越多，这部分“冻结资金”的机会成本也就越大。另外，设立收款分中心需要一定的人力物力，花费较多。

除以上两种方法外，还有一些加速收现的方法，例如，对于金额较大的货款可采用直接派人前往收取支票并送存银行的方法。另外，企业对于各银行之间以及企业内部各单位之间的现金往来也要严加控制，以防过多现金闲置在各部门之间。

（二）现金支出管理

现金支出控制的主要任务是尽可能地延缓现金的支出时间，包括减缓支付应付账款和合理利用现金浮游量等。当然这种延缓必须是合理合法的，否则将得不偿失。延缓现金支出的方法一般有以下几种：

1.合理利用现金“浮游量”

从企业开出支票，收款人收到支票并存入银行，至银行将款项划出企业账户，中间需要一段时间，现金在这段时间的占用称为现金浮游量。在这段时间里，尽管企业已开出支票，却仍可动用银行存款账户上的这笔资金。

现金浮游量包括签发付款支票产生的浮游量及存入支票产生的浮游量。前者为有利浮存；后者为不利浮存。在现金总流入量与总流出量大致相当的情况下，有利浮存扣除不利浮存之后产生的净浮存，一般仍为有利浮存。所以，企业充分利用现金浮游量，可以适当减少现金数量，是管理现金的一种有效手段。

需注意的是，利用现金浮游量，应该把握好时间和额度，防止发生银行存款的透支，防止破坏与供应商的关系，否则将损害企业的信誉，甚至受到有关条款的处罚。

2.控制支出时间

企业应在不影响信誉的前提下，尽可能地推迟应付账款的支付期。在一般情况下，企业应充分运用供应商提供的信用条件，以延缓并控制现金支出。但要注意这种信用条件有无现金折扣优惠，如没有折扣优惠，则企业应全部享受其信用期。如果遇到企业急需现金，那么也可以放弃供应商的折扣优惠，在信用期的最后一天支付款项。当然，这要在折扣优惠与急需现金之间权衡利弊。

3.改进员工工资支付模式

许多企业为支付工资而设立一个专门的存款账户。这种存款账户余额的多少，当然也会影响企业现金总额。为了减少这一存款数额，企业必须合理预测从开出支付工资的支票到员工去银行兑现的具体时间，例如，某企业在1月3日支付工资10万元，根据历史资料，3日、4日、5日、6日、7日及7日以后的兑现比率分别为20%、40%、20%、10%、5%和5%。那么，企业就不必在3日存够10万元，再结合其他因素，就能求出应存入银行的应付工资支票的大概金额。

除此之外，企业还可以采取在结算中使用商业汇票代替支票、与银行商定一定的支票透支限额、使用零余额子账户等方法控制现金支出，当然采取这些方法时一定要取得客户和银行的同意。

（三）现金收支的综合控制

现金收支的综合控制措施主要有：

（1）力争现金流入与流出同步。

（2）实行内部牵制制度。

（3）及时进行现金的对账和清理。

（4）遵守国家规定的库存现金使用范围。

（5）做好银行结算户存款和单位定期存款的管理工作。

（四）闲置现金的投资管理

企业在筹资和生产经营时会产生一定数量的现金，这些现金在用于资本投资或其他业务活动前，通常会闲置一段时间。这些现金头寸可投资于能够随时变现的短期有价证券等交易性金融资产（如股票、债券、基金等），在获取一定收益的同时，作为现金的替代品，丰富现金的持有形式。因此，短期投资管理与现金管理密不可分。但是，这种短期投资一定要注重其流动性，收益性应当放在第二位，因此企业只能把闲置现金投入到流动性高、风险低、交易期限短而灵活的金融工具中。这样，当需要现金时，企业可以速度很快、成本很低地兑换成现金。

第三节　应收账款管理

应收账款是指企业因对外赊销商品、提供服务等而应向购买单位收取的款项，是企业中的一种重要的流动资产投资。在市场经济条件下，随着商业信用的推行，商品和服务的赊销与赊供已成为一种常态，是每个企业所无法避免也不应该避免的。企业提供商业信用，在扩大销售、增加利润的同时，也会造成资金成本、管理费用、坏账损失等成本的增加。因此，加强应收账款管理，已经成为企业财务管理的重要内容。应收账款管理得好坏直接影响到企业资金周转得是否顺畅，也是当前企业财务管理中的一大难点。

一、应收账款投资的目的、功能与成本

（一）应收账款投资的目的和功能

在市场经济条件下，企业投资于应收账款，主要有以下两个方面的目的和功能：

1.提高市场竞争力，扩大销售

在商业竞争激烈的情况下，企业采取赊销、分期收款等方式，一方面为客户提供了商品和服务，另一方面向客户提供了可以在一定期限内无偿使用的资金，即商业信用资金。这对购买方具有很大的吸引力，不仅可以巩固老客户，而且能开拓、招揽新客户，从而提高竞争能力，达到扩大销售、增加利润的目的。

2.增强资产的流动性，减少存货

由于赊销可以加速产品销售的实现，加快产成品向销售收入的转化速度，从而对降低存货中的产成品数额有着积极的影响，不仅有利于节约存货资金的占用，而且降低了产成品存货的各种管理成本，因此，当产成品存货较多时，企业可以采用较为优惠的信用条件进行赊销，并尽快地使产成品存货向流动性更强的应收账款转化，以节

约各项存货支出。

（二）应收账款投资的成本

应收账款投资能给企业带来一定的收益，但同时也要付出一定的代价。应收账款的成本主要有以下三个方面：

1.机会成本

应收账款的机会成本，是指企业因将资金投资在应收账款上而丧失的其他有利可图的投资机会可能带来的收益。这种成本一般与企业维持赊销业务所需要的资金数量和资金成本有关，其计算公式为：

应收账款的机会成本=维持赊销业务所需要的资金×资金成本　　(6.3.1式)

式中：资金成本可按有价证券利率计算；维持赊销业务所需要的资金，可按下列公式计算：

① 应收账款平均余额=平均每日赊销额×平均收账天数=年赊销额÷360×平均收账天数

② 维持赊销业务所需的资金=应收账款平均余额×变动成本率

在上述分析中，假设在相关范围内，企业单位变动成本和固定成本总额不变，因此随着赊销业务的扩大，在赊销成本中只有变动成本部分所占资金随之上升，继而推出赊销收入（即应收账款）中只有相当于变动成本率的那一部分需要真正投入。

2.管理成本

应收账款的管理成本，是指企业对应收账款进行管理而耗费的各项支出，例如，对客户进行信用调查的费用、收集各种信用信息的费用、对应收账款进行账户处理的费用、对客户所欠账款进行催收的费用等。

3.坏账成本

坏账成本，是指企业应收账款因种种原因不能收回而发生的损失。这部分成本与企业应收账款的占用数量和采用的信用政策密切相关，即应收账款越多，采用的信用政策越宽松，坏账成本也越多。

（三）应收账款的管理目标

企业应收账款投资能达到扩大销售、减少存货、增加利润的目的，但又增加了成本负担，因此应收账款的管理目标就在于在增加的盈利和产生的成本之间进行全面权衡，合理制定信用策略，在充分发挥应收账款功能的基础上，降低应收账款投资的成本，努力使提供商业信用、扩大销售所增加的收益大于增加的各项有关成本，从而最大限度地提高应收账款投资的效益。

二、应收账款管理策略

应收账款管理策略又称信用政策或赊销政策，它是企业财务管理策略的重要组成部分。企业的信用政策一般包括信用标准策略、信用条件策略和收账策略三个方面。

（一）信用标准策略

1.信用标准的含义

信用标准，是指客户获得企业商业信用所应具备的条件，或者说是企业同意向客户提供商业信用而提出的基本要求（标准），通常以预期的坏账损失率作为判别标准。企业信用标准的宽严，将直接影响到销售额和应收账款的多少。信用标准宽松，虽能增加销售数量，提高收益，但会相应地增加应收账款的成本；信用标准严格，虽可降低应收账款的成本，但会影响销售数量和企业的收益。因此，企业应根据成本效益原理，权衡由信用标准变动引起的差量收益和差量成本，并且在信用调查与信用评估的基础上，针对不同客户制定适宜的信用标准。

2.信用调查

企业制定信用标准前，要对客户进行广泛的信用调查和信用评估，以便确定对哪些客户可以授予信用、授予怎样的信用，可以开展赊销业务；对哪些客户不能授予信用，不宜开展赊销业务。

信用调查是制定和执行信用标准的基础，也是企业应收账款管理的重要内容。信用调查一般包括直接调查和间接调查两类。直接调查是指企业调查人员与客户直接接触，通过实地访问、参观、查阅资料等方式，收集有关客户的信用资料；间接调查是指企业根据客户的财务报告或通过信用调查评估机构、银行等金融机构、市场监督管理部门、行业协会、客户过去的供货商等提供的资料，获取有关客户的信用资料。信用调查可以为企业正确评估客户的信用状况提供依据。

3.信用评估

信用评估是指企业对客户的信用状况作出综合性的评价。常用的方法有“5C”评估法和信用评分法。

（1）“5C”评估法。

利用“5C”评估法衡量客户信用状况一般可通过以下五个方面的内容（通常称为“5C”标准）进行：

① 品质（character）。品质是指客户的信誉，即客户对履行偿债义务的意愿。这一点常常被视为评价客户信用的首要因素。企业必须设法了解客户过去的付款记录，看其是否一贯按期如数付款，以及与其他供货商的信用关系是否良好。

② 能力（capacity）。能力是指客户的偿债能力，一般取决于客户流动资产的数量和质量，主要根据在客户财务报表中提供的短期偿债能力指标和流动性指标进行判断。客户的流动资产越多，质量越高，其转换为现金支付款项的能力越强，进而其信用状况越好。

③ 资本（capital）。资本是指客户的财务实力和获利能力，它表现为资金规模、有形资产净值、留存收益等因素，是客户偿付债务的最根本保证。

④ 抵押品（collateral）。抵押品是指客户为获取信用而提供给债权人的抵押资产的价值。抵押品对于不知信用状况底细的客户以及有争议的客户尤为重要。如果客户提供足够的抵押品，那么企业给它提供相应信用的风险就低。

⑤ 状况（conditions）。状况是指可能影响客户付款能力的宏观环境因素与微观环境因素，以及客户是否具有较强的应变能力，如客户与同行的竞争状况、外部经济环境对客户的影响、客户承担违约风险的综合能力等。如果宏观环境与微观环境较好，那么客户的财务状况、财务实力和还款能力会越来越好。

（2）信用评分法。

信用评分法是指企业将客户的一些涉及信用情况的财务比率指标与信用评级机构或行业协会发布的标准进行比较和评分，然后进行加权平均（每项比率也可以按与客户信用相关的密切度赋予一定权数再加权平均），从而得出客户的综合信用分数，并据此对客户进行信用评估的一种方法。这些财务比率指标一般包括资产负债率、流动比率、速动比率、现金对负债总额的比率、流动资产周转率、应收账款周转率、存货周转率、销售利润率、总资产息税前利润率、权益资金税后利润率等。

企业进行信用评分的基本公式是：

$$y=\sum_{i=1}^{n}(a_i \cdot x_i) \tag{6.3.2式}$$

式中：y为信用评级分数；

a_i为i项目的权数；

x_i为i项目的评分。

当采用信用评分法进行信用评估时，分数在一定标准（如80分）以上时，说明企业的信用状况良好；分数在一定标准（如60分）以下时，则说明企业的信用状况较差；分数在中间时，则说明企业的信用状况一般。

通过“5C”评估法和信用评分法等对客户进行信用评估后，企业可以得出对特定客户信用状况的基本判断。为了便于执行信用标准，企业还要在此基础上对客户进行信用等级划分。划分客户的信用等级，一般可以根据客户可能发生的坏账损失率而定。坏账损失率低的客户信用等级高，坏账损失率高的客户信用等级低。对信用等级高的客户，企业可以采取比较宽松的信用政策；对信用等级低的客户，企业应该采取从严的信用政策；对信用等级特别低的客户，企业可以不提供商业信用，而采取现销甚至预收货款的销售条件。

（二）信用条件策略

信用标准是企业评价客户信用等级、决定给予或者拒绝给予客户信用的依据。一旦企业决定提供给客户一定的商业信用政策，就需要考虑具体的信用条件。

信用条件，是指企业接受客户信用订单时所提出的要求客户支付赊销款项的条件，主要包括信用期限、折扣期限及现金折扣率等要素，例如，账单上表示的赊销条件为“2/10，1/20，n/30”，就是表示：信用期限为30天；如果客户在10天内偿还货款，那么可享受2%的现金折扣；如果客户在20天内偿还货款，那么可享受1%的现金折扣。

1.信用期限的选择

信用期限是企业允许客户延期付款的最长时间，例如，某企业允许客户在购货后的50天内付款，则信用期限就是50天。信用期限是企业信用政策宽严的重要标志。信用期限过短，不足以吸引顾客；信用期限过长，对增加销售额固然有利，但只顾及销售增长而盲目放宽信用期限，所得收益会被增加的机会成本、坏账损失等应收账款成本所抵消，甚至会造成利润减少。因此，企业在选择信用期限时，应全面分析不同的信用期限所带来的差量收益和差量成本，并通过成本收益评价选择最优的信用期限。

【例6-5】福江公司以前采用30天按照发票全额付款的信用政策，现拟将信用期限放宽至60天，仍按发票全额付款（即不予折扣），假设该公司要求的最低投资报酬率为15%，其他数据见表6-2。

表6-2 福江公司信用条件备选方案表 单位：元

项 目	原方案（n/30）	新方案（n/60）
赊销量（件）	100 000	120 000
赊销额（元）（单价5元/件）	500 000	600 000
销售成本（元）	450 000	530 000
变动成本（元）（每件4元）	400 000	480 000
固定成本（元）	50 000	50 000
销售利润（元）	50 000	70 000
可能发生的收账费用（元）	3 000	4 000
可能发生的坏账损失（元）	5 000	9 000

分析时，先计算放宽信用期所增加的收益，然后计算增加的成本，最后根据两者比较的结果作出判断。

（1）增加的收益。

增加的收益=增加的销售量×单位边际贡献=（120 000−100 000）×（5−4）=20 000（元）

或 增加的收益=新方案销售利润−原方案销售利润=70 000−50 000=20 000（元）

（2）增加的应收账款机会成本。

30天信用期机会成本=（500 000÷360）×30×（400 000÷500 000）×15%=5 000（元）

60天信用期机会成本=（600 000÷360）×60×（480 000÷600 000）×15%=12 000（元）

增加的机会成本=12 000−5 000=7 000（元）

（3）增加的收账费用和坏账损失。

增加的收账费用=4 000−3 000=1 000（元）

增加的坏账损失=9 000−5 000=4 000（元）

（4）改变信用期限增加的净收益。

增加的净收益=增加的收益−增加的成本费用=20 000−（7 000+1 000+4 000）=8 000（元）

由于增加的净收益大于增加的成本，因此，福江公司应该采用60天的信用期。

上述分析方法比较简单，可以满足一般情况下制定信用期限策略的需要，如有必要也可以进行更细致的分析，如进一步考虑由销货增加引起的存货增加而多占用的资金、由存货采购增加引起的应付账款增加而减少的营运资金占用的机会成本等。

2.现金折扣率和折扣期限的选择

现金折扣，是指企业对客户应付货款所作的扣减。企业提供现金折扣的目的有两方面：一是可以诱使老客户为享受现金折扣而提前付款，从而缩短企业应收账款的平均收账期；二是可以招揽一批希望享受现金折扣的新客户，以扩大销售。在一般情况下，现金折扣期限为10～20天，现金折扣率为2%～3%。

企业是否提供现金折扣，以及如何选择折扣期和折扣率，应根据提供现金折扣条件后给企业自身带来的收益增加和成本增加来权衡。提供现金折扣所获的收益，主要是指由于缩短应收账款平均收账期而减少的应收账款机会成本、收账费用和坏账损失，以及由于扩大销售而增加的收益；提供现金折扣而增加的成本，是指由于客户享受现金折扣而使企业减少的收入。

因为现金折扣是与信用期限结合使用的，所以确定折扣率、折扣期限的方法和程序实际上与前述确定信用期限的方法和程序一致，只不过要把所提供的延期付款时间和折扣综合起来，看各方案的延期和提供折扣能取得多大的收益增量，再计算各方案带来的成本变化，最终确定最佳方案。

【例6-6】沿用【例6-5】的资料，假设福江公司在放宽信用期的同时，为了吸引顾客尽早付款，提出了“0.8/30，n/60”的现金折扣条件，估计会有一半的顾客（按照60天信用期所能实现的赊销额计算）将享受现金折扣优惠。假设采用“0.8/30，n/60”的信用条件后，收账费用和坏账损失仍保持在采用“n/60”信用条件时的水平。

（1）增加的收益。

收益的增加=销售量的增加×单位边际贡献=（120 000–100 000）×（5–4）=20 000（元）

（2）增加的应收账款机会成本。

30天信用期机会成本=（500 000÷360）×30×（400 000÷500 000）×15%=5 000（元）

60天信用期并提供现金折扣的机会成本=(600 000×50%）÷360×60×（480 000÷600 000）×15%+（600 000×50%）÷360×30×（480 000÷600 000）×15%

=9 000（元）

机会成本增加=9 000–5 000=4 000（元）

（3）增加的收账费用和坏账损失。

增加的收账费用=4 000–3 000=1 000（元）

增加的坏账损失=9 000–5 000=4 000（元）

（4）现金折扣成本的变化。

现金折扣成本增加=新方案销售收入×新的现金折扣率×享受现金折扣的比率–原方案现金折扣率

=600 000×0.8%×50%–500 000×0×0

=2 400（元）

（5）延长信用期限且提供现金折扣后的增量净收益。

增量净收益=增加的收益–增加的成本费用=20 000–（4 000+1 000+4 000+2 400）=8 600（元）

由于可获得增量净收益8 600元，因此，福江公司应当放宽信用期至60天，并提供“0.8/30”的现金折扣条件。

（三）收账策略

1.收账策略及其制定

收账策略，又称收账政策，是指当客户违反信用条件，拖欠甚至拒付账款时，企业所采取的收账程序、方法与措施。

在市场经济条件下，企业的少数客户由于各种原因会产生全部或部分拖欠账款的现象。一旦账款遭到拖欠甚至拒付，企业应根据客户拖欠账款的具体情况，通过有效的收账政策，想方设法予以解决。

对于拖欠的应收账款，无论企业采用何种方式进行催讨，都需要付出一定的代价，即收账费用，如收账所花的邮电通信费、派专人收款的差旅费和法律诉讼费等。通常投入的收账费用越多，采取的收账政策越严，收回的账款就越多，平均收账期也会相应缩短，应收账款的机会成本和坏账损失也就越小。但收账费用的增加和机会成本、坏账损失的减少之间并不总是线性关系。一开始投入收账费用可能不会使应收账款和坏账损失明显减少；随着收账费用的增加、收账力度的加大，其减少应收账款和坏账损失的作用越来越明显；当收账费用达到一定限度后，再追加收账费用，对进一步减少坏账损失的作用则会变得相当微弱。这个限度称为饱和点。收账费用与坏账损失的关系如图6-4所示。

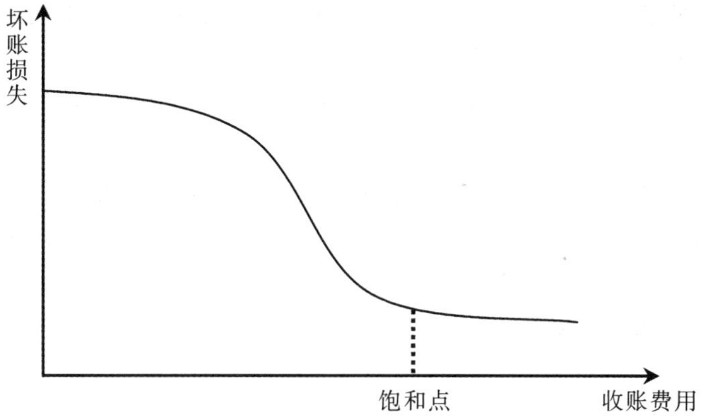

图6-4 收账费用与坏账损失的关系

因此，企业在制定收账策略时，应在增加的收账费用（差量成本）与减少的坏账损失和应收账款机会成本（差量收益）之间进行权衡。若前者小于后者，则说明制定的收账政策是可取的。

【例6-7】福禄公司应收账款现行收账政策和拟施行的新收账政策见表6-3。假设公司要求的投资报酬率为10%。

表6-3 **收账政策备选方案资料**

项　目	现行收账政策	拟施行的新收账政策
年收账费用（万元）	90	150
应收账款平均收账天数（天）	60	30
坏账损失占赊销额的百分比（%）	3	2
赊销额（万元）	7 200	7 200
变动成本率（%）	60	60

根据上述资料，计算两种收账政策的差量收益和差量成本如下：

减少的坏账损失=7 200×3%−7 200×2%=72（万元）

减少的应收账款机会成本=（7 200÷360）×60×60%×10%−（7 200÷360）×30×60%×10%=36（万元）

增加的收账费用=150−90=60（万元）

采取新的收账政策后取得的差量净收益=（72+36）−60=48（万元）

因此，福禄公司拟施行的新收账政策是可行的。

2.确定合理的收账程序

在收账策略中，企业根据客户的具体情况确定合理的收账程序也是一项重要的内容。先要分清客户是无钱可还，还是有钱不还。如果客户无钱可还，则要看客户还能不能东山再起；如果客户已经没有希望东山再起，那么企业就要申请客户破产，以挽回一定的损失。如果客户遇到的仅是一时的周转困难，那么企业要对客户进行债务重组和收账期宽延，例如可采用商谈延期收款的方式，给客户以宽限；如果客户有钱不还，则企业应“先礼后兵”，采取灵活有效的催账方式，尽可能把账款收回。

收账程序的通常步骤包括：

（1）及时提醒客户还债，如采用寄账单和书信方式催讨；对于长期拖欠付款的客户，企业可采用直接的电话催讨和上门催讨。

（2）如果催债无效，那么企业应该考虑支付一定的佣金，将催债事宜委托给有关代理机构处理。

（3）如果客户仍未按时付款，则企业可采取更严厉的收账措施，直至诉诸法律。

值得注意的是，各个客户拖欠或拒付账款的原因各不相同，因此企业在采取收账措施时应注意的是，既要保护本企业的利益，又不能过分伤害客户的感情，造成企业老客户的流失。企业应根据具体情况灵活机动地运用各种手段，尽量维护与客户之间良好的信用关系。

思政课堂

请同学们思考和讨论以情感人、以德服人、以诚待人、以信聚人在收账管理中的作用，推而广之，请大家思考企业及其相关管理人员的诚信和品德在企业应收账款管理乃至整个财务管理中的作用。怎样理解“以德服人，方能固本；以诚待人，方能长远”的道理？

三、应收账款的日常管理

对于已经发生的应收账款，企业还应进一步强化日常管理工作，采取有力措施进行分析、控制，并及时发现问题，从而提前采取对策。这些措施主要包括应收账款追踪分析、应收账款账龄分析、应收账款收现保证率分析和做好应收账款融资工作。

（一）应收账款追踪分析

应收账款追踪分析，是指在商品销售出去之后，企业对与该项销售相对应的应收账款的运行过程进行追踪分析。一般地，客户赊购商品之后，出于获利的动力和付款信誉的压力，必然期望迅速地实现销售收现，并偿还货款，这时企业如期足额收回货款一般不会有多大问题。但市场供求瞬息万变，有时客户赊购的商品不能及时销售与变现，就会导致积压或赊销，从而出现相互拖欠的情况，这使得企业很有可能无法如期收回货款。

客户能否严格履行企业的信用条件，一般取决于两个因素：一是客户的信用品质；二是客户的现金持有量和现金可调剂程度（如现金用途的约束性、其他短期债务偿还对现金的要求等）。如果客户的信用较好，并持有一定的现金余额，且现金的可调剂余地又较大，那么这笔货款能够如期、足额收回的可能性较大。如果客户信用不佳，或者现金匮乏，或者现金的可调剂程度低下，那么赊销企业的账款遭受拖欠也就在所难免。因此，通常对那些金额较大或信用较差的客户的赊购款项，企业应考虑在收账之前，就对该项应收账款的运行过程进行追踪分析，其中，应包括对客户的信用品质与偿债能力进行延伸调查分析。

（二）应收账款账龄分析

应收账款账龄分析，是应收账款日常管理的重要手段。企业已发生的应收账款的时间有长有短，有的尚未超过收账期，有的则已超过。一般来说，拖欠的时间越长，款项收回的可能性越小，形成坏账的可能性越大。对此，企业可通过编制账龄分析表以考察分析应收账款的账龄结构，密切注意各种应收账款的具体情况，对其实施严密监督，以提高应收账款的收现效率。

账龄分析表要列出应收账款账龄情况、各账龄类别的客户数量、欠款金额、欠款金额在应收账款总额中所占比例等信息。

福林公司应收账款的账龄情况见表6-4。

表6-4 **福林公司应收账款账龄分析表**

应收账款账龄情况	客户数量	欠款金额（万元）	欠款金额在应收账款总额中所占的百分比（%）
在信用期内的	120	12	40
超过信用期1～20天的	60	6	20
超过信用期21～40天的	30	3	10
超过信用期41～60天的	20	3	10
超过信用期61～80天的	10	3	10
超过信用期81～100天的	8	1.5	5
超过信用期100天以上的	13	1.5	5
合计	—	30	100

应收账款账龄分析的重点是考察应收账款的账龄结构。利用应收账款分析表，企业可以了解到以下情况：

（1）有多少欠款还在信用期内。表6-4的资料显示，该企业有12万元的应收账款处在信用期内，占全部应收账款的40%。这些款项未到偿付期，欠款是正常的。但到期后能否收回还待定，因此，及时监控这些款项仍是必要的。

（2）有多少欠款超过了信用期，超过不同时间的款项各占多少，有多少欠款会因拖欠时间太久而可能成为坏账。表6-4的资料显示，该企业有价值18万元的应收账款已超过信用期，占全部应收账款的60%。不过，其中拖欠时间较短的（20天内）有6万元，占全部应收账款的20%，这部分欠款收回的可能性很大；拖欠时间较长的（21～100天）有10.5万元，占全部应收账款的35%，这部分欠款的收回有一定难度；拖欠时间很长的（100天以上）有1.5万元，占全部应收账款的5%，这部分欠款很有可能成为坏账。

企业应在此基础上采取相应的收账办法，制定出切实可行的收账政策，对可能发生的坏账损失，则应提前做准备，充分估计这一因素对企业收益的影响，建立完备的坏账准备金制度，这既是应收账款管理的重要内容之一，又是保障企业稳定发展的重要手段。当然，企业在对应收账款提取坏账准备后，并非意味着放弃了对该项应收账款的索取权，其仍然拥有继续收款的法定权力，企业对该项应收账款的管理也不能因此而有所放松。

在账龄分析的基础上，企业还可以运用ABC分析法按照“抓住重点、照顾一般”的管理原则，加强对应收账款的控制。将企业所有欠款客户按其所欠金额多少和占企业应收账款总额的比例进行分类排队，将欠款金额大、占企业应收账款总额比例高（一般占70%左右）的少数几家重点客户列为A类，作为重点监控对象；将欠款金额不大、占企业应收账款总额20%左右的部分客户列为B类；将欠款金额很小、占客户总数比例高但只占企业应收账款总额10%左右的客户列为C类。然后，对A、B、C三类客户分别实施不同的监控策略，把管理力量用在刀刃上，抓住主要矛盾，从而提高应收账款的管理效率。

（三）应收账款收现保证率分析

由于企业当期现金支付需要量与当期应收账款收现额之间存在非对称性矛盾，并呈现出预付性与滞后性的差异特征（如企业必须用现金支付与赊销收入有关的增值税和所得税，弥补应收账款资金占用等），因此，决定了企业必须对应收账款收现水平制定一个必要的控制标准，即应收账款收现保证率。

应收账款收现保证率是指为适应企业现金收支匹配关系的需要，所确定的有效收现的账款应占全部应收账款的百分比，是两者应当保持的最低比率。其具体公式为：

$$\text{应收账款收现保证率}=\frac{\text{当期必要现金支付金额}-\text{当期其他稳定可靠的现金流入总额}}{\text{当期应收账款总计金额}} \quad (6.3.3\text{式})$$

式中：当期其他稳定可靠的现金流入总额是指企业从应收账款收现以外的途径可以取得的各种稳定可靠的现金流入数额，包括短期有价证券变现额、可随时取得的银行借款等。

应收账款收现保证率指标反映了企业既定会计期间预期现金支付数量扣除各种可靠、稳定性来源后的差额，必须通过应收账款有效收现予以弥补的最低保证程度。其意义在于：应收账款未来是否可能发生坏账损失对企业固然重要，但是实际收现的账款能否满足同期必需的现金支付要求，特别是满足具有刚性约束的纳税债务及偿还不得展期或调换的到期债务的需要则更为重要。

企业应定期计算应收账款实际收现率，看其是否达到了既定的控制标准，如果发现应收账款实际收现率低于应收账款收现保证率，则应查明原因，并采取相应措施，以确保企业有足够的现金满足同期必需的现金支付要求。

（四）做好应收账款融资工作

应收账款融资，是指企业将其应收债权作为担保向银行、保理商等金融机构或应收账款融资服务平台（以下简称“融资机构”）申请贷款以获得资金，由融资机构或融资服务平台为企业提供融通贸易资金、销售账户管理、应收账款催收以及坏账担保等单项或多项金融服务。应收账款融资将担保贷款和短期商业贷款融合在一起，从而加快了企业流动资金的周转，是集融资、结算、财务管理和风险担保于一体的综合性金融服务。应收账款融资在国外很多发达国家已发展成为一种成熟的融资模式，从而得到了普遍应用。自2007年10月起实施的《中华人民共和国物权法》首次将“应收账款”纳入可以出质的财产权利之一，此后，我国企业应收账款融资业务呈现积极发展的态势。具体形式包括应收账款抵押融资、应收账款卖断性融资、应收账款证券化融资等。应收账款抵押融资是指供货企业以应收账款债权作为抵押品向融资机构进行融资，融资机构在向供货企业融通资金后，若购货方拒绝付款或无力付款，则融资机构具有向供货企业要求偿还融通资金的追索权；应收账款卖断性融资，又称应收账款让售，是指供货企业将应收账款债权出卖给融资机构并通知买方直接付款给融资机构，将收账风险转移给融资机构，融资机构要承担所有收款风险并吸收信用损失，从而丧失对融资企业的追索权；应收账款证券化融资，是资产证券化的一部分，是指将企业那些缺乏流动性但能够产生可预见的稳定现金流量的应收账款，转化为金融市场上可以出售和流通的证券的融资方式。

第四节　存货管理

存货，是指企业在生产经营过程中为耗用或销售而储备的各种物资。制造业企业的存货主要包括各类材料、在产品、产成品等；商品流通企业的存货主要是商品。存货是企业重要的流动资产，一般企业投资在存货上的资金数额都比较大，因此加强存货管理是企业财务管理的重要内容之一。存货与其他流动资产相比，具有流动性差、稳定性好的特点，因此确定了企业的生产经营规模后，可以比较准确地预测存货资金的需用量，便于加强存货资金的计划管理。

一、存货投资的目的、存货成本的构成和存货管理的目标

（一）存货投资的目的（功能）

1.保证生产活动的正常进行

企业在产品生产过程中，需要消耗各种材料物资，这些材料物资一般是由企业供应部门定时、定量从市场上购入并负责向各生产部门足量供应的。供应部门为了保证材料物资的及时供应，必须保持一定的材料物资存货储备，以保证生产活动的正常进行。批量进货，可以保持一定的材料物资存货，还具有节约采购费用支出、降低材料物资进货成本、满足物资供应季节性和生产季节性的要求，从而促进生产能力的充分利用和组织均衡生产等作用。

2.确保销售活动的顺利开展

企业生产的产品，一般由销售部门负责销售。为了保证销售活动的顺利进行，企业必须储备一定数量的产成品。这主要是由于：

（1）根据客户订货批量的要求，或运输单位运输批量的要求，销售部门必须组织成批发货；

（2）某些产品的销售具有季节性的特点，在销售旺季到来之前，企业必须储存一定数量的产品；

（3）市场销售存在不确定性，产品有可能从旺销转向疲软，也有可能从疲软转向旺销，为了不丢失有利的销售时机，企业必须储备一定数量的产成品，以便达到扩大销售、增加盈利的目的。

3.预防意外事件发生的需要

企业在生产经营过程中难免发生各种各样的意外事件，为了尽量减少意外事件造成的损失，企业的存货应留有适当的保险储备，例如，因供应单位或运输部门发生意外事件，造成外购材料来源中断，企业就可动用保险储备安排生产，这样就可减少由于意外事件而造成的停工待料损失。

（二）存货成本的构成

企业进行存货投资必然要发生成本费用。构成存货成本的核心内容当然是取得存货的购置成本（即存货进价）或制造成本。除此之外，从存货资金管理的角度分析，相关存货管理成本主要有以下几项：

1.订货成本

订货成本，是指企业为订购材料、商品而开支的费用，如差旅费、邮电通信费、文件处理费等。订货成本的高低一般与订货次数正相关，而与每次订货的批量大小基本无关。因此，企业可以采取扩大订货批量、减少订货次数的办法，以达到降低订货成本的目的。订货成本属于存货管理中的相关成本。

2.储存成本

储存成本是指存货在储存过程中发生的各种费用，主要包括存货资金占用费（如以贷款购买存货的利息成本）或机会成本（以现金购买存货而同时损失的其他方面投资收益等）、仓储费用、保险费用、残损变质损失等。储存成本的高低取决于存货的平均储存量和单位储存成本。在单位储存成本不变的情况下，缩小订货批量，增加订货次数，可以减少存货的储存量，从而可以降低储存成本。储存成本也属于存货管理中的相关成本。

3.缺货成本

缺货成本是指由于存货供应中断而造成的损失。其主要包括由于材料供应中断而造成的停工损失（如果企业以紧急采购代用材料解决库存材料中断之急，那么缺货成本表现为紧急购入的额外成本）、由于产品库存不足而丧失销售机会的损失、罚金和商誉损失等。如果企业允许缺货，则缺货成本与存货数量负相关，属于存货管理中的相关成本；如果企业不允许发生缺货情形，则缺货成本为零，因此也就无须考虑缺货成本了。

（三）存货管理的目标

存货管理的基本目标在于，如何在存货投资的功能与成本、风险之间进行权衡，实现两者的最佳组合，从而实现最大经济效益。

存货资金管理的主要内容是：

（1）合理测定（预测和决策）存货资金的需要量；

（2）编制存货预算，规划存货资金流量；

（3）加强对存货资金的日常控制。

二、存货资金需用量的测定

在制造业企业存货的流转过程中，原材料、在产品和产成品占极高的比例，因此，本书讨论的存货主要是原材料、在产品和产成品。存货资金需用量的测定也可以按原材料资金（储备资金）、在产品资金（生产资金）和产成品资金（成品资金）来分别测定。

存货资金需用量的测定方法主要有三种：

（一）周转期计算法

周转期计算法是指根据各种存货的每日平均周转额和周转期天数计算确定资金需用量的方法。这种方法既可用于储备资金需用量的测定，又可以用于生产资金和成品资金需用量的测定。其基本计算公式为：

$$\text{某种存货资金需用量}=\text{每日平均周转额}\times\text{周转期天数} \quad (6.4.1\text{式})$$

【例 6-8】 福清公司生产的A、B两种产品都需要耗用甲材料。该公司预计于计划年生产A产品2 000件，每件消耗甲材料20千克；生产B产品1 000件，每件消耗甲材料32千克。甲材料的计划单价为250元/千克。预计甲材料周转一次所需的时间（包括在途天数、经调整后的供应间隔天数、整理准备天数、保险天数等）为30天。A、B两种产品每月生产比较均衡，则甲材料的资金需用量可计算如下：

（1）计划年甲材料耗用总量=2 000×20+1 000×32=72 000（千克）

（2）甲材料每日平均耗用额=72 000÷360×250=50 000（元）

（3）周转期天数=30天

（4）甲材料资金需用量=50 000×30=1 500 000（元）

采用周转期计算法，必须对每种存货分别确定每日平均周转额和周转期天数，其计算工作量很大，因而一般只适用于对主要材料、主要在产品和产成品资金需用量的测定。对于一些品种规格多且杂，耗用数额又不大的辅助材料等，企业可以采用比较简单的计算方法，如比例计算法和因素分析法。

（二）比例计算法

比例计算法是指根据某类材料资金占用额与有关指标之间的比例关系计算确定其资金需用量的方法。其计算公式为：

$$\text{某类材料资金需用量}=\text{相关指标计划数}\times\frac{\text{上年某类材料平均占用额}}{\text{相关指标上年实际数}}\times\left(1-\text{计划年材料资金周转加速百分比}\right) \quad (6.4.2\text{式})$$

【例 6-9】 福清公司A类备件上年实际平均占用额为50万元，上年使用A类备件的设备原价为1 000万元，计划年设备原价将增加10%，备件资金周转将加速2%。计划年A类备件资金需用量可计算如下：

A类备件资金需用量=1 000×（1+10%）×50÷1 000×（1−2%）=53.9（万元）

（三）因素分析法

因素分析法是指以某类材料资金基年合理占用额为基础，根据计划年影响资金数额的变动因素，通过分析计算确定该类材料资金需用量的方法。其计算公式为：

$$\text{某类材料资金需用量}=\left(\text{上年该类材料平均占用额}-\text{不合理占用额}\right)\times\left(1+\text{计划期影响因素的增减率}\right)\times\left(1-\text{计划年材料资金周转加速百分比}\right) \quad (6.4.3\text{式})$$

【例6-10】福清公司B类劳保用品上年实际平均占用额为82万元，其中2万元属长期积压。计划年工人人数增长20%，劳保用品资金周转加速2%。则计划年B类劳保用品资金需用量可计算如下：

B类劳保用品资金需用量=（82-2）×（1+20%）×（1-2%）=94.08（万元）

三、存货资金的控制

实现存货管理的目标，关键在于确定一个最佳的存货资金需用量，并对存货资金的数额加以日常控制。在财务管理实践中，企业逐步形成了一些有效的存货资金控制方法，主要包括经济批量控制法、ABC分类控制法、适时制存货控制系统等。

（一）经济批量控制法

经济批量，是指使一定期间的存货总成本达到最低点的存货量。经济批量控制法较多地应用于经济订货批量的测算，也可以用于最佳生产批量的确定。

1.基本经济订货批量模型

在进货过程中，企业不仅要决定进货项目、选择供货单位、决定进货时间，而且要确定进货的批量。通过对存货成本进行分析可知，决定存货经济订货批量的相关管理成本主要包括订货成本（也称进货费用）、储存成本以及允许缺货条件下的缺货成本。不同的成本项目与订货批量呈不同的变动关系。订货批量的扩大，会使存货储存量增加，导致储存成本上升，但同时会使订货的次数减少，从而降低订货成本。因此，存货经济订货批量的确定，就是对组成存货成本的各项内容进行权衡，找出使存货总成本达到最低的订货批量，为进行有效的存货资金决策和控制提供依据。

基本经济订货批量模型的确定，建立在以下假设前提下：

（1）企业一定时期的进货总量可以较为准确地预测；

（2）存货的耗用或销售比较均衡；

（3）存货的市场供应充足，企业的现金足够，能够及时进货，且能集中到货，而不是陆续入库；

（4）存货价格不变，且不存在数量折扣；

（5）不允许出现缺货情况。

由于不允许缺货，即当存货数量降至零时，下一批订货便会及时全部购入，因此，企业不存在缺货成本。此时与存货管理直接相关的成本只有订货成本和储存成本两项。订货成本和储存成本之和最低的订货批量，就是经济订货批量（最佳订货批量）。

存货总成本与相关订货成本、储存成本的关系如图6-5所示。

假设：T为存货总成本；A为某种存货全年需用量（进货总量）；Q为经济订货批量；K为每次订货的成本；C为单位存货的年平均储存成本，则：

订货批数=A/Q，平均储存量=Q/2，全年订货成本=K·（A/Q），全年平均储存成本=C·（Q/2），全年存货总成本为：

$$T=\frac{A}{Q}\cdot K+\frac{Q}{2}\cdot C \qquad (6.4.4式)$$

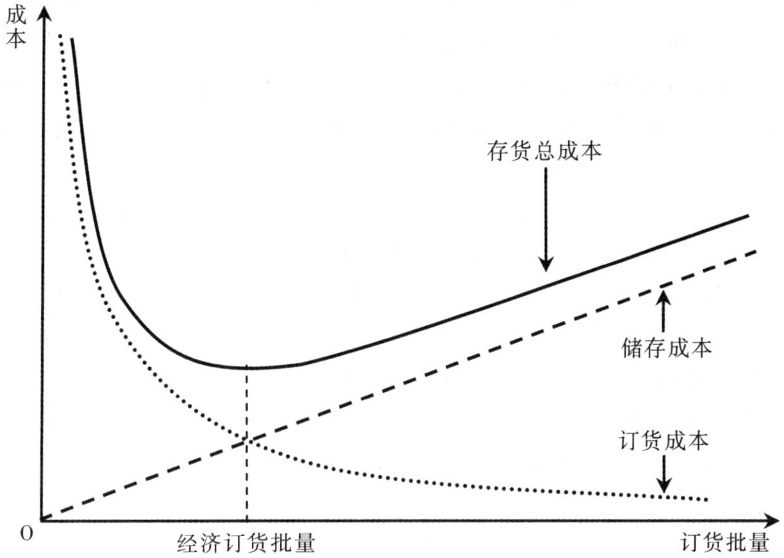

图6-5 存货总成本与相关订货成本、储存成本的关系

求6.4.4式中Q的导数，并令导数为零，解此方程，得经济订货批量（最佳进货批量）为：

$Q=\sqrt{2AK/C}$ （6.4.5式）

此时达到的最低存货相关总成本为：

$T=\sqrt{2AKC}$ （6.4.6式）

【例6-11】福峰公司全年需用甲材料1 620吨，根据历史经验预计，每次订货成本为400元，每吨存货年储存成本为10元，则每次进货的经济订货批量（最佳进货批量）为：

$Q=\sqrt{2AK/C}=\sqrt{2\times1\,620\times400\div10}=360$（吨）

此时达到的最低存货相关总成本为：

$T=\sqrt{2AKC}=\sqrt{2\times1\,620\times400\times10}=3\,600$（元）

2.经济订货批量的扩展模型——存在数量折扣的经济订货批量

在上述基本经济订货批量模型中，假定存货的购买价格不变。在实际工作中，企业在采购过程中，如果订购批量较大，通常会得到供货方给予的一定数量折扣（商业折扣或称价格折扣）。此时，存货的购置成本（存货进价）就由基本经济订货批量模型中的决策无关成本变成了决策相关成本。因此，企业必须以订货成本、储存成本及相应的存货进价成本三者之和最低时的采购批量作为经济订货批量。存货相关总成本=进价成本+订货成本+储存成本。

实行数量折扣的经济订货批量的具体确定步骤如下：

第一步，按照基本经济订货批量模型确定经济订货批量；

第二步，计算按经济订货批量进货时的存货相关总成本；

第三步，计算按给予数量折扣的订货批量进货时的存货相关总成本。

如果给予数量折扣的订货批量是一个范围，如订货批量在1 000 ~2 999千克可享受3%的价格优惠，此时按给予数量折扣的最低订货批量，即按1 000千克计算存货的相关总成本最低。因为在给予数量折扣的订货批量范围内，无论进货量是多少，存货进价总额都是相同的，而相关总成本的变动规律是：订货批量越小，相关总成本越低，即按1 000千克计算的存货相关总成本<按1 001千克计算的存货相关总成本<按1 002千克计算的存货相关总成本<…<按2 999千克计算的存货相关总成本。

第四步，比较不同订货批量的存货相关总成本，最低存货相关总成本对应的订货批量，就是给予数量折扣的最佳经济订货批量。

【例6-12】福尔公司全年生产需用甲材料9 000千克，该材料单价为6元/千克，每千克年储存成本为3元，每次订货成本为60元。供货商为了促销，决定按采购数量给予一定的购货折扣。当一次订货量在1 000千克以上时，可获3%的折扣，一次订货量在3 000千克以上时，可获5%的折扣。要求为该企业选择最佳经济订货批量。

按基本经济订货批量模型确定的经济订货批量为：

$Q=\sqrt{2AK/C}=\sqrt{2\times 9000\times 60\div 3}=600$（千克）

每次订货批量为600千克时的存货相关总成本为：

存货相关总成本=9 000×6+（9 000÷600）×60+（600÷2）×3=55 800（元）

每次订货批量为1 000千克时的存货相关总成本为：

存货相关总成本=9 000×6×97%+（9 000÷1 000）×60+（1 000÷2）×3=54 420（元）

每次订货批量为3 000千克时的存货相关总成本为：

存货相关总成本=9 000×6×95%+（9 000÷3 000）×60+（3 000÷2）×3=55 980（元）

通过计算比较可知，每次进货为1 000千克时的存货相关总成本最低（54 420元），此时的最佳经济订货批量为1 000千克。

3.再订货点

在实际工作中，企业存货的需求可能不是均匀发生的，而且订货以后，货物的到达时间会有一定的不确定性，因此在一般情况下，企业存货做不到随用随补，企业不能等到存货用完、库存为零时才去订购，而需要在存货未用完之前提前订货。那么，究竟当上一批购入的存货还有多少时，订购下一批存货呢？这就是再订货点的控制问题。在提前订货的情况下，企业再次发出订单时尚剩的存货库存量，称为再订货点。其数量等于企业从发出订单到实际交货这段时间的存货耗用量，即等于交货时间和每天的存货耗用量的乘积：

再订货点=交货时间×存货每天平均耗用量　　（6.4.7式）

【例6-13】福海公司从订货日至到货期的时间为8天，每日平均存货耗用量为6吨，则：

再订货点=交货时间×存货每日平均耗用量=8×6=48（吨）

当还有48吨存货时，福海公司就应当再次订货。如果该公司要求留有一定的存货保险储备，如15吨，那么再订货点则应是63吨（48+15）。

采用再订货点进行存货采购决策，并不影响每次的订货批量、订货次数、订货间隔期等，仅仅是订货的时间提前而已。

4.陆续进货的经济订货批量模型

基本经济订货批量模型假设存货是集中到货，即一次全部入库，而在企业实务中，各批存货可能是陆续入库，存量陆续增加。设每日送货量为p，每日需用量为d，则送货期为Q/p，送货期内的耗用量为（Q/p）·d。由于存货边送边用，因此，当每批送完时，最高库存量为：Q-（Q/p）·d。平均存货量为：$\frac{1}{2}\left(Q-\frac{Q}{p}\cdot d\right)=\frac{Q}{2}\left(1-\frac{d}{p}\right)$。显然，每日需用量d应小于每日送货量p。那么，与批量有关的存货总成本为：

$$T=\frac{A}{Q}\cdot K+C\cdot\frac{Q}{2}\left(1-\frac{d}{p}\right)$$

经推导，此时的经济订货批量为：

$$Q=\sqrt{\frac{2AK}{C}\cdot\left(\frac{p}{p-d}\right)} \tag{6.4.8式}$$

最佳存货总成本为：

$$T=\sqrt{2AKC\cdot\left(1-\frac{d}{p}\right)} \tag{6.4.9式}$$

【例6-14】福守公司某零件年需要量为7 200件，每天送货量为60件，每天耗用量为20件，单价20元/件，一次订货成本为50元，单位储存成本为4元，则此时的经济订货批量和总成本为：

$$Q=\sqrt{\frac{2\times 7\,200\times 50}{4}\times\left(\frac{60}{60-20}\right)}=520\text{（件）}$$

$$T=\sqrt{2\times 7\,200\times 50\times 4\times\left(1-\frac{20}{60}\right)}=1\,386\text{（元）}$$

此扩展模型还可应用于自制产品或零部件的经济投产批量的决策。

（二）ABC分类控制法

ABC分类控制法是意大利经济学家巴雷特于19世纪首创的，经过不断发展完善，已广泛应用于存货管理、成本管理和生产管理。

无论是工业企业还是商品流通企业，尤其是大中型企业，其存货的品种、规格繁多，有的企业多达上万种甚至数十万种。而这些存货对生产经营和财务目标的实现所起的作用大不相同。有的存货尽管品种数量很少，但金额巨大，如果管理不善，将给企业造成极大损失；有的存货虽然品种数量繁多，但金额微小，即使在管理中出现一些问题，也不至于对企业产生较大的影响。因此，无论从经济角度还是能力角度，企业均不可能也没必要对所有存货不分巨细地严加管理。如果企业对存货不分主次加以平均控制，显然会事倍功半。所以，应采取ABC分类控制法等科学的方法，对存货资金采取分清主次、区别对待、突出重点的控制，以提高存货管理的整体效果。

ABC分类控制法，就是按照一定的标准，依重要性程度将企业的存货划分为A、B、C三类，分别实行按品种重点控制、按类别一般控制和按总额灵活掌握的存货管理方法。存货分类的标准主要有两个：金额标准和品种数量标准。其中，金额标准是基本的，品种数量标准仅作为参考。A类存货的特点是金额巨大，但品种数量较少，一般而言，其金额占全部存货的70%左右，而品种仅占全部品种的10%左右；B类存货金额一般，品种数量相对较多，金额一般占全部存货的20%左右，品种也占全部品种的20%左右；C类存货品种数量繁多，但价值金额却很小，一般金额仅占全部存货的10%左右，而品种却占全部品种的70%左右。可见，A类存货占用着企业绝大多数存货资金，只要控制好A类存货，基本上就不会出大问题，而且由于A类存货的品种数量较少，企业也完全有能力按照每一个品种对存货进行控制；对B类存货，通常可以通过划分类别的方式进行控制；对C类存货，企业只要把握一个总金额加以控制就可以了。

A、B、C三类存货的具体划分过程分三个步骤：（1）列示企业全部存货的明细表，并计算出每种存货的价值总额及其占全部存货金额的百分比；（2）按照金额标准由大到小进行排序并累加金额百分比；（3）当金额百分比累加到70%时，以上存货视为A类存货，百分比介于70%～90%的存货视作B类存货，其余则为C类存货。各类存货的金额品种百分比用图形表示如图6-6所示。

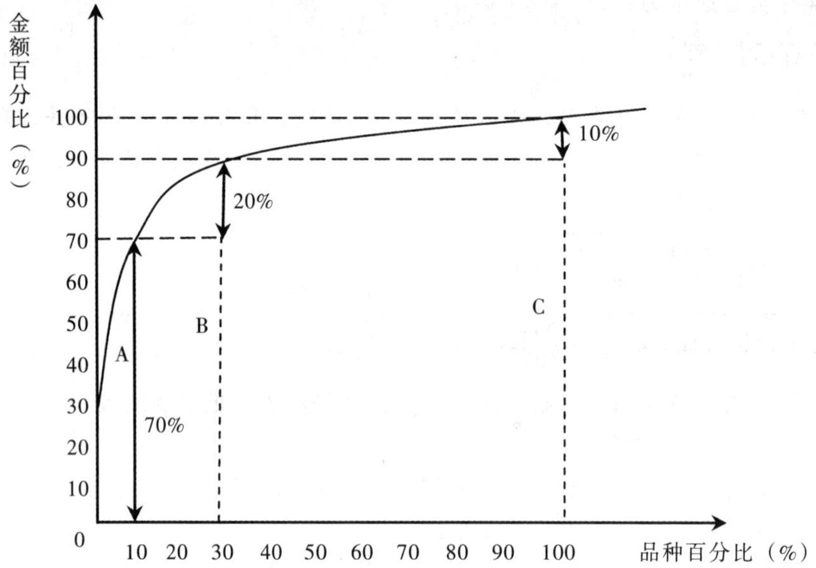

图6-6　ABC分类控制法下存货的分类

A类存货是企业存货资金控制的重点，需严格按照经科学规划确定的经济订货批量、再订货点、保险储备组织订货，并根据情况的变动随时调整。采取永续盘存制度，严格监督检查、经常对比分析库存动态。对在采购、储存、耗用和销售过程中出现的偏差和问题，企业应及时查明原因，迅速纠正和解决。对B类存货，企业原则上也按经济订货批量和再订货点组织订货，采用合理的盘存制度，但可适当放宽安全存量，对库存动态的检查分析，只需定期进行，概括检查即可。对C类存货，企业一般不必进行上述各方面的测算和分析，可以凭经验酌量确定每次的订货量，库存检查可少些。

（三）适时制存货控制系统

在存货资金控制方面，日本企业率先实行了“适时制存货控制系统”（JIT）管理方式。这一成功经验被欧美国家的企业所接受，已经收到明显效果。

适时制存货控制系统的主要内容是：原材料要及时加工成零部件，在产品要及时制成产成品，产成品要及时销售出去。这种即时性技术要求前道工序的生产必须按照后道工序的卡片要求（数量和时间）进行，以保证在产品流转通畅，消除工序间的存货。为使这种即时性生产顺利进行，企业必须建立高质量的控制系统，以实行全面质量管理，其追求的目标是无废品，使废品率尽可能趋近于零，否则就会使生产线瘫痪。由此可见，全面质量管理是适时制存货控制系统的基础。适时制存货控制系统，还要求企业与供应商和客户间建立有效的配合系统。

实行适时制存货控制系统需要具备很多严格条件，如企业内部高度的协调和计划，与供应商、客户之间的紧密合作，重新设计生产过程以降低准备成本和生产期长度，从采购到生产再到销售的过程采用电子数据互换（EDI）技术等。目前，我国一般企业还不能满足这些条件的要求，但是，我国某些具备较好基础条件的企业可以考虑在不同程度上实施这一先进的存货资金控制方法的某些做法和思路，从而逐步将存货管理水平向国际先进水平靠拢，以提高企业竞争力。

在存货资金的日常控制实践中，我国有些企业采用的归口分级控制法、存货动态控制的挂签控制法等也行之有效。

第五节　营运资金管理

一、营运资金的概念和管理要求

（一）营运资金的概念

营运资金有广义和狭义之分，广义的营运资金是指一个企业流动资产的总额；狭义的营运资金又称净营运资金，是指企业的流动资产减去流动负债后的余额：

营运资金=流动资产-流动负债　　（6.5.1式）

因此，营运资金的管理既包括流动资产的管理，又包括流动负债的管理，还包括流动资产和流动负债的配合管理。流动资产和流动负债的管理这两个问题在本书的第三章和本章的第一节已经讲过。这里主要从将流动资产和流动负债联系起来进行管理的角度展开说明。

（二）营运资金的管理要求

1.合理确定营运资金的需要量

当企业产销两旺时，流动资产和流动负债都会相应增加；当企业产销量减少时，流动资产和流动负债也会相应减少。因此，企业财务人员要认真分析企业的生产经营状况，并采用一定的方法准确预测营运资金的需要量，以便合理使用营运资金。

2.科学安排流动资产和流动负债的比例

流动资产、流动负债以及两者之间的关系能较好地反映企业的短期偿债能力状况。因此，在营运资金管理中，企业一定要根据自身的实际情况，合理安排流动资产和流动负债的比例关系，以便既节约使用资金，同时又保证企业有足够的偿债能力。

3.选择合理的筹资组合

选择合理的筹资组合，能使企业的风险和收益维持在最合理的水平，这既是财务管理的重要内容，同时对营运资金的管理也很重要。

4.加速营运资金的周转

企业既要在保证生产经营需要的前提下，节约使用营运资金，又要千方百计地加速营运资金的周转，使有限的资金发挥最大的使用效果。

二、企业筹资组合策略

（一）筹资组合的意义

一个企业投资所需要的资金，可以用短期资金（流动负债）筹集，也可以用长期资金（长期负债和权益资金）筹集。长期资金和短期资金不仅在筹资渠道和筹资方式上存在差异，而且在资金成本和筹资风险（财务风险）上也不尽一致。短期资金的资金成本低，但筹资风险相对较高；长期资金的资金成本高，但筹资风险相对较低。因此，企业进行筹资时应合理选择长短期资金进行搭配。只有这样，才能保证企业的资金成本、筹资风险和收益水平达到最佳。

企业各种资金占用（投资）与各种资金来源（筹资）的搭配形式，称为企业的筹资组合。筹资组合，对营运资金的管理来说，就是如何处理、搭配流动资产与流动负债之间的关系问题。其着眼点是：如何合理安排长期性流动资产和波动性流动资产（又称短期性流动资产）的资金来源。因此，筹资组合也是企业营运资金管理的重要内容之一。

企业要保持良好的财务状况和稳定的收益水平，在确定筹资组合时应遵循的一般原则应该是“长期资金长期用，短期资金短期用”。但事实上，由于不同企业对风险和收益的偏好、企业所处的行业、生命周期阶段和经营规模有所不同，不是每个企业都会遵循上述原则，因此，形成了不同的筹资组合。不同的筹资组合可以影响企业的收益和风险。企业财务管理人员必须认真考虑不同筹资组合带来的不同风险和成本、企业所处的行业、发展阶段、经营规模及稳定性、当时资金市场的利率情况、筹资的难易程度、管理层的风险偏好等因素，从而作出最优的筹资组合决策。

（二）企业筹资组合策略的类型

企业的筹资组合策略，一般可以分为以下三类：

1.适中型筹资组合策略

适中型筹资组合策略，又称正常的筹资组合策略或中庸策略。这是一种对各项流动资产的投资都用期限相近的流动负债来解决的筹资组合。在这种筹资组合策略下，企业波动性流动资产投资所需的资金用短期负债来筹措，长期性流动资产和长期资产投资所需的资金则以权益资本与长期负债来解决（如图6-7所示）。

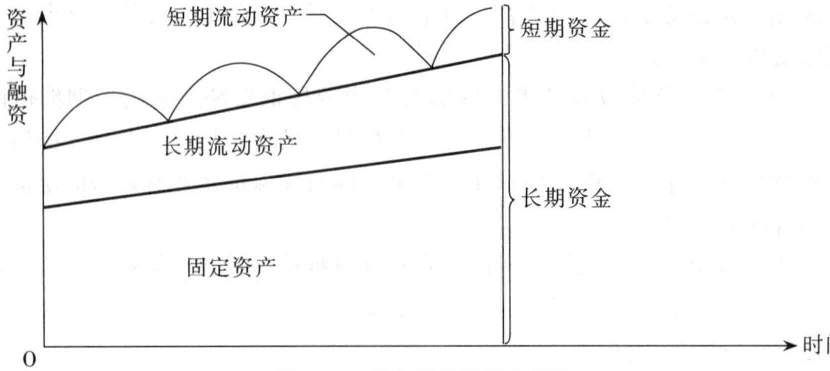

图6-7 适中型筹资组合策略

采用适中型筹资组合，其筹资风险和资金成本都比较适中。各期偿债次数和偿债数额得到适当的控制，对企业财务状况会产生较好的影响。

2.风险型筹资组合策略

在这种筹资组合策略下，不仅波动性流动资产投资采用短期筹资方式融通，而且一部分或全部长期性流动资产投资也用短期筹资方式融通，甚至一部分固定资产投资所需要的资金也用短期筹资解决（如图6-8所示）。这种筹资组合可以降低资金成本，提高企业的收益水平，但企业必然要在短期筹资到期后重新举债或申请展期，这样企业便会经常地举债和还债，从而提高了筹资风险；企业还可能面临由于短期负债利率变动导致资金成本提高的风险。因此，这是一种收益较高、风险也较高的筹资组合策略。喜欢冒险的企业及其财务人员在进行筹资组合搭配时多采用此种策略。

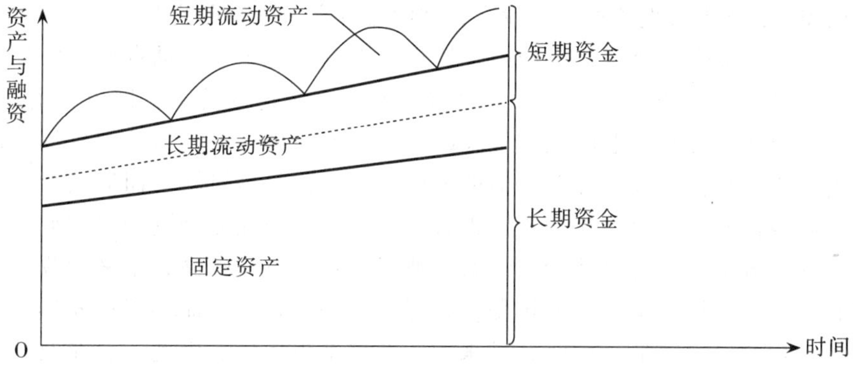

图6-8　风险型筹资组合策略

3.保守型筹资组合策略

保守型筹资组合策略，是指企业短期筹资只融通部分波动性流动资产的资金需求，另一部分波动性流动资产、所有的长期性流动资产以及所有的长期资产投资所需要的资金则完全由长期负债和权益资金作为资金来源（如图6-9所示）。在这种筹资组合策略下，由于短期融资所占比例较低，因此企业无法偿还到期债务的风险较低，同时蒙受短期利率变动损失的风险也较低。然而，因权益资金和长期负债的资金成本都高于短期资金的资金成本，以及经营淡季仍需负担大量的长期负债利息，从而降低了企业的收益水平。因此，这是一种风险和收益均较低的筹资组合策略。较为保守的企业及其财务人员都使用这种筹资组合搭配策略。

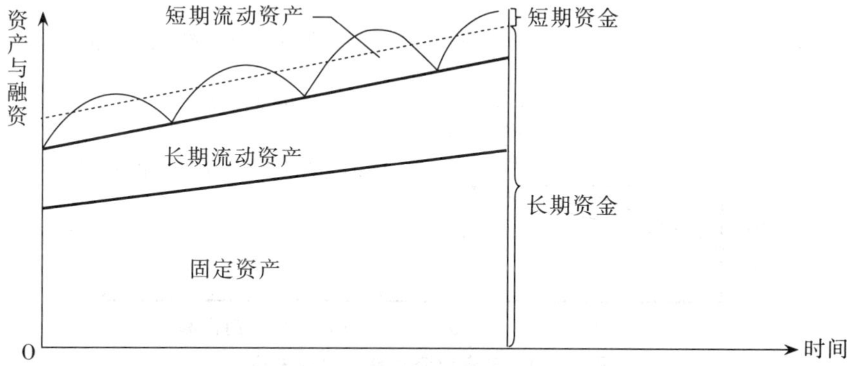

图6-9　保守型筹资组合策略

三、企业流动资产组合策略

从投资角度来看，企业投资形成的资产配置结构也是资金结构的一种形式。它包括企业对内投资和对外投资的配置比例关系、对内投资中的流动资产和非流动资产的配置比例关系、流动资产中的长期性流动资产和波动性流动资产的配置比例关系等。

企业对内投资形成的资产，分成流动资产和非流动资产（包括固定资产、无形资产等）两大部分。企业资产总额中的流动资产和非流动资产各自占有的比例称为企业的资产组合，又称资产结构。不同的资产结构影响甚至决定了企业不同的投资收益和投资风险水平。在一个企业的资产结构中，如果流动资产占用偏多，则风险较低，收益水平也较低；如果长期资产占用偏多，则收益较高，风险也较大。

针对营运资金管理而言，资产组合管理的重点应是企业流动资产中的长期性流动资产和波动性流动资产（短期性流动资产）的配置比例关系，即流动资产组合。不同的流动资产组合对企业收益和风险的影响也不一样。由于保险储备等长期性流动资产的投资周转慢，收益性差，但能够防范停工待料等风险，而波动性流动资产周转快，收益性好，因此在流动资产组合中，如果波动性流动资产安排偏多，保险储备等长期性流动资产安排偏少，那么企业所承担的风险较高，带来的收益水平相对较高；如果波动性流动资产安排偏少，保险储备等长期性流动资产安排偏多，那么企业所承担的风险较低，同时，带来的收益水平也较低。因此，企业及其财务管理人员必须在充分考虑风险与收益、企业所处的行业、发展阶段、企业规模、当时资金市场利率等因素的基础上，研究并确定适合本企业实际的最优资产组合和流动资产组合策略。

企业的流动资产组合策略一般有以下三种：

（一）适中型流动资产组合策略

适中型流动资产组合策略就是在保证正常需要的情况下，再适当地留有一定的保险储备，以防不测。图6-10中的B组合的流动资产投资策略便属于适中型流动资产组合策略。

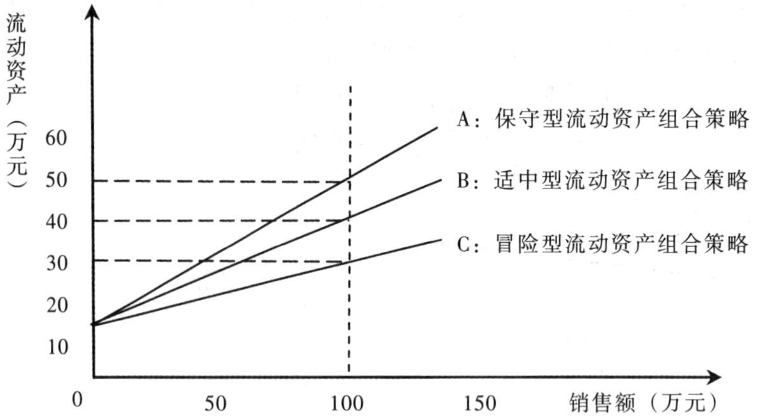

图6-10 某企业流动资产组合策略

如图6-10所示，假设该企业根据以往的生产经营经验数据，流动资产的正常需要量一般占销售额的30%，正常的保险储备量占销售额的10%，那么适中型流动资产组合策略应是流动资产占销售额的40%，当销售额为100万元时，流动资产应为40万元。在适中型流动资产组合策略下，企业的收益水平一般，风险也适中，因此，企业一般情况下采用此种策略。

（二）保守型流动资产组合策略

有的企业在安排流动资产数量时，在生产经营需要量和正常保险储备量的基础上，再加上一部分额外的保险储备量，以便降低企业风险，这便是保守型流动资产组合策略。图6-10中的A组合便是保守型流动资产组合策略。它在适中型流动资产组合策略10万元流动资产保险储备的基础上，又增加了10万元保险储备，因此在保守型流动资产组合策略下，当销售额为100万元时，流动资产是50万元。企业采用保守型流动资产组合策略，其收益水平一般相对较低，风险也较低。不愿冒险、偏好安全的企业都喜欢采用此种策略。

（三）冒险型流动资产组合策略

有的企业在安排流动资产数量时，只安排正常生产经营需要量而不安排或者只安排很少的保险储备量，以便提高企业的投资报酬率，这便是冒险型流动资产组合策略。图6-10中的C组合便是冒险型流动资产组合策略。与适中型流动资产组合策略、保守型流动资产组合策略相比，冒险型流动资产组合策略只投资了生产经营正常需要量的流动资产，而没有留保险储备，因此在保守型流动资产组合策略下，当销售额为100万元时，流动资产只占用了30万元。企业采用冒险型流动资产组合策略，自身承担了较高风险，其预期报酬率也可能较高。敢于冒险、偏好收益的企业一般都采用此种策略。

思政课堂

请大家思考马克思主义哲学中的矛盾对立统一观跟企业筹资组合策略、流动资产组合策略是否有关。

本章小结

企业持有现金的目的是满足交易性、预防性和投机性动机的需要，现金管理的关键在于处理好流动性与收益性之间的关系，以确定最佳的现金持有量，合理安排现金收支，在保证企业正常业务经营及偿还债务和缴纳税款等需要的同时，尽可能地降低企业闲置现金的数量，从而提高资金收益率。确定最佳现金持有量的方法主要有成本分析模式、存货模式、随机模式等。在现金收支的日常管理中，企业应努力加速收款、控制支出，并做好现金的综合监控工作以及闲置现金的投资管理工作。

应收账款管理的基本目标在于：在充分发挥应收账款功能的基础上，降低应收账款投资的成本，努力使提供商业信用、扩大销售所增加的收益大于增加的各项成本，最大限度地提高应收账款投资的效益。信用标准、信用条件和收账政策是信用策略（政策）的主要内容。应收账款的日常管理工作主要包括应收账款追踪分析、应收账款账龄分析、应收账款收现保证率分析和应收账款融资管理。

存货管理的基本目标在于，如何在存货投资的功能与成本之间进行权衡，从而实现两者的最佳组合。存货资金需用量的测定方法主要有周转期计算法、比例计算法和因素分析法。存货资金控制方法主要包括经济批量控制法、ABC分类控制法、适时制存货控制系统等。

营运资金是企业流动资产减去流动负债后的余额。营运资金的管理既包括流动资产的管理，又包括流动负债的管理，还包括流动资产和流动负债的配合问题。企业在选择筹资组合策略时，必须考虑筹资风险、成本、收益要求等约束因素，财务管理实践中主要有适中型、风险型和保守型等三种筹资组合策略。企业资产总额中流动资产和非流动资产各自所占的比例称为企业的资产组合，又称资产结构。不同的资产结构影响甚至决定了企业的投资收益和风险水平。对于营运资金管理而言，资产组合管理的重点应是企业流动资产中长期性流动资产和波动性流动资产（短期性流动资产）的配置比例关系，即流动资产组合。企业的流动资产组合策略，一般有适中型、保守型和冒险型三种。

思考与练习

思考题

1.流动资产有什么特点？

2.现金管理的目标和内容是什么？

3.简述确定最佳现金持有量的模型。

4.简述应收账款投资的目的和成本。

5.什么是信用政策？具体包括哪些内容？

6.从存货资金管理的角度分析，存货成本包括哪些内容？

7.企业存货资金的控制方法有哪些？

8.企业如何确定存货最佳订货批量？

9.企业筹资组合策略有哪几种？各有何特点？

计算分析题

1.A公司规定在任何条件下其现金余额不能低于5 000元，现已知现金返回线的数值为6 250元。

要求：计算A公司现金持有量的控制上限应为多少元。

2.B企业目前的信用政策为“n/30”，赊销额为3 000万元，现计划将信用政策改为“n/60”，预计赊销额将增加到6 000万元，若该企业的变动成本率为70%，有价证券的投资报酬率为10%。

要求：计算B企业维持赊销业务所需的资金有何变化。

3.C企业目前年销售量为10万件，单价为10元/件，变动成本率为80%，资金成本为16%。目前的信用政策为“n/25”、无现金折扣。由于部分客户经常拖欠货款，平均收现期为30天，坏账损失比率为1%。因此，该公司现拟改变信用政策，将信用条件改为“n/40”，预期影响如下：销售量增加1万件；增加部分的坏账损失比率为4%；全部销售收入的平均收现期为45天。

要求：请确定C企业改变信用政策是否可行。

4.D公司原信用条件为30天付款，无现金折扣。现拟将信用期限放宽到60天，仍无现金折扣。该公司要求的最低投资报酬率为15%。有关数据见表6-5：

表6-5 **有关数据** 金额单位：元

项目 \ 信用期	30天	60天
销售量（件）	50 000	60 000
销售额	250 000	300 000
销售成本 变动成本 固定成本	 200 000 25 000	 240 000 25 000
销售利润		
估计发生的收账费用	1 500	2 000
估计发生的坏账损失	2 500	4 500
平均收账期（天）	40	80

要求：请计算确定D公司是否应该放宽信用期限。

5.E企业生产的A、B两种产品需要共同耗用甲材料，预计计划年A产品产量1 500件，消耗定额为25千克/件，B产品产量500件，消耗定额为40千克/件，甲材料的计划单价为120元/千克。预计甲材料在途天数4天，供应周期40天，供应间隔系数70%，整理准备天数3天，保险天数6天。

要求：试测定计划年甲材料的资金需用量。

6.已知F公司某种存货年需求数量为30 000千克，买价为每千克100元，存货储存成本是买价的3%，订货成本为每次60元，F公司希望的安全储备量为500千克。订货数量只能按100的倍数（四舍五入）确定。订货至到货的时间为10天。

要求：(1) F公司的最佳经济订货批量为多少？(2) F公司的存货水平为多少时应补充订货？(3) F公司的存货平均占用多少资金？

第七章

证券投资管理

学习要求： 本章主要讲述在企业对外投资过程中有关证券投资的管理问题。通过本章的学习，要求了解证券的含义和种类，了解证券投资对象的选择，了解有效市场假说和套利定价理论；熟悉各类证券投资工具与品种的收益和风险情况，熟悉证券投资组合的策略和方法；掌握证券投资的特点和目的；掌握证券投资的风险类型，掌握运用资本资产定价模型测算单个证券投资和证券投资组合的必要风险报酬率和必要报酬率的方法，掌握证券投资价值的估价以及决策的基本规则。

案例导入

福迪公司的新项目投产后，项目生产经营情况良好，给公司带来了可观的效益，再加上公司原有业务的生产经营在公司上下的努力下，也是产销两旺，整个公司的生产经营进入良性循环，资金周转顺畅，现金流充足。近几年来，我国多层次资本市场发展迅速，债券市场、期货市场、保险市场、理财市场和股票市场纷纷推出新产品，上市公司的数量增长得很快，股票市场不但有针对大型蓝筹公司上市的主板市场，而且有针对中型稳定发展公司上市的中小企业板市场（2021年4月并入深交所主板），还有针对科技成长型公司上市的创业板市场；2012年7月推出针对创新、创业、成长型中小微公司的“新三板”（全国股份转让系统）；2019年7月又创启了针对尚未进入成熟期但具有成长潜力的科技型、创新型中小企业上市的科创板；2021年9月宣布成立北交所帮助更多“专精特新”中小企业上市开拓融资渠道，每个省几乎都成立了区域性股权交易中心并在一些发达地级市设立了分中心，普通企业也可以交易股权和发债，另外还有众筹等新的筹资投资渠道不断涌现。不少企业因而纷纷利用部分资金投资于这些资金市场，收获不一而足。看到这样的形势，同时考虑到公司发展和营利的需要，再加上公司现金流丰裕，福迪公司财务总监张小姐提出，准备进行一些证券投资，经本公司和福启集团公司高管层批准同意后，张小姐组建了一个团队，开始运作这件风险高、收益也可能高的事了。

在市场经济条件下，企业除了将资金投在企业内部，用于形成生产经营用的各种资产外，还会经常用现金、实物资产和无形资产等可供支配使用的资源，通过购买证券（股票、债券、期货、基金等）、并购、联营、合作等方式向其他单位投资，从事对外投资活动。对外直接投资主要通过测算投资项目的净现值等指标进行财务可行性分析和决策评价，与第五章讲的企业内部长期项目投资的决策评价原理基本相似，如公司并购中对目标企业的价值评估主要采用现金流量折现法。企业对外投资除通过合资经营、合作经营、并购控股等方式进行直接投资外，主要是从事对外证券投资，如利用暂时闲置的资金去从事对外短期证券投资以获取一定收益，为了控制和影响对方企业的经营为本企业服务、实施多元化经营以分散风险或者为未来实施某个项目而积累大笔资金而去从事对外长期证券投资等。随着企业产品市场竞争的加剧、社会信用的发达和多层次资本市场体系的完善，证券投资对企业而言越来越重要。

第一节 证券投资概述

一、证券的含义、特征和种类

（一）证券的含义和特征

证券是商品经济和社会化大生产发展的产物，其含义非常广泛。从法律意义上说，证券是对各类记载并代表一定权利的法律凭据（包括凭证、票据、合约等）的统称，用以证明持券人有权依其所持证券记载的内容而取得应有的权益。从一般意义上说，证券是用以证明或设定权利所做成的书面凭证，它表明证券持有人或第三者有权取得该证券拥有的特定权益，但该控制权不是直接控制权，而是间接控制权。作为企业投资对象的证券，主要是根据一国有关法律法规发行的，代表财产所有权或者债权的信用凭证或金融工具，即有价证券。

作为证券，必须具备两个最基本的特征：一是法律特征。它反映的是某种法律行为的结果，本身必须具有合法性，同时它所包含的特定内容具有法律效力。二是书面特征。其必须采取书面形式或与书面形式有同等效力的形式，并且必须按照特定的格式进行书写或制作，载明有关法律法规规定的全部必要事项。当然，随着电子技术和信息网络的发展，现代社会的证券已基本实现“无纸化”，证券投资者已几乎不再拥有任何实物券形态的证券，其所持有的证券数量或证券权利均相应地记载于投资者账户中，即“与书面形式有同等效力”。

（二）证券的种类

1.按证券的性质不同，证券可分为凭证证券和有价证券

（1）凭证证券。

凭证证券又称无价证券，是指本身不能使持券人或第三者取得一定收入的证券。它又可以分为两类：一类是证据书面凭证，如借据、收据、票证等；另一类是某种私权的合法占有者的书面凭证，即占有权证券，如土地所有权证、购物券、供应证等。

（2）有价证券。

有价证券是指标有票面金额，证明持券人有权按期取得一定收入并可自由转让和买卖的所有权或债权凭证。有价证券有广义和狭义之分。狭义有价证券仅指资本证券；广义有价证券则包括商品证券、货币证券和资本证券三类。商品证券是指证明持券人有商品所有权或使用权的凭证，如提货单、运货单等。货币证券是指本身能使持券人或第三者取得货币索取权的有价证券。货币证券主要包括两类：一是商业证券，如商业汇票、商业本票；二是银行证券，如银行汇票、银行本票、支票。资本证券是指由证券投资或与证券投资有直接联系的活动而产生的证券。持券人对发行人有一定的收入请求权。它包括股票、债券及其衍生品种（如基金证券、可转换证券等）。

资本证券是有价证券的主要形式，狭义的有价证券即指资本证券。在日常生活中，人们通常把资本证券直接称为有价证券乃至证券。企业证券投资的对象主要就是资本证券。

2.按证券的发行主体不同，证券可分为政府证券、金融证券和公司证券

政府证券、金融证券和公司证券分别是政府、商业银行等金融机构和工商企业为筹集资金而发行的证券。政府证券由中央或地方政府发行。中央政府证券，又称国家证券，如国库券、国家重点建设债券、特种国债等；地方政府证券，又称地方证券，如地方政府为修建地方公共基础设施、建设地方大型工程项目而发行的债券等。政府证券的投资风险较低，金融证券的投资风险次之，公司证券（又称企业证券）的投资风险则视企业的规模、发展前景、财务状况和盈利能力及其他情况而定。除此之外，还有外国公司或外国政府发行的国际证券。国际证券除了一般的违约风险外，还存在汇率风险。

3.按证券所体现的权益关系不同，证券可分为所有权证券和债权证券

所有权证券，如股票，其持有人是证券发行单位的所有者（股东）；债权证券，

如公司债券，其持有人是证券发行单位的债权人。投资所有权证券的风险一般高于投资债权证券的风险。

4.按证券收益的决定因素不同，证券可分为原生证券和衍生证券

原生证券是指其收益的大小主要取决于发行者的财务状况和经营、盈利能力的证券，如债券、股票等；衍生证券是从原生证券演化而来的，其收益取决于原生证券的价格。衍生证券包括期货合约和期权合约两种基本类型。随着资金市场的不断完善和资产证券化的不断发展，衍生证券将成为投资工具中的不可或缺的一部分。它既能为投资者的资产提供套期保值服务，又能用于从事高风险的投机活动。

5.按证券的收益稳定状况不同，证券可分为固定收益证券和变动收益证券

固定收益证券的票面上规定有固定收益率，如债券、优先股股票等；变动收益证券的票面上不标明固定收益率，其收益情况随发行者的经营状况和其他情况变动而变动，如普通股票。一般来说，固定收益证券的投资风险较低，收益稳定而不高；而变动收益证券的投资风险较高，收益较高但不确定。但针对其中的购买力风险而言，变动收益证券要低于固定收益证券。

另外，证券按到期日的长短不同可分为短期证券和长期证券；按是否在证券交易所挂牌交易，可分为上市证券和非上市证券；按募集方式不同，可分为公募证券（公开发行证券）和私募证券（不公开发行证券或内部发行证券）。

证券市场上的证券有很多，其中可供企业投资的证券主要有国库券等国债，可转让存单、企业股票、公司发行的长期债券和短期融资券等企业债券，以及证券投资基金、期货、期权等衍生证券等。

二、证券投资的特点和目的

证券投资是投资者将资金投资于股票、债券、基金及衍生证券等资产，从而获取收益的一种间接投资行为。对企业来说，它是对外投资的重要组成部分。企业科学地进行证券投资，可以充分利用资金，增加收益，降低风险，从而实现财务目标。

（一）证券投资的特点

1.流动性强

证券一般有着活跃的交易市场，与实物资产相比其转让过程快捷、简便得多，变现容易，交易成本较低，因此证券资产的流动性明显高于实物资产。

2.价值不稳定

证券资产是一种虚拟资产，相对于实物资产来说，证券资产虽然不能完全脱离实物资产而独立存在，但毕竟由于没有对应的具体实物做保证，其价值不是完全由实体资本的现实生产经营活动决定的，而是取决于契约性权利所能带来的未来现金流量，是一种未来现金流量折现的资本化价值，受政治、经济等宏观环境因素以及各种人为的企业经营和财务风险因素的影响较大，因而其价值、价格、收益等均不稳定，投资风险高，因此证券投资者要通过准确的投资分析、科学的投资决策、合理的投资组合等办法，最大限度地防范并降低风险，从而取得理想的收益。

3.相对独立性

实体项目投资的经营资产一般具有整体性要求，如购建新的生产经营能力，往往

是厂房、设备、配套流动资产的结合；而证券投资不一定要与其他投资相配套，可以相对独立地投资并产生收益，从而形成独立的现金流量，而且证券可分割为一个个最小的投资单位，如一股股票、一份债券、一个单位基金，这就决定了证券资产投资的现金流量比较单一，往往由原始投资、未来收益或资本利得、本金回收所构成。

（二）证券投资的目的

短期证券投资与长期证券投资的区别不仅在于投资期限的不同，而且在于投资目的的不同。

1.短期证券投资的目的

短期证券投资的根本目的是将其作为现金的替代品。企业在生产经营过程中、筹集的长期资金没有用完前、季节性经营业务淡季时都会出现暂时闲置的现金，这些现金的闲置是一种浪费。因此企业可以利用这些暂时闲置的现金进行短期证券投资，以获取一定的收益。当需要现金时，企业可以随时出售证券以换回现金。短期证券投资既能满足企业对现金的需要，又能在一定程度上增加企业的收益，但必须注意流动性第一，收益性第二。当然，在极少数情况下，有的企业进行短期证券投资是出于投机的目的。

2.长期证券投资的目的

长期证券投资的目的主要有三项：

（1）稳定供销关系，保障生产经营。出于稳定材料供应或销售市场等长远利益的考虑，企业利用长期证券投资去控制和影响业务关系链上的供销企业的生产经营为本企业服务，从而保障企业自身生产经营的顺利进行。

（2）分散资金投向，降低投资风险。企业通过购买股票进行股权投资，实施多元化经营以分散风险。对外证券投资不受地域和经营范围的限制，投资选择面广，资金收回和退出也较容易，是多元化投资的主要方式。

（3）获得较高收益，积累大笔资金。有时候企业计划或预测未来需要实施某个长期投资项目或偿还重要到期债务，这样通过长期证券投资获得的较高投资收益，可以积累大笔资金，从而实现上述目的。

三、证券投资对象的选择

企业可投资的证券种类有很多，但就某个具体企业而言，不可能什么有价证券都买，因此要根据自己的偏好、企业的实际情况和投资的不同目的，在投资风险和投资收益不同的证券或证券组合中进行选择。

企业在实施证券投资之前，要做好一系列投资准备工作。具体包括：

（1）筹集证券投资的资金。

（2）充分认识并准备承担证券投资风险。

（3）做好证券市场的调查研究。

（4）证券投资分析，即企业以有价证券作为投资对象，对投资的有关问题进行可行性研究，包括投资环境分析、投资对象分析和投资时机分析等。

（5）作出证券投资决策，包括用于证券投资的资金数额、选择合适的投资对象（投资于何种证券或证券组合，投资于哪家或哪些公司的证券，以何种价格进行投资）和投资方式、选定有关证券交易所和证券商等。

选择合适的投资对象是企业证券投资最关键的一步，它关系到投资的成败。投资对象选择得好，可以更好地实现投资的目标；投资对象选择得不好，就有可能使投资者蒙受损失。因此证券投资者不但事先要进行认真细致的分析研究（包括对宏观经济运行态势、行业发展状况、投资对象公司的基本情况等进行基本面分析，并运用K线图法、技术指标法、趋势线法、形态法、波浪法等数学和逻辑方法对证券市场行为进行技术面分析），而且要结合自己的投资目的进行分析。

一般来说，短期证券投资应特别重视投资的安全性和流动性，以便能够随时变现，安全回收资金，因此短期证券投资可选择信用等级较高、流动性较强的债券；长期证券投资则应更侧重投资的安全性和收益性，因此，大多选择股票投资，例如，为了获取较高的投资收益以积累大笔资金，企业应选择投资成长性股票，以求获得更大的投资回报；为了控制或影响被投资企业的经营，企业只能选择投资该被投资企业的股票。

四、证券投资的基本类型

（一）债券投资

1.债券投资的目的

债券是政府、金融机构或企业为了筹措资金而按法定程序发行的约定在一定期限还本付息的有价证券。债券规定了三个要素：债券面值、票面利率和到期日。

债券投资按投资时间的长短可分为短期债券投资和长期债券投资两类。短期债券投资是指在1年以内到期或准备在1年以内变现的投资；长期债券投资是指1年以上才能到期且不准备在1年以内变现的投资。

企业进行短期债券投资的目的是合理利用暂时的闲置资金，以调节现金余额，获得收益。当现金余额太多时，便投资于债券，使现金余额降低；当现金余额太少时，则出售原来投资的债券，收回现金。企业进行长期债券投资的目的是获得稳定的收益。

2.债券投资的收益

债券投资的收益包含两方面内容：一是债券的利息收入，这是债券发行时就确定的；二是资本利得收益，是指债券买入价与卖出价或偿还额之间的差额。当卖出价高于买入价时为资本利得；反之，为资本损失。按计算时是否考虑资金时间价值，衡量债券投资收益水平的指标分为债券静态收益率和到期收益率。

（1）静态收益率即在一定时期内所得收益与投入本金（买入价）的比率，包括本期收益率和持有期收益率两个指标：

$$\text{本期收益率}=\frac{\text{债券年利息}}{\text{债券买入价}}\times 100\% \qquad (7.1.1\text{式})$$

$$\text{持有期收益率}=\frac{\text{债券持有期间的利息收入}+(\text{债券卖出价}-\text{债券买入价})}{\text{债券买入价}}\times 100\% \qquad (7.1.2\text{式})$$

持有期年均收益率=持有期收益率÷持有年限

持有年限=实际持有天数÷360

（2）到期收益率是指以特定价格购买债券并持有至到期日或转让日所能获得的年

报酬率，是债券投资可望实现的预期报酬率（即内含报酬率或实际利率）。它是使未来现金流量现值等于债券购入价格（即净现值为0）的折现率。

【例7-1】福定公司于2×16年2月1日平价购入一张面值为1 000元的债券，其票面利率为8%，于每年2月1日计算并支付一次利息，并于5年后的1月31日到期。福定公司将持有该债券至到期日。那么其预期报酬率R为：

1 000=80×（P/A，R，5）+1 000（P/F，R，5）

80×（P/A，R，5）+1 000（P/F，R，5）-1 000=0

采用逐次测试逼近法，再根据比例原理用内插法（插值法）计算出R，即该债券的到期收益率。

用R=8%试算：

80×（P/A，8%，5）+1 000×（P/F，8%，5）

=80×3.993+1 000×0.681

=1 000（元）

经计算，R=8%，即8%就是该债券的到期收益率，即预期报酬率。

可见，平价购买的每年等额付息一次的债券的到期收益率等于票面利率。

同样经计算可以证实，如果溢价购入每年等额付息一次的债券，到期收益率将小于票面利率，折价购入每年等额付息一次的债券，到期收益率将大于票面利率。

如果企业投资的是以其他形式发行的债券，如利随本清（所有利息到期随本金一起一次支付）的债券、折现发行（利息在购买时一次性扣除）的债券、分期付息但不是1年付息一次的债券等，同样可以计算其到期收益率。持有未至到期日而能预测转让日的债券，也一样可以计算到期收益率（即到转让日的收益率）。

当债券的到期收益率高于或等于债券投资者要求的投资报酬率（一般要求达到债券的市场利率）时，该债券可以投资；当债券的到期收益率低于债券投资者要求的投资报酬率（市场利率）时，该债券则不能投资。

3.债券投资的优缺点

与股票投资比较，债券投资的风险较低、收益较低。

（1）债券投资的优点。

第一，本金安全性高。与股票投资比较，债券投资的风险较低。政府债券有国家财力作后盾，通常被视为无风险证券。企业债券的持有人拥有优先于股东的求偿权，其本金损失的可能性较小。

第二，收入稳定性强。债券的利率一般固定，能带来稳定的利息收入。其买卖差价也比股票小得多，由此形成的资本损益也不会大起大落。

第三，市场流动性好。政府及大公司发行的债券一般都可以在资金市场上迅速出售，流动性好。

（2）债券投资的缺点。

第一，购买力风险较高。债券一般是固定收益证券，其本金和利息收入的购买力容易受到通货膨胀的侵蚀，因此，其购买力风险比普通股等变动收益证券的购买力风险要高。

第二，没有经营管理权。债券持有者是债券发行单位的债权人，因此，其无权参与债券发行单位的经营管理，从而无法对债券发行单位施加影响和控制。

第三，投资收益较低。与股票投资相比，债券投资的投资收益较低。

（二）股票投资

1.股票投资的目的

股票投资主要分为两种：普通股投资和优先股投资。普通股投资的股利收入不稳定，优先股投资一般可以获得稳定的股利收入。普通股股票的价格与优先股、债券的价格相比波动要大，也就是说，与债券投资、优先股投资相比，普通股投资的风险高，同时，普通股投资的收益也可能要高。

企业进行股票投资的目的主要有两种：一是获利，即作为一般证券投资获取股利收入及股票买卖差价（资本损益）；二是控股，即通过购买某一公司的大量股票以达到控制和影响该公司生产经营的目的。在第一种情况下，企业不应将大量资金投资于某一公司的股票，否则风险太高；在第二种情况下，企业必须集中资金投资于被控制、被影响的公司的股票，以便能够长期控制和影响对方公司的经营。

2.股票投资的收益

股票投资的收益由股利和转让价差（资本损益）两部分组成。它主要取决于被投资公司的经营业绩、股利政策和股票市场的价格变化，但与投资者的投资经验和技巧也有一定关系。衡量股票投资收益水平的指标为股票收益率，按是否考虑资金时间价值，可以分为静态收益率和预期报酬率。

（1）静态收益率，是指在一定时期内所得投资收益（股利、转让价差）与本期股票价格的比率。本期股票价格是指在证券市场上该股票的市价。静态收益率包括本期收益率和持有期收益率等指标：

$$本期收益率=\frac{年现金股利}{本期股票价格}\times100\% \quad （7.1.3式）$$

$$持有期收益率=\frac{持有期间分得的现金股利+\left(股票出售价-股票买入价\right)}{股票买入价}\times100\% \quad （7.1.4式）$$

持有期年均收益率=持有期收益率÷持有年限

（2）预期报酬率，是指使股票未来现金流量折现值等于目前购买价格时的折现率，即净现值等于0时的折现率，也就是股票投资项目的内含报酬率（即可望获得的实际利率）。当股票的预期报酬率等于或高于投资者要求的投资报酬率时，投资者才可以投资，否则投资者不会投资。

假设投资者不打算长期持有股票，若干年后要将股票转让出去，则股票的预期报酬率为：

$$NPV=\sum_{t=1}^{n}\frac{D_t}{(1+K)^t}+\frac{P_t}{(1+K)^n}-P_0=0 \quad （7.1.5式）$$

式中：D_t为每年的股利；

P_t为股票转让价格；

P_0为股票购买价格；

K为股票投资的预期报酬率。

【例7-2】 福元公司于2×21年7月1日投资510万元用于购买某公司股票100万股，预计在2×22年、2×23年和2×24年的6月30日每股各可以分得现金股利0.5元、

0.6元和0.8元。该公司预计于2×24年的7月2日以每股6元的价格将股票全部售出，试计算该股票投资的预期报酬率（内含报酬率）。

根据内含报酬率计算的原理，使投资项目净现值等于0的折现率就是其内含报酬率。

$$510=\frac{0.5\times 100}{1+K}+\frac{0.6\times 100}{(1+K)^2}+\frac{0.8\times 100}{(1+K)^3}+\frac{6\times 100}{(1+K)^3}$$

采用逐次测试法测算净现值，见表7-1：

表7-1 测试表

年份	现金流量（万元）	测试16%		测试18%		测试20%	
		系数	现值	系数	现值	系数	现值
2×22年	50	0.8621	43.11	0.8475	42.38	0.8333	41.67
2×23年	60	0.7432	44.59	0.7182	43.09	0.6944	41.66
2×24年	680	0.6407	435.68	0.6086	413.85	0.5787	393.52
合计	—	—	523.38	—	499.32	—	476.85
净现值			13.38		-10.68		-33.15

由表7-1可知，K介于16%～18%之间，再采用内插法计算如下：

K=16%　　NPV=13.38

K=?　　NPV=0

K=18%　　NPV=-10.68

$$K=16\%+\frac{13.38-0}{13.38-(-10.68)}\times(18\%-16\%)=17.11\%$$

即该股票投资的预期报酬率为17.11%。

假设投资者打算长期持有股票，并且股利存在一个固定增长率，则该股票的预期报酬率为：

$$K=\frac{D_1}{P_0}+g$$

式中：D_1为预计投资后第一年收到的股利；

P_0为股票购买价格；

g为股利固定增长率；

K为股票投资的预期报酬率。

假设投资者投资的是优先股，且股利是固定不变的，则该股票的预期报酬率为：

$$K=\frac{D}{P_0}$$

式中：D为每年的股利；

P_0为股票购买价格；

K为股票投资的预期报酬率。

3.股票投资的优缺点

与债券投资相比，股票投资的风险要高，收益也可能要高。

（1）股票投资的优点。

第一，可能获得较高的投资收益。虽然股利和股票买卖差价等投资收益都不稳定，但投资股票能够期望获得比投资债券更高的投资收益。

第二，能适当降低购买力风险。与固定收益证券相比，普通股作为变动收益证券，其收益能随通货膨胀或紧缩的变动而变动，因此能有效地降低证券投资的购买力风险。

第三，拥有经营管理权。股票投资者作为被投资企业的所有者，依法对被投资企业享有资本收益权、重大经营管理决策权和选择管理者的权利。

（2）股票投资的缺点。

股票投资的主要缺点是投资风险高。其原因有三个方面：一是股东对被投资企业的资产和净利的求偿权均居于后列；二是股票的价格除了受制于被投资企业的经营和财务状况之外，还受经济、政治、社会甚至人为诸多因素的影响，始终处于不断变化的状态中，大起大落的现象也时有发生，股票价格不稳定带来资本利得收益的不稳定；三是普通股东的股利收入很不确定。因此，股票投资的风险高于债券等固定收益证券投资的风险。

（三）基金投资

1.投资基金的含义和特征

投资基金，是一种组合投资、专业管理、利益共享、风险共担的集合投资方式，即通过发行基金份额或基金受益凭证等有价证券聚集众多的不确定投资者的出资，交由专业投资机构经营运作，以规避投资风险并谋取投资收益的证券投资工具。

基金作为国际上一种通行的组合投资方式，已有100多年的历史，成为广大投资者特别是中小投资者优选的投资。我国基金业虽然起步较晚，但因适应了国际金融制度创新的大潮流，发展很快，形式丰富。

基金最突出的特点是集中资金进行分散投资，即聚集零散资金，通过专业化运作，组合投资，分散风险，为投资者获取最大收益。投资基金由基金的发起人设计和组织，通过向社会发行基金受益凭证或基金份额，将社会上众多投资者的零散资金聚集成一定规模的数额，设立基金，并交由专业公司投资运作。基金的份额用“基金单位”表示，它是确定投资者在某一投资基金中所持份额的尺度。一个基金投资单位与股份公司一股的含义基本相同。投资基金应当进行组合投资，即其投资运作应当按照资产组合的方式进行。针对证券投资基金，《中华人民共和国证券投资基金法》限定了其投资方向，即证券投资基金资产只能投资于上市交易的股票与债券，以及国务院证券监督管理机构规定的其他证券品种。

2.投资基金的分类

（1）按存续期间投资者是否可以追加申购或赎回，基金可分为封闭式基金、开放式基金等。

① 封闭式基金，是指基金的发起人在设立基金时，限定了基金单位的发行总额，筹集到这个总额后，或筹集到不超过这个总额的一定数额后，基金就宣告成立，并进行封闭，封闭期一般为10～15年，在基金合同期限内不再接受新的投资，投资者不

能追加或赎回。基金单位的流通采取在证券交易所上市的办法，通过二级市场进行竞价交易。

② 开放式基金，是指基金的发起人在设立基金时，基金单位的总数是不固定的，可视经营策略和发展需要追加发行或赎回，因此，基金规模随着投资者的申购和赎回不断变化。

封闭式基金和开放式基金的比较见表7–2。

表7–2 封闭式基金与开放式基金的比较

项目	封闭式基金	开放式基金
存续期限	有固定的封闭期	没有固定期限，投资者可随时购买和赎回
发行规模	在招募说明书中列明其规模	没有发行规模上限（但有最低规模限制）
交易方式	证券交易所交易（方便）	要向基金管理人或代理机构申购或赎回（麻烦）
交易价格	受市场供求关系影响	取决于每一个基金单位的资产净值大小
基金资产的投资策略	可用于长期投资。基金资产的投资组合能在有效的预定计划期内进行	必须在投资组合中保留部分现金和高流动性金融商品以保持其流动性，不能全部用来投资，更不能把全部资产用于长线投资
费用	买卖佣金，不超过成交金额的0.25%	申购费：不超过申购金额的5% 赎回费：不超过赎回金额的3%

（2）按投资对象的不同，基金可分为股票基金、债券基金、货币基金、期货基金、期权基金、认股权证基金、专门基金等。

① 股票基金，是指投资于股票的投资基金，是在所有基金品种中最为流行的一种类型，通常以普通股和优先股为投资对象，其风险程度较个人投资股票市场要小得多，且具有较强的变现性和流动性，股票基金是一种较受欢迎的基金类型。

② 债券基金，以政府债券、市政公债、企业债券为主要投资对象，因而风险和收益水平较股票基金低，适合于稳健型投资者。

③ 货币基金，其投资对象集中在货币市场，包括期限在1年以内的存款、国库券、政府公债、企业债券、银行承兑票据及商业票据等。这类基金的投资风险低，投资成本低，安全性和流动性较高，在整个基金市场上属于低风险的基金。

④ 期货基金，是指投资于期货市场以获取较高投资回报的基金。期货基金的投资风险较高。

⑤ 期权基金，是指以期权为主要投资对象的基金。

⑥ 认股权证基金，是指以认股权证为主要投资对象的基金。认股权证基金的投资风险较高。

⑦ 专门基金，由股票基金发展演化而来，属于次级股票基金，包括对冲基金、黄金基金、资源和大宗商品基金、科技基金、房地产基金、艺术品基金、风险投资基金（包括创业投资基金）、实业投资基金（包括私募股权基金）等，投资风险较高，收益易受市场行情影响。

（3）按投资目标的不同，基金可分为成长型基金、收入型基金、平衡型基金。

① 成长型基金，追求资产的长期增值目标，通常投资于有发展前景的公司股票。

② 收入型基金，追求为投资者带来高水平的当期收入，其投资对象主要是能带来稳定收入的有价证券，如绩优股、优先股、债券等。

③ 平衡型基金，既追求长期增值，又追求当期收入，因而其投资策略常常是分散投资于股票和债券。

（4）按组织形态不同，基金可分为契约型基金、公司型基金。

① 契约型基金，又称信托制基金，是指把受益人（基金份额的持有人、投资者）、管理人、托管人三者作为基金的当事人，通过信托契约来规范三方当事人的行为，并依据契约运营的基金。契约型基金的资金是信托财产。基金管理人负责基金的管理运作，包括负责设计基金品种，制订基金投资计划，确定基金的投资目标和投资策略，以基金的名义购买证券资产，向基金托管人发出投资操作指令；基金托管人作为基金资产的名义持有人，负责基金资产的存储、保管和处置，处理基金投资的资金拨付、证券交割和过户、利润分配及本金偿付等事项，并对基金管理人的运作实行监督；受益人（投资者）没有管理基金资产的权力。

② 公司型基金，是指基金公司依据其公司章程运营基金。它按照《中华人民共和国公司法》以公司形态组成，依法注册为法人，组织结构与一般的股份公司类似，设有董事会和持有人大会，委托专业的基金管理公司来经营与管理，投资者则是这家基金公司的股东，以股息或红利形式取得收益并承担风险，并通过持有人大会和董事会行使管理公司的权利。

（5）按资金募集方式不同，基金可分为公募基金和私募基金。

公募基金是指向不特定投资者公开发行基金受益凭证从而募集资金的基金，公募基金一般在法律和监管部门的严格监管下，有着信息披露、利润分配、投资限制等行业规范。私募基金是指私下或直接向特定投资者募集的资金，私募基金只能向少数特定投资者采用非公开的方式募集，对投资者的投资能力有一定的要求，同时在信息披露、投资限制等方面监管要求较低，方式较为灵活。

3. 基金投资的收益

投资者进行基金投资的收益用基金收益率指标反映。它通过基金净资产的价值变化来衡量。基金净资产价值总额=基金资产总值-基金负债总值。基金负债，包括以基金名义对外融资借款及利息以及应付给投资者的分红、应付的各种基金运作费用等。基金净资产的价值以市价计量。

$$\text{基金收益率}=\frac{\text{年末持有份数}\times\text{基金单位净值年末数}-\text{年初持有份数}\times\text{基金单位净值年初数}}{\text{年初持有份数}\times\text{基金单位净值年初数}}$$

如果投资者年末和年初基金单位的持有份数相同，那么基金收益率就简化为基金单位净值在本年内的变化幅度。年初的基金单位净值相当于购买基金的本金投资，所以基金收益率也就是投资者投资基金获得的静态投资报酬率。当然也可以与其他证券的投资一样，计算考虑资金时间价值的预期报酬率（内含报酬率）。

4.基金投资的优缺点

（1）基金投资的优点。

基金投资的最大优点是能够在不承担太大风险的情况下获得较高、较稳定的收益。原因在于投资基金具有专家理财优势和资金规模优势，能够也可以进行科学而充分的投资组合，从而降低风险，提高收益。基金投资的风险低于股票投资的风险但高于债券投资的风险。

（2）基金投资的缺点。

以股债结合型证券投资基金为例，基金投资可能无法取得很高的收益，其收益一般小于股票投资的收益，而大于债券投资的收益。因为投资基金在组合投资的过程中，降低了风险，同时，也失去了获得高收益的机会。在大盘整体大幅度下跌的情况下，投资者进行基金投资也可能会损失较多，同时，也可能承担较高的风险。

（四）衍生金融资产投资

衍生金融资产，又称衍生证券。它们的价格取决于或者衍生于其他证券的价格。期货合约和期权合约都是衍生证券，认股权证、优先认股权和可转换债券等是具有期权特征的证券。

1.金融期货投资

金融期货是指买卖双方在有组织的交易所内，以公开竞价的方式达成协议，约定在未来某一特定的时间交割标准数量特定金融工具的交易方式，一般包括利率期货、外汇期货、股票期货、股指期货等。投资金融期货的目的一般是规避风险、追求较高的投资回报。因此，金融期货投资采用的投资策略包括套期保值策略和套利策略等。套期保值策略又包括买入保值、卖出保值和交叉保值。套利策略一般包括跨期套利、跨品套利、跨市套利。

2.期权投资

期权又称选择权，是期货合约买卖选择权的简称，是指一种能在未来某特定时间以特定价格买入或卖出一定数量的某种特定商品的权利。按所赋予的权利不同，期权主要分为看涨期权（认购期权）和看跌期权（认售期权）两种类型。

当投资者预期期权标的物的价格将上升时，购买看涨期权可以获得在期权合约有效期内根据合约所确定的履约价格买进一种特定商品或资产的权利；当投资者预期期权标的物的价格将下跌时，购买看跌期权可以获得一种在未来一定期限内根据合约所确定的价格卖出一种特定商品或资产的权利，所以投资者可以通过买进认购期权或认售期权、买入认售期权同时买入期权标的物、买入认购期权同时卖出一定量期权标的物等投资方法，达到止损、保值或增值的目的。

20世纪70年代以来，对当今金融领域影响最为深刻的莫过于以期权和期货为代表的衍生金融产品的广泛运用和迅速发展。这促使了布莱克-斯科尔斯期权定价模型（Black-Scholes Option Pricing Model）的诞生。该模型为期权交易价格的确定提供了重要的理论参考，被期权投资者广泛采用。

3.认股权证投资、优先认股权投资、可转换债券投资

（1）认股权证投资。

认股权证，是指由股份公司发行的，能够按特定的价格，在特定的时间内购买一

定数量该公司股票的选择权凭证。认股权证的要素主要包括：有效期、行权价、行权比例、行权时间、货币单位等。

认股权证的价值有理论价值与实际价值之分。影响其理论价值的主要因素有：换股比率、普通股市价、执行价格、剩余有效时间等。其实际价值是由市场供求关系决定的。由于套利行为的存在，因此，认股权证的实际价值通常高于其理论价值。

（2）优先认股权投资。

优先认股权又称股票先买卖权，在我国习惯称其为配股权证。它是指当股份公司为增加公司股本而决定增发新股时，原普通股股东享有的按其持股比例，以低于市价的某一特定价格优先认购一定数量新发行股票的权利。因此，优先认股权是普通股股东的一种特权，是一种有价值的资产。

（3）可转换债券投资。

可转换债券又称可转换公司债券，简称“可转债”，是指一种被赋予股票转换选择权的公司债券。可转换债券一般由上市公司或即将上市的公司发行。发行公司事先规定债权人可以选择有利时机，按发行时规定的条件，把该债券转换成发行公司的普通股股票，也可以以债券形式持有至到期后兑现本息。

可转换债券的利率一般低于普通债券利率。但由于它可以在股价较高时转换为股票，赚取差价，因此，可转换债券仍然比较受投资者的欢迎。

投资者应选择新的经济增长周期启动、利率下调、转股价调整等有利时机进而选择品质优良的可转换债券进行投资，并于股价高涨时选择转股以获得收益，也可以根据可转换债券的理论价值和实际价值的差异进行套利。

与股票相比，可转换债券的投资风险较低，但仍存在股价波动的风险、利率风险、提前赎回风险、强制转换风险、公司信用风险和公司经营风险，这些风险是投资可转债时投资者必须要考虑的。

五、有效市场假说和证券市场

证券投资风险与收益的确定和证券投资决策是以有效市场假说（EMH）为前提的。有效市场假说是由美国经济学家尤金·法玛（Eugene Fama）在前人研究的基础上于1965年提出并于1970年深化的关于证券价格对相关信息反应程度的假定。证券价格对有关信息的反应速度越快、越全面，证券市场就越有效率。

有效市场假说认为，在假定参与市场的投资者有足够的理性，并能迅速对所有市场信息作出合理反应的条件下，在一个法律健全、功能良好、透明度高、竞争充分的有效证券市场上，有关某种证券及其发行人的全部信息都能够迅速、完整和准确地被某个关注它的投资者得到，进而该证券的购买者能够根据这些信息明确地判断出该证券的价值，从而以符合价值的价格购买到该证券，即一切有价值的信息已经及时、准确、充分地反映在股价走势当中，其中包括公司当前和未来的价值，除非存在市场操纵，否则投资者不可能通过分析以往价格获得高于市场平均水平的超额利润。

根据证券价格对不同信息的反应程度，可以将证券市场的效率程度分为三等，即弱式有效、次强式有效和强式有效，相应的证券市场分别称为弱式有效市场、次强式有效市场和强式有效市场。

在强式有效市场上，每一位交易者都掌握了有关证券的所有信息。信息的公开、被投资者的接收和判断、实施投资决策等环节都很有效。在次强式有效市场上，信息公开的有效性受到某种程度的损害，存在两类信息：公开信息和“内幕信息”。极少数人控制着“内幕信息”，而大部分人只能获得公开信息，但信息被投资者接收和判断并据以实施投资决策等环节仍很有效。在弱式有效市场上，不仅存在“内幕信息”，有些投资者只能解读全部公开信息，而有些投资者只能解读历史价格信息，而且投资者对信息进行价值判断的有效性也受到一定损害，这样，除了那些掌握“内幕信息”的投资者可以获得超额收益外，那些专业性机构投资者也可以利用信息分析上的专业优势获得额外收益。除此之外，还存在一种连投资者接收信息的有效性和投资者实施其投资决策的有效性都可能受到较严重损害的无效市场。在无效市场上，信息源在公开信息时就可能存在某种不完全性，被公开的信息在向信息接收者传输的过程中可能发生损失，投资者在对得到的信息进行解读时又可能存在误差，投资者的反馈信息可能不能及时地被市场吸收，从而使证券市场价格不仅不能及时反映投资者的投资决策，而且不能完整地反映所有公开的信息，更不能反映包括公开信息和“内幕信息”在内的全部信息了。

从无效市场到弱式有效市场，再到次强式有效市场，最后到强式有效市场，体现了证券市场的四个发展阶段。

第二节　证券投资决策

企业是否投资证券，应投资于何种证券（或组合），只有对证券投资（组合）的预期风险与预期收益作出预测分析后才能作出决策。

一、证券投资的风险

与对内投资和对外直接投资相比，证券投资的风险更高，而且要复杂得多，因此企业将资金投放于证券，不仅要取得收益，更重要的是要保证投资的安全。短期证券投资管理，就是要在侧重其流动性，确保投资安全的条件下，争取一定的收益。而对长期证券投资，更需要在预期风险与预期收益（可望达到的实际投资收益）之间作出权衡，以进行科学的投资决策。

证券投资的风险是指证券投资收益的不确定性，尤其是指在证券投资过程中达不到投资者期望收益的可能性。一项证券投资，到期日越长，投资人遭受的不确定性因素就越多，承担的风险也就越高。

（一）非系统性风险和系统性风险

证券投资的风险分为两大类：非系统性风险和系统性风险。

1.非系统性风险

证券投资的非系统性风险，是指由于被投资公司特定经营环境或特定事件变化等因素引起的对单个证券的投资收益造成的不确定性。它源于被投资公司自身特有的生产经营活动和财务活动而给被投资公司带来的经营风险和财务风险。非系统性风险与某个具体的证券相关联，与整个证券市场无关。由于这种风险可以通过多元化证券投资来分散，因此，又被称为可分散风险。非系统性风险是被投资公司特有的风险，主要表现形式是被投资公司的经营风险和财务风险，但站在公司外部证券市场的投资者角度考察，其无法区分被投资公司的经营风险和财务风险特征，因此被投资公司特有的风险是以以下风险的形式在证券投资者面前表现出来的：

（1）违约风险。

违约风险是指证券发行人无法按期支付证券投资者投资收益和偿还本金的风险。一般而言，违约风险主要是指投资于固定收益型证券的投资者所要面临的风险，多发生于债券投资中。造成违约风险的原因可能是经济环境发生重大变动或发生自然灾害等，也可能是被投资公司经营不善，在市场竞争中失败，流失主要客户，或财务管理失误，导致不能清偿到期债务，甚至引发破产清算。

（2）流动性风险。

流动性风险，又称变现风险，是指当证券投资者想出售有价证券获取现金时，无法在市场上短时间内出售或以正常价格平仓出货，从而导致丧失新的投资机会或面临降价出售造成损失的风险。在同一证券市场上，各种有价证券的变现能力是不同的，能在短时间内按满意的市价出售的证券，是流动性较高的证券，这样的证券流动性风险较低；反之，证券的流动性风险较高。一般而言，政府债券、实力强大的公司发行的股票与债券，由于信用好，变现能力强，所以流动性风险低。

2.系统性风险

系统性风险，又称市场风险，是指由于诸如战争、通货膨胀或紧缩、经济波动、利率调整、投资者心理预期变化等宏观因素的变化使证券市场上所有公司证券投资收益不稳定的可能性。这类风险影响到证券市场上所有的证券，虽然对每种证券影响程度有所不同，但投资者无法通过证券多元化组合投资来分散掉这类风险，因此，又称不可分散风险。具体地说，系统性风险主要包括以下几个方面：

（1）利率风险。

利率风险是指由于证券市场平均利率变动而引起证券价值变动并进而引起证券价格变动，而造成投资者证券投资收益（主要是资本利得）产生波动的风险。系统性风险波及所有证券市场上的证券，并最终会反映在证券市场平均利率的提高上（因为投资者要求的投资报酬率提高了），从这个角度而言，所有的系统性风险几乎都可以归结为利率风险。证券投资的决策标准是其投资价值应高于或等于投资的价格，证券的投资价值是其未来的现金流入按投资者要求的报酬率折算的现值，作为投资者投资证券要求的投资报酬率的市场平均利率上升，证券的投资价值就要下降，投资者的投资价值就更不易高于或等于投资价格了，从而导致投资者对证券投资的减少，证券供大于求，证券价格下降。因此，证券价格会随证券市场平均利率的变动而变动，而且呈负相关的关系，即在其他条件既定的前提下，市场平均利率下降，则证券价格上升；市场平均利率上升，则证券价格下跌。从银行等金融机构的存贷款利率角度考察，对证券价格的影响也是如此。存款利率上升，投资者部分资金被存款吸引，造成证券市场投资资金减少，证券价格下跌，而存款利率下降，证券价格上升。银行等金融机构贷款利率上升，企业借款的资金成本上升，转而更多地向证券市场筹资，证券发行加大，证券增多，价格下降，而对已经发行证券的公司而言，其借款资金成本上升后，盈利下降，从而导致其已发行的证券价格下降；反之，贷款利率下降，证券价格上升。不同期限的证券，利率风险不一样，期限越长，利率风险越高，投资者要求的到期风险报酬率就越高。当投资者投资某种外币证券时，还会发生汇率风险。

（2）购买力风险。

购买力风险是指由于通货膨胀或紧缩而使证券到期或出售时所获得的货币资金的购买力变动而造成证券投资实际收益变动的可能性。在通货膨胀或紧缩时期，购买力风险对证券投资者有重要影响，它使证券投资的名义收益率和实际收益率发生偏差，导致实际收益率下降或上升。一般而言，随着通货膨胀或紧缩的发生，变动收益证券比固定收益证券的购买力风险要低。因此，普通股票被认为比公司债券和其他固定收益证券能更好地避免购买力风险。

（3）投资者心理预期风险。

投资者心理预期风险是指影响证券价格和收益的各种因素变化导致投资者心理预期变化对证券价格所产生的影响。投资者根据自身素质，借助于所掌握的各种信息，作出对市场变化或乐观或悲观的判断（尤其是一些小散户投资者还有羊群效应的作用），并据以决策，从而导致证券的价格和投资收益发生变化。因此，投资者心理预期风险是各种环境因素变化的综合体现。

由于可分散风险（非系统性风险）随着投资组合中的证券品种数量的增加而逐渐降低，因此，只要投资组合中的证券数量足够多，则大部分可分散风险都能消除。经验数据表明，当证券组合中的不同行业的证券个数为20～40个时，绝大多数非系统性风险已被消除。证券投资风险的构成如图7-1所示。因此只有不可分散的风险（系统性风险）才是投资者进行证券投资时必须考虑的真正风险。正确衡量不可分散风险对证券投资决策具有重要的意义。

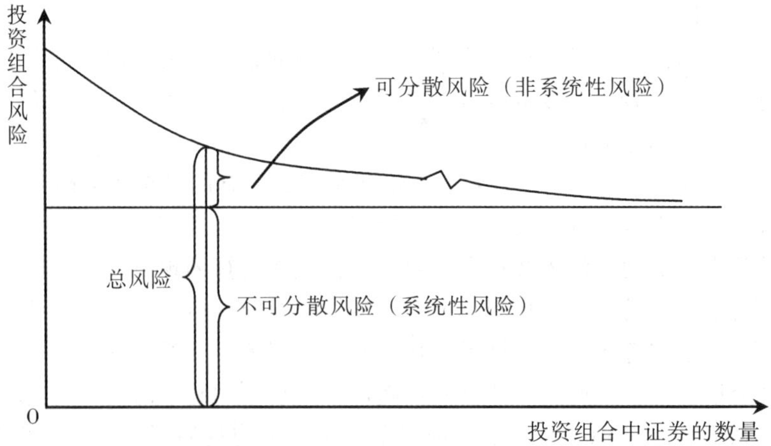

图7-1　证券投资风险的构成

（二）证券投资风险的衡量标准

1.β系数

企业在进行证券投资时，真正要考虑的是系统性风险（不可分散的风险）。引起系统性风险的各个因素的变化，对系统内（整个证券市场）全部证券都会产生影响，但不同的证券受每一种因素变化的影响程度是有差别的。因此，不同的证券在相同的证券市场环境中，其系统性风险也高低有别。在证券市场上，对不同证券系统性风险的高低程度通常用β系数来衡量，因此β系数又称系统性风险系数。

β系数是指衡量证券市场所有证券平均收益率变动对个别证券收益率变动影响程度的指数。换句话说，β系数是相对于整个证券市场组合的平均风险而言，单个证券所含的系统性风险的高低。某种证券的β系数用公式表示如下：

β=某种证券的预期风险报酬率÷证券市场上全部证券的平均预期风险报酬率　　（7.2.1式）

或　$\beta=\left(\text{某种证券的预期报酬率}-\text{无风险报酬率}\right)\div\left(\text{证券市场上全部证券的平均预期报酬率}-\text{无风险报酬率}\right)$

在实际中，要想利用上述定义式去计算证券β系数是非常困难的。β系数的计算常常需要利用预期报酬率的历史数据，采用线性回归（回归直线）等方法求得。其实在实务中，并不需要企业财务人员或投资者自己去计算证券的β系数，一些证券咨询机构会定期公布大量交易过的证券的β系数。我国也有一些证券咨询机构开始尝试定期计算和编制各上市公司的β系数，投资者可以通过中国证券市场数据库等进行查询。

表7-3分别列示了2002年5月和2006年10月美国6家大公司的β系数。

表7-3　　美国6家大公司的β系数

公司名称	2002年5月	2006年10月
Time Warner	1.65	1.94
IBM	1.05	1.00
General Electric	1.30	0.81
Microsoft	1.20	0.94
Coca-Cola	0.85	0.70
Procter&Gamble	0.65	0.27

从表7-3可以看出，不同公司的β系数有所不同，即使同一家公司在不同时期，其β系数也会或多或少存在差异。

2.β系数的意义

作为整体的证券市场的β系数为1。如果某种证券的β系数等于1，则说明这种证券的风险程度与证券市场上的全部证券的平均风险程度相同；如果某种证券的β系数小于1，则说明这种证券的风险程度低于证券市场上全部证券的平均风险程度；如果某种证券的β系数大于1，则说明这种证券的风险程度高于证券市场上全部证券的平均风险程度。在证券市场上，绝大多数证券的β系数是大于0的，大都介于0.5～2。

二、证券投资的收益

（一）资本资产定价模型（CAPM）与必要报酬率的估算

根据风险与收益的一般关系，投资者进行某项投资要求的投资报酬率（又称必要报酬率或期望报酬率）是由无风险报酬率和投资该项目要求的风险报酬率决定的，即必要报酬率=无风险报酬率+必要风险报酬率。

投资者进行证券投资的必要报酬率可以用资本资产定价模型来进行估算。

资本资产定价模型顾名思义是研究“资本”这种“资产（商品）”是如何定价的一个理论模型。“资本资产”主要是指股票，而定价则试图解释资本市场如何决定股票投资报酬率，进而决定股票价格。它由美国经济学家夏普（William F.Sharp）、莫辛（Jan Mossin）和林特纳（John Lintner）等将实证经济学的分析方法和马科维茨（Harry M.Markowitz）的规范分析模型结合，于20世纪60年代创立起来的，至今一直被财务人员、金融从业者以及经济学家作为处理风险问题的主要工具。资本资产定价模型对现实中的风险与收益之间的关系进行了最为贴切的实质性表述，将“高收益伴随着高风险”这样一种复杂的现实现象和直观认识用简单的关系式表达了出来。当然，与其他财务管理理论模型一样，资本资产定价模型也建立在一系列假设之上，包括：市场是均衡的，市场不存在摩擦（不存在交易费用），市场参与者都是理性的，税收不影响资产的选择和交易等。

资本资产定价模型的一个主要贡献就是解释了风险报酬率的决定因素和度量方法，并且给出了一个简单易用的表达形式：

$$K=R_f+\beta\cdot(R_m-R_f) \quad (7.2.2式)$$

式中：K为投资者投资某证券的必要报酬率（期望报酬率）；

β为该证券的系统性风险系数；

R_f为无风险报酬率，通常可以用短期国债的利率来近似替代；

R_m为证券市场平均投资报酬率，通常用股票价格指数报酬率的平均值或所有股票的平均报酬率来替代。

7.2.2式是资本资产定价模型的核心关系式。

公式中，(R_m-R_f)称为证券市场平均风险报酬率，它是证券投资者由于承担了市场平均风险而要求获得的超过无风险报酬率的那部分额外报酬，是市场作为整体对风险的平均“容忍”程度。市场对风险越是厌恶和回避，要求的补偿就越高，因此，市场平均风险报酬率(R_m-R_f)的数值就越大；反之，如果市场的抗风险能力越强，则对风险的厌恶和回避就不是很强烈，要求的补偿就越低，因此(R_m-R_f)的数值就越小。不难看出，投资者投资某项证券所要求的风险报酬率是市场平均风险报酬率与该证券的系统性风险系数β的乘积：

$$要求的风险报酬率=\beta\cdot(R_m-R_f) \quad (7.2.3式)$$

资本资产定价模型用图形表示，称证券市场线（SML）。如果把资本资产定价模型公式中的β看作自变量（横坐标），则必要报酬率K作为因变量（纵坐标），无风险报酬率(R_f)和市场平均风险报酬率(R_m-R_f)作为已知数，那么$K=R_f+\beta\cdot(R_m-R_f)$这个关系式就是一个直线方程，即证券市场线。将证券市场线描绘在平面上，这条直线的截距是无风险报酬率 R_f，其斜率是市场平均风险报酬率（R_m-R_f）。市场平均风险报酬率（R_m-R_f）越大，证券市场线的斜率就越大，证券市场线就会较陡，这时一项证券投资的系统性风险水平稍有变化，就会导致该证券的必要报酬率较大幅度地变化；相反，如果多数市场参与者对风险的关注程度较小，证券市场线就会变得平缓一些，这时证券投资的必要报酬率受其系统性风险的影响程度较小。

例如，证券市场平均报酬率为10%，无风险报酬率为6%，即证券市场平均风险报酬率为4%。如果证券的β系数分别为0.5、1、1.5、2，其要求的风险报酬率分别为2%、4%、6%和8%。作出证券市场线（如图7-2所示）：

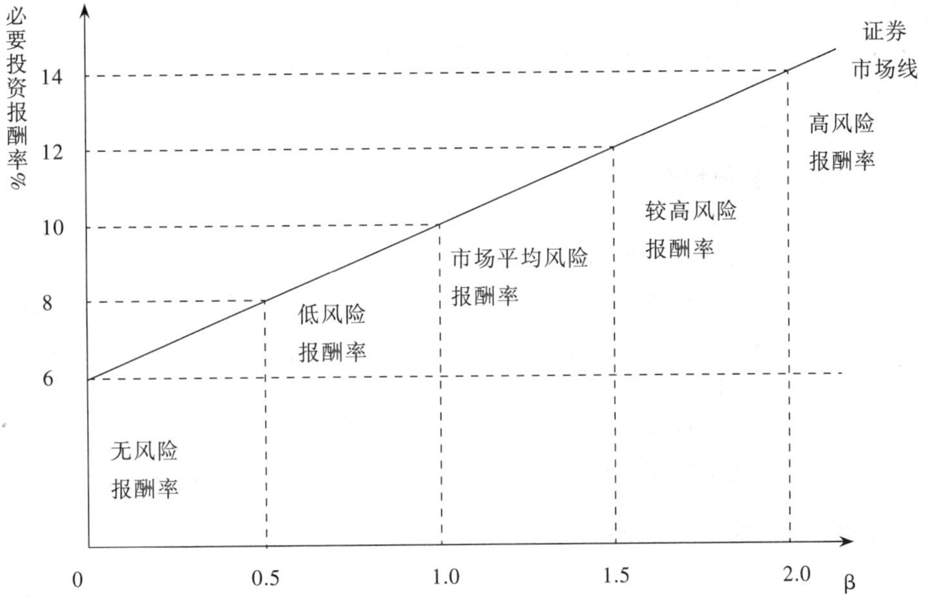

图7-2 证券市场线：证券必要报酬率与β系数的关系

证券市场线对任何公司、证券以及证券投资组合的必要报酬率的计算都是适用的。只要将该公司证券或证券组合的β系数代入这个直线方程，就能得到其各自的必要报酬率。证券市场上任意一项证券或证券组合的β系数和必要报酬率都可以在证券市场线上找到对应的一点。在证券市场线关系式 $K=R_f+\beta\cdot(R_m-R_f)$ 中的等号右侧，唯一与单项证券（或证券组合）相关的就是系统性风险系数β，所以证券市场线的一个重要暗示就是“只有系统性风险才有资格要求补偿”。

【例7-3】 现行国库券的投资报酬率为12%，股票市场平均必要报酬率为16%。若某股票的β系数为1.5，则：

市场平均风险报酬率=16%-12%=4%

该股票的必要风险报酬率=4%×1.5=6%

该股票的必要报酬率=12%+1.5×（16%-12%）=18%

（二）证券市场线与市场均衡

资本资产定价模型认为，证券市场线是一条市场均衡线。证券市场在均衡的状态下，所有证券投资后可望实现的实际报酬率（预期报酬率）都应该落在这条线上。也就是说，在均衡状态下，每项证券投资后可望实现的实际报酬率（即预期报酬率）应该等于其必要报酬率，其大小由证券市场线的核心公式$K=R_f+\beta\cdot(R_m-R_f)$来决定。

如果某项证券的预期报酬率高于证券市场线，即其预期报酬率高于其必要报酬率，则说明该项证券投资预计可望实现的实际报酬率将高于其投资者所要求的投资报酬率，这将造成市场参与者对这一证券的青睐，从而使该证券的价格升高，价格升高的结果会使未来的预期报酬率下降，一直降到证券市场线上来，使得其预期报酬率等于其必要报酬率；相反，如果某项证券投资的预期报酬率低于证券市场线，则说明这一证券的预期报酬率低于其投资者要求的必要报酬率，这将会使这一证券少人问津，因而其价格将会降低，降价的结果导致其未来预期报酬率升高，也会使其预期报酬率回到证券市场线上来。

在资本资产定价模型的理论框架下，假设市场是均衡的，所以资本资产定价模型还可以描述为：

$$预期报酬率=必要报酬率=R_f+\beta\cdot(R_m-R_f)$$

（三）证券投资的预期报酬率

证券投资的预期报酬率就是投资者投资证券后预计未来可望实现的实际报酬率，也就是证券投资项目的内含报酬率（IRR）。

证券投资的预期报酬率的测算可见本章【例7-1】和【例7-2】，其中，【例7-2】是股票投资的预期报酬率（内含报酬率）的测算例子，【例7-1】是债券投资预期报酬率（内含报酬率）的测算例子。

企业对证券投资进行决策，当该证券的预期报酬率高于或等于投资者要求的报酬率（必要报酬率或期望报酬率）时，可以投资该证券；否则，不能投资。

三、证券投资价值的估价和决策

任何投资决策的作出，都要以其投资对象的内在价值的估价为前提。在财务管理中，对一项资产的内在价值估价一般都是将该项资产未来能带来的现金流入以投资者要求的投资报酬率（必要报酬率或期望报酬率）进行折现而得。投资者要求的投资报酬率越高，估算出来的投资对象的内在价值就越低。如果估算出来的投资对象的内在价值高于或等于投资对象的购买价格，投资者就会决定投资（购入），因为只有这样投资者投资后可望获得的预期报酬率（内含报酬率）才能超过或达到自己要求的投资报酬率；否则，投资者就会放弃投资，因为这项投资的预期报酬率无法达到其要求的投资报酬率。证券投资的决策也不例外。

通过资本资产定价模型的核心公式$K=R_f+\beta\cdot(R_m-R_f)$，投资者已经可以估算出投资于某一证券自己要求的投资报酬率应为多少，接下来的工作便是用这个必要报酬率作为折现率，对所要投资的证券进行估价并进行投资决策了。

（一）债券投资价值的估价和决策

债券投资未来的现金流入主要包括两个方面：一是利息收入；二是债券到期收回的本金或未能持有到期而出售的售价收入。用投资者要求的投资报酬率（必要报酬率）对这两个方面的现金流入进行折现所得的现值，就是债券的内在价值。只有债券的价值高于或等于其购买价格时，才值得购买，因为此时该债券的预期报酬率高于或等于投资者要求的投资报酬率。因此，债券价值是债券投资决策时使用的主要指标。

1.债券价值估价的一般模型

债券价值估价的一般模型是指对典型债券所使用的估价模型。此处所称的典型债券是指票面利率固定，每年计算并支付当年利息，到期偿还本金的债券。在这种情况下，投资者可对要投资的债券的价值用如下基本模型评定：

$$V=\sum_{t=1}^{n}\frac{I}{(1+K)^{t}}+\frac{F}{(1+K)^{n}} \quad (7.2.4式)$$

因为每年获得的利息收入为普通年金，所以7.2.4式也可以写成：

V=I·（P/A，K，n）+F·（P/F，K，n）

式中：V为债券价值；

I为债券每年利息（I=票面金额×票面利率）；

F为债券面值，即还本金额；

K为投资者要求的必要报酬率；

n为付息总期数。

【例7-4】福惠公司于2×21年2月1日欲购买一张面额为1 000元的债券，其票面利率为8%，于每年2月1日计算并付息一次，并于5年后的1月31日到期。当时的市场利率为10%，债券的市价是920元。假设福惠公司要求的必要报酬率为市场利率。请问福惠公司是否应购买该债券？

债券价值（V）=80×（P/A，10%，5）+1 000×（P/F，10%，5）

=80 ×3.791+1 000 ×0.621=924.28（元）

由于债券的价值大于市价，投资该债券可获得大于10%的投资报酬率，因此，投资该债券是合算的，符合投资者的要求。

2.一次还本付息且不计复利的债券估价模型

有些公司发行的债券为一次还本付息且不计复利、平价发行的债券，例如，一些政府债券和政府代理机构发行的债券，这类债券属于利随本清的存单式债券。

一次还本付息且不计复利的债券估价模型为：

$$V=\frac{F+F\cdot i\cdot n}{(1+K)^{n}}=(F+F\cdot i\cdot n)\cdot(P/F,K,n) \quad (7.2.5式)$$

【例7-5】福敏公司拟购买另一家公司发行的利随本清的公司债券，该债券面值为1 000元，期限为3年，票面利率为10%，不计复利，当前市场利率为8%。假设福敏公司要求的必要报酬率为市场利率。请问当该债券的发行价格为多少时，福敏公司才能购买？

$$V=\frac{1\,000+1\,000\times10\%\times3}{(1+8\%)^{3}}=1\,032（元）$$

当该债券的发行价格低于1 032元时，福敏公司才能购买。否则，福敏公司投资后可望实现的投资报酬率达不到该公司要求的必要报酬率8%。

3.折现发行债券的估价模型

有些债券以折现方式发行，没有票面利率，到期按面值偿还。这类债券的估价模型为：

$$V=\frac{F}{(1+K)^{n}}=F\cdot(P/F,K,n) \quad (7.2.6式)$$

【例7-6】某债券面值为1 000元，期限为5年，以折现方式发行，期内不计利息，到期按面值偿还，当前市场利率为10%。假设投资者要求的必要报酬率为市场利率。请问当该债券的发行价格为多少时，投资者才能购买？

V=1 000×（P/F，10%，5）=1 000×0.621=621（元）

当该债券的发行价格低于621元时，投资者才能购买。否则，该投资者投资后可望实现的投资报酬率将达不到自己要求的必要报酬率10%。

（二）股票投资价值的估价和决策

股票给持有者带来的未来现金流入包括两部分：各期的股利收入和出售时的售价收入。股票的投资价值就是将其预期的未来现金流入按投资者要求的投资报酬率折算的现值，又称“股票的内在价值”。投资者只有将股票的内在价值估算出来后与股票发行价或市价进行比较，视其低于、等于或高于发行价或市价，才能决定是否投资。

1.股票估价的基本模型

股票估价的基本模型适用于投资者短期持有、未来准备出售的股票的估价。

$$V = \sum_{t=1}^{n}\frac{d_t}{(1+k)^t} + \frac{V_n}{(1+k)^n} \quad (7.2.7式)$$

式中：V为股票内在价值；

V_n为未来出售时预计的股票售价；

k为投资者要求的必要报酬率；

d_t为第t期的预期股利；

n为预计持有股票的期数。

2.长期持有股票情况下股票的估价模型

$$V = \sum_{t=1}^{\infty}\frac{d_t}{(1+K)^t} \quad (7.2.8式)$$

由于股票的股利往往不固定，因此要预测其未来现金流入十分困难。这里仅介绍两种简化情况下的长期持有股票的估价模型。

（1）长期持有股票、股利稳定不变的股票估价模型。

在这种情况下，由于投资者长期持有股票，因此该股票没有出售价，只能获得稳定不变的股利，这是一个永续年金。因此这种股票的估价模型可简化为：

$$V=\frac{d}{K} \quad (7.2.9式)$$

式中：d为每年固定的股利。

优先股的情况与7.2.9式相似，因此优先股投资价值估价也可以采用7.2.9式。

【例7-7】福绍公司股票每年分配股利2元/股，股东要求的最低投资报酬率为16%，则该股票的价值为：

V=2 ÷16%=12.5（元/股）

（2）长期持有股票、股利固定增长的股票估价模型 。

设上年股利为d_0，每年股利的增长率为g，d_1为预计下一年的股利，则：

$$V = \frac{d_0\cdot(1+g)}{K-g}=\frac{d_1}{K-g} \quad (7.2.10式)$$

【例7-8】福著公司准备投资购买东方公司的股票，该股票上年每股股利为1.2元，预计以后每年以5%的增长率增长，经分析后福著公司认为投资该股票必须得到10%的报酬率才能符合投资要求。请问东方公司的股票对福著公司而言的内在价值应为多少？

$$V=\frac{1.2\times(1+5\%)}{10\%-5\%}=25.2\text{（元/股）}$$

当东方公司的股票价格在25.2元/股以下时，福著公司才能投资购买。否则，达不到福著公司要求的必要报酬率10%。

（三）股票市场价格合理性的评价

在股票市场上，投资者还要对各种股票市场价格的合理性进行分析和评价，然后才能决定其投资行为。对股票市场价格进行评价的主要方法有以下几种：

1.每股净值法

每股净值又称每股净资产或每股账面价值。许多稳健的投资者进行股票投资时，常分析股票的每股净值，即分析每一股股票所代表的公司的净资产有多少。股票的每股净值通常是用被投资公司的资产总额减去负债总额，从而得到净资产总额，再除以普通股股数计算出来的。

为了充分衡量股价的合理性，一般还可以用每股净值的倍数（市净率）作为衡量的指标。市净率的计算公式为：

$$\text{市净率（倍数）}=\frac{\text{每股市价}}{\text{每股净资产}} \qquad \text{（7.2.11式）}$$

市净率越高，则表示该股票风险越高，其投资价值越低；市净率越低，则表示该股票风险越低，其投资价值越高。同时，投资者也可以计算上市股票的平均市净率，对各个不同时间的平均市净率进行比较，以判断目前股票市场的价格是处于较高的水平还是较低的水平，从而决定买进或卖出所持股票。因此，平均市净率是衡量股票市场股价水平的重要指标。某种股票的市净率则能反映此种股票投资价值的高低。

2.市盈率分析法

前述股票内在价值的估价方法，理论上比较健全，计算的结果使用起来也很方便，但未来股利的预计很复杂且要求很高，一般投资者往往很难办到。市盈率分析则易于掌握，从而被许多投资者使用。

（1）用市盈率估计股价高低。

市盈率是股票每股市价与每股利润的比率。它可以粗略反映股价的高低和股票风险的高低，表明投资者愿意用每股利润多少倍的资金来购买这种股票，是市场对该股票的评价。一般来说，市盈率高，说明投资者对该公司的发展前景看好，愿意出较高的价格购买该公司的股票。但如果市盈率过高，也意味着这种股票具有较高的投资风险。

【例7-9】福祺公司股票每股利润为0.5元，市盈率为20倍，则其每股价格为：

每股价格=0.5×20=10（元）

股票价值=行业标准市盈率×该股票每股利润 （7.2.12式）

行业标准市盈率可以用同行业股票的历史平均市盈率。

【例7-10】若【例7-9】中的福祺公司股票的历史平均市盈率为28倍，则该股票价值为：

股票价值=0.5×28=14（元/股）

在股票价格低于14元/股的情况下，该股票才具有投资价值。

（2）用市盈率估计股票投资风险。

一般来说，市盈率高，说明投资者对该公司的发展前景看好，愿意出较高的价格购买该公司的股票。但当股市受到不正常因素干扰时，某些股票的市价被哄抬到不应有的高度，市盈率过高，也意味着这种股票具有较高的投资风险。按国际市场惯例，通常认为超过30倍的市盈率是高风险的。过高或过低的市盈率都不是好兆头。市盈率在5～30倍之间是比较正常的。当然市盈率高低的合适与否还与股票所在行业有关，传统行业的市盈率一般较低些，高科技行业的市盈率一般高些。

四、证券投资组合的风险与收益

（一）证券投资组合理论

证券投资组合又称证券组合，是指当进行证券投资时，投资者不是将所有的资金都投向单一的某种证券，而是有选择地投向一组证券。这种同时投资多种证券的做法便称证券投资组合。证券投资组合是证券投资的重要武器，它扩大了投资者的选择范围，增加了投资者的投资机会，而且通过有效的证券投资组合，投资者可以分散证券投资风险，从而达到稳定收益的目的。当投资的证券种类足够多时，投资者几乎能把所有的非系统性风险分散掉。因此，证券市场上有这样一句名言："不要把全部鸡蛋放在同一只篮子里。"

现代证券投资组合理论的发展可追溯至1952年。美国著名财务经济学家马科维茨于1952年发表在《金融杂志》上的《资产组合选择——投资的有效分散化》一文中，利用均值方差的分析方法将投资收益和风险数量化，建立最佳投资组合基本模型，从而揭示了如何运用组合理论以确定一条可供投资者选择的有效边界，使得边界上的每个点（即有效组合）都符合在给定风险水平下具有最大收益的特点（即资本市场线，CML）。在当时的科技水平下，从计算的角度看，这一方法过于复杂。夏普对这一方法进行了改进，并于1963年提出了一种简化的处理方法——单指数模型（即资本资产定价模型、β系数和证券市场线SML），使投资组合理论更具实践意义。此后，随着计算机技术的快速发展，现代投资组合理论在实际经济生活中真正得到广泛运用。

需要注意的是证券市场线和资本市场线有着明显区别。资本市场线描述的是由风险资产和无风险资产构成的投资组合的有效边界，测度风险的工具是整个资产组合的标准差，此直线只适用于有效组合（对于一个理性的投资者来说，他选择投资组合时，会遵循两项原则：一是对于同样风险水平的投资组合，他会选择预期报酬率较大的组合；二是对于同样预期报酬率的投资组合，他会选择风险较低的组合。凡是能够同时满足这两项原则的投资组合就是有效投资组合。因为除此之外再也不能找到标准差相同而收益率更高的投资组合，也不能找到收益率相同而标准差更小的投资组合，由所有的有效投资组合点形成的曲线即有效边界）。而证券市场线描述的是在市场均衡条件下单个证券或证券投资组合（无论是否已经有效地分散风险）的必要报酬率与风险之间的关系。测度风险的工具是单个证券或证券投资组合对于整个市场组合的方差的贡献程度，即β系数。资本市场线如图7-3所示。

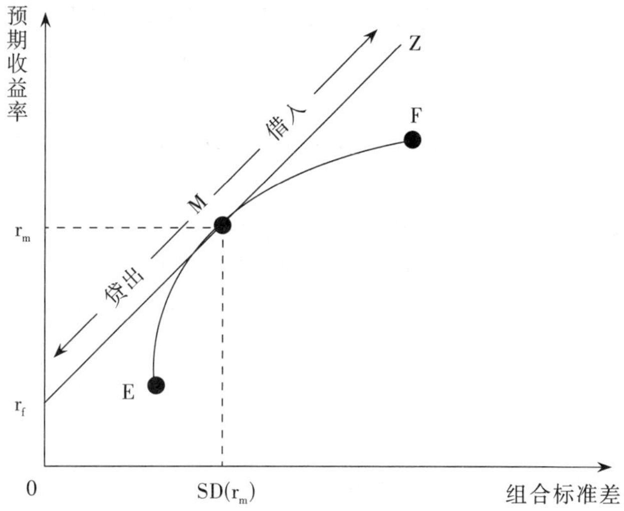

图7-3 资本市场线

（二）证券投资组合的策略和方法

证券投资组合理论的发展，逐渐形成了各种各样的派别，从而也形成了不同的证券组合策略。最常见的有以下三种：

（1）保守型策略。这种策略认为，最佳证券投资组合策略是要尽量模拟市场现状，将尽可能多的证券包括进来，以便分散掉全部非系统风险，从而得到与市场所有证券的平均收益同样的收益。这种策略的好处是：能分散掉全部可分散风险；不需要高深的证券投资专业知识；投资的证券稳定，管理费比较低。但这种策略获得的收益不会高于证券市场上全部证券的平均收益。因此，这种策略属于收益不高、风险不大的策略，因此，称之为保守型策略。

（2）冒险型策略。这种策略认为，与市场完全一样的组合不是最佳组合，只要投资组合做得好，就能超越市场，取得远高于证券市场平均水平的收益。在这种组合中，一些成长型的股票比较多，而那些低风险、低收益的证券不多。另外，其组合的随意性强，变动频繁。这种策略的收益高、风险大，因此称为冒险型策略。

（3）适中型策略。这种策略认为，证券的价格，特别是股票的价格，是由特定公司的经营业绩来决定的。市场上股票价格的一时沉浮并不重要，只要公司经营业绩好，股票一定会升到其本来的价值水平。采用这种策略的人，一般都善于对证券进行行业、公司业绩和财务方面的分析，从而选择高质量的股票和债券，组成投资组合。这种组合投资策略的风险不太高，收益却比较高，因此，是一种最常见的证券组合策略。各种金融机构、投资基金和企业单位在进行证券投资时一般都采用此种策略。

对证券投资进行组合的方法有很多，最常见的方法通常有以下三种：

（1）随机选择足够数量的证券进行组合。这是一种最简单的证券投资组合方法。

随着证券数量级的增加，非系统性风险会逐步降低，当数量足够时，大部分非系统性风险都能被分散掉。据国外投资专家估计，为了有效地分散风险，每个投资者拥有的股票最好不少于14种，一般来说，当证券组合中的证券种类增加到20种时，证券组合的风险几乎降低到了只包含系统性风险的水平。根据这个观点，我国上市股票已经不少，同时投资于15～20种股票，就能达到分散风险的目的。

（2）把高风险、中等风险、低风险的证券各1/3放在一起进行组合，又称1/3法。这种投资组合的方法是一种进可攻、退可守的组合法，虽然不会获得太高的收益，但是也不会承担过高的风险，是一种常见的组合方法。

（3）把投资收益呈负相关的证券放在一起进行组合。一种股票的收益上升和另一种股票的收益下降联系在一起的两种股票，称为负相关股票，例如，企业同时持有一家汽车制造公司的股票和一家石油公司的股票，当油价上涨时这两种股票的收益便呈负相关，因为油价上涨，石油公司收益增长，股价上涨，但会影响汽车的销量，使汽车公司的收益降低，股价下跌。因此，只要选择得当，这样的组合对降低风险有重要意义。

（三）证券投资组合的风险与必要报酬率

证券投资组合的系统性风险一般仍用β系数表示。证券投资组合的β系数是单个证券β系数的加权平均数，权数为各种证券在证券组合中所占资金的比例。其计算公式是：

$$\beta_P=\sum_{i=1}^{n}x_i\beta_i \quad (7.2.13式)$$

式中：β_P为证券投资组合的β系数；

β_i为第i种证券的β系数；

x_i为第i种证券在投资组合中所占资金的比例。

根据资本资产定价模型，证券投资组合的必要报酬率（K_i）的计算公式为：

$$K_i=R_f+\beta_P\cdot(R_m-R_f) \quad (7.2.14式)$$

【例7-11】福延公司持有由甲、乙、丙三种股票构成的证券组合，它们的β系数分别是2、1和0.5，它们在证券投资组合中所占资金的比例分别为50%、30%和20%，股票的市场平均投资报酬率为14%，无风险报酬率为10%。要求确定这种证券组合的必要报酬率。

（1）计算确定该证券投资组合的β系数。

$\beta_P=50\%\times2+30\%\times1+20\%\times0.5=1.4$

（2）计算该证券投资组合的必要风险报酬率。

$R_p=\beta_p\cdot(R_m-R_f)=1.4\times(14\%-10\%)=5.6\%$

（3）计算该证券投资组合的必要报酬率。

$K_i=R_f+\beta_p\cdot(R_m-R_f)=10\%+1.4\times(14\%-10\%)=15.6\%$

调整风险不同的各种证券在证券投资组合中所占资金的比例，可改变证券投资组合的风险、必要风险报酬率和必要报酬率。

【例7-12】若【例7-11】中，该公司为降低风险，售出部分甲股票，并买进部分丙股票，甲、乙、丙三种股票在证券投资组合中所占资金的比例调整为20%、30%

和50%。试计算此时的必要风险报酬率和必要报酬率。

此时，该证券投资组合的β系数为：

$\beta_P=20\%\times2+30\%\times1+50\%\times0.5=0.95$

那么，此时该证券投资组合的必要风险报酬率为：

$R_p=\beta_p\cdot(R_m-R_f)=0.95\times(14\%-10\%)=3.8\%$

此时该证券投资组合的必要报酬率为：

$K_i=R_f+\beta_p\cdot(R_m-R_f)=10\%+0.95\times(14\%-10\%)=13.8\%$

（四）套期定价理论

套利定价理论（APT）也是一种讨论资产（证券）的投资报酬率如何受风险因素影响的理论模型，由美国财务经济学家罗斯（Stephen Ross）于1976年首次提出。与资本资产定价模型不同的是，套利定价理论认为资产的预期报酬率并不是只受单一风险的影响，而是受若干个相互独立的风险因素如通货膨胀率、利率、石油价格、国民经济增长指标等的影响，是一个多因素的模型。

该模型的基本形式为：

$E(R)=R_f^*+b_1\lambda_1+b_2\lambda_2+\cdots+b_n\lambda_n$

式中：E（R）为某项资产的预期报酬率；

R_f^*为无风险报酬率，即纯利率；

b_i为风险因素i对该资产的影响程度，称为资产对风险因素i的响应系数；

λ_i为风险因素i的预期风险报酬率，即该资产由于承担风险因素i而要求获得的额外报酬率。

套利定价理论认为，同一个风险因素所要求的风险报酬率（即超过无风险报酬率的那部分额外报酬率）对于所有不同资产来说都是相同的，因此，每个λ_i的大小对于不同的资产都会给出同样的数值。否则，投资者就可以适当调整资产组合中的资产种类和比例即通过“套利”活动，在不增加风险的情况下获得额外的收益。而这种套利活动的结果，就会使这些额外的收益逐渐变小，以致最后消除，达到市场均衡。这是套利定价理论的一个基本结论。

既然对于所有不同的资产来说，无风险报酬率R_f^*和每个因素的预期风险报酬率λ_i都是相同的，那么不同资产投资报酬率的不同只能通过b_i的不同来体现。也就是说，不同资产之所以有不同的预期报酬率，是因为不同资产对同一风险因素的响应程度不同。

因为获取λ_i和b_i的数据都较为困难，所以要用套利定价理论来测算投资报酬率比较复杂，但它的基本思想比资本资产定价模型更接近实际，对资产的交易更具指导意义。它同时考虑了多种因素对资产收益的影响，比资本资产定价模型更清楚地指明了风险来自于哪个方面，因此投资者可以选择和构造一个只受某一个风险因素影响的资产或资产组合，这样，选择这个资产或资产组合就相当于选择了这个风险因素。投资者可根据自己的风险偏好来选择资产或资产组合，从而回避那些不愿意承担的风险。套利定价理论对投资者来说，是一个很重要的启示和帮助。

套利定价理论不仅适用于证券投资管理决策，而且适用于其他投资和筹资的管理决策。

思政课堂

从本章的学习我们知道，企业从事证券投资虽然有各种不同的目的，但企业对外证券投资相比于对内经营资产的投资而言，收益可能较高，投资风险也较高。好的投资理念是投资者在投资市场上的生存之道。投资市场，瞬息万变，一些方式方法可能会在市场上不完全适用或不适用，但是正确的投资理念（投资价值观）是永久受益的。投资价值观是投资者的底线。请问企业从事证券投资的正确投资理念主要有哪些？为什么说这些理念是正确的？

本章小结

随着产品市场竞争的加剧、社会信用的发达和多层次资本市场的完善，证券投资对企业而言越来越重要。作为企业投资对象的证券，主要是根据一国有关法律法规发行的，代表财产所有权或者债权的信用凭证或金融工具，即有价证券。按不同标准分类，证券有很多种类。

证券投资的特点是流动性强、价值不稳定、相对独立性。企业短期证券投资的根本目的是将其作为现金的替代品。长期证券投资的目的主要有：利用证券投资去控制和影响相关企业的生产经营为本企业服务，实施多元化经营以分散风险，获取较高的投资收益为未来实施某个项目或偿还到期债务而积累大笔资金。证券投资的基本程序分选择投资对象、开户和委托买卖、交割和清算、办理证券过户等步骤。目前企业从事证券投资的基本类型有：债券投资、股票投资、基金投资和衍生金融资产投资。

有效市场假说、资本资产定价模型、组合投资理论、套期定价理论、期权定价模型是财务管理中指导证券投资实践的基本理论。

证券投资的风险是指证券投资收益的不确定性。证券投资的风险分为两大类：非系统性风险和系统性风险。非系统性风险，又称公司特别风险，是指某些因素使单个证券的投资收益产生波动的可能性。由于这种风险可以通过多元化投资来分散，因此，非系统性风险又称为可分散风险。其主要包括违约风险、流动性风险等。系统性风险，又称市场风险，这类风险影响到证券市场上所有的证券，投资者无法通过证券组合投资来分散掉，因此，系统性风险又称不可分散风险。其主要包括利率风险、购买力风险、投资者心理预期风险等。不同证券系统性风险的高低通常用β系数来衡量。

投资者进行证券投资的必要报酬率可以用资本资产定价模型（CAPM）进行估算。资本资产定价模型的核心关系式是：$K=R_f+\beta\cdot(R_m-R_f)$。用图形表示，称证券市场线（SML）。如果市场是均衡的，则证券投资的预期报酬率=必要报酬率。

证券投资组合是证券投资的重要武器。通过有效的投资组合，可以分散证券投资风险，以达到稳定收益的目的。证券投资组合的β系数是单个证券β系数的加权平均数。最常见的证券组合策略有保守型策略、冒险型策略和适中型策略；最常用的证券投资组合方法有随机选择足够数量的证券进行组合、1/3法和把投资收益呈负相关的证券放在一起进行组合。根据资本资产定价模型，证券组合的必要报酬率的计算公式为：$K_p=R_f+\beta_P\cdot(R_m-R_f)$。

任何投资决策的作出，都要以其投资对象的内在价值的估价为前提。证券投资内在价值估价一般都是将该项证券未来能带来的现金流入以投资者要求的投资报酬率（必要报酬率）作为折现率进行折现而得。投资者要求的投资报酬率越高，估价出来的证券内在价值就越低。如果估价出来的证券内在价值高于或等于其市场价格，那么投资者就会决定投资（购入），因为投资者投资该证券后可望实现的投资报酬率（预期报酬率、内含报酬率）能超过或达到自己要求的投资报酬率（必要报酬率、期望报酬率）。

思考与练习

思考题

1. 简述证券投资的特点和目的。

2. 简述债券投资和股票投资的优缺点。

3. 投资基金与股票、债券的主要区别是什么？

4. 试述证券投资的风险。

5. 证券投资组合的策略和方法有哪些？

6. 如何进行证券投资价值的估算和决策？

计算分析题

1. A公司发行公司债券，面值1 000元，票面利率为6%，每年计息一次，期限为5年，到期一次还本。投资者要求的报酬率为8%。

要求：计算该债券对投资者而言的投资价值。

2. B公司准备对一种股利固定增长的普通股股票进行长期投资，基年股利为8元/股，估计年股利增长率为4%，该公司要求的投资收益率为12%。

要求：计算该股票的价值。

3. C公司的普通股上年股利为6元/股，估计年股利增长率为6%，投资者要求的必要报酬率为15%，打算持有该股票2年后转让出去，估计转让价格为30元/股。目前股票市价为35元/股。

要求：请确定投资者是否应该投资C公司的股票。

4. D公司去年支付的股利为每股2元，一位投资者预计该公司股利按固定比率5%增长，该股票的β系数为1.5，无风险报酬率为8%，所有股票的市场平均报酬率为14%。

要求：(1) 计算投资者投资于D公司股票的必要报酬率。(2) 当D公司股票的市场价格为多少时，该投资者才会购买？

5. E投资者准备购买股票，现有F、G两家公司可供选择。F公司上年发放的股利为每股5元，目前股票市价为每股40元；G公司上年发放的股利为每股2元，目前股票市价为每股20元。预计F公司未来股利每年增长5%；G公司未来股利每年增长4%。假定目前股票市场的无风险报酬率为8%，市场上所有股票的平均投资报酬率为12%，F、G两公司股票的β系数分别为2和1.5。

要求：(1) 判断两公司的股票是否可以购买。(2) 若投资购买这两种股票各100股，则该投资组合的综合β系数是多少？(3) 该投资组合的预期报酬率是多少？

第八章

利润分配管理

学习要求： 本章主要讲述在企业对外投资过程中有关证券投资的管理问题。通过本章学习，要求了解证券的含义和种类，了解证券投资对象的选择，了解有效市场假说和套利定价理论；熟悉各类证券投资工具与品种的收益和风险情况，熟悉证券投资组合的策略和方法；掌握证券投资的特点和目的；掌握证券投资的风险类型，掌握运用资本资产定价模型测算单个证券投资和证券投资组合的必要风险报酬率和必要报酬率的方法，掌握证券投资价值的估价以及决策的基本规则。

案例导入

快到年底了，根据福启集团公司的指示，福迪公司高管层开会研究了关于本年度分红的事，这是公司经营和发展中的大事，必须充分考虑集团公司（控股大股东）和后来加入的一些小股东的想法，还要顾及福迪公司以后生产经营发展的需要。虽然福迪公司制定股利政策不像上市公司的情况那样复杂（普通股要发现金股利、股票股利等形式不同的股利，优先股要发股息，既要顾及股利政策对公司价值和财务形象的影响，又要平衡大股东和小股东的利益，还要处理发放股利与为公司下一步发展留存收益的关系），但还是有很多情况必须要考虑周到。大体分红方针经集团公司指示和本公司高管层会议讨论定下后，财务总监张小姐就必须领导财务部门承担起制定本年度公司分配红利草案的任务，先递交给公司董事会讨论通过形成分红预案，再报以福启集团公司为首的公司股东会表决通过。张小姐觉得这是一件十分重要而又相当复杂的事，牵涉面广，影响很大，必须结合方方面面的需求和公司的实际情况做好。

利润作为企业最终的经营成果（息税前利润）和财务成果（净利润），是企业生存和可持续发展的源泉，是衡量企业经营管理水平的重要综合性指标，是企业利益相关者进行利益分配的基础。获取利润是企业生产经营的出发点和归宿。企业在存续期内，在上缴企业所得税后，其净利润的一部分要分配给所有者作为其资本收益，另一部分要留在企业作为所有者对企业的追加投资。利润分配政策的合理性，直接关系到所有者当期到手的投资收益和对企业投资的信心，也与企业内部筹资和下一步再投资金额密切相关，同时还会影响与企业有利害关系的各方的利益。因此正确地组织利润分配，兼顾不同方面的利益，处理好投资者近期利益与企业长远发展之间的关系，确保利润分配政策与筹资、投资策略相互协调，建立利润分配的激励约束机制，是企业财务管理的一项重要内容，也是企业成长与发展的重要财务基础之一。

第一节　利润分配概述

一、利润的构成和利润的分配

（一）利润的构成

从会计的角度来看，利润是指企业在一定会计期间生产经营活动所实现的财务成果，是企业在一定会计期间所取得的全部收入抵补当期全部成本费用、税金后的余额。利润可以反映企业在一定会计期间的经营业绩和获利能力，反映企业的投入产出效率和经济效益。

根据企业会计制度的规定，在企业利润表中，企业利润包括营业利润、利润总额、净利润、每股收益（即每股利润）四个层面：

1.营业利润

$$\text{营业利润}=\text{营业收入}-\text{营业成本}-\text{税金及附加}-\text{销售费用}-\text{管理费用}-\text{研发费用}-\text{财务费用}+\text{其他收益}\pm\text{投资损益}\pm\text{公允价值变动损益}-\text{资产减值损失}+\text{资产处置收益等}$$

2.利润总额

利润总额=营业利润+营业外收入-营业外支出

3.净利润

净利润=利润总额-所得税费用

4.每股收益（每股利润）

$$每股收益=\frac{净利润-优先股股利}{发行在外的普通股加权平均数}$$

$$\frac{发行在外的}{普通股加权平均数}=\frac{期初发行在}{外普通股股数}+\frac{当期新发行普通股股数\times 已发行时间}{报告期时间}-\frac{当期回购普通股股数\times 已回购时间}{报告期时间}$$

在企业财务管理中，利润根据其构成不同，可表述为以下两个层次：息税前利润、净利润（包括每股利润）。

（1）息税前利润（EBIT）。

息税前利润是指企业支付利息和缴纳所得税之前的利润，其计算公式可以分别从其形成和分配两个方面反映。从形成方面看，息税前利润=营业收入-变动成本费用-固定成本费用=边际贡献-固定成本费用（变动和固定成本费用中都不包括财务费用）；从分配方面看，息税前利润=净利润+所得税+利息支出。

可见，息税前利润是对应于企业总资产的利润，与企业总资产配合形成总资产息税前利润率（ROA）指标，其中净利润和所得税分别归属于投资人（所有者）和政府，利息支出归属于债权人。息税前利润体现了不同企业间的不同采购成本、生产制造成本、销量、销售单价以及管理费用、销售费用、流转税率等因素的影响，反映了企业经营效果和企业总资产经营盈利水平，可以据此较准确地对生产经营管理水平进行评价。在计算经营杠杆系数，控制和考核企业利润中心、投资中心业绩，进行量本利分析和企业盈利能力、偿债能力分析时都要用到息税前利润。

（2）净利润。

净利润（Net Profit）即税后利润（Earnings after Tax，EAT）（从会计角度看两者并无区别，但财务管理中的EAT，往往指归属于普通股的净利润，即净利润-优先股股利，因为发行优先股的公司很少，所以常常将两者等同），它是与所有者权益资金相对应的，归企业所有者所有的利润，与所有者权益配合形成权益资金税后利润率指标（净资产收益率，ROE）。其计算公式为：净利润=息税前利润-利息支出-所得税=税前利润-所得税。它不仅受决定企业息税前利润（经营成果）的生产经营诸因素的影响，还受企业资本结构、所得税税率等财务经营因素的影响，是企业最终的财务成果，在确立财务管理目标、计算财务杠杆系数、考核企业投资中心和整个企业的业绩、实施利润分配、进行盈利能力分析和财务综合分析等时都要用到它，是企业中最综合的一项财务指标。

每股收益（也称每股利润或每股盈余，EPS）是每股普通股的净利润，是净利润的相对数指标，包括基本每股收益和稀释每股收益。稀释每股收益是以基本每股收益为基础，假设企业所有发行在外的稀释性潜在普通股均已转换为普通股，从而分别调整归属于普通股股东的当期净利润以及发行在外普通股的加权平均数计算而得的每股收益。潜在普通股主要包括：可转换公司债券、认股权证和股份期权等。

（二）利润的分配

从分配范围来看，财务管理中的利润分配包括息税前利润分配、税前利润分配和税后利润分配。与此相对应的分配程序是息税前利润在利息和税前利润之间的分配，即按契约规定，向债权人支付利息；税前利润在所得税和净利润之间的分配，即按税法规定，向政府缴纳所得税；净利润在企业留存收益与股利（股息）红利之间的分配，即根据企业发展对资金的需求、盈利能力、现金支付能力和流量状况，以及投资者对收益的偏好（当期收益还是长远资本利得）等因素，确定对外分配股利红利和对内留存收益的比例。

财务管理中一般意义上的利润分配是指企业净利润的分配。所以，利润分配，是将企业实现的净利润，按照国家财务制度规定的分配形式和分配顺序，在企业和投资者之间进行分配。

二、利润分配的原则

为合理组织企业财务活动和正确处理与投资者之间的财务关系，企业在进行利润分配时，应遵循以下原则：

（一）合乎法规原则

企业利润分配的对象是企业缴纳所得税后的净利润，这些利润是企业的权益，企业有权自主分配。为了规范企业的利润分配行为，确保所有者的利益，促进企业健康发展，我国制定和颁布了一系列法规制度。如在《中华人民共和国公司法》（以下简称《公司法》）和《企业财务通则》中，对公司制企业的利润分配作出了具体规定。证监会对上市公司的股利政策更是经常出台具体新规范。每个公司的公司章程中，对利润分配的原则、方法、决策程序等内容有更具体明确的规定。因此，企业在进行利润分配时，必须根据有关法规和公司章程的规定，合法分配，不得违反。

（二）利益兼顾原则

利润分配政策的合理性，直接影响企业所有者与企业之间、所有者与债权人之间、所有者与所有者之间的经济利益。因此，企业利润分配要协调好近期利益和长远利益、整体利益和局部利益的关系，合理确定留存收益和分配给投资者的利润的比例。首先，在分配中不能侵蚀资本。一般情况下，如果存在尚未弥补的亏损，企业应首先弥补亏损，再进行其他分配。其次，保护好债权人的利益。按照风险承担的顺序及其合同契约的规定，企业必须在利润分配之前偿清所有债权人到期的债务，否则不能进行利润分配。最后，在利润分配之后，企业还应保持一定的偿债能力，以免产生财务危机，危及企业生存。此外，企业在与债权人签订某些长期债务契约的情况下，其利润分配政策还应征得债权人的同意或审核方能执行。

（三）积累优先原则

企业在进行利润分配时，应正确处理长期利益和近期利益的关系，多考虑未来可持续发展的需要，增强企业发展后劲，尽可能适当地留存部分利润作为积累，尤其是在企业处于扩张期的时候。这样既为企业扩大再生产筹措了资金，也增强了企业抵抗风险的能力，提高了企业经营的安全系数和稳定性，有利于增加投资人的长期回报，使利润分配真正成为促进企业发展的有效手段。

（四）公平公正原则

利益机制是制约机制的核心，而利润分配的合理与否是利益机制最终能否持续发挥作用的关键。在分配利润时，应当体现“谁投资谁受益”、收益大小与投资比例相适应的原则，股利（利润）的分配应以各股东（投资者）持有股份（投资额）的数额为依据，即投资与收益对等原则，每一个股东（投资者）取得的股利（分得的利润）与其持有的股份数（投资额）成正比。坚持公开、公平、公正，实行同股同利，保证不同投资主体在企业中都能按其持股比例享有合法权益，不偏袒任何一方投资者而损害其他投资者的利益。

（五）均衡分配原则

企业在分配利润时，应充分考虑不同时期利润波动的可能性，做到量入为出，以丰补歉，均衡分配，并尽可能地保持稳定的利润分配政策，在企业获得稳定增长的利润后应增加利润分配的数额或百分比，使投资人从企业稳定的投资回报中，树立起对企业的信心，改善企业形象，提升企业价值。

三、利润分配的一般程序

按照我国《公司法》《企业所得税法》等法律法规的规定，公司当年实现的利润总额，应当按照税法规定作相应调整后，依法缴纳所得税，然后按照下列顺序进行分配：

（一）弥补以前年度亏损（计算可供分配的利润）

企业发生的年度亏损，可以用下一年度的税前利润等弥补，下一年度利润不足以弥补的，可以在5年内延续弥补。5年内不足以弥补的，可以用企业的税后利润等弥补，即将本年净利润（或亏损）与年初未分配利润（或亏损）合并，计算出可供分配的利润。如果可供分配的利润为负数（即本年累计亏损），则不能进行后续分配；如果可供分配的利润为正数（即本年累计盈利），则进行后续分配。

（二）提取法定盈余公积

法定盈余公积按公司当年净利润弥补年初累计亏损后余额的10%的比例提取，当其累计额达到公司注册资本的50%时，公司可不再继续提取。法定盈余公积可用于弥补公司亏损、为扩大公司生产经营转增资本金，但企业用法定盈余公积转增资本后，法定盈余公积的余额不得低于转增前公司注册资本的25%。

（三）提取任意盈余公积

公司从税后利润中提取法定盈余公积后，根据需要经股东（大）会决议，还可以从税后利润中提取任意盈余公积。如确因需要，经股东（大）会同意，也可用于分配。

（四）向股东（投资人）支付股利（利润）

根据《公司法》的规定，公司弥补亏损和提取盈余公积后所余税后利润（企业以前年度未分配的利润，可以并入本年度分配），可以向股东（投资人）分配股利（利润），其中有限责任公司股东按照实缴的出资比例分取红利，全体股东约定不按照出资比例分取红利的除外；股份有限公司按照股东持有的股份比例分配，但公司章程规定不按持股比例分配的除外。公司持有的本公司股份不得分配利润。对于公司当年可供分配的利润，经股东（大）会决议可以全部分配，也可以部分分配或不分配。

第二节 股利政策

一、股利政策相关理论

股利政策是指股份公司如何确定分配给股东的股利占净利润的比率（即股利支付比率），以及选择和确定股利分派的时间、方式、程序等方面的方针和对策。其核心是股利支付比率的确定。

公司的股利分配方案取决于公司的股利政策，而股利政策又取决于决策者对股利分配的理解与认识，即股利分配理论。股利分配理论是指人们对股利分配的客观规律的科学认识与总结，其核心问题是股利政策与公司价值的关系问题。在市场经济条件下，股利分配要符合财务管理目标，实现公司价值最大化。长期以来，财务学界就股利分配与公司价值（股票市价）的关系等展开了一系列的讨论，由此形成了不同的股利政策理论。

（一）股利无关论

1961年，莫迪利安尼（Franco Modigliani）和米勒（Merton Miller）在他们的著名论文《股利政策、增长与股票价格》中，在关于资本结构与企业价值关系的MM理论的基础上经过大量实证研究得出了“股利无关论”。这一理论认为，在一定的假设条件限定下，公司的股利政策不会对公司的市场价值（股票价格）或其资金成本产生任何影响。公司价值或其股票价格完全由公司投资决策所决定的获利能力和风险组合决定，而非取决于公司的利润分配方式（即股利政策）。也就是说，股利政策并不重要。

股利无关论建立在如下一些假设基础上：

（1）不存在个人与公司所得税，即股利与资本利得之间没有所得税差异；

（2）不存在股票发行与交易费用，即不存在股票筹资费用；

（3）公司的投资决策与其股利政策是彼此独立的，即公司股利政策不影响投资决策；

（4）资本市场强式有效，投资者与公司管理层之间没有信息不对称，不存在代理成本，可同等地获得关于未来投资机会的信息，没有任何一个股东的实力足以影响股票价格。

上述假设描述的是一种完美资本市场，因此股利无关论又被称为完美市场理论。

基于上述假设，股利无关论得出如下结论：

（1）股东在股利收入和资本增值之间并无偏好，因此不会关心公司的股利政策，股利分派的多少不会影响投资者对公司的态度，因而不会对公司的价值产生影响，公司的股票价格与股利政策无关。其原因如下：当公司保留较多盈余用于投资，并且有好的投资效益时，公司股价将会上涨，这时如果股利较低，需要现金的股东可将所持股票出售变现并取得资本收益；如果公司发放较多现金股利，股东可以用现金股利再购买一些股票以扩大投资而获利。这种投资者通过买卖公司股票以调整公司股利政策对自身影响的做法就是自制股利政策。这意味着认为公司股利政策不适合自己的股东完全可以通过自制股利政策使之更适合自己，因为投资者可以通过复制公司的任一股利系列来自制股利政策，所以投资者对股利和资本利得并无明显偏好。

（2）当有较好的投资机会，而又要支付较高的现金股利时，公司可通过发行新股等方式筹集资金，新投资者会认可公司的投资机会，不会要求更高的投资报酬率，因此公司的资金成本不会受到影响。

根据这一理论，公司股利政策完全由投资计划所需要的留用利润来决定，发放股利的数额应该是满足投资需要后所剩余的利润。

（二）股利相关论

股利相关论认为，股利政策会影响公司的股票价格和公司价值。这一理论认为，现实世界存在着市场不完美和税收，如果放宽股利无关论对完美资本市场的一系列假设条件，股利政策就会显现出对公司价值（或股票价格）产生的较大影响。

股利相关理论中，有如下较具代表性的流派：

1.“一鸟在手”论

在MM的股利无关论问世以前，股利政策的研究以规范研究为主。当时流行的观点是由财务学家戈登（Myron Gordon）、林特纳（John Lintner）、杜兰德（D.Durand）等人根据对投资者风险厌恶心理状态进行分析而得出的“一鸟在手”论（又称股利重要论）。该理论认为，公司留用利润进行再投资而促使未来股价上涨给股东带来的资本利得在很大程度上是不确定的。从收益的确定性或低风险性考虑，投资者宁愿以较高的价格购买现在就支付较多现金股利的股票（喻为“一鸟在手”），而不愿购买因收益留存在公司内部而将来才可能上涨形成资本利得的股票（喻为“双鸟在林”）。总之，“双鸟在林，不如一鸟在手”，现在发放现金股利会刺激股价上涨。因此该理论认为公司的股利政策与公司的股票价格密切相关，即当公司支付较高的现金股利时，公司的股票价格会随之上升，从而使公司价值得以提高，所以公司应保持较高水平的股利支付比率。

然而这一理论对股利政策的解释存在一定的疑问。因为从长期来看，不论是现金股利还是资本利得，都需要公司实际业绩的支撑才能真正实现。如果公司能长期保持良好的盈利业绩，尽管因近期少发现金股利而使市场在一段时间可能未能充分估计公司股票的价值而导致其价格被低估，但从长远来看，公司的实际价值一定会在股票价格上表现出来，因此，不存在现金股利的风险一定低于资本利得的风险的结论，现金股利也就不一定优于资本利得。

2.信息传递理论

米勒（Merton Miller）和洛克（Kevin Rock）于1985年提出了信息传递理论。该理论认为，在信息不对称的情况下，公司可以通过股利政策向市场传递有关公司未来获利能力的信息，从而会影响公司的股价。虽然公司的财务报告可以反映盈利状况，但报表往往可以在一定程度上被巧妙调整和修饰，给人假象，令人不敢相信。从长远来看，能增强和提高投资者对公司信心的，则是实际发放的股利。公司的股利发放是以实际盈利能力和现金流量为基础的，难以作假。股利能将公司的经营状况和盈利能力传递给投资者。公司的经营状况和盈利能力决定了股票市价。一般而言，保持股利的稳定，并根据收益状况增加股利发放，可使投资者增强对公司的信任，有利于提高公司的财务形象，刺激股价的上涨。投资者一般根据股价的变动来判断是否应当对公司进行投资，因而股价的升降会对公司产生重大影响，股利政策实际上将影响公司价值。

3.纳税差异理论

纳税差异理论（也称差别税收理论）认为，税负差异效应会成为影响股利政策的相当重要的因素，因为投资者取得股利适用的所得税税率要高于取得资本利得适用的所得税税率，因此投资者喜欢公司少支付股利而将较多收益留存下来作为再投资以获得资本利得。另外，资本利得税要递延到股票真正出售时才发生，因此，即使股利和资本利得的所得税税率相同，实际上资本利得的税收也比股利收入的税收要低。所以公司采取低股利支付率的政策，能让投资者更划算也更喜欢，从而使公司资本成本最小和公司价值达到最大。

纳税差异理论的进一步发展，还形成了客户效应理论。该理论认为，不仅投资者因为税收差异对资本利得和股利收入有偏好，而且处于不同边际税率等级的投资者对公司股利政策的偏好也不相同。收入高的投资者因其拥有较高的税率而偏好低股利支付率的股票，而收入低的投资者以及享受税收优惠的养老基金投资者更偏好高股利支付率的股票，这种投资者依据自身边际税率而显示出的对不同股利政策的选择偏好现象被称为“客户效应”。所以，公司在制定或调整股利政策时不能忽视客户效应的影响。

4.代理理论

代理理论认为，公司股利政策是协调股东与公司管理层之间代理关系、减少代理冲突的一种约束机制，股利的支付能够有效地降低代理成本。首先，股利的支付减少了公司管理层对自由现金流量的支配权，在一定程度上可以抑制管理层的过度投资或在职消费行为，从而保护了投资者的利益；其次，较多的现金股利发放减少了公司内部融资，使公司只得更多地进入资本市场寻求外部融资，导致公司将接受资本市场更多更严的监督，从而减少了代理成本，但同时也因此增加了外部融资成本。所以，理想的股利政策应当使这两种成本之和最小。

股利分配理论的研究还在不断深化。公司的股利分配应充分考虑各种因素，既要考虑公司再投资对资金的需要，又要考虑股东的愿望，还要考虑股票市场情况以及经济环境变化等因素。大多数文献与教材都认为股利相关论比较贴近现实，股利政策关系到公司在市场上、在投资者心中的形象，成功的股利政策有利于提高公司的市场价值。

二、影响股利政策的因素

（一）法律因素

为维护债权人和股东的利益，有关法律法规会对公司的股利分配作出许多限制规范。

1.资本保全约束

资本保全要求公司的股利发放不得侵蚀资本。企业不得用募集的生产经营资金发放现金股利。用于现金股利分配的资金，只能是公司的当期净利润或以前的未分配利润。这样的限制，是为了防止公司任意减少资本结构中的所有者权益的比例，以保护债权人的利益。

2.资本积累约束

公司本年度的利润，在弥补以往年份的亏损以后，如果还有盈余，还必须先提取一定比例的盈余公积，然后才可以考虑分配现金股利。这一限制的目的，是保证公司有稳定持续的发展。

3.偿债能力约束

现金股利的发放，不能影响公司的偿债能力和负债能力。公司分配股利必须考虑公司的现金是否充足，如果因支付现金股利而影响了公司的偿债能力或正常的经营资金周转，则股利分配就必须受到限制。这是为了保护债权人的利益和维护公司信用。

4.超额累积利润约束

因为资本利得和股利收入的税率不一致，公司通过保留利润来提高其股票价格，则可使股东避税。因此美国等国家的法律禁止公司过度地保留盈余，对大大超过公司目前和未来投资需要的过度盈余保留要加征惩罚性额外税款。我国法律目前尚未对此作出规定。

（二）公司因素

公司出于长期发展和短期经营的需要，需要考虑以下因素来确定股利政策：

1.现金流量

保证公司正常经营活动对现金的需求是确定股利政策最重要的限制因素。公司在进行股利分配时，必须充分考虑自身的现金流量，而不仅仅是企业的净利润。

2.投资机会

公司的投资机会也是影响股利政策的一个非常重要的因素。在公司有较多的良好投资机会时，应当考虑少发现金股利，增加留存收益，用于再投资，加速公司的发展，增加公司和股东的未来收益。如果公司投资机会较少，则可能倾向于较高的股利支付水平。

3.筹资能力

公司股利政策受其筹资能力的限制。如果一个公司筹资能力较强，随时能够筹措到所需要的资金，那么公司具有较强的股利支付能力；反之，筹资能力较弱的公司，往往采取较为保守的分配政策，留存较多的盈余。

4.资产流动性

企业现金股利的支付能力，在很大程度上受其资产变现能力的限制。较多地支付现金股利会减少公司的现金持有量，使资产的流动性降低，而保持一定的资产流动性是企业正常运转的基础和必备条件。如果一个公司的资产有较强的变现能力，现金的来源较充裕，则它的现金股利支付能力也较强。

5.盈利的稳定性

一般来说，一个公司的盈利越稳定，则其股利支付也就越可能维持在较稳定的水平。

6.资金成本

资金成本是公司选择筹资方式的基本依据。留存收益是公司内部筹资的主要方式，与发行新股或举债相比，它没有外显资金成本。因此，很多企业在确定股利政策时，往往将留存收益作为首选的筹资渠道，特别是在负债较多、资金结构欠佳的时期。

7.股利政策的惯性

公司在确定股利政策时，应当充分考虑股利政策调整有可能给公司形象、股票价格、负债能力、信用信誉等方面带来的负面影响。另外，依赖股利生活和消费的小股东更不愿意投资于股利波动频繁、不可捉摸的股票。

8.其他因素

公司所处行业、生命周期不同对股利政策也有较大影响。另外，有时公司可能有意多发股利使股价上升，使已发行的可转换债券尽快地实现转换，从而达到调整资本结构的目的或利用股利政策达到兼并、反收购等特殊目的。

（三）股东因素

股利政策必须经过股东大会决议才能实施，所以股东对公司股利政策具有举足轻重的影响。一般说来，股东主要考虑以下因素：

1.控制权

大股东持股比例较高，对公司拥有一定的控制权，他们出于对公司控制权可能被稀释的担心，往往要求公司少分配现金股利，多留存利润。如果公司发放了较多的现金股利，就可能造成未来项目投资和经营资金的短缺，不得不筹集新的资金。举借新债除要付出资金成本外，还会加大公司的财务风险；如果增募股本，可能会有新的股东加入公司，打破已经形成的控制格局，老股东就会倾向于较低的股利支付水平，以便从内部留存收益中获得所需资金。

2.稳定的收入

有些股东，主要是小股东，是依靠现金股利来维持生活和消费的，他们要求公司支付稳定的股利，反对公司留存过多的利润。另外，有些股东认为留用利润使公司股价上升而获得的资本利得具有很大的不确定性，还是取得现实的股利比较可靠，因此也会倾向于公司多发股利。

3.避税

一般来说，股利收入的税率要高于资本利得的税率，因此很多股东出于对税负因素的考虑会偏好于低股利支付水平，尤其是一些高股利收入的股东。

（四）其他因素

1.通货膨胀或通货紧缩

通货膨胀会使公司的购买力下降，资金成本增加，从而导致实际收益下降，此时公司会考虑多利用留存收益来弥补购买力下降而造成的资金缺口，股利发放就会减少；通货紧缩带来的经济衰退可能会造成公司投资机会减少，销售不畅，利润下降，从而也会使股利发放减少。

2.债务契约

一般来说，股利支付水平越高，留存收益越少，公司的财务风险越大，就越可能损害到债权人的利益。因此，为了保证自己的利益不受损害，债权人通常会在各种债务契约，特别是长期债务合同中加入有关借款公司股利政策的限制条款，以限制公司现金股利的支付，通常包括：

（1）未来股利只能用贷款协议签订后的新的收益发放，不能以过去的留存收益发放；

（2）营运资金低于一定标准时，不得支付股利；

（3）将利润的一部分以偿债基金的形式留存下来；

（4）利息保障倍数低于一定标准时，不得支付股利等。

三、常用的股利政策种类

股利政策，不仅直接涉及不同股东的利益问题，而且关系到公司投资、筹资以及公司形象、股票价格和公司价值等各个方面。因此，股利政策的制定问题是财务管理的重要内容。股利政策的核心问题是确定股利支付比率，即分与不分、分多与分少的问题。在实务中，不同的公司可能采取不同的股利分配政策。即使是同一公司，在不同时期也可能采取不同的分配政策。在实际工作中，通常有下列几种股利政策可供选择：

（一）剩余股利政策

1.剩余股利政策的内容

剩余股利政策，是指公司在分配净利润，确定股利支付比率时，首先考虑良好投资机会的资金需要，根据目标资金结构要求，对可供分配的净利润优先考虑用于满足投资机会的权益资金需要，若还有剩余，才将剩余的净利润用于发放股利；若无剩余，就不发股利。剩余股利政策的理论依据是股利无关论。在这种股利政策下，当公司面临良好的投资机会时，在目标资金结构的约束下，最大限度地使用留存收益来满足投资项目所需的自有资金数额。

2.采用剩余股利政策的步骤

（1）设定目标资金结构，即确定权益资金与负债资金的最佳比例，在此资金结构下加权平均资金成本最低。

（2）确定目标资金结构下投资机会所需的权益资金数额。

（3）最大限度地使用留存收益来满足投资项目所需的权益资金。

（4）在投资项目所需的权益资金得到满足后如还有剩余的净利润，将其作为股利发放给股东。

【例8-1】福发公司2×21年可供分配的净利润为1 000万元，2×22年项目投资计划所需资金为1 500万元，公司的目标资金结构为权益资金占60%、债务资金占40%。公司采用剩余股利政策，则该公司2×22年投资计划所需的权益资金数额和该公司2×21年度可向投资者分配股利的数额如下：

该公司2×22年投资计划所需的权益资金数额=1 500×60%=900（万元）

该公司2×21年度可向投资者分配股利的数额=1 000−900=100（万元）

3.剩余股利政策的优缺点

这种股利政策的主要优点是可以将净利润直接用于再投资，在有好的投资机会时，可以节省资金成本、筹资时间与花费在筹资方面的精力。剩余股利政策将股利的支付作为新的投资机会的因变量，其根本目的是在保持最佳资金结构的前提下，降低公司的资金成本。这既有利于满足公司发展对资金的需求，促进公司发展，又有利于提高公司价值。

这种股利政策的缺点主要是股利支付的多少取决于公司的盈利情况和公司未来投资机会的情况，从而造成了股利支付的不确定性，不利于投资者安排收入与支出，也不利于公司树立良好的形象。

如果公司将可供分配的净利润用于再投资后所能得到的报酬率，高于股东自行投资的预期报酬率，那么大多数股东宁愿少发或不发股利，将净利润保留下来用于公司再投资。相反，如果公司的投资项目所能获得的报酬率低于股东自行投资的预期报酬率，则大多数股东愿意公司多发放现金股利，而反对采用剩余股利政策。

一般来说，剩余股利政策适用于公司的初创阶段和扩张阶段。剩余股利政策还能用于公司资本结构的调整。

（二）固定股利或稳定增长的股利政策

1.固定股利或稳定增长股利政策的内容

固定股利政策，是指在较长时期内，不管公司盈利情况如何，公司每年发放的每股股利不变，只有当公司对未来利润持续增长有确实把握且不会发生逆转时，才提高每股股利。

在通货膨胀期间，投资者要求的投资报酬率也会相应提高，这时公司就采用稳定增长的股利政策，即根据通货膨胀贴补率制定一个目标股利增长率，并努力使股利按这个幅度增长。如果扣除通货膨胀的影响，这时执行的基本仍是固定股利政策。所以在通货膨胀条件下，稳定增长的股利政策才是真正的固定股利政策，否则维持名义固定股利不变，反而成为递减的股利政策了。

2.固定股利或稳定增长股利政策的优缺点

采用这种股利政策的优点是：

（1）稳定的股利向市场传递着公司正常发展的信息，有利于树立公司良好的形象，增强投资者对公司的信心，稳定股票价格。

（2）稳定的股利额有利于投资者安排股利收入和支出，特别是那些对股利有着很高依赖性的股东更是如此。而股利忽高忽低的股票，则不会受这些股东的欢迎，股票价格会因此而下降。

该股利政策的主要缺陷表现为：

（1）公司股利支付与公司盈利情况相脱节，造成投资风险与投资收益的不对称。

（2）由于公司盈利较低时仍要支付固定的或按一定比率（通胀率）增长的股利，因此容易引起公司资金短缺，导致财务状况恶化，甚至侵蚀公司以前的留存收益和公司资本。

因此，采用固定股利或稳定增长的股利政策，要求公司对未来的盈利和支付能力作出较准确的判断。一般来说，公司确定的固定股利额不应太高，要留有余地，以免陷入无力支付的局面。一般来说，固定股利或稳定增长的股利政策适用于经营比较稳定或正处于成长期、信誉一般的公司，但该政策很难被长期采用。

（三）固定股利支付率政策

1.固定股利支付率政策的内容

固定股利支付率政策，是公司确定一个股利占可分配净利润的固定支付比率，每年按此固定比率从可分配净利润中支付股利，使公司的股利支付与盈利状况保持固定的比例关系。在这种股利政策下，只要公司的可分配净利润一经计算确定，所派发的股利也就相应确定了，因此公司每年发放的股利额会随着公司经营业绩的好坏而上下波动。

2.固定股利支付率政策的优缺点

这种股利政策的优点是：

（1）能使股利分配与企业盈余紧密地结合，以体现多盈多分、少盈少分、无盈不分的分配原则，体现了投资风险与收益的对等关系，真正公平地对待每一位股东。

（2）由于公司的盈利能力在年度间是经常变动的，保持股利与可分配净利润间的一定比例关系，可以使股利发放具有一定的弹性，使公司在这方面没有固定的财务负担和支付压力。

固定股利支付率政策的缺点是：由于每年的股利随着公司收益的变动而变动，波动较大，容易使外界产生公司经营不稳定、投资风险较大的不良印象，不利于树立公司的市场形象，因而不利于股票价格的稳定与上涨。

一般来说，固定股利支付率政策只能适用于业绩稳定发展的公司和公司财务状况较稳定的阶段。

（四）低正常股利加额外股利政策

1.低正常股利加额外股利政策的内容

低正常股利加额外股利政策，是公司在一般情况下，每年固定支付数额较低的正常股利，当公司用于支付股利的可分配净利润较多时，再根据实际情况（如现金丰沛与否）向股东增发一定金额的额外股利。

2.低正常股利加额外股利政策的优缺点

这种股利政策的优点是：

（1）这种股利政策具有较大的灵活性。当公司利润较少或者投资机会多需要较多资金时，可维持设定的较低的正常股利水平，股东不会有股利跌落感；而当盈余有较大幅度增加、现金也足够时，则可适度增发股利，把经济繁荣和收益增加的部分利益分配给股东，使他们增强对公司的信心，这有利于稳定股票的价格，提升公司价值。

（2）这种股利政策既可以在一定程度上维持股利的稳定性，又比较有利于企业维持目标资本结构，使灵活性与稳定性较好地相结合，因而为许多公司所采用。

（3）这种股利政策可使那些对股利依赖度较高的股东每年至少可以得到虽然较低，但比较稳定的股利收入，从而吸引住这部分股东。

低正常股利加额外股利政策的缺点是：

（1）股利派发仍然缺乏稳定性，额外股利随盈利的变化和现金充足与否而变化，时有时无，给人漂浮不定的印象。

（2）如果公司较长时期一直发放额外股利，股东就会误认为这是正常股利，一旦取消，极易造成公司财务状况逆转的负面影响，股价下跌在所难免。

以上各种股利政策各有所长，也各有所短。其中，固定股利政策和低正常股利加额外股利政策是被公司普遍采用，并为广大投资者所认可的两种基本政策。一般企业在进行利润分配时，可以比照上述四种股利政策的思路和特点，结合本企业的实际，制定合适的净利润分配政策。

思政课堂

党的十九届五中全会对扎实推动共同富裕作出重大战略部署。2021年6月10日，中共中央、国务院发布《关于支持浙江高质量发展建设共同富裕示范区的意见》。共同富裕是全体人民的富裕，是人民群众物质生活和精神生活都富裕，不是少数人的富裕，也不是整齐划一的平均主义。要建立科学的公共政策体系，形成人人享有的合理分配格局，要正确处理效率和公平的关系，构建初次分配、再分配、三次分配协调配套的基础性制度安排，要整顿收入分配秩序，鼓励高收入人群和企业更多回报社会。请同学们思考和回答：（1）公司利润分配与促进共同富裕有关吗？是怎样的关系？（2）公司如何实施利润分配政策能更好地促进共同富裕？

四、股利支付的方式和程序

（一）股利支付的方式

1.现金股利

现金股利是指股份公司分配股利时向股东分派现金作为股利，使股东获得直接的现金收入。它是股利支付最常见的方式。现金股利的最大优点在于操作简单。但公司选择支付现金股利时，除了要有足够的可供分配的净利润外，还要有足够的现金。这往往会成为公司发放现金股利的主要制约因素。

2.股票股利

股票股利是股份公司以增发股票的方式无偿向股东支付股利的方式，实务中也称其为“红股”。由于所送红股是按股东所持股票的比例分派的，因此每位股东所持公司的股票份额比例（其在公司的权益比例）不会发生变化，同时，这种股利支付方式只是使公司账面上的留存收益转化为股本和资本公积，公司的股东权益总额、总资产及负债并未受到影响。

发放股票股利的优点在于：

（1）不会因为分派股利增加公司的现金流出量，也不会导致公司财产的减少，但可以在心理上给股东以从公司取得投资回报的感觉。在公司再投资机会较多或者公司现金紧张，而又面临市场或者股东要求分派股利的压力时，股票股利不失为一种好的选择。

（2）会降低公司股票的市场价格，可以促进股票的交易和流通。如果日后公司将以发行股票方式筹资的话，则可以降低发行价格，有利于吸引更多的投资者，从而促进股权的进一步分散，可以有效防止公司被恶意控制。

（3）可以传递公司未来发展前景良好的信息，增强投资者的信心。

股票股利虽然不会影响公司现金流出量，不改变所有者权益总额，但由于增加了股本数额和流通在外的股票数量，会引起所有者权益构成项目数额的变化，对公司股票的每股利润以及公司股价都会带来一定影响。下面以一个简单的例子说明公司发放股票股利前后股东权益的变化情况。

【例8-2】表8-1为福方公司发放股票股利前股东权益的构成情况。

表8-1　发放股票股利前的股东权益构成　单位：元

项目	金额
普通股（面额1元，已发行500万股）	5 000 000
资本公积	400 000
盈余公积	200 000
未分配利润	15 000 000
股东权益	20 600 000

假设该公司宣布发放股票股利，每10股送1股，公司股票市价为22元。公司将发放50万股普通股股票股利，每股1元，共计50万元，资本公积因股票溢价将增加1 050万元（50万股×21元）。该公司股东权益的变化情况见表8-2。

表8-2　股东权益的变化情况　单位：元

项目	金额
普通股（面额1元，已发行550万股）	5 500 000
资本公积	10 900 000
盈余公积	200 000
未分配利润	4 000 000
股东权益	20 600 000

该公司发放股票股利后，流通在外的普通股股票和总股本增加，在净利润总额不变的情况下，每股利润将减少，每股市价也将因此而下降，但由于发放股票股利传递的利好信息和股票流通性的增强，每股市价下降的幅度一般会低于每股利润下降的幅度，甚至不降反升，因此公司的总市值和每位股东持有股票的市值可能会有所上升，从而有利于公司价值和股东财富的增长。

3.财产股利

财产股利是公司以现金以外的其他资产支付的股利，主要是以公司所拥有的其他公司的有价证券，如公司债券、股票等，作为股利发放给股东。

4.负债股利

负债股利是公司以负债方式支付的股利，通常将公司的应付票据支付给股东，有时也以发行公司债券的方式支付股利。

财产股利和负债股利实际上是现金股利的替代方式，但这两种股利支付方式目前在我国公司实务中极少使用，但并非法律所禁止。

在现实经济生活中，还有不少公司结合筹资以及调整股票流动性的需要等目的而采取诸如增资配股、股票回购、股票分割、股票合并等多种方式。这些方式，从性质上看，并不属于股利分配范畴，但从其作用的结果上看，则往往起到了与股利分配类似的效应，故可称之为“类股利”支付或分配方式。

（二）股利支付的程序

公司在选择了股利政策、确定了股利支付方式和股利支付比率后，应当进行股利的发放。公司股利的发放必须遵守相关要求的程序和日程安排来进行。

1.预案公布日

上市公司分派股利时，首先由董事会提出分配预案，包括本次分红的数量、方式，股东大会召开的时间、地点及表决方式等，以上内容由公司董事会向社会公开发布。

2.股利宣告日

董事会制定的分红预案提交股东大会审议，股东大会决议通过后，由董事会向股东和社会宣布发放股利的方案。公司董事会将正式分红方案（如每股股利等）及实施的时间（包括股权登记日、除权除息日和股利支付日）予以公告的日期，称作股利宣告日。

3.股权登记日

股权登记日是指有权领取本次股利的股东的资格登记截止日期。从公司宣布发放股利到实际支付股东的股利还有一定的时间间隔。在这段时间内，由于公司的股票可以在股市上自由交易，因此公司股东经常变换。为明确股利的归属，公司在宣告发放股利时，往往规定股权登记日。只有在股权登记日收盘前取得公司股票，成为公司在册股东的投资者，才有权享受公司本次分派的股利。

4.除息除权日

除息日是指领取现金股利的权利与股票相分离的日期。在除息日前，股利权从属于股票，持有股票者即享有领取股利的权利；而在除息日当天或以后，股利权与股票相分离，此时再购买股票的股东就不能领取本次股利了。除息日一般为股权登记日的下一个交易日。如发放的是股票股利，那么这个时间就称为除权日，即除去本次股票股利领取权利的日子。

公司之所以规定除息除权日，是由于股票从委托成交到交割过户需要一段时间，为了使公司有一定时间办理过户手续和改写股东名册，也为了使投资者有充裕的时间过户，需要在股权登记日之前进行除息除权处理。除息除权日之后的理论股价将会下跌，如发放现金股利时理论股价下跌的幅度约等于分派的股息，因为这时股价中不再包含应得的现金股利收入和股票股利。

$$\text{除息价}=\text{股权登记日收盘价}-\text{每股所派现金}$$

$$\text{送股除权价}=\frac{\text{股权登记日收盘价}}{1+\text{送股比例}}$$

5.股利支付日

股利支付日即公司按照公布的分红方案向股权登记日在册的股东实际支付股利的日期。

【例8-3】假定福培公司董事会在2×22年4月10日发布公告："本公司在2×22年4月9日在东海市召开的股东大会上通过了董事会关于发放普通股每股0.20元现金股利的2×21年股利分配方案。股权登记日为2×22年4月25日，除息日为2×22年4月26日，股东可在2×22年5月10日至25日之间通过深圳证券交易所按交易方式领取股利。特此公告。"

在【例8-3】中，2×22年4月10日为福培公司的股利宣告日；2×22年4月25日为其股权登记日；2×22年4月26日为其除息日；2×22年5月10日至5月25日为其股利支付期间。

本章小结

利润分配，是指企业将所实现的净利润，如何在投资者获得股利红利和留存收益用于再投资之间进行分配。在进行利润分配时，应贯彻合乎法规、利益兼顾、积累优先、公平公正和均衡分配等原则。利润分配的基本程序是弥补以前年度亏损、提取法定盈余公积和任意盈余公积、向所有者支付股利红利。

股利政策，是指股份公司如何确定分配给股东的股利占净利润的比率（即股利支付比率），以及选择和确定股利分派的时间、方式、程序等方面的方针和对策。长期以来，西方财务学界就股利分配与公司价值（股票市价）的关系等展开了一系列的讨论，形成了股利无关论和股利相关论等股利分配理论。

公司在制定股利政策时，应考虑法律因素、公司因素、股东因素和其他因素。

股利政策的核心是股利支付比率，股份公司常用的股利政策包括剩余股利政策、固定股利或稳定增长股利政策、固定股利支付率政策和低正常股利加额外股利政策等四种类型。这些股利政策都有各自的优缺点和适用范围。

股利支付的方式有现金股利、股票股利、财产股利、负债股利等。股利分派的程序包括股权登记日、除息除权日、股利支付日等重要日期。

思考与练习

思考题

1.利润分配的基本原则是什么？

2.利润分配的基本顺序是怎样的？

3.什么是股利政策？公司为什么要制定股利政策？

4.公司股利政策主要有哪几类？各有什么特点？

5.影响公司股利分配的因素有哪些？

6.股利相关论有哪些代表性观点？

计算分析题

1.A公司某年提取了盈余公积后的净利润为2 000万元，下年投资计划需资金2 400万元。该公司的目标资金结构为权益资金占60%，负债资金占40%。另外，该公司流通在外的普通股为2 000万股，没有优先股。

要求：如该公司采用剩余股利政策，试计算该公司当年可发放的股利额及每股股利。

2.B股份有限公司2×20年实现净利润5 000万元，发放现金股利1 800万元。2×21年公司实现净利润5 200万元，年末股本总额为5 000万元。每股股本为1元。2×22年公司有一投资项目需要筹资6 000万元。现有下列几种利润分配方案：

（1）保持2×20年的股利支付比率。

（2）2×22年投资所需资金的45%通过借款筹集，其余通过2×21年的留存收益来满足，留存收益以外的净利润全部用来分配股利。

（3）2×22年投资所需资金的一部分由投资人追加投资，拟实施配股，按2×21年年末总股本的30%配股，估计配股价格为每股3.50元，发行费用约为筹资额的4%。其余所需资金通过2×21年留存收益来满足，多余净利润全部分配现金股利。

要求：对上述各种分配方案，分别计算该公司2×21年分配的每股现金股利。

3.C公司2×20年（正常年度）提取了盈余公积后的税后净利为800万元，分配现金股利320万元。2×21年提取了盈余公积后的税后净利为600万元。2×22年度没有计划投资项目。

要求：试计算该公司分别在采用剩余股利政策、固定股利政策、固定股利支付率政策、低正常股利加额外股利政策的情况下，2×21年应分配的现金股利各是多少。

第九章

财务预算

学习要求： 结合企业全面预算管理进行财务预算控制是企业财务管理的一项重要日常工作。本章主要讲述企业财务预算的编制问题。通过本章学习，要求了解企业全面预算体系及财务预算在其中的地位；了解财务预算的内容及其与财务预测、决策、控制的关系；熟悉（财务）预算编制的方法；熟悉现金预算和其他财务预算的编制过程；掌握现金预算的内容。

案例导入

每到年底，财务管理工作总是忙上加忙。福迪公司年度分红的草案需要制定，下年度的预算编制工作又提上了议事日程。企业集团作为一个企业联合体，和一般企业不一样：企业财务管理的核心是决策，而企业集团财务管理工作的核心是控制，控制中最普遍的形式是结合制度控制进行的预算控制。整个集团的预算编制和实施监控工作由母公司（集团公司）负责，福迪公司作为福启集团公司旗下的子公司，只要为集团公司编制预算提供本公司的相关预算资料并提出具体指标要求就行，但因为预算编制工作是个几上几下的协调过程，而预算实际上是一个资源和利益的分配问题，对公司下一年的生产经营和业绩考评非常重要，关系到公司的切身利益，所以福迪公司必须紧密参与进去，要做的工作有许多。等到预算指标经集团公司董事会审批下达落实下来，作为利润中心的福迪公司在执行、实施中如果需要调整那就很麻烦了，所以福迪公司财务总监张小姐必须把本公司的这件事情组织好，她专门组织了一个预算工作组，与集团公司预算委员会和集团计划财务部预算科保持密切的沟通协调，并且她发现以前集团公司和本公司的预算管理中还存在不少问题，她觉得也有必要反映上去加以改进。唉，这下又有得忙了。

第一节　财务预算概述

财务预算和财务控制是财务管理的两种基本方法，也是财务管理的两个基本环节，财务预算是财务控制的依据和标准，因此这两个环节是密不可分的，可以合称为财务预算控制。进行财务预算控制是财务管理的一项重要的日常工作。本章主要讲述财务预算，下章讲述财务控制。

一、预算控制

预算控制又称预算管理。凡事“预”则立，不“预”则废。在竞争激烈的现代市场经济环境中，企业如何以战略规划目标为导向有效地聚集各项资源，使之形成一个强有力的有序的集合，如何使企业内部各部门、各环节做到统筹规划，协调行动，直接决定着企业竞争的成败与经济效益的优劣。对这些问题的思考和回答就是企业预算管理的基本任务。

（一）预算和预算控制的特征

预算是企业通过对内外部环境的分析，在预测、决策的基础上，以数量和金额的形式反映企业未来一定时期内生产经营、资本性投资、财务等活动的具体计划，是为实现企业目标而对各种资源和企业活动所做的周密安排，是对目标的具体化。预算是计划工作的结果，是一种可据以执行和控制企业活动的最为详细的计划，是未来企业各种活动的依据，是将企业活动导向预定目标的有力工具。因此，预算的主要特征首先是以战略或目标为导向，与企业战略或目标保持一致，数量化且具有可执行性。

利用预算对企业内部各部门、各单位的各种财务及非财务资源进行合理配置和全程控制，以便有效地组织和协调企业的各种生产经营、资本性投资、财务等活动，完成既定的经营目标，称为全面预算管理。全面预算管理是现代企业管理的基本制度之一，管理对象包含了企业的所有部门和所有活动，因此需要得到全体员工的重视和支持，体现了全员、全过程、全部门的特征。

（二）预算控制的作用

把企业预算期内全部生产经营、资本性投资、财务等活动各项目标的行动计划与相应措施，用货币及其他形式反映的数量说明，就称作全面预算，它是实行企业预算管理的基础和依据。预算控制是将企业的决策目标及其资源配置规划加以详细量化并使之得以实现的内部管理活动或过程，与主要起防护性作用的指令性计划控制和制度控制相比，较为成熟的预算控制不仅是一种控制方法，更是一种具有战略性的、全员参与的控制机制，具有全面控制的能力，资源综合配置、战略支持、管理协调等功能和明确工作目标、协调部门关系、控制日常活动、考核业绩标准等作用。

早在18世纪，英国和美国就先后出现了预算管理方式。如今，预算控制已成为西方企业管理的基本范畴，美国几乎所有的大型公司都运用了这一方法。改革开放尤其是实行社会主义市场经济体制之后，预算控制（包括财务预算控制）在我国的一些大中型企业和企业集团中已得到不同程度的应用。可以说，财务预算控制应该是现代企业日常内部控制中最经常性的工作，也是最有条件在现代企业中进行规范化推广的内部财务控制方式。2002年4月，财政部专门颁布了《关于企业实行财务预算管理的指导意见》，推动企业加强和规范财务预算控制机制。2009年7月1日后分批实施的我国企业内部控制规范体系（包括基本规范、具体规范和应用指南），也把财务预算控制作为重要内容之一。

财务预算控制是现代企业全面预算控制的重要组成部分。在控制过程中，财务预算控制总是与整个生产经营活动的其他预算控制结合在一起进行的。

（三）企业预算组织体系

企业的预算组织体系包括预算管理组织和预算执行组织两个层面。

1.预算管理组织

预算管理组织是指负责企业预算编制、审定、监督、协调、控制与信息反馈、业绩考核的组织机构，包括企业董事会、预算委员会和预算工作组。

（1）董事会居于企业整个预算组织体系的核心领导地位，掌握着企业各项预算的终审权以及涉及资本性投资、企业并购等重大资本预算的批准权，同时对企业预算的日常执行情况与执行结果拥有监督、检查权。

（2）预算委员会在企业预算组织体系中居于核心地位，其主要权责是：提出企业年度预算总目标、总方针和预算编制基本要求报董事会批准；审查企业资本性投资与项目预算；审议企业年度总预算报董事会批准；提出企业预算组织、规划、控制工作的改进意见；协调、裁定企业内重大预算冲突；批准企业预算工作组审议提交的预算调整、修正方案；听取企业预算工作组关于预算执行情况的分析报告并发表意见；审议企业财务部门提交的年度决算；审议企业预算工作组提出的预算执行奖惩办法和方案报董事会批准等。

（3）考虑到预算的财务归属性，企业预算工作组一般设在财务部门，有的称“预算中心”，有的称“预算科”等，由财务总监担任组长，主要负责企业预算编制、预算监控、预算协调、预算信息反馈等日常预算管理工作。

2.预算执行组织

预算执行组织即企业内执行预算的各种责任中心，包括成本中心、利润中心和投资中心。

二、财务预算的意义和地位

（一）财务预算的意义

财务预算是一系列专门反映企业未来一定预算期内预计现金收支、经营成果和财务状况等价值指标的各种预算的总称。具体成果以一套预计财务报告的形式体现出来，包括现金预算、预计利润表和预计资产负债表及其说明等内容。

财务预算是企业财务管理中继财务预测、财务决策后的第三个环节，因此财务预算的编制要以财务预测的结果为根据，受到财务预测质量的制约；财务预算还必须服从决策目标的要求，是对决策目标的具体化、系统化和定量化；财务预算是财务控制的依据和标准。

（二）财务预算的地位

企业全面预算体系包括日常业务预算、特种决策预算和财务预算三大类内容：

（1）日常业务预算是指与企业日常生产经营活动直接相关的生产经营业务预算。日常业务预算具体包括销售预算、生产预算、直接材料消耗及采购预算（直接材料预算）、直接工资及其他直接支出预算（直接人工预算）、制造费用预算、产品生产成本预算、销售费用及管理费用预算等。这些预算前后衔接，相互钩稽，既有实物量指标，又有价值量和时间量指标。

（2）特种决策预算是企业不经常发生的、一次性的重要决策预算，最能体现直接决策的结果，它实际是对企业特种决策的中选方案的进一步规划，包括经营决策预算和资本性支出预算等。

（3）财务预算是全面预算体系中的最后环节，是对企业包括日常业务预算和特种决策预算等整个全面预算的价值总结，从价值方面总括地反映了全面预算的结果，因此也称为总预算（其余预算则相应称为辅助预算或分预算）。在全面预算体系中占有举足轻重的地位。它的编制必须以日常业务预算和特种决策预算为基础。

三、（财务）预算的编制方法

（财务）预算编制的方法有很多，常见的主要有以下“三对六种”，三对方法中前者均属于传统的预算方法，后者都属于比较现代的预算方法，但传统方法并非完全过时，现代方法也并非十全十美，实际上一般企业现在用得多的还是传统方法。

（一）固定预算和弹性预算

编制预算的方法按其业务量基础数量特征的不同，可以分为固定预算和弹性预算两类。

1.固定预算

（1）固定预算的定义。

固定预算又称静态预算，是指根据预算期内正常的、可实现的某一业务量（如生产量、销售量）水平作为唯一基础来编制预算的方法。预算编出后，在预算期内除特殊情况外，一般对预算不加修改或更正，具有相对固定性。因为比较简单，传统预算大都采用这种方法编制。

（2）固定预算的缺点和适用范围。

因为不论预算期内业务量水平可能发生哪些变动，都只按事先确定的某个业务量作为编制预算的基础，因此过于机械呆板。当实际的业务量与编制预算所根据的业务量发生较大差异时，有关预算指标的实际数与预算数就会因为业务量基础不同而失去可比性，不利于正确地控制、考核和评价预算的执行情况。

固定预算只适合那些业务量水平较为稳定的企业或非营利组织编制预算时采用。

（3）固定预算的编制。

如采用固定预算方法编制销售收入预算、成本预算、销售利润预算，可以按以下公式进行：

销售收入预算=预计销售量×预计销售单价

成本预算=预计产量×预计单位完全成本

销售利润预算=预计销售量×（预计销售单价-预计单位完全成本）

【例9-1】福瑞公司预计生产销售甲产品2 000件，单价400元，单位完全成本300元，其中：直接材料180元，直接人工30元，制造费用90元。按固定预算编制的销售利润预算表见表9-1。

表9-1　**销售利润预算表**　单位：元

预算项目	预算金额
销售收入	800 000
销售成本：	600 000
直接材料	360 000
直接人工	60 000
制造费用	180 000
销售利润	200 000

2.弹性预算

（1）弹性预算的定义。

弹性预算是为克服固定预算的缺点而设计的，又称为变动预算或滑动预算。它是指在成本习性分析的基础上，以业务量、成本和利润之间的依存关系为依据，按照预算期可预见的各种业务量水平，编制能够适应多种情况的预算的方法。

编制弹性预算所依据的业务量可以是产量、销售量、直接人工工时、机器工时、材料消耗量、直接人工工资等。业务量范围的选择应根据企业的具体情况而定。一般来说，可定在正常生产销售能力的70%~110%，或分别以历史上最高的业务量和最低的业务量为上下限。

（2）弹性预算的适用范围。

由于未来业务量的变动会影响成本费用、利润等各个方面，因此从理论上说弹性预算适用于编制全面预算中所有与业务量有关的预算，但从实用角度看，主要用于编制弹性成本费用预算和弹性利润预算等。尤其是制造费用、销售费用和管理费用等间接费用预算，多运用弹性预算方法。

（3）弹性预算的编制。

下面以成本费用预算中的制造费用预算为例，说明弹性预算的编制。编制弹性成本费用预算的常用方法有公式法、列表法、图示法等。

公式法是指通过确定 y=a+bx 公式中的 a 和 b，来编制弹性成本费用预算的方法。在成本习性分析的基础上，可将任何成本近似地表示为 y=a+bx。如果事先确定了有关业务量 x 的变动范围，只要根据有关成本项目的参数 a 和 b，就可以很方便地推算出业务量在允许范围内任何水平上的各项预算成本费用。

【例 9-2】表 9-2 所列为福智公司 2×21 年按公式法编制的制造费用弹性预算指标（部分），其中较大的混合成本项目已被分解。

表 9-2　　**福智公司 2×21 年制造费用弹性预算（公式法）**

直接人工工时：22 596~35 508 小时　　金额单位：元

项目	固定成本 a	单位变动成本 b
管理人员工资	8 700	
保险费	2 800	
设备租金	2 680	
维修费	1 661.20	0.21
水费	500	0.12
辅助材料	1 075.60	0.18
燃油		0.05
辅助工工资		0.55
检验员工资	300	0.22
…	…	…

公式法的优点是在一定范围内不受业务量波动的影响，可比性和适应性强，缺点是按每个费用子项目甚至按细目分解成本比较麻烦，工作量大。

列表法是在预计的业务量范围内将业务量分为若干个水平，然后按不同的业务量水平分别计算各项预算值来编制预算。

【例9-3】表9-3为福任公司采用列表法编制的2×21年制造费用弹性预算。

表9-3　福任公司2×21年制造费用弹性预算（列表法）　金额单位：元

业务量（直接人工工时/小时）	420	480	540	600	660
占正常生产能力百分比	70%	80%	90%	100%	110%
变动成本：					
运输费用（b=0.2）	84	96	108	120	132
电力费用（b=1.0）	420	480	540	600	660
材料费用（b=0.1）	42	48	54	60	66
合计	546	624	702	780	858
混合成本：					
修理费用	442	493	544	595	746
油料费用	192	204	216	228	240
合计	634	697	760	823	986
固定成本：					
折旧费用	300	300	300	300	300
人工费用	100	100	100	100	100
合计	400	400	400	400	400
总计	1 580	1 721	1 862	2 003	2 244

列表法的优点是：不管实际业务量是多少，不必经过计算即可找到与业务量相近的预算成本，混合成本可按总成本习性模型计算填列。但是，在评价和考核实际成本时，往往需要使用插值法来计算“实际业务量的预算成本”，比较麻烦。在实际业务量为500小时的情况下，在上表中找不到对应的预算业务量，又不能按业务量变动的比例调整后的预算成本1 669元（2 003×500÷600）去考核实际成本，因为并不是所有的成本项目都一定与业务量呈同比例关系。这时候，运输费用等各变动成本可用实际工时数乘以单位业务量变动成本计算，为650元（500×0.2+500×1+500×0.1）。固定成本不随业务量变动，仍为400元。混合成本只能用插值法逐项计算，500小时处在480小时与540小时两个水平之间，修理费用应该在493元和544元之间，油料费用应该在204元和216元之间，根据比例原理用插值法分别计算出实际业务的预算修理费用为510元、油料费用为208元，可见福任公司500小时的预算制造费用为1 768元

（650+510+208+400）。

（4）弹性预算的优点。

与固定预算相比，弹性预算的显著优点是适用范围广，可比性强。弹性预算能够反映预算期内与一定相关范围内的可预见的多种业务量水平相对应的不同预算额，是可随业务量水平变动作机动调整的一组预算，在预算期实际业务量与计划业务量不一致的情况下，总能找到（或计算出）一个与实际业务量对应的预算额，将实际指标与实际业务量相应的预算额进行对比，扩大了预算控制的适用范围，从而使预算执行情况的考核评价建立在更加客观和可比的基础上，便于更好地发挥预算的控制作用。

（二）增量预算和零基预算

编制成本费用预算的方法按其出发点的特征不同，可分为增量预算和零基预算两类。

1.增量预算

（1）增量预算的定义。

增量预算是指以基期成本费用水平为基础，结合预算期业务量水平变化及有关降低成本的措施，通过调整原有成本费用项目的开支数额而编制预算的方法。它有时也表现为减量预算。

增（减）量预算基于以下三项基本假设：第一，企业现有的业务活动是必需的。企业生产经营要正常发展，不需要调整业务活动项目。第二，原有的各项业务的开支水平基本都是合理的，在预算期内可以保持或稍作调整。第三，以现有业务活动和各项活动的开支水平为基础，确定预算期各项活动的开支预算数。

（2）增量预算的缺陷。

增量预算以过去的经验为基础，实际上是承认过去所发生的一切都是基本合理的，主张不需在预算项目和内容上作较大改进。这种方法可能导致以下不足：第一，往往不加分析地保留或接受原有的成本费用项目，使不必要的开支合理化，导致预算上的浪费；第二，凭主观臆断按成本费用项目平均削减预算或只增不减，不利于调动各部门降低成本费用的积极性，滋长预算中的“平均主义”和“简单化”，保护落后；第三，有时可能因没有考虑未来情况的变化而造成预算的不足，不利于企业的未来发展。

2.零基预算

（1）零基预算的定义。

零基预算即“以零为基础”编制预算的方法，是指在编制成本费用预算时，不考虑以往基期所发生的成本费用项目和发生数额，而是以所有的预算支出均为零为出发点，一切从实际需要和可能出发，逐项审议预算期内各项成本费用的项目及开支内容是否合理，在综合平衡的基础上编制成本费用预算的一种方法。它是为克服增（减）量预算的缺陷而设计的。现已作为控制间接费用的一种有效方法被西方企业广泛采用。

（2）零基预算的程序。

第一，提出项目和数额。动员企业内部所有部门在充分讨论的基础上，提出本部门在预算期内实现生产经营目标应当发生的成本费用项目及其预算数额，而不考虑这些项目及费用以往是否发生以及发生额为多少。

第二，将全部成本费用划分为不可避免项目和可避免项目。前者是指预算期内必须发生的成本费用项目；后者是指预算期内通过采取措施可以不发生的项目。在预算的编制过程中，对不可避免项目必须保证资金供应。

第三，将拟纳入预算的各项成本费用进一步划分为不可延缓项目和可延缓项目。前者是指预算期内必须足额支付的项目；后者是指在预算期内可以部分支付或延缓支付的项目。

第四，预算期内可供支配的资金数额按照成本费用项目的轻重缓急在项目之间合理分配，优先满足不可延缓项目的开支。

(3) 零基预算的优缺点和适用范围。

零基预算的优点是：第一，不受现有成本费用项目的限制，促使企业更合理有效地分配资源；第二，能够促进各预算部门精打细算，量力而行，调动各方面降低成本费用的积极性；第三，一切从零开始考虑，对所有成本费用项目一视同仁，有利于企业面向未来发展考虑预算问题。

零基预算的缺点是，编制预算时需要完成大量的基础工作，带来浩繁的工作量，编制时间较长，有时还难以突出重点。

这种方法特别适用于产出较难辨认的服务性部门费用预算的编制。

(三) 定期预算和滚动预算

编制预算的方法按其预算期的时间特征不同，可以分为定期预算和滚动预算两类。

1.定期预算

(1) 定期预算的定义。

定期预算是指在编制预算时以不变的会计期间（如日历年度）作为预算期的一种编制预算的方法。

(2) 定期预算的优缺点。

定期预算的优点是能够使预算期间与会计年度相对应，便于比较分析和考核评价预算的执行结果。但定期预算有以下缺点：第一，远期指导差。由于定期预算一般是在年初甚至提前两三个月编制的，对于整个预算年度的生产经营活动很难作出准确的预算，尤其是对预算后期的情况更只能进行含糊的估算，因而缺乏远期指导性，给预算的执行、考核和评价带来困难。第二，滞后可能性大。由于定期预算不能随实际情况的变化及时调整，当预算中所规划的各种活动在预算期内发生重大变化时，就会造成预算的滞后过时。第三，人为间断多。由于预算期间的限制，经营管理者们的决策视野局限于本期规划的经营活动，通常不考虑下期，形成人为的预算间断，不能适应连续不断的经营过程，不利于企业的长远发展。

2.滚动预算

(1) 滚动预算的定义。

滚动预算是为了克服定期预算的缺陷而设计的，又称为连续预算或永续预算。它是指在编制预算时，将预算期与会计年度脱离开，随着预算的执行不断延伸补充预算，逐期向后滚动，使预算期始终保持为12个月的一种方法。

（2）滚动预算的优缺点。

滚动预算的优点是：第一，连续性好。由于编制预算不再是预算年度开始之前短期内的事情，而是能够连续不断地规划未来的活动，不会造成预算的人为间断，实现了与日常经营管理的紧密衔接，使管理人员能够从动态的角度把握近期的规划目标和远期的战略布局，确保企业经营管理的完整性和稳定性。第二，及时性强。由于滚动预算能够根据前一个月或前一个季度的预算执行情况，及时修订近期预算，从而使预算更切合实际，预算的指导和控制作用更易充分发挥。

滚动预算的缺点是预算工作量较大。

（3）滚动预算的方式及其特征。

① 逐月滚动方式。逐月滚动是指在预算编制过程中，以月份为预算的编制和滚动单位，每个月调整一次预算的方法。具体地说，就是在上年底编好年度预算的基础上，在预算年度1月至12月的预算执行过程中，需要在1月末根据当月预算的执行情况，修订2月至12月的预算，同时补充下一年1月的预算；2月末根据当月预算的执行情况，修订3月至下一年1月的预算，同时补充下一年2月的预算……以此类推，逐月向后滚动，使预算期始终保持为12个月。逐月滚动编制的预算比较精确，但工作量很大。

② 逐季滚动方式。逐季滚动是指在预算编制过程中，以季度为预算的编制和滚动单位，每个季度调整一次的方法。如在某年第一季度至第四季度的预算执行过程中，需要在第一季度末根据当季预算的执行情况，修订第二季度至第四季度的预算，同时补充下一年第一季度的预算；第二季度末根据当季预算的执行情况，修订第三季度至下一年第一季度的预算，同时补充下一年第二季度的预算……以此类推。逐季滚动编制的预算比逐月滚动的工作量小，但预算精度较差。

③ 混合滚动方式。混合滚动是指在预算编制过程中，同时使用月份和季度作为预算编制和滚动单位的方法。它是滚动预算的一种变通方式。这种方式的理论依据是：人们对未来的了解程度具有对近期的预计把握较大、对远期的预计把握较小的特征。为了做到长计划短安排、远略近详，在预算编制的过程中，可以对近期预算提出较高的精度要求，使预算的内容相对详细；对远期预算提出较低的精度要求，使预算的内容相对简略。这样既可以满足近期的控制之用，又可以减少预算工作量。

如对某年1月至3月逐月编制详细预算，4月至12月分别按季度编制粗略预算；3月末根据第一季度预算的执行情况，编制4月至6月的逐月详细预算，并修订第三至第四季度的预算，同时补充下一年第一季度的预算；6月末根据第二季度各月预算的执行情况，编制7月至9月逐月详细预算，并修订第四季度至下一年第一季度预算，同时补充下一年第二季度预算……以此类推。

混合滚动预算如图9-1所示。

以上所述的预算编制方法，并非仅为编制财务预算时所用，编制日常业务预算、特种决策预算时也要用到它们。预算方法之间并不是相互孤立的，企业在编制各种预算时可以混用它们，因为这三对六种预算方法是站在不同标准的角度进行分类的。

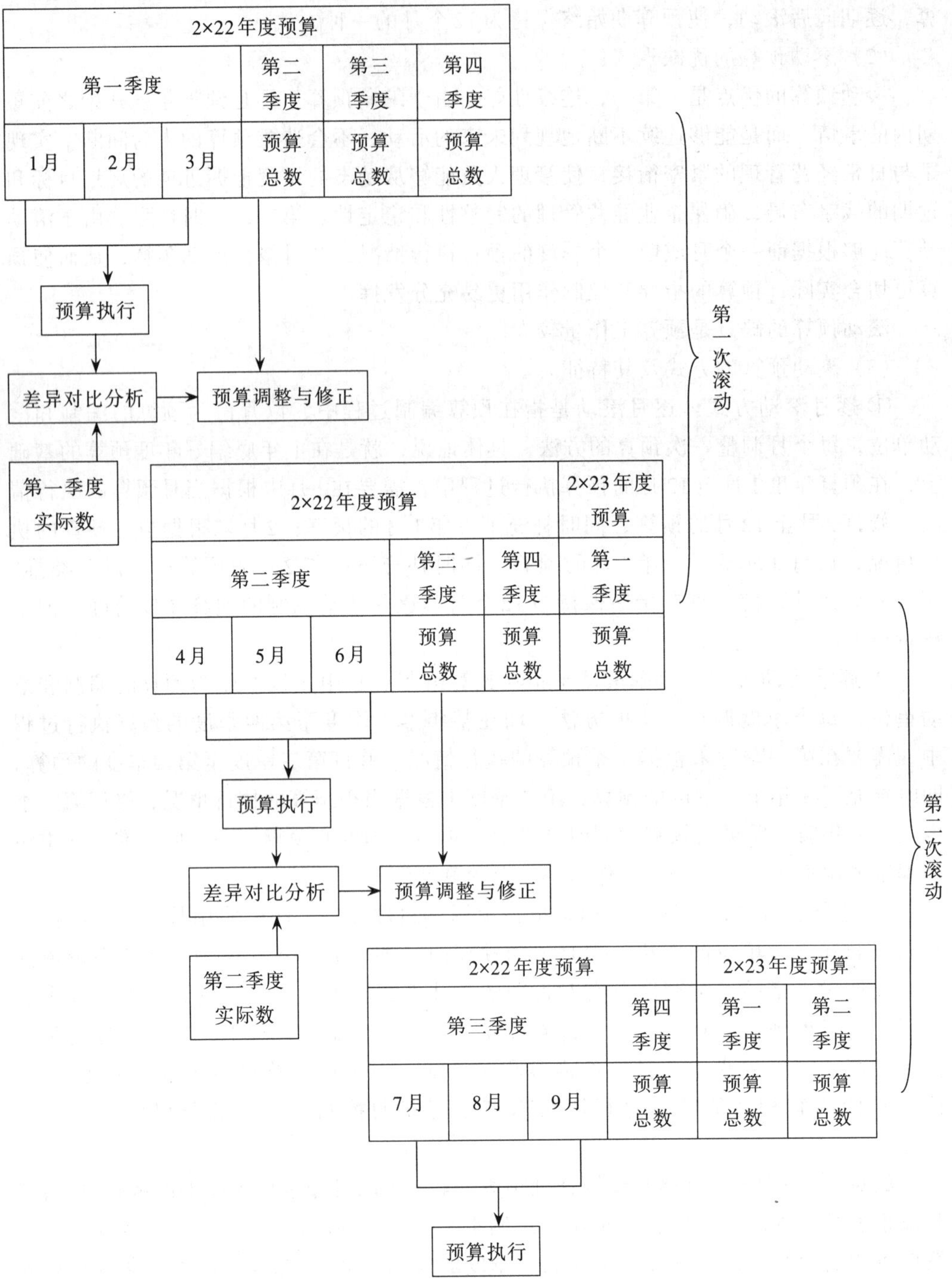

图 9-1　混合滚动预算示意图

第二节　财务预算的编制

西方不少企业专门设立预算管理机构负责组织预算的编制、分解、落实、执行和考核评价工作。近十几年来，我国不少大型企业和企业集团也是这样做的。从预算的编制过程看，主要有两种模式：以自上而下为主线的模式和以自下而上为主线的模式。每种模式都有一个几上几下的过程。如采用以自上而下为主线的模式，可以充分发挥财务集权制的作用，提高预算编制的效率；如采用以自下而上为主线的模式，由各责任中心自行提出各自的预算指标、层层汇总，最后由企业专门机构或人员进行调整协调，确定企业预算，其优点是有利于发挥各责任中心的积极性，但工作量较大。本节主要介绍财务预算的编制过程，实际上也是全面预算的编制过程。其编制过程如图9-2所示。

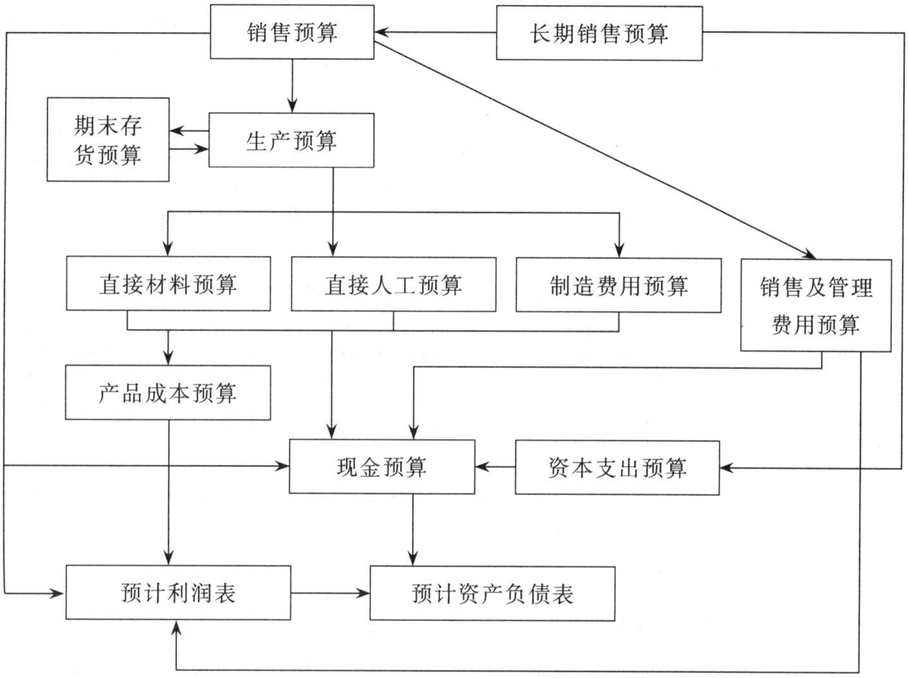

图9-2 财务预算编制的过程示意图

一、现金预算的编制

（一）现金预算编制的流程和依据

现金预算也称现金收支预算，是反映预算期现金收支情况的财务预算。作为财务预算的重要组成部分，它的编制必须以日常业务预算和特种决策预算为基础。

1.销售预算

销售预算是指在销售预测的基础上，根据企业战略规划（长期销售预算）和年度目标利润编制的用于规划预算期内各季度销售目标和实施计划的一种业务预算。它是编制全面预算的出发点，也是日常业务预算的基础。在编制过程中，应根据有关年度内各季度预测的销售量和单位售价，确定预算期销售收入（有时要同时预计销售税金），并根据各季现销收入与回收赊销货款的可能情况反映现金收入，以便为编制现金收支预算提供信息。

【例9-4】福志公司2×22年销售预算的编制见表9-4。

表9-4　　福志公司2×22年销售预算　　金额单位：元

项目	第一季度	第二季度	第三季度	第四季度	全年合计
销售量（预计）					
A产品（件）	800	1 000	1 200	1 000	4 000
B产品（盒）	…	…	…	…	…
…	…	…	…	…	…
销售单价					
A产品	100	100	100	100	100
B产品	…	…	…	…	…
…	…	…	…	…	…
销售收入合计	195 000	290 000	375 000	220 000	1 080 000
①销售环节税金现金支出	19 500	29 000	37 500	22 000	108 000
②现销收入	156 000	232 000	300 000	176 000	864 000
③回收前期应收货款	40 000	39 000	58 000	75 000	212 000
④现金收入小计	196 000	271 000	358 000	251 000	1 076 000

注：①假定为销售收入的10%；②每季销售收入的80%为现销收入；③=前期收入×20%；④=②+③。说明：表中第一季度回收前期应收货款系按上年资料确定。

2.生产预算

生产预算是业务预算中唯一仅以数量形式反映预算期内各季有关产品生产数量及品种构成的一种预算。它是在销售预算基础上以“以销定产”原则编制的，并为下一步编制生产成本预算提供依据。根据销售预算中各种产品每季预计销售量加减预计期末、期初在产品和产成品存货量便可求出各季预算产量。在实践中，各季预计期末存货量一般是在考虑季节性因素的基础上按销售量的比例估算。该预算可分产品编制。

【例9-5】福志公司2×22年A产品生产预算见表9-5。

表9-5　　福志公司2×22年A产品生产预算　　单位：件

项目	第一季度	第二季度	第三季度	第四季度	全年合计
①本期销售量	800	1 000	1 200	1 000	4 000
②期末存货量	100	120	100	120	120
③期初存货量	80	100	120	100	80
④本期生产量	820	1 020	1 180	1 020	4 040

注：④=①+②-③。

3.直接材料消耗及采购预算

直接材料消耗及采购预算简称直接材料预算，它是为规划预算期直接材料消耗情况及采购活动而编制的，用于反映预算期各种材料消耗量、采购量、材料采购成本等预算信息的一种业务预算。它的主要编制依据是生产预算、材料单耗和材料采购单价等资料。

【例9-6】福志公司2×22年各季消耗的各种材料总量、各种材料期末和期初存量及其单价见表9-6有关栏目，由此可计算出各种材料的本期采购量及采购成本，最后计算出各种材料的采购成本总额。假定每季材料采购总额的60%用现金支付，其余40%在下季付讫。2×21年年末应付账款余额为52 000元。根据题意计算的与采购业务有关的现金支出项目见表9-6下半部分。

表9-6 福志公司2×22年直接材料耗用及采购预算 单位：元，千克

材料种类	项目	第一季度	第二季度	第三季度	第四季度	全年合计
甲材料	A产品耗用	1 640	2 040	2 360	2 040	8 080
	B产品耗用	…	…	…	…	…
	…	…	…	…	…	…
	甲材料总耗用量	7 600	8 040	8 240	8 400	32 280
	加：期末材料存量	1 608	1 648	1 680	1 640	—
	减：期初材料存量	1 520	1 608	1 648	1 680	—
	本期采购量	7 688	8 080	8 272	8 360	32 400
	甲材料单价	5	5	5	5	—
	甲材料采购成本	38 440	40 400	41 360	41 800	162 000
乙材料	…	…	…	…	…	…
	乙材料采购成本	…	…	…	…	…
…	…	…	…	…	…	…
各种材料采购成本总额		141 100	146 000	148 400	151 900	587 400
当期现购材料成本		84 660	87 600	89 040	91 140	352 440
偿付前期所欠材料款		52 000	56 440	58 400	59 360	226 200
当期现金支出小计		136 660	144 040	147 440	150 500	578 640

注：第四季度各材料采购成本总额151 900元中包括为下年开发产品购入的丁材料成本5 800元。

4.直接工资和其他直接支出预算

直接工资和其他直接支出预算，又称直接人工预算，是一种既反映预算期内人工工时消耗水平，又规划人工成本开支的业务预算。

在编制这种预算的过程中，应先计算预算期各产品有关直接人工总工时。这里要注意，首先按品种、分车间考虑不同工种确定总工时；其次根据预计工时与单位工时直接工资水平（工资率）计算各种产品直接工资预算；在此基础上，再按直接工资预算和有关其他直接支出的计提百分比（如某项其他直接支出为直接工资的×%）计算其他直接支出预算；最后将上述两部分汇总起来，即可编制出直接人工预算。

【例9-7】福志公司2×22年直接人工预算见表9-7。在表9-7中，假定其他直接支出已被归并入直接人工成本统一预算，不分别反映直接工资和其他直接支出。另外，直接人工成本假定均须用现金开支，故不必单独列示。

表9-7 福志公司2×22年直接人工预算 金额单位：元

项目	第一季度	第二季度	第三季度	第四季度	全年合计
直接人工总工时（小时）					
①A产品	4 920	6 120	7 080	6 120	24 240
B产品	…	…	…	…	…
…	…	…	…	…	…
②合计	7 600	8 040	8 240	8 400	32 280
③单位工时人工成本	3	3	3	3	3
单位产品人工成本					
④A产品	18	18	18	18	—
B产品	…	…	…	…	…
…	…	…	…	…	…
直接人工成本总额					
⑤A产品	14 760	18 360	21 240	18 360	72 720
B产品	…	…	…	…	…
…	…	…	…	…	…
⑥合计	22 800	24 120	24 720	25 200	96 840

注：⑤=①×③；④=⑤÷产量；③=∑⑥÷∑②。

5.制造费用预算

在编制制造费用预算时，可按变动成本法将预算期内的所有制造费用分为变动部分和固定部分，并确定变动性制造费用分配率标准，以便将其在各产品间分配；固定部分的预算总额作为期间成本，可以不必分配。

预计分配率=变动性制造费用÷相关分配标准预算 （9.2.1式）

式中分母可在生产量预算或直接人工工时总额预算中选择，多品种条件下，一般按后者进行分配。

【例9-8】表9-8为福志公司2×22年制造费用预算。

表9-8 福志公司2×22年制造费用预算 金额单位：元

固定性制造费用	金额	变动性制造费用	金额
1.管理人员工资	8 700	1.间接材料	8 500
2.保险费	2 800	2.间接人工成本	18 800
3.设备租金	2 680	3.水电费	14 500
4.维修费	1 820	4.维修费	6 620
5.折旧费	12 000	合计	48 420
合计	28 000	直接人工总工时（小时）	32 280
其中：付现费用	16 000	预算分配率	1.5

续表

项目	第一季度	第二季度	第三季度	第四季度	全年合计
变动性制造费用	11 400	12 060	12 360	12 600	48 420
付现的固定性制造费用	4 000	4 000	4 000	4 000	16 000
现金支出合计	15 400	16 060	16 360	16 600	64 420

注：设备租金为年初租入生产B产品的专用设备一台，按季付租金670元；各季变动性制造费用=各季度预计总工时×预算分配率；各季付现的固定性制造费用=其全年付现费用÷4。

6.产品生产成本预算

该预算又称产品成本预算，它是反映预算期内各种产品生产成本水平的一种业务预算。这种预算是在生产预算、直接材料预算、直接人工预算和制造费用预算的基础上编制的，通常应反映各产品单位生产成本与总成本，有时还要反映年初、年末产品存货预算。也有人主张分季反映各期生产总成本和期初、期末存货成本的水平。

【例9-9】福志公司按变动成本法确定的产品成本预算见表9-9。

表9-9 **福志公司2×22年产品生产成本预算** 金额单位：元

成本项目	A产品全年产量4 040件				…	总成本合计
	单耗	单价	单位成本	总成本		
直接材料（千克）						
甲材料	2	5	10	40 400	…	161 400
乙材料	…	…	…	…	…	…
…	…	…	…	…	…	…
小计			22	88 880	…	583 500
直接工资及其他直接支出	6	3	18	72 720	…	96 840
变动性制造费用	6	1.5	9	36 360	…	48 420
变动性生产成本合计			49	197 960	…	728 760
产成品存货	数量（件）		单位成本	总成本		合计
年初存货	80		50	4 000	…	28 500
年末存货	120		49	5 880	…	81 660

7.销售费用和管理费用预算

它是反映预算期内为销售商品和维持一般行政管理工作而发生的各项费用支出的预算。编制依据主要是销售预算等业务预算。一般按项目反映全年水平。因为销售费用和管理费用多为固定成本，还有就是属于年内待摊或预提性质的支出。这些开支的时间与受益期间不一致，只能按全年反映，进而在年内平均摊配。对现金支出只能具体逐项编制。

【例9-10】表9-10是福志公司2×22年销售费用和管理费用预算（不区分变动与固定预算）。

表9-10　**福志公司2×22年销售费用和管理费用预算**　单位：元

费用项目	全年预算	费用项目	全年预算
1.销售人员薪金	4 500	10.行政人员薪金	3 500
2.专设销售机构办公费	2 000	11.差旅费	1 500
3.代理销售佣金	1 200	12.审计费	2 000
4.销货运杂费	650	13.财产税	700
5.其他销售费用	950	14.行政办公费	3 000
6.宣传广告费	4 000	15.其他费用	500
7.交际费	1 000	费用合计	29 600
8.土地使用费	3 300		
9.折旧费	800	每季平均=29 600÷4=7 400	

季度	一	二	三	四	全年合计
现金支出	6 450	7 400	8 250	6 700	28 800

8.特种决策预算

特种决策预算包括短期决策预算和长期决策预算两类。前者往往被纳入业务预算体系；后者又称资本支出预算，往往涉及长期建设项目的资金投放与筹措等，有关数据还应计入与此有关的现金收支预算与预计资产负债表。

【例9-11】福志公司为稳定B产品的质量，2×22年需增设一台专用检测设备，现有三个方案可供选择：①用10 000元购置，可用5年；②花半年时间自行研制，预计成本5 000元；③采用经营租赁形式，每季支付670元租金向信托投资公司租借。经研究决定采取第三个方案，于是，该项决策预算被纳入制造费用预算（见表9-8注释）。

【例9-12】为开发新产品D，福志公司决定于2×22年上马一条新的生产线，年内安装调试完毕，并于年末投入使用，有关投资及筹资预算见表9-11。

表9-11　**福志公司2×22年D产品生产线投资总额和资金筹措表**　单位：元

项目	第一季度	第二季度	第三季度	第四季度	全年合计
固定资产投资					
1.勘察设计费	500				500
2.土建工程	5 000	5 000			10 000
3.设备购置		65 000	15 000		80 000
4.安装工程			3 000	5 000	8 000
5.其他				1 500	1 500
合计	5 500	70 000	18 000	6 500	100 000
流动资金投资					
材料采购				5 800	5 800
合计				5 800	5 800
投资支出总计	5 500	70 000	18 000	12 300	105 800
投资资金筹措					
1.发行优先股股票	20 000				20 000
2.发行公司债券		50 000			50 000
合计	20 000	50 000			70 000

注：优先股股利率为15%；公司债券利息率为12%。

（二）现金预算的内容和样式

1.现金预算的内容

现金预算的内容主要包括现金收入、现金支出、现金多余或不足、多余现金的处置和短缺现金的筹措等方面。现金收入主要指生产经营业务活动的现金收入；现金支出除了涉及有关直接材料、直接人工、制造费用、销售和管理费用方面的经营性现金支出外，还包括用于缴纳税金、股利分配等的支出，另外还包括购买设备等购建长期资产的资本性支出。现金的多余或不足不仅要考虑包含了期初余额的当期现金收支差额，而且要考虑保留合理的现金储备。当现金多余（超过合理的现金储备）时，可以偿还利息和借款本金，还可以进行有价证券的短期投资；当现金不足（低于合理的现金储备）时，可采取抛售有价证券、向银行借款等措施来筹措短缺部分，使企业能够始终保持合理的现金持有量。

2.现金预算的样式

【例9-13】根据上述资料所编制的福志公司2×22年现金预算见表9-12。

表9-12　　福志公司2×22年现金预算　　单位：元

项目	第一季度	第二季度	第三季度	第四季度	全年合计	备注
①期初现金余额	21 000	22 690	23 270	24 138	21 000	
②经营现金收入	196 000	271 000	358 000	251 000	1 076 000	表9-4
③经营现金支出	228 810	248 620	262 270	249 000	988 700	
直接材料采购	136 660	144 040	147 440	150 500	578 640	表9-6
直接人工费	22 800	24 120	24 720	25 200	96 840	表9-7
制造费用	15 400	16 060	16 360	16 600	64 420	表9-8
销售及管理费用	6 450	7 400	8 250	6 700	28 800	表9-10
产品销售税金	19 500	29 000	37 500	22 000	108 000	表9-4
预缴所得税	20 000	20 000	20 000	20 000	80 000	估计
预分股利	8 000	8 000	8 000	8 000	32 000	估计
④资本性现金支出	5 500	70 000	18 000	6 500	100 000	表9-11
⑤现金余缺	(17 310)	(24 930)	101 000	19 638	8 300	
⑥资金筹措及运用	40 000	48 200	(76 862)	5 320	16 658	
流动资金借款	20 000				20 000	*
归还流动资金借款		(1 000)	(10 000)	(9 000)	(20 000)	*
发行优先股	20 000				20 000	表9-11

续表

项目	第一季度	第二季度	第三季度	第四季度	全年合计	备注
发行公司债券		50 000			50 000	表9-11
支付各项利息		（800）	（1 880）	（1 680）	（4 360）	
购买有价证券			（64 982）	16 000	（48 982）	
⑦期末现金余额	22 690	23 270	24 138	24 958	24 958	

注：⑤=①+②-③-④；⑦=⑤+⑥。

*假定借款在期初、还款在期末，年利率8%。

假定公司合理的现金储备量为22 000元。

用（）表示的为负数。

二、预计利润表和预计资产负债表的编制

预计利润表和预计资产负债表是财务预算的另外两个方面。通常先编制预计利润表，再编制预计资产负债表。

（一）预计利润表的编制

预计利润表是综合地体现企业预算期内经营和财务成果及其来源的财务预算。它可以分季，也可以按年编制。编制的依据主要是销售预算、产品生产成本预算、销售费用和管理费用预算、财务费用预算等。

【例9-14】表9-13是福志公司2×22年按变动成本法编制的全年预计利润表。

表9-13 福志公司2×22年度预计利润表 单位：元

销售收入	1 080 000
减：税金及附加	108 000
减：本期变动性销售成本	675 600
边际贡献总额	296 400
减：固定性成本费用	61 960
利润总额	234 440
减：应交所得税（25%）	58 610
净利润	175 830

注：本期变动性销售成本=28 500+728 760-81 660 （见表9-9）

固定性成本费用=固定性制造费用+期间费用=28 000+29 600+4 360（财务费用）（见表9-8、表9-10、表9-12）

本例中假设期间费用都是固定性费用（见表9-10）。

（二）预计资产负债表的编制

预计资产负债表是反映企业预算期期末财务状况的财务预算。表中除上年期末数事先已知外，其余项目均须在前列各项预算指标的基础上分析填列。

【例9-15】表9-14为福志公司编制的2×22年12月31日预计资产负债表。

表9-14　福志公司预计资产负债表

2×22年12月31日　单位：元

资产	期末余额	年初余额	负债和所有者权益	期末余额	年初余额
货币资金	24 958	21 000			
应收账款	44 000	40 000	应付账款	60 760	52 000
材料存货	31 900	28 000	应付债券	50 000	
产成品存货	81 660	28 500	应交所得税	-21 390	
土地	120 000	120 000	普通股	280 000	280 000
厂房设备	275 000	175 000	优先股	20 000	
减：累计折旧	40 000	27 200	留存收益	197 130	53 300
有价证券投资	48 982				
资产总计	586 500	385 300	负债和所有者权益总计	586 500	385 300

注：货币资金期末、期初余额见表9-12。

应收账款期末余额=220 000-176 000=40 000+1 080 000-1 076 000（见表9-4、表9-12）

材料存货期末余额=28 000+587 400-583 500（见表9-6、表9-9）

厂房设备期末余额=175 000+100 000（见表9-11）

累计折旧期末余额=27 200+12 000+800（见表9-8、表9-10）

应付账款期末余额=151 900-91 140=52 000+587 400-578 640（见表9-6）

应交所得税期末余额=58 610-80 000（见表9-13、表9-12）

留存收益期末余额=53 300+175 830-32 000（见表9-13、表9-12）

本章小结

财务预算和财务控制是财务管理的两种基本方法和两个基本环节，财务预算是财务控制的依据和标准，因此这两个环节是密不可分的，可以合称为财务预算控制，它是现代企业全面预算控制的重要有机组成部分。在全面预算控制过程中，财务预算控制总是与生产经营活动的日常业务预算控制和特种决策预算控制结合在一起进行的。进行财务预算控制是财务管理的一项重要的日常工作。目前，预算控制（包括财务预算控制）在我国的一些大中型企业和企业集团中已经得到不同程度的应用。财务预算是一系列专门反映企业未来一定预算期内预计现金收支、经营成果和财务状况等价值指标的各种预算的总称。具体成果以一套预计财务报告的形式体现出来，包括现金预算、预计利润表和预计资产负债表等内容。它的编制必须以全面预算体系中的日常业务预算和特种决策预算为基础。

（财务）预算编制的方法有很多，常见的主要有固定预算和弹性预算、增（减）量预算和零基预算、定期预算和滚动预算等三对六种。它们之间并不是相互孤立的，企业在编制各种预算时可以混用。

财务预算的编制过程是先编制销售预算、生产预算、直接材料消耗及采购预算、直接工资及其他直接支出预算、制造费用预算、产品生产成本预算、销售费用和管理费用预算等日常业务预算和资本支出预算等特种决策预算，然后再编制现金预算、预计利润表和预计资产负债表。

思考与练习

思考题

1. 试述财务预算的含义及其在全面预算体系中的地位。
2. 简述财务预算与财务预测、财务决策和财务控制的关系。
3. 财务预算的编制方法有哪些?
4. 论述财务预算的编制过程。

计算分析题

假设某企业期末现金最低余额为5 000元，银行借款起点为1 000元，贷款年利率为10%，还本时付息。

要求：将表9-15中的空缺数据按其内在联系填补齐全。

表9-15 现金预算 单位：元

摘要	第一季度	第二季度	第三季度	第四季度	全年
期初现金余额	8 000				
加：现金收入			96 000		321 000
可动用现金合计	68 000				
减：支出现金 采购材料	35 000	45 000		35 000	
期间费用		30 000	30 000		113 000
购置设备	8 000	8 000	10 000		36 000
支付股利	2 000	2 000	2 000	2 000	
现金支出合计		85 000			
现金多余或不足	-2 000		11 000		
融通资金 银行借款 归还借款 归还利息	 — —	 15 000 — —	 —	 —	
期末现金		5 000			

第十章

财务控制

学习要求： 本章主要讲述如何利用财务预算等控制依据和标准结合企业全面预算控制来进行财务控制的问题。通过本章学习，要求熟悉财务控制的含义、特征、种类和基础（条件）；熟悉成本中心、利润中心、投资中心等责任中心及其考核指标；掌握财务控制的基本原理和财务控制的整个过程。

案例导入

新一年的年初，集团公司最终审定的预算指标分解落实到了福迪公司，由于福迪公司是福启集团公司旗下的子公司，而福启集团公司又实行财务集权制，因此福迪公司作为一个利润中心来领受责任预算，只要对收入、成本费用负责从而对利润目标的实现负责，由于较重要的投资决策管理权由集团公司负责，因此它不像一般法人企业那样作为投资中心。此前，经本公司高层和福启集团公司批准同意，财务总监张小姐带领一班人对本公司的责任中心体系又做了梳理和调整，执行预算的组织体系更加严密而合理。新的一年，公司各项生产经营和财务活动的顺利开展和业绩实现在很大程度上要依靠预算控制工作的认真严格执行。对此，张小姐和公司上下既觉得充满动力和信心，又充分感受到压力和挑战，从而倍感振奋，决心“捋起袖子加油干”，把这一年的工作做好。

第一节　财务控制概述

上一章已经讲过，财务预算是财务控制的依据和标准，财务预算和财务控制这两个财务管理环节密不可分，可以合称为财务预算控制。进行财务预算控制是财务管理的一项重要的日常工作。在控制过程中财务预算控制总是与企业生产经营活动和资本性投资活动等的预算控制结合在一起进行的。

一、财务控制的含义与特征

控制是指对客观事物进行约束和调节，使之按照设定的目标和轨迹运行的过程。与企业其他业务的控制一样，财务控制包括预算控制和制度控制等方面。本章所述的财务控制，主要是指财务预算控制。因此，财务控制是指在财务活动进行的过程中，按照一定的程序和方法，确保企业及其内部机构和人员全面落实并实现财务预算的过程。

财务控制是财务管理循环中的重要环节，它对实现财务管理目标具有关键作用。从一定意义上说，财务预测、决策、预算是为财务控制提出目标、指明方向、进行规划、提供依据和措施，而财务控制是对这些决策目标和规划任务加以落实。没有控制，任何预测、决策和预算都是徒劳的。由于财务控制是借助价值手段对生产经营活动和其他活动实施的控制，因此在企业的整个经济控制系统中，它是最具连续性、系统性和综合性的子系统，具有以下特征：

1.以价值控制为手段

财务控制以实现财务预算为目标，财务预算都是以价值形式予以反映的，因此财务控制必须借助价值手段进行。

2.以综合经济业务为控制对象

财务控制以价值为手段，价值指标具有可累加性，可以将不同部门、不同岗位、不同层次的业务活动综合起来进行控制，即资金收支的控制。

3.以现金流量控制为日常控制的主要内容

由于企业日常的财务活动过程表现为组织现金流量的过程，财务管理的日常内容主要是对现金流的管理，因此以现金预算为依据，控制现金流量成为日常财务控制的主要内容。

二、财务控制的基础条件

（一）组织保证

控制必然涉及控制主体和被控制对象。

（1）就控制主体而言，应围绕财务控制建立有效的组织保证，即预算管理组织，如确定财务预算的编制机构、组织实施日常财务控制的监督协调仲裁机构、进行内部结算的内部结算组织、考评预算执行结果的考评机构等。在实践中，这些机构的职能可以进行归并，也可以合并到企业常设机构中。

（2）就被控制对象而言，应本着有利于将预算分解落实到企业内部各部门、各层次和各岗位的原则，建立各种执行预算的责任中心，使各责任中心对分解的预算指标既能控制，又能承担完全责任。

（二）制度保证

围绕预算的执行，企业必须建立相应的保证制度或措施，包括企业内部所有关于预算编制、协调、执行、监控、反馈的制度措施，如相关的人事制度、考评制度、奖罚制度等。

（三）预算目标

面向整个企业的财务预算是进行财务控制的依据和标准。财务预算目标必须分解落实到各个责任中心，成为控制各责任中心经济活动的责任预算指标；否则，财务控制无从谈起。

（四）会计信息

无论什么控制都离不开真实、准确的信息，财务控制也必须以会计信息为前提。财务预算总目标的执行情况必须通过企业的汇总会计核算资料予以反映。各责任中心的责任预算指标的执行情况必须通过各自的责任会计核算资料（责任报告）予以反映。只有这样，才能据以分析预算执行情况，找出差异及其原因，提出相应纠偏措施，并进行业绩考核评价，实施奖罚。

（五）信息反馈系统

财务控制是一个动态的过程，要确保财务预算的贯彻落实，必须对各责任中心执行预算的情况进行跟踪监控，不断调整执行偏差。为此，必须建立一个反应灵敏的信息反馈系统。

三、财务控制的种类

（一）按控制主体分类

财务控制可以分为出资者（所有者）财务控制、经营者财务控制和财务部门财务控制。出资者财务控制是为了实现其资本保值增值目标而对经营者负责的企业经营财务活动及其成果进行的控制；经营者财务控制是为了实现财务预算目标而对企业及各责任中心的财务收支活动所进行的控制；财务部门财务控制是财务部门为了有效地组织现金流动，通过编制和执行现金预算，对企业日常财务活动所进行的控制。出资者财务控制是一种外部控制，而经营者和财务部门的财务控制是一种内部控制。

（二）按控制依据分类

财务控制可以分为预算控制和制度控制。预算控制是以财务预算为依据的一种控制形式；制度控制是指以企业内部规章制度为依据的一种控制形式。制度控制通常规定只能做什么、不能做什么，因此具有防护性的特征；预算控制主要具有激励性的特征。抓预算控制也要发挥制度控制的作用。

（三）按控制对象分类

财务控制可以分为收支控制和现金控制。收支控制是对企业和各责任中心的所有财务收支活动所进行的控制；现金控制是对企业和各责任中心的现金流入和流出活动所进行的控制。现金流控制十分重要，它是收支控制中的主要部分。日常财务控制主要是现金控制。

（四）按控制手段分类

财务控制可以分为定额控制和定率控制，也可称为绝对控制和相对控制。定额控制是指对企业和各责任中心的财务指标采用绝对额进行控制。一般而言，对激励性指标（如收入、利润等）确定最低控制标准，对约束性指标（如投资、成本费用等）确定最高控制标准。定率控制是指对企业和各责任中心的财务指标采用相对比率进行控制。一般而言，定率控制具有投入和产出对比、开源和节流并重的特征。比较而言，定额控制没有弹性，定率控制具有弹性。

（五）按控制方式分类

财务控制可以分为授权批准控制、职务分离控制、全面预算控制、财产保全控制、独立检查控制和业绩评价控制。这些财务控制方式可以结合在一起实施。

1.授权批准控制

授权是指授予对某一大类业务或某项具体业务的决策作出决定的权力。通常包括一般授权和特别授权两种方式。一般授权主要是对日常业务活动的授权。特别授权适用于管理层认为个别交易必须经批准的情况，如对外投资、资产处置、资金调度、关联交易等重要经济业务事项的决策权以及超过一般授权限制的常规交易，都需要特别授权。一个企业的授权控制应做到以下两点：

（1）企业所有人员不经合法授权，不能行使相应权力。

（2）企业所有的业务未经授权不能执行。

2.职务分离控制

职务分离的主要目的是预防和及时发现员工在履行职责过程中产生的错误和舞弊行为。职务分离控制是将处理某种经济业务所涉及的职责分派给不同的人员（岗位），使每个人（岗位）的工作都是对其他有关人员（岗位）工作的一种自动检查和监控。

3.全面预算控制

全面预算控制针对财务控制而言，就是以全面预算中的财务预算为手段，对企业财务收支和现金流量所进行的控制。整个控制过程包括以下环节：

（1）建立预算体系，包括确定预算目标、标准和程序；

（2）预算的编制和审定；

（3）预算指标的下达及相关责任人或部门的落实；

（4）预算执行的授权和推动实施；

（5）预算执行过程的监控；

（6）业绩报告和预算差异分析及调整；

（7）责任辨析和预算业绩的考核评价；

（8）奖罚兑现；

（9）总结改进。

4.财产保全控制

这是最传统的财务控制方式，具体包括：

（1）限制接触财产。限制非授权人员接触某项资产（如现金、有价证券、支票、印章等），建立必要的防护措施，确保资产的安全完整。

（2）定期盘点清查。

（3）财产记录监控和记录保护。建立资产档案，对其增减变动及时全面地予以记录；严格限制接近会计记录和业务记录的人员，对重要数据资料进行备份。

（4）财产保险。

5.独立检查控制

这是指由业务执行者以外的人员对已执行的业务的正确性所进行的验证，又称内部稽核。另外，企业预算委员会应当定期组织预算审计，维护预算控制的严肃性，审计报告可以作为预算调整、改进内部经营管理和财务考核的重要参考。

6.业绩评价控制

业绩评价控制是指将实际业绩与其评价标准，如前期业绩、预算和外部基准尺度进行比较，对营运业绩等进行评价，并据此实施奖惩。业绩评价并不限于预算控制，但预算控制必须有业绩评价环节。

第二节 财务控制组织——责任中心

企业为了保证预算的贯彻落实和最终实现，必须把总预算中确定的目标和任务，分解落实到企业内部具体的责任单位，形成责任预算。责任预算执行情况的揭示和业绩考评要通过责任会计编制的责任报告来进行，责任会计是围绕各个责任单位（中心）建立的。因此，进行财务预算控制的最重要基础条件就是要建立完善的组织体系，形成良好的组织保证。其中，责任中心是这个组织体系中的核心。

一、责任中心的含义和特征

为了实行有效的内部协调与控制，企业通常都要按照统一领导、分级管理的原则，在其内部合理划分责任单位，并明确各责任单位的责权利，促使各责任单位各司其职，协调配合，把控制工作做好。责任中心就是承担一定经济责任，并享有一定权力和利益的企业内部责任单位。它是落实责任预算、实施责任会计和业绩考评的组织基础，也就是财务预算控制的组织基础。

责任中心通常具有以下特征：

（1）它是一个责权利相结合的实体。

责任中心既对一定的预算指标承担完成的责任，同时被赋予与其所承担责任相适应的权力和利益。

（2）它具有承担经济责任的条件。

责任中心既具有履行相应经济责任的能力，又能对不能履行或履行不好这些责任而造成的后果负责。

（3）它所承担的责任和行使的权力都应是它所能控制的。

每个责任中心只能对其责权范围内可控的成本、收入、利润和投资效果负责。一般而言，责任中心层次越高，其可控范围也就越大。

（4）它具有相对独立的生产经营业务和财务收支活动，便于进行独立的责任会计核算。

只有既能划清责任又能进行单独核算的企业内部单位，才能成为一个责任中心。

根据企业内部责任中心权责范围和控制区域的不同，可以把责任中心分为成本中心、利润中心和投资中心三大类。

二、成本中心

（一）成本中心的含义和种类

成本中心是指只对成本或费用承担责任的责任中心。它一般不会形成可以用货币计量的收入，因而不对收入、利润和投资效果负责。

成本中心一般包括负责产品生产的生产部门、劳务提供部门以及给予一定费用指标的管理部门。从一般意义出发，企业内部凡有成本费用发生，需要对成本费用负责，并能实施成本费用控制的单位，都可以成为成本中心。工业企业上至工厂一级，下至车间、工段、班组，甚至个人都可能成为成本中心。成本中心的规模不一、层次不同，其控制和考核的内容不同，在企业内部形成一个逐级控制，并层层负责的成本中心体系。

成本中心分为标准成本中心和费用中心两类。标准成本中心是以实际产出量为基础，并按标准成本进行成本控制的成本中心，如生产车间（分厂）、工段、班组等。标准成本又称技术性成本，是指发生的数额（数量标准和价格标准）可以通过技术分析可靠地估算出来的成本，如产品生产过程中的直接材料、直接人工、变动性和固定性制造费用等。标准成本可以通过弹性预算予以控制。费用中心也称酌量性成本中心，是以直接控制经营管理费用为主的成本中心，如行政管理部门、研发部门、销售部门等。酌量性成本是否发生以及发生数额的多少是由管理者的决策所决定的，主要包括各种管理费用和某些间接成本项目，如研究开发费、广告宣传费、职工培训费等。对于费用中心，唯一可以准确计量的是实际费用，因此对酌量性成本的控制应着重于其预算总额的审批上。

（二）成本中心的特点

成本中心相对于利润中心和投资中心而言，具有如下特点：

1.只考评成本费用而不考评收益

成本中心一般不会形成收入，即使有少量收入也与其投入不存在密切的对应关系，因此它只以货币形式计量投入，而不计量产出。

2.只对可控成本承担责任

成本费用依其责任主体是否能控制分为可控成本与不可控成本。只有那些责任中心能够控制其发生及数量的成本才是可控成本。从考评的角度看，成本中心工作成绩的好坏，应以可控成本作为主要依据。

成本的可控与否是以一个特定的责任中心和一个特定的时期作为出发点的，这与责任中心所处管理层次的高低、管理权限及控制范围的大小、经营期间的长短有直接关系。对企业顶层来说，几乎所有的成本都是可控的，而对于企业下属各层次、各部门乃至个人来说，则既有各自的可控成本，又有各自的不可控成本；某项成本就某一责任中心看是不可控的，而对另一个管辖范围更大的责任中心而言可能是可控的；某些从短期看属于不可控的成本，从较长的期间看又成了可控成本。在责任控制中，应尽可能地把各项成本落实到各成本中心的可控成本范围之中；对那些一时难以确认成本中心的可控成本，应尽可能相互协商，共同承担风险；对确实不能确认为某一特定成本中心的成本费用，则由企业控制或承担。

值得说明的是，成本的可控性还与其他成本分类有关。一般来说，成本中心的变动成本大多是可控成本，而固定成本大多是不可控成本；直接成本大多是可控成本，间接成本大多是不可控成本。但也不完全如此，还需结合有关情况具体分析。从其他部门分配来的间接成本可分为两类：一是某些服务部门为生产部门提供服务，与生产活动本身并无直接关系，如人事部门所提供的服务，往往属于不可控成本；二是某些服务部门提供的服务是生产部门在生产中“耗用”的，如动力、电力部门提供的服务，若采用按各成本中心实耗量进行分配，就是各成本中心的可控成本。

3.只对责任成本进行考核和控制

属于某成本中心的各项可控成本之和即构成该成本中心的责任成本。

（三）成本中心的考核指标

成本中心的考核主要采用比较指标和相对指标，包括成本（费用）变动额和变动率两个指标。其计算公式是：

$$\text{成本（费用）变动额}=\text{实际责任成本（费用）}-\text{预算责任成本（费用）} \quad (10.2.1式)$$

$$\text{成本（费用）变动率}=\frac{\text{成本(费用)变动额}}{\text{预算责任成本(费用)}}\times 100\% \quad (10.2.2式)$$

如果预算产量与实际产量不一致，应注意按弹性预算的方法先行调整预算指标，然后按上述公式计算。

【例10-1】福进公司内部一车间为成本中心，生产甲产品，预算产量6 000件，单位成本100元；实际产量7 000件，单位成本95元。据以计算该成本中心的成本变动额和变动率为：

成本变动额=95×7 000−100×7 000=−35 000（元）

成本变动率=−35 000÷（100×7 000）×100%=−5%

计算结果表明，该成本中心的成本降低额为35 000元，降低率为5%。

三、利润中心

（一）利润中心的含义和类型

利润中心是指既对成本费用负责又对收入和利润负责的责任中心。这类责任中心往往处于企业内部的较高层次，一般具有独立的收入来源或能视为一个有独立收入的部门，一般具有独立的产品或服务生产经营决策权，与成本中心相比其权利和责任都相对较大，如子公司、分公司（分厂、分店、分支机构）等。利润中心对成本的控制是联系收入进行的，它强调相对成本的节约。

利润中心分为自然利润中心和人为利润中心。自然利润中心是指可以直接对外销售产品或服务并取得收入的利润中心。它虽然是企业的一个部门，但其功能同独立企业相近，本身直接面向市场，具有产品或服务的销售权和生产决策权等，能独立地控制成本费用、取得收入。人为利润中心是指只向企业内部其他责任单位提供产品或服务而通过合理的内部转移价格进行结算取得“内部销售收入”的利润中心。它一般不直接对外销售产品或服务，但也应具备相对独立的生产经营权。工业企业的不少成本中心都可以转化为人为利润中心。

内部转移价格是指企业内部各责任中心之间转移中间产品或相互提供服务而发生内部结算时所使用的计价标准。采用内部转移价格进行内部结算，可以使企业内部的两个责任中心处于类似于市场交易的买卖两极，起到与外部市场价格相似的作用。在其他条件不变的情况下，内部转移价格的变化，会使买卖双方或供求双方的收入或内部利润呈相反方向变化。但是从整个企业角度看，一方增加的收入或利润正是另一方减少的收入或利润。一增一减，数额相等、方向相反。因此，从企业总体看，内部转移价格无论怎样变动，企业利润总额不变，变动的只是企业内部各责任中心的收入或利润的分配份额。因此制定科学合理的内部转移价格，有助于明确划分各责任中心的经济责任，使责任中心的业绩考核建立在客观、公允、可比的基础上，有助于企业经营者作出正确的经营决策，也有助于协调各责任中心的业务活动和发挥各责任中心的积极性。

（二）利润中心的成本计算

利润中心对利润负责，必然要计算和考核成本费用，以便准确地计算利润。利润中心的成本计算，一般有两种方式：

1.利润中心只计算可控成本，不分担不可控成本，即不分摊共同成本

这种方式主要适用于共同成本难以合理分摊或无须进行共同成本分摊的场合，按这种方式计算出的盈利不是通常意义上的利润，其相当于“边际贡献总额”。采用这种成本计算方式的利润中心实际上是边际贡献中心。人为利润中心适合采取这种计算方式。

2.利润中心不仅计算可控成本，也计算不可控成本

这种方式适用于共同成本易于合理分摊或不存在共同成本分摊的场合。这种利润中心在计算成本时，如果采用变动成本法，应先用收入减去变动成本费用计算出边际贡献，再减去固定成本费用，才是税前利润；如果采用完全成本法，利润中心可以用收入减去生产成本（即销售成本），再减去期间费用直接计算出税前利润。自然利润中心适合采取这种计算方式。

（三）利润中心的考核指标

利润中心的考核总指标是利润，通过比较一定期间实际实现的利润与责任预算所确定的利润，可以评价该利润中心的业绩。但由于成本计算方式不同，各利润中心的利润指标的表现形式也不相同。

1.人为利润中心的考核指标

当利润中心不计算共同成本或不可控成本时，其考核指标是：

利润中心边际贡献总额=该利润中心销售收入总额-该利润中心可控成本总额（或变动成本总额）（10.2.3式）

一般而言，利润中心的可控成本就是变动成本，它包括变动性生产成本和变动性销售及管理费用。

2.自然利润中心的考核指标

当利润中心计算共同成本或不可控成本，并采取变动成本法计算成本时，其考核指标主要是以下几种：

利润中心边际贡献总额=该利润中心销售收入总额-该利润中心变动成本总额　（10.2.4式）

利润中心可控利润总额=该利润中心边际贡献总额-该利润中心可控固定成本　（10.2.5式）

企业利润总额=各利润中心可控利润之和-企业不可分摊的各种期间费用等　（10.2.6式）

【例10-2】某利润中心本期实现销售收入80万元，变动成本为55万元，该中心可控固定成本为12万元，则该中心实际考核指标分别为：

利润中心边际贡献总额=80-55=25（万元）

利润中心可控利润总额=25-12=13（万元）

四、投资中心

（一）投资中心的含义

投资中心是指既对成本、收入和利润负责，又对投资效果负责的责任中心。可见，投资中心同时也是利润中心。它与利润中心的区别有二：一是权利不同。利润中心没有投资决策权，它只在企业投资形成后进行具体的生产经营；而投资中心不仅有生产经营方面的决策权，而且能相对独立地运用所掌握的资产，享有投资决策权。二是考核办法不同。考核利润中心业绩时，不进行投入产出比较；考核投资中心业绩时，必须将所获得的利润与所占用的资产（投资）进行比较，体现投资效果。

投资中心是企业最高层次的责任中心，具有最大的决策权，也承担最大的责任。投资中心的管理特征是高度的分权管理，公司总部对投资中心不应干预过多，投资中心在资产和权益方面应与其他责任中心划分清楚。一般而言，一般企业自身就是一个

投资中心，采用相对分权制管理的企业集团所属的子公司、事业部往往也是投资中心。在组织形式上，成本中心一般不是独立法人，利润中心可以是也可以不是独立法人，而投资中心一般是独立法人。

（二）投资中心的考核指标

根据投资中心的特征应按投入产出之比进行业绩评价和考核，因此除考核其收入、成本费用和利润指标外，更需要计算、分析利润与投资额的关系性指标，即投资利润率和剩余收益。

1.投资利润率

投资利润率又称投资报酬率，是指投资中心所获得的利润与投资额之间的比率。其计算公式是：

$$投资利润率=\frac{利润}{投资额}\times100\% \quad (10.2.7式)$$

投资利润率这一指标，还可以进一步展开：

$$投资利润率=\frac{利润}{销售收入}\times\frac{销售收入}{投资额}\times100\%=销售利润率\times资产周转率 \quad (10.2.8式)$$

由此可见，要提高投资利润率，必须在提高盈利能力和资金营运能力（即资金周转速度）两个方面下功夫。

投资利润率指标通常有两种表示方式：一是总资产息税前利润率（ROA）；二是净资产收益率（即权益资金税后利润率，ROE）。前者又称资金利润率，后者又称资本利润率。前者主要用于评价由投资中心掌握使用的全部资产的盈利能力，后者主要用于评价投资中心利润对所有者权益的贡献程度。

$$总资产息税前利润率=\frac{息税前利润}{平均总资产}\times100\% \quad (10.2.9式)$$

$$净资产收益率=\frac{净利润}{平均净资产}\times100\% \quad (10.2.10式)$$

分母的总资产和净资产指标用平均数，是为了使总资产息税前利润率和净资产收益率指标计算时的分子分母口径保持一致。

在年内资产占用比较均衡的条件下：

$$资产平均数=\frac{年初数+年末数}{2} \quad (10.2.11式)$$

在年内资产占用不均衡的条件下：

$$资产平均数=\frac{\frac{1}{2}\times1月初数+1月末数+\cdots+11月末数+\frac{1}{2}\times12月末数}{12} \quad (10.2.12式)$$

投资利润率是被广泛采用的评价投资中心业绩的指标，它的优点是能反映投资中心的综合盈利能力，因为它的高低与收入、成本、投资额和周转能力都有关，提高投资利润率应通过增收节支、提高盈利能力、加速资金周转、减少投入来实现，而且它是相对数，具有横向可比性，有利于进行各投资中心经营业绩的比较。但该指标也有其局限性，仅用投资利润率指标对投资中心进行考核有时会使投资中心只顾本身利益而放弃对整个企业有利的投资项目，造成投资中心的近期目标与整个企业的长远目标背离。为此，对投资中心的考核，还需用“剩余收益”指标。

2.剩余收益

剩余收益是一个绝对量指标，是指投资中心获得的利润扣减其最低投资收益要求后的余额。最低投资收益是投资中心的投资额（即资产占用额）按规定或预期的最低投资利润率计算的收益。其计算公式如下：

剩余收益=利润-投资额×规定或预期的最低投资利润率 （10.2.13式）

当投资利润率考核指标分别是总资产息税前利润率和净资产收益率时：

剩余收益=息税前利润-平均总资产×规定或预期的最低总资产息税前利润率 （10.2.14式）

剩余收益=净利润-平均净资产×规定或预期的最低净资产收益率 （10.2.15式）

以剩余收益作为投资中心经营业绩考核评价指标，只要投资项目的投资利润率大于企业规定或预期的最低投资利润率，即剩余收益>0，该项投资对投资中心而言便是可行的。

剩余收益指标具有两个特点：一是体现投入产出关系。由于减少投资（或降低资产占用）同样可以达到增加剩余收益的目的，因而与投资利润率一样，该指标也可以用于全面考核和评价投资中心的业绩。二是避免本位主义。投资中心只要做到项目投资利润率大于规定或预期的最低投资利润率，就有利于增加剩余收益绝对额，投资行为就是可取的，而不只是尽量提高投资利润率。这样，就避免了投资中心单纯追求投资利润而放弃一些对整个企业有利可图的投资项目，从而避免了投资中心狭隘的本位倾向。两个指标的差别，可以举例说明如下：

【例10-3】 某投资中心，原投资额为100万元，利润为15万元，现在有一新投资项目，投资额为30万元，投资后可获利润4万元，整个企业的平均投资利润率为10%。

$$该投资中心投资了新项目后的投资利润率=\frac{15+4}{100+30}\times 100\%=14.62\%$$

投资利润率比原来的15%下降了，因此如果单纯用投资利润率指标考核评价该投资中心的业绩，该投资中心会放弃这个投资项目。而该新投资项目对企业而言是有利的，因为新投资项目的投资利润率为13.33%（4÷30×100%），超过了整个企业的平均投资利润率（10%），投资后能提高企业总的投资利润率。

如用剩余收益指标来考核该投资中心的经营业绩，新项目的剩余收益为1万元（4-30×10%）。新项目剩余收益大于0，说明新项目的投入能够增加该投资中心的剩余收益1万元，该投资中心就会采纳这个新的投资项目。而这与整个企业的长远利益是一致的。因此用剩余收益指标考核投资中心的业绩，能够使投资中心的利益与企业利益达成一致。

在投资中心或企业业绩的考核评价中，与剩余收益指标比较相似的还有经济增加值（EVA）指标。经济增加值在经济学中又被定义为经济利润。其计算公式为：

基本的经济增加值=税后经营利润总额-加权平均资本成本×投资总额

或 =（经营资产净利率-加权平均资本成本）×投资总额 （10.2.16式）

采用经济增加值指标考核投资中心或企业，前提是要把投资中心或企业的资产分为经营资产和金融资产，把投资中心或企业的利润分为经营收益和金融收益。投资中心或企业净利润=经营净利润+金融净利润。10.2.16式中的“经营资产净利率”=经营净利润÷经营资产；“税后经营利润总额”，即经营净利润，指投资中心或企业的“总的净利润-净利息费用”；净利息费用也就是企业或投资中心的金融收益（金融净利润），净利息费用=利息费用-利息费用抵税，对收益来说它是个负数。经济增加值在考核评价国有企业经营业绩时比净利润指标更加适用，其最大的优点是不仅考虑了负债的资金成本，而且考虑了权益资金的资金成本，让国有企业经营者知道其权益资金（国家投入）也有资金成本，而不是无偿使用的，而一般的净利润指标中没有扣除权益资金的资金成本（上交利润、分配股利或红利），从而夸大了国有企业经营者的经营业绩。当然在正式对企业业绩进行考核评价时，还要根据具体情况分别采用披露的经济增加值、特殊的经济增加值、真实的经济增加值等调整后的经济增加值形式，这样考核评价才更加准确。

综上所述，责任中心分为成本中心、利润中心和投资中心三种类型。它们不是孤立存在的，每个责任中心都承担着相应的经管和控制责任。最基层的成本中心应就其经营的可控成本向其上层成本中心负责；上层成本中心就其本身的可控成本和下层转来的责任成本一并向利润中心负责；利润中心应就其本身经营的收入、成本（含下层转来的成本）和利润（或边际贡献）向投资中心负责；投资中心最终就其经管的投资利润率和剩余收益向企业总经理和董事会负责。所以，企业各种类型和层次的责任中心形成一个“连锁责任”网络，共同为保证企业生产经营和财务目标的实现而实施控制和协调运转。

第三节　财务控制的过程

企业财务控制的过程主要是通过分解落实责任预算、实施责任会计核算和编制责任报告、进行业绩考核与评价来完成的。

一、分解落实责任预算

（一）责任预算的含义

责任预算是以责任中心为主体，以其可控成本、收入、利润和投资效果（投资利润率、剩余收益）等为对象编制的预算。它实际上是企业全面预算的分解、落实，是全面预算的具体化。通过编制责任预算可以明确各责任中心的责任，并通过实现责任预算确保企业全面预算的实现；责任预算也为控制和考核责任中心的生产经营管理活动提供了依据。责任预算由各种责任指标组成。

（二）责任预算的编制（分解落实）

责任预算的编制程序有两种：一是以责任中心为主体，按照责任中心的层次，自上而下将企业全面预算在各责任中心之间逐层向下分解而形成各责任中心的责任预算。它实质上是由上而下落实企业全面预算目标。这种自上而下、层层分解指标的方式是一种常用的预算编制程序，尤其适用于企业采用集权制管理模式的情况。其优点是使整个企业浑然一体，便于统一指挥和调度。不足之处是可能会遏制责任中心的积极性和创造性。二是自下而上、层层汇总协调的预算编制程序，其优点是有利于发挥各责任中心的积极性，但工作量较大。

如果采用第一种模式，随着预算数据的逐级分解，预算的责任中心的层次越来越低，预算项目越来越具体。这意味着企业全面预算（包括财务预算）被真正落实到了具体的责任单位，使预算的实现有了可靠的组织保证，也意味着企事业单位的全面预算（包括财务预算）被分解到了具体的项目上，使预算的实施有了客观的依据。

二、实施责任会计核算、编制责任报告

责任会计是以责任中心为会计主体，以责任预算为基础，对责任预算的执行情况进行系统核算和反映，将实际完成情况同责任预算目标（指标）对比，可以评价和考核各个责任中心的工作成果。

以责任中心为对象组织的会计核算工作，称作责任会计核算。责任会计核算就是把各责任中心日常发生的成本费用、收入、利润、投资以及各责任中心相互间的结算和转账业务记入单独设置的责任会计的编号账户内。企业和责任中心可以利用这些日常核算资料进行实时动态的控制（包括财务控制）。期末，根据这些资料编制责任报告。

责任中心的定期业绩考核评价主要通过编制责任报告来完成。责任报告也称业绩报告、绩效报告，它是根据责任会计记录编制的反映各个责任中心责任预算实际执行情况，揭示责任预算与实际执行差异的内部会计报告。

责任报告的内容主要由报表、数据分析和文字说明等组成。将责任预算、实际执行结果及其差异用报表予以列示是责任报告的核心内容。在揭示差异时，应遵循“例外管理”原则，突出重点，对重大差异必须分析其差异的程度和产生的原因，并提出改进建议。

责任报告应自下而上逐级编报。在企业不同的管理层次上，责任报告的侧重点应有所不同，由具体到总括。最低层次的责任中心的责任报告应当最详细，随着层次的升高，责任报告的内容应以更为概括的形式来表现。

【例 10-4】 表 10-1 至表 10-3 分别是企业某成本中心、某利润中心和某投资中心的责任报告。

表 10-1　　**某成本中心责任报告**

2×22 年×月　　单位：万元

项目	责任人	责任人	实际数	预算数	差异数
某成本中心可控成本	该成本中心负责人	该成本中心			
变动成本			…	…	…
直接材料			…	…	…
直接人工			…	…	…
变动性制造费用					
固定成本			…	…	…
固定性制造费用					
合计			…	…	…

表10-2 **某利润中心责任报告**

2×22年×月 单位：万元

项目	实际数	预算数	差异数
甲分公司销售收入			
A地区	…	…	…
B地区	…	…	…
C地区	…	…	…
出口销售	…	…	…
小计	…	…	…
甲分公司变动成本			
第一车间	…	…	…
第二车间	…	…	…
小计	…	…	…
甲分公司边际贡献总额	…	…	…
甲分公司固定成本			
制造部			
第一车间	…	…	…
第二车间	…	…	…
制造部其他费用	…	…	…
小计	…	…	…
行政部	…	…	…
销售部	…	…	…
小计	…	…	…
甲分公司利润	…	…	…

表10-3 **某投资中心责任报告**

2×22年×月 单位：万元

项目	实际数	预算数	差异数
甲分公司利润	…	…	…
乙分公司利润	…	…	…
小计	…	…	…
总公司所得税（税率25%）	…	…	…
合计	…	…	…
净资产平均占用额	…	…	…
投资利润率	…	…	…
行业平均最低收益率	…	…	…
剩余收益	…	…	…

根据责任报告，可进一步对责任预算执行差异的原因和责任进行具体分析，以充分发挥反馈作用，以使上层责任中心和本责任中心对有关生产经营活动实行有效控制和调节，促使各个责任中心根据自身特点，卓有成效地开展有关活动以实现责任预

算，最终完成财务控制的目标。整个反馈控制的过程如图10-1所示。

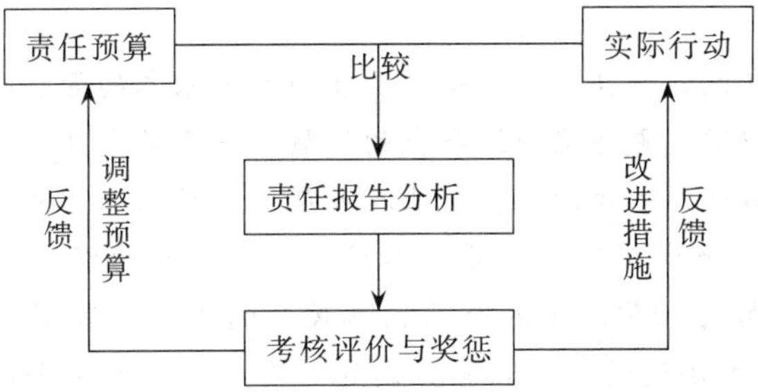

图10-1 反馈控制的过程示意图

三、进行业绩考核与评价

（一）业绩考评的含义

业绩考评是以责任报告为依据，分析、评价各责任中心责任预算的实际执行情况，找出差距，查明原因，借以考核各责任中心工作成果，实施奖惩，促使各责任中心积极纠正行为偏差，完成责任预算的过程。

责任中心的业绩考评有狭义和广义之分。狭义的业绩考评仅指对各责任中心的价值指标，如成本、收入、利润以及资产运用效果等价值指标的完成情况进行考评。广义的业绩考评除考评这些价值指标外，还对各责任中心的非价值指标的完成情况进行考评。责任中心的业绩考评还分为年终考评和日常考评。日常考评是日常对责任预算执行过程进行考评，旨在通过信息反馈，控制和调节责任预算的执行偏差，确保责任预算的最终实现，因此是极为重要的。无论哪种业绩考评，都必须重事实、重原因、重奖罚、重对策，不能走过场。

（二）业绩考评要根据不同责任中心的特点来进行

1.成本中心的业绩考评

成本中心只考核评价其责任成本。它是以成本中心的责任报告为依据，将实际责任成本与预算责任成本进行比较，确定两者差异的性质、数额以及形成的原因，并根据差异分析的结果，对各成本中心进行奖罚，以督促其努力降低成本。

2.利润中心的业绩考评

对利润中心进行考核时，应以销售收入、边际贡献和息税前利润为重点进行分析、评价。特别应通过对一定期间实际利润与预算利润的对比，分析差异及其形成的原因，明确责任，借以对利润中心的经营得失和有关人员的功过作出正确评价，做到奖罚分明，并提出切实可行的降本增效的改进对策措施。

3.投资中心的业绩考评

投资中心的业绩考核内容和指标涉及各个方面，是一种较为全面的考评，除考核收入、成本和利润指标外，考核重点应放在投资利润率和剩余收益两项指标上。考核时通过将实际数与预算数进行比较，找出差异，分析差异及其形成的原因、性质，明确责任，并据以实施奖罚，提出有针对性的提升投入产出效果的策略和对策措施。由于投资中心层次高、涉及的生产经营管理控制范围广、内容复杂，考评时更应力求原因分析深入、依据确凿、责任落实具体、改进措施具体得力，这样才能达到考评的效果。

思政课堂

全面预算控制（也称预算管理）是企业使用的最基本的管理控制手段，如何使这个手段更好地发挥作用、更适应经济社会的发展，一直是企业管理研究的重点内容之一。然而在传统战略目标的导向下，企业在开展预算控制工作时，只考虑力求实现经济利益最大化目标，很少将有关资源、环境等企业活动的经济影响及其在减排、治污、扩绿等方面的努力和贡献纳入全面预算控制的内容，既制约了全面预算控制的“全面性”效果，又无法通过全面预算控制这一有效管理控制手段在推动企业绿色低碳转型以有效实现降碳、减污、扩绿与成长协同增效方面为实现高质量可持续发展和“双碳”目标作出最大贡献，导致企业出现以自然资源高耗和生态环境破坏为代价、缺乏降碳环保责任意识的局面，最终造成总体经济的低效率与畸形发展，同时资源和环境管理成本的不断增加使企业的经济效益也受影响，因此必须给企业全面预算控制体系披上绿色。在当前加强资源消耗、环境污染管理成为企业重要而迫切任务的大背景下，请同学们深入思考并回答：如何将资源环境等因素纳入企业全面预算体系？如何实现对这方面的有效控制？

本章小结

财务预算和财务控制这两个财务管理环节是密不可分的，可以合称为财务预算控制。进行财务预算控制是财务管理的一项重要的日常工作。目前，财务预算控制在我国的一些大中型企业和企业集团中已得到不同程度的应用。财务控制是经济控制系统中最具连续性、系统性和综合性的子系统。它以价值控制为手段，以综合经济业务（资金收支）为控制对象，以现金流量控制为日常控制的内容。财务控制必须具备组织保证、制度保证、预算目标、会计信息、信息反馈系统等基础条件。

责任中心是进行财务预算控制的最重要基础条件——组织保证中的核心。根据企业内部责任中心权责范围和控制区域的不同，可以把责任中心分为成本中心、利润中心和投资中心三大类。成本中心只考核其责任成本，利润中心应以考核边际贡献和税前利润为重点，投资中心除考核收入、成本和利润指标外，考核重点应放在投资利润率和剩余收益两项指标上。各种类型和层次的责任中心形成了一个企业“连锁责任”网络，共同为保证企业生产经营和财务目标的实现而实施控制和协调运转。

企业财务控制的过程主要是通过分解落实责任预算、实施责任会计核算和编制责任报告、进行业绩考核和评价来完成的。

思考与练习

思考题

1. 简述财务控制的含义和特征。
2. 搞好财务控制必须做好哪些基础工作？
3. 财务控制有哪些种类？
4. 成本中心、利润中心和投资中心的考核指标主要有哪些？
5. 简述企业怎样进行财务控制。

计算分析题

1.通过计算填列表10-4：

表10-4　**计算表**　金额单位：元

投资中心	甲	乙	丙	丁
销售收入	500 000		450 000	
息税前利润	20 000		22 500	10 000
平均总资产		100 000	90 000	
销售利润率		8%		4%
资产周转率		3		
投资利润率	10%			16%

2.表10-5为B企业集团下的三个子公司的资料：

表10-5　**B企业集团下的三个子公司的资料表**　金额单位：元

公　司	甲	乙	丙
销售收入	90 000	140 000	100 000
息税前利润	3 600	8 400	4 000
平均总资产	30 000	70 000	80 000
平均股东权益	25 000	60 000	65 000
要求的最低报酬率	10%	12%	8%

要求：（1）分别计算各公司的剩余收益。（2）现有一项可产生11%报酬率的投资机会，请问哪家子公司会接受此项投资机会？

3.C公司下属D分公司为一个利润中心，试填制下列报告（见表10-6），并对其业绩进行分析评价。

表10-6　**利润中心报告**　金额单位：元

项　目	预算数	实际数	差　异	
			差异额	差异率（%）
销售收入	75 000	80 000		
变动生产成本	25 000	22 000		
变动性销售及管理费用	20 000	22 000		
变动成本小计	45 000	44 000		
边际贡献	30 000			
直接发生的固定成本	3 500	3 750		
上级分配的固定成本	3 000	2 550		
期间成本小计	6 500	6 300		
税前利润	23 500			

第十一章

财务分析

学习要求： 本章主要讲述财务管理的基本方法之一，也是财务管理循环的最后一个环节——财务分析。通过本章学习，要求熟悉财务分析的意义、依据、方法和技巧；掌握分析企业偿债能力、资金营运能力和盈利能力的指标体系，熟悉反映企业发展能力的指标，并在此基础上能对企业经营理财情况进行综合分析。

案例导入

一年过得很快，又近年底，福迪公司财务总监张小姐还有一件大事必须要做，那就是公司的年度财务分析。虽然福迪公司这方面工作做得比较好，月度财务报告里都附有一定的分析说明，半年度时更有比较详细的财务分析，并都已提供给投资人、债权人、企业高管层了。但一个年度下来的经营理财综合分析，张小姐认为自己必须亲自把关，并在召开公司年度财务分析会议的基础上专门组建了财务分析小组来操作，最终要出具一份有分量的综合分析报告，不仅要反映公司的偿债能力、资金营运能力、盈利能力和发展能力等财务能力的现状和发展趋势，而且要对公司整个经营理财的现状、存在的问题及其原因、下一步的改进对策等作出综合分析，总结过去、评价现在、预测未来，为母公司福启集团公司和本公司管理层了解本公司一年来的经营理财情况和下一步改进生产经营管理各方面工作提供参考。张小姐觉得这件事情不仅对集团公司和本公司十分有用和重要，也能体现自己作为公司财务总监的能力水平，于公于私，只能做好，不能做坏。

第一节 财务分析概述

一、财务分析的意义

财务分析是进行财务管理的一种重要方法。它是以企业财务报告及其他相关资料为主要依据，对企业的财务状况和经营成果进行评价和剖析，反映企业在营运过程中的利弊得失和发展趋势，从而为改进企业经营管理和优化相关分析主体的经济决策提供重要的财务信息。财务分析既是对已完成的财务活动的总结，又能说明企业目前的财务情况，更重要的是能为预测企业未来的财务情况提供重要依据，因此它在财务管理循环中起着承上启下的重要作用。

财务分析的作用概括地说就是总结过去、评价现在、预测未来。具体地说，做好财务分析工作具有以下重要意义：

1.财务分析是科学总结和认识企业经营理财得失的重要步骤

通过对企业进行财务分析，与同行企业指标比、与本企业历史指标比，可以了解企业盈利能力的高低、偿债能力的强弱、资金营运能力的大小及发展能力的增减，认识企业筹资、投资后的成本、收益水平和风险程度以及利润分配的影响和后果等，发现本期企业经营理财中的得与失，总结经验与教训，充分认识未被利用的资源，寻找利用不当的部分及原因，以便从各方面揭露矛盾、找出差距、寻求解决方法，从而为下一步优化企业筹资、投资、收入成本、利润分配的管理提供必需的参考。

2.财务分析是评价企业财务状况和衡量经营业绩的重要依据

通过对企业财务报表等核算资料进行分析，可以了解企业偿债能力、资金营运能力、盈利能力和发展能力的现状，便于管理层及其他利益相关者判断企业的财务实力，并通过分析将影响企业财务状况、经营成果和现金流量的主客观因素、宏微观因素区分开来，以划清经济责任，合理考核评价经营者、各职能部门和责任单位的业绩，并据此进行合理的奖惩，以促使其不断改进工作。

3.财务分析是预测未来、挖掘潜力、实现理财目标的重要手段

通过对财务指标的计算和分析，客观认识企业筹资投资结构、资金周转、盈利能力的现状，从而预测生产经营和财务情况的发展趋势和前景，发现进一步提高资源利用效率的可能性，据此进行科学决策，不断挖掘企业改善财务状况、扩大财务成果的内在潜力，促使未来企业生产经营活动和财务活动按照财务管理目标实现良性运行。

二、财务分析的目的

从分析的主体看，财务分析可以分为内部分析和外部分析。内部分析是由企业管理层所进行的分析，外部分析主要是由企业投资者（所有者）、债权人及其他利益相关主体所进行的分析。不同的财务分析主体出于不同的利益考虑，所关心的重点问题是有差别的，所以他们进行财务分析的目的是不同的，这使得他们财务分析的内容既有共性又有不同的侧重点。

（一）企业投资者进行财务分析的目的

这里所指的投资者即所有者，既包括企业现有的出资者，也包括资金市场上潜在的投资者。他们进行财务分析的根本目的是考量企业的盈利能力状况，因为盈利能力是保证其投入资本能够保值增值的关键所在。他们不仅关心企业当前的盈利能力，而且关心企业的发展前景和投资风险。通过财务分析，所有者还可以考核评价企业经营管理者的业绩，为制定合理的薪酬制度提供依据，并及时纠正发现的问题。

（二）企业债权人进行财务分析的目的

债权人不能参与企业剩余收益和管理权力的分享，这决定了债权人必须对其投资的安全性首先予以关注。因此债权人进行财务分析时，最关心的是企业是否具有足够的偿债能力和支付能力，关注企业财务风险的大小，以保证其债权本息能够及时、足额地得到偿还，并由此进一步关心企业长期的盈利能力。

（三）企业经营管理者进行财务分析的目的

企业经营管理者主要是指受所有者委托对企业法人资产进行经营管理的企业管理层。他们有责任保证企业的全部资产得到合理使用，并做到保值增值。因此，他们既要关注企业的偿债能力、资金营运能力和现金流动能力，又要关注企业的盈利能力和发展能力，既要关注企业经营风险又要关注企业财务风险。因此，企业经营管理者所承担的经营管理责任决定了他们进行财务分析的目的与内容是综合的、全方位的。

（四）其他主体进行财务分析的目的

财务分析的其他主体主要是指企业职工、与企业经营有关的供应商和销售客户、中介机构（如注册会计师和其他审计人员、财务分析师等）、政府相关部门等。

（1）企业职工，包括职工个人及其工会组织，他们需要通过财务分析了解企业发展的稳定性和盈利能力，并以此评价企业提供劳动报酬、福利待遇和就业机会的能力和责任履行情况。

（2）供应商和销售客户进行财务分析的主要目的是保护自身利益，弄清往来企业的商业信用和财务实力状况，以帮助决定是否与该企业长期合作、是否应对该企业延长信用期限等。

（3）企业的财务报告需经过注册会计师或其他审计人员依法审计，财务分析是这些审计人员确定审计重点、完成审计任务必不可少的途径。财务分析师提供专业咨询服务时也必须对企业进行深入的财务分析。

（4）市场监管、物价、财政、税务及审计等政府部门对企业进行财务分析的目的：一是检查和监督企业对国家有关经济法规、政策、制度的执行情况，确保国家财政税收；二是检查和监督企业相关社会责任的履行情况；三是为宏观调控提供可靠信息，为创造公平竞争的市场环境服务。

虽然不同分析主体进行财务分析的目的和内容侧重点不同，但这些分析目的和内容是相互联系的，不同目的和内容的分析要相互联系起来才能进行正确而全面的评价。概括起来，财务分析的内容可以分为偿债能力分析、资金营运能力分析、盈利能力分析、发展能力分析等方面。

三、财务分析的依据

财务分析是以财务报告及其他相关资料为基础，对企业财务活动的过程和结果进行研究评价的过程。企业财务报告及其他相关资料是财务分析的基本依据。

财务报告的目的是为信息使用者提供与决策有关的信息。由于财务报告反映的信息高度浓缩，内在关系复杂，以及存在其他一些固有的局限性，大多数信息使用者难以直接有效地加以利用，这就需要通过财务分析来解决。

披露不确定性、解释性、预测性等辅助性信息的其他财务信息也是进行财务分析的重要依据。在我国主要有企业财务情况说明书，上市公司的招股说明书、上市公告、临时公告，企业管理层的分析与说明，财务评论和预测报告，分部信息，社会责任报告，等。

另外，国际国内的宏观政治经济信息、本行业经济和发展信息、企业的其他经济和经营方面的信息资料，也都是财务分析必须联系结合的有用依据。

四、财务分析的方法

开展财务分析，需要运用一定的方法。财务分析的方法主要包括比较分析法、比率分析法和因素分析法。另外，对上述方法加以综合运用，还形成了综合分析法。

（一）比较分析法

比较分析法是按照特定的指标体系将客观事物加以比较，从而认识事物的本质和规律并作出正确的评价。财务分析中的比较分析法，是指对两个或两个以上的可比财务数据进行对比，从而找出企业财务状况、经营成果中的差异与问题。根据比较对象的不同，比较分析法分为趋势分析法、横向比较法和预算差异分析法。

1.趋势分析法

趋势分析法又称水平分析法，主要用于时间系列分析，它是通过对比本企业两期或连续数期财务报告中的相同指标，确定其增减变动的方向、数额和幅度，来说明企业财务状况或经营成果变动趋势的一种分析方法。采用这种方法，可以分析引起变化的主要原因、变动的性质，并预测企业未来的发展趋势。

趋势分析法的具体运用主要有三种方式：一是重要财务指标的比较；二是会计报

表的比较；三是会计报表项目构成的比较。

（1）重要财务指标的比较。

重要财务指标的比较，是将企业不同时期财务报告中的相同指标或比率进行比较，直接观察其增减变动情况及变动幅度，考察其发展趋势，预测其发展前景。

对不同时期财务指标的比较可以有以下两种方法：

①定基动态比率。

定基动态比率是以某一时期的数额为固定的基期数额而计算出来的动态比率。其计算公式为：

$$定基动态比率=\frac{分析期数额}{固定基期数额} \quad (11.1.1式)$$

②环比动态比率。

环比动态比率是以每一分析期的前期数额为基期数额而计算出来的动态比率。其计算公式为：

$$环比动态比率=\frac{分析期数额}{前期数额} \quad (11.1.2式)$$

（2）会计报表的比较。

会计报表的比较，是将连续数期的会计报表的金额并列起来，形成比较会计报表，然后比较其相同指标的增减变动金额和幅度，据以判断企业财务状况和经营成果发展变化的分析方法。会计报表的比较，具体包括资产负债表比较、利润表比较、现金流量表比较、内部会计报表比较等。比较时，既要计算出表中有关项目增减变动的绝对额，又要计算出其增减变动的百分比。

（3）会计报表项目构成的比较。

这是在会计报表比较分析的基础上发展起来的分析方法，又称纵横结合的比较。它是以会计报表中的某个总体指标（如资产负债表中的资产总额、利润表中的销售收入净额）作为100%，再计算出其各组成指标占该总体指标的百分比，形成共同比报表（又称结构百分比报表），再将连续数期的共同比报表并列起来，形成比较共同比报表，以比较共同比报表为依据，比较连续数期各个项目百分比的增减变动，以此来判断有关财务情况的变化趋势。这种方法既可用于同一企业不同时期财务情况的纵向比较，还可用于不同企业之间的横向比较；同时，这种方法能消除不同时期（不同企业）之间业务规模差异的影响，有利于分析企业各种财务情况的相对水平。

2.本企业指标与其他企业指标的比较

通常以本企业的一些重要指标（如总资产、净资产、销售收入、净利润、各种重要比率等）与行业平均数或竞争对手或国内外先进单位指标比较，也称“横向比较法”。通过这种比较，可以揭示企业的现状与差距，以及企业在行业中的相对规模和竞争地位。

3.实际指标与计划预算指标的比较

实际指标与计划预算指标比较即用本企业某些指标的实际执行结果与计划预算指标比较，也称“预算差异分析法”。通过这种比较，可以揭示实际与计划预算之间的差异，了解该项指标计划预算的完成情况，为加强企业内部管理提供依据。

在采用比较分析法时，必须注意以下问题：第一，必须注意其可比性，用于对比的各个时期指标，必须是同性质或同类别的，在计算口径、计价基础和时间单位等方面都应保持一致；第二，要剔除偶发性因素的影响，使作为分析的指标数据能反映正常的经营理财状况；第三，应运用例外原则，对某些有显著变动的指标作重点分析，探究其变动的原因，以便采取对策，趋利避害。

（二）比率分析法

财务比率是把会计报表中某些彼此存在关联的项目的数额加以对比计算出的比率。比率分析法是通过计算各种比率指标来确定各报表项目间的数量关系和内在联系，从而反映财务情况变动程度的分析方法。比率是相对数，因此采用这种方法能够把某些条件下的不可比指标变为可以比较的指标以便于分析，具有较好的可比性，因而成为最常用的财务分析方法。

由于财务分析的目的不同、角度不同，在分析中应用的比率有多种形式和种类。常用的一般有三种类型：构成比率、相关比率和效率比率。

1.构成比率

构成比率又称结构比率，它是某项财务指标的各个组成部分数值占总数值的百分比，反映部分与总体的关系。如企业某类资产占总资产的比重（资产结构比率）、企业负债中流动负债和非流动负债占负债总额的百分比（负债构成比率）等。利用构成比率，可以考察总体中某个部分的形成和安排是否合理，以便协调各项财务活动。通常也通过编制结构百分比报表（共同比报表）的方法来分析，可以发现有显著问题的项目。

2.相关比率

它是以某个项目和与其有关但又不同的项目加以对比所得的比率，反映有关财务活动的相互关系。利用相关比率指标，可以考察有联系的相关业务安排得是否合理。如将流动资产和流动负债加以对比，计算出流动比率，可以据此判断企业的短期偿债能力。

3.效率比率

它是某项经济活动中所费与所得的比率，反映投入与产出的关系。利用效率比率指标，可以进行得失比较，考察经营成果，评价经济效益。如将利润项目与销售收入、销售成本、总资产、权益资金等项目加以对比，可计算出销售利润率、成本利润率、总资产利润率以及净资产收益率等利润率指标，从不同角度观察比较企业获利能力的高低及其增减变化情况。

比率分析法的优点是计算简便，计算结果也比较易于判断，而且可以使某些指标在不同规模的企业之间进行比较，甚至也能在一定程度上超越行业间的差别进行比较。但运用这一方法时应注意以下几点：

（1）比率分析法也需要比较。因为比率本身只是一种指标信息，一般不能说明什么问题，对分析的意义不大。只有通过对其进行比较分析，或与预算指标比较，或通过前后期的比较，或与同行业的经验比率或标准比率比较，才能观察到企业财务状况、经营业绩及其变动趋势与程度，评价企业所处的地位，也才能有助于对该企业财务分析的对象作出公正合理的评价，才能揭示问题、找出差距、发现趋势，从而改进工作。

（2）对比项目的相关性。计算比率的分子、分母必须具有相关性。在构成比率指标中，部分指标必须是总体指标这个大系统中的一个小系统；在效率比率指标中，投入与产出必须有因果关系；在相关比率指标中，两个对比指标（分子、分母）也要有内在联系，才能评价有关经济财务活动之间是否协调均衡，安排是否合理。

（3）对比口径的一致性。计算比率的子项和母项必须在计算时间、范围等方面保持口径一致。

（4）衡量标准的科学性。运用财务比率分析时，需要选用一定的标准与之对比，以便对企业财务情况作出评价，所以要特别注意衡量标准的科学性。科学合理的对比标准通常有预定目标（如预算指标、设计指标、定额指标、理论指标等）、历史标准（如上期实际、历史先进水平以及有典型意义的时期的实际水平等）、行业标准（如主管部门或行业协会颁布的技术标准、国内外同类企业的先进水平、国内外同类企业的平均水平等）、公认标准等。

企业有关偿债能力、资金营运能力、盈利能力的各种比率的具体内容和分析方法将在接下来的两节中介绍。

（三）因素分析法

因素分析法，是根据分析对象与其影响因素之间的关系，按照一定的顺序，从数量上确定各因素对分析对象差异的影响方向和影响程度的一种分析方法。

企业经营和财务活动是一个有机整体，每个指标（分析对象）的大小都受到若干因素的影响，因素分析法从数量上测定各因素的影响程度，可以帮助人们剖析变动的原因，从而抓住主要矛盾，为下一步解决问题指明主攻方向，以便采取针对措施，改进管理。因此，因素分析法在财务分析中的应用颇为广泛。但因素分析法在确定分析对象的构成因素时，必须保证分析对象与所确定的构成因素之间存在客观的因果关系，否则整个分析工作就失去了意义，变成了数字游戏。运用因素分析法时必须注意以下三项假定：

（1）分析一个因素变化的影响作用时，假定其他各个因素不变。

（2）在分析后一个因素变动的影响程度时，假设前面的因素已在变化了的基础之上。

（3）因素替代时，假定各个因素之间有先后顺序，不可倒错。习惯上是要求按照各因素从数量因素到价格、金额、品质因素，从简单因素到复杂因素的排列顺序依次替代。正是这种因素替代的先后顺序的假定性，使因素分析法的计算结果也不免带有一定的假定性。

因素分析法具体又可分为连环替代法和差额分析法。

1.连环替代法

连环替代法是将分析指标分解为各个可以计量的因素，并根据各个因素之间的依存关系，顺次用各因素的比较值（通常为实际值）替代基准值（通常为标准值或计划值），据以测定各因素对分析指标的影响程度的分析方法。

【例 11-1】福兴公司 2×22 年 3 月某种材料费用的实际数是 4 620 元，而其预算数是 4 000 元。实际比预算增加了 620 元。由于原材料费用是由产品产量、单位产品材料消耗量和材料单价三个因素的乘积构成的，因此就可以把材料费用这一总指标分解为这三个因素，然后逐个来分析它们对材料费用总额的影响程度。这三个因素的数值见表11-1。

表11-1 影响材料费用的因素表

项目	单位	预算数	实际数
产品产量	件	100	110
单位产品材料消耗量	千克	8	7
材料单价	元	5	6
材料费用总额	元	4 000	4 620

根据表11-1中的资料，材料费用总额实际数较预算数增加620元，这是分析对象。运用连环替代法，可以计算各因素变动对材料费用总额的影响程度如下：

预算指标：100×8×5=4 000（元） ①

第一次替代：110×8×5=4 400（元） ②

第二次替代：110×7×5=3 850（元） ③

第三次替代（实际指标）：110×7×6=4 620（元） ④

（1）产量增加的影响为：②-①=4 400-4 000=400（元）

（2）材料单耗节约的影响为：③-②=3 850-4 400=-550（元）

（3）单价提高的影响为：④-③=4 620-3 850=770（元）

全部因素的影响为：400-550+770=620（元）

2.差额分析法

差额分析法是连环替代法的一种简化形式，它是利用各个因素的比较值与基准值之间的差额，来计算各因素对分析对象指标的影响。

【例11-2】仍以表11-1所列数据为例，采用差额分析法计算确定各因素变动对材料费用的影响：

（1）产量增加对材料费用的影响为：（110-100）×8×5=400（元）

（2）材料单耗节约对材料费用的影响为：110×（7-8）×5=-550（元）

（3）单价提高对材料费用的影响为：110×7×（6-5）=770（元）

全部因素的影响为：400-550+770=620（元）

上面介绍的是财务分析的具体方法，每种方法从不同角度对企业的经营和财务情况作出分析和说明，各有其作用和侧重点。要系统完整地对整个企业的各方面经营和财务情况进行综合分析，仅依靠这些方法中的一种进行单独分析不能准确、直观、全面地把握综合情况及说明产生问题的原因，因此还应将各种方法综合运用，采用杜邦财务分析法、沃尔比重评分法等综合分析方法。

第二节 基本财务比率分析

企业财务分析的基本内容主要有偿债能力分析、资金营运能力分析、盈利能力分析和发展能力分析。下面以福成公司的基本财务报表资料（见表11-2和表11-3）为例，结合现金流量表和其他必需的资料，具体说明企业偿债能力、资金营运能力、盈利能力和发展能力指标的计算和分析。

表11-2 资产负债表

编制单位：福成公司　　2×21年12月31日　　单位：万元

资产	期末余额	上年年末余额	负债和所有者权益（或股东权益）	期末余额	上年年末余额
流动资产：			流动负债：		
货币资金	100	50	短期借款	120	90
交易性金融资产	12	24	交易性金融负债		
应收票据	16	22	应付票据	10	8
应收账款	796	398	应付账款	200	218
预付款项	44	8	预收款项	20	8
其他应收款	24	44	应付职工薪酬	16	34
存货	254	660	应交税费	24	8
一年内到期的非流动资产	90	0	其他应付款	70	44
其他流动资产	64	14	一年内到期的非流动负债	100	0
流动资产合计	1 400	1 220	其他流动负债	40	30
非流动资产：			流动负债合计	600	440
长期应收款			非流动负债：		
长期股权投资	60	90	长期借款	900	490
投资性房地产			应付债券	480	520
固定资产	2 476	1 910	长期应付款	100	120
在建工程	36	94	递延所得税负债		
无形资产	12	16	其他非流动负债	40	30
开发支出			非流动负债合计	1 520	1 160
商誉			负债合计	2 120	1 600
长期待摊费用			所有者权益（或股东权益）：		
递延所得税资产			实收资本（或股本）	200	200
其他非流动资产	16	30	资本公积	32	32
非流动资产合计	2 600	2 140	减：库存股		
			盈余公积	148	68
			未分配利润	1 500	1 460
			所有者权益(或股东权益)合计	1 880	1 760
资产总计	4 000	3 360	负债和所有者权益（或股东权益）总计	4 000	3 360

表 11-3　　利润表

编制单位：福成公司　　2×21年　　单位：万元

项　目	本期金额	上期金额
一、营业收入	6 040	5 772
减：营业成本	5 077	4 809
税金及附加	267	253
销售费用	44	40
管理费用	92	80
财务费用	220	192
加：投资收益	60	72
公允价值变动收益		
资产减值损失		
二、营业利润	400	470
加：营业外收入		
减：营业外支出		
三、利润总额	400	470
减：所得税费用	100	117.5
四、净利润	300	352.5
五、其他综合收益的税后净额		
六、综合收益总额		
七、每股收益：		
（一）基本每股收益		
（二）稀释每股收益		

一、偿债能力分析

企业出于维持日常经营活动和进行长期发展的需要，以及对财务杠杆应用的考虑，一般会采用向外举借一定负债资金的方式筹集资金，从而形成企业负债。偿债能力是指企业偿还债务（包括本息）的能力。企业在一定时期内的资产结构状况和变现能力，决定着企业对债务的清偿能力。因此，偿债能力的衡量方法有两种：一种是比较可供偿债资产与债务的存量，资产存量超过债务存量较多，则认为偿债能力较强；另一种是比较经营活动现金流量和偿债所需现金，如果产生的现金超过需要的现金较多，则认为偿债能力较强。第二种情况下的偿债能力称为偿付能力更加恰当。

(一)短期偿债能力分析

短期偿债能力是指企业流动资产对流动负债及时足额偿还的保证程度，是衡量企业近期债务偿还能力，特别是流动资产变现能力的重要标志，对企业的经营和发展至关重要。短期偿债能力主要取决于短期内企业产生现金的能力，即在短期内能够转化为现金的流动资产的多少，因此短期偿债能力比率也称为变现能力比率或流动性比率。

分析评价企业短期偿债能力的指标主要有流动比率、速动比率和现金比率等。它们都是静态比率，即反映一定时点情况的比率，计算所用数据均来自企业资产负债表。

1.流动比率

流动比率是企业流动资产与流动负债的比率，它表明企业每1元流动负债有多少流动资产作为偿还保证，反映企业可用在1年或一个营业周期内可变现的流动资产偿还到期流动负债的能力。其计算公式为：

$$流动比率=\frac{流动资产}{流动负债} \tag{11.2.1式}$$

一般来说，流动比率越高表明企业资产流动性越大，变现能力越强，短期偿债能力越强，偿债风险越小，债权人的权益就越有保证。因此企业债权人希望这项比率越高越好。但对企业自身而言，并不意味着流动比率越高越好。过高的流动比率意味着企业持有的流动资产过多，会影响资金的使用效率和企业的资金成本，进而影响获利能力。究竟应保持多高的流动比率，主要视企业对待风险与收益的态度来确定。通常认为，流动比率的下限为1，而流动比率等于2时较为适当。

运用流动比率时，必须注意以下问题：

第一，虽然流动比率越高说明偿还短期债务的流动资产保证程度越大，但并不是说企业一定已有足够的资金用来偿债。流动比率高也可能是由于应收账款增多且收账期延长、存货积压，以及其他流动资产增加所致，而真正可以用来偿债的现金却仍然短缺。因此，企业在分析流动比率的基础上，还需注重分析流动资产的结构和周转情况、流动负债的结构等情况，并进一步对现金流量加以考察。

第二，流动比率是否合理，不同行业、不同企业以及同一企业不同时期的评价标准是不同的，因此，不能用统一的标准来评价每个企业的流动比率合理与否。计算出流动比率后，要根据企业的实际情况与同行业平均数或先进水平或历史水平的对比，来判定其合理性。

第三，因为企业营运资金=流动资产-流动负债，因此，营运资金数额的大小也体现了企业流动资产偿还流动负债的能力，但营运资金是个绝对数，因此不便于不同企业之间的比较，没有相对数指标流动比率的比较优势，因此实务中运用较少。

【例11-3】根据表11-2的资料，福成公司2×21年年初和年末的流动比率可计算如下：

年初流动比率=1 220÷440=2.77

年末流动比率=1 400÷600=2.33

该公司2×21年年初和年末的流动比率均超过一般公认标准，反映该公司具有较强的短期偿债能力，年末的流动比率比年初有所下降，更接近一般公认标准，更趋于合理。

2.速动比率

尽管流动比率能较好地反映企业资产的流动性和短期偿债能力，但由于流动资产包括了一部分流动性较差的资产（如存货）和部分没有变现能力的资产，如果这些资产所占份额较高，流动比率用于衡量企业短期偿债能力的作用将大打折扣。为此，实践中引入了一种新的比率——速动比率，用于衡量企业在某一时点运用近期即可变现的流动资产偿付流动负债的能力。

速动比率，亦称酸性测试比率，是企业速动资产与流动负债的比值，其计算公式为：

$$速动比率=\frac{速动资产}{流动负债} \qquad (11.2.2式)$$

速动资产，是指可以在较短时间内变现的流动资产，包括货币资金、交易性金融资产和各种应收款项（包括应收票据、应收账款、其他应收款），即流动资产减去变现能力较差且不稳定的存货、预付款项、一年内到期的非流动资产、其他流动资产等之后的余额。由于剔除了存货等变现能力较差且不稳定的资产，因此，速动比率较之流动比率能够更准确、更直接、更可靠地评价企业资产的流动性及其偿还短期负债的能力。

$$\begin{array}{c}速动\\资产\end{array}=\begin{array}{c}货币\\资金\end{array}+\begin{array}{c}交易性\\金融资产\end{array}+\begin{array}{c}应收\\款项\end{array}=\begin{array}{c}流动\\资产\end{array}-存货-\begin{array}{c}预付\\款项\end{array}-\begin{array}{c}一年内到期的\\非流动资产\end{array}-\begin{array}{c}其他流动\\资产等\end{array}$$

当企业中预付款项、一年内到期的非流动资产、其他流动资产等可以基本忽略不计时：

速动资产≈流动资产−存货

在分析评价企业短期偿债能力时，速动比率可用作流动比率的辅助指标。一般情况下，速动比率越高，表明企业偿还流动负债的能力越强。由于通常认为存货占了一般工商企业流动资产的一半左右，因此速动比率等于1，即速动资产与流动负债相等时较为适当。如果速动比率远小于1，说明企业面临较大的偿债风险，企业短期偿债能力存在较大问题；如果速动比率远大于1，尽管债务偿还的安全性很高，但会因现金和应收账款占用资金过多而大大增加企业的机会成本。但由于企业所处行业、销售方式等因素都会使速动比率产生较大差异，因此实务中并不存在速动比率的统一标准，在分析速动比率时，也要注意速动资产的结构和质量，还要结合同行业的平均数或先进水平、本企业的计划、历史资料和经营策略等情况，以作出正确的判断。

【例11-4】根据表11-2的资料，福成公司2×21年年初的存货为660万元，预付款项为8万元，其他流动资产为14万元；2×21年年末的存货为254万元，预付款项为44万元，一年内到期的非流动资产为90万元，其他流动资产为64万元，则2×21年年初和年末该公司的速动比率为：

$$年初速动比率=\frac{1\,220-660-8-14}{440}=\frac{50+24+22+398+44}{440}=1.22$$

$$年末速动比率=\frac{1\,400-254-44-90-64}{600}=\frac{100+12+16+796+24}{600}=1.58$$

该公司年初、年末的速动比率均超过一般公认标准，说明企业短期偿债能力强。年末速动比率超过一般公认标准较多，主要是因为年末存货资金占用比年初大大降低，流动资产中货币资金、应收账款等资产有较大增加，这可能会影响企业的盈利性，所以需要采取措施加以处理。

3.现金比率

现金比率是指企业现金类资产与流动负债的比率，也称为超速动比率。它最能反映企业立即偿付流动负债的能力。其计算公式如下：

$$现金比率=\frac{货币资金+交易性金融资产}{流动负债} \tag{11.2.3式}$$

虽然从偿债能力考虑，现金比率较高的企业直接偿债能力较强，但由于企业现金类资产的收益能力很差，企业过多地持有现金类资产，不利于发挥资产的效能。因此，一般而言，现金比率控制在0.2左右即可。这一比率过高，就意味着企业取得的流动负债没能得到充分利用，而经常以收益能力极低的现金类资产保持着。

【例11-5】根据表11-2的资料，福成公司2×21年年初和年末的现金比率分别为：

$$年初现金比率=\frac{50+24}{440}=0.168$$

$$年末现金比率=\frac{100+12}{600}=0.187$$

年末现金比率比年初略有提高，表明企业立即偿付流动负债的能力有所提高。

除现金比率外，反映即期现金偿付能力的财务比率还有结合现金流量表数据的现金流量比率。经营活动现金流量净额与流动负债的比值，称为现金流量流动负债比率，它反映企业经营活动带来的现金净流量对期末流动负债的偿付保障程度。该比率越高，企业即期偿付短期债务的能力越强。

$$现金流量流动负债比率=\frac{经营活动现金流量净额}{期末流动负债} \tag{11.2.4式}$$

以上流动比率、速动比率、现金比率和现金流量流动负债比率都是根据资产负债表和现金流量表数据资料计算而来的，企业短期偿债能力或实际变现能力还会受到其他一些表外因素的影响，如企业资产质量、可动用的银行贷款指标或授信额度、准备很快变现的非流动资产、企业偿债方面的声誉、未作记录的或有负债和担保责任引起的负债数量及经营租赁后续需要支付的租赁费用等。关注企业短期偿债能力的分析主体有必要多了解这些方面的情况，以便作出更准确的判断。

（二）长期偿债能力分析

长期偿债能力是指企业偿还长期债务本息的能力。在企业生产经营正常的情况下，不会依靠变卖资产来偿还长期债务，而是通过实现利润来偿还，因此企业长期偿债能力和获利能力密切相关。由于长期现金流量受很多不确定因素影响而难以估计，因此长期偿债能力分析侧重于对资本结构的分析，即侧重分析企业资产对其债务的保障程度。分析评价长期偿债能力常用的主要指标有：资产负债率、产权比率、权益乘数、利息保障倍数等。前三者一般是静态比率，后者是动态比率。

1.资产负债率

资产负债率又称负债比率，指负债总额与资产总额的比率。它表明在企业资产总额中债权人提供的资金所占的比重（体现资金结构），以及企业资产对债权人权益的保障程度。这是最重要的一项衡量长期偿债能力的指标。其计算公式如下：

$$资产负债率=\frac{负债总额}{资产总额}\times 100\% \quad （11.2.5式）$$

一般情况下，资产负债率越高，表明企业资产对债权人的保障程度越低，企业长期偿债能力越差，债权人面临的风险越大；反之，资产负债率越低，表明企业资产对债权人的保障程度越高，长期偿债能力越强。因此从债权人角度看，该指标越小越好。但对企业所有者来说，如果该指标较大，说明利用较少的自有资金投资形成了较多的生产经营用资产，在资金利润率（即总资产息税前利润率）高于负债利率的前提下，带来的财务杠杆利益较大；如果该指标过小，说明企业对财务杠杆的利用不够。但资产负债率过大，则表明企业债务负担过重，财务风险过大，所以资产负债率又是衡量企业负债程度（资金结构）是否合理的指标。对企业经营管理者来说，举债越多风险越大，再筹资会更困难；不举债或少举债会显得畏葸不前而丧失财务杠杆利益，因此，资产负债率又是评价经营管理者理财能力和进取心的一个重要指标。另外，企业长期偿债能力与盈利能力密切相关，因此企业的经营决策者应当将偿债能力指标（风险）与盈利能力指标（收益）结合起来分析，予以平衡考虑。保守的观点认为资产负债率不应高于50%，而通常认为资产负债率等于60%时较为适当。不同行业的平均资产负债率不完全相同，企业应根据自己的行业特征和实际情况确定适当的资产负债率水平。

【例11-6】根据表11-2的资料，福成公司2×21年年初和年末的资产负债率分别为：

年初资产负债率=1 600÷3 360×100%=47.62%

年末资产负债率=2 120÷4 000×100%=53%

该公司年末资产负债率与年初相比有所提高，说明长期偿债能力有所降低，但与一般公认标准比较，年初和年末的资产负债率都在比较正常的水平范围内。

2.产权比率

产权比率，也称资本负债率，是负债总额与所有者权益总额的比率，它反映企业所有者权益对债权人权益的保障程度，也是企业资金结构是否稳健的重要标志。其计算公式为：

$$产权比率=\frac{负债总额}{所有者权益总额}\times 100\% \quad （11.2.6式）$$

一般情况下，产权比率越低，表明企业长期偿债能力越强，债权人权益的保障程度越高，债权人承担的风险越小，但企业不能充分发挥负债的财务杠杆效应。所以企业在评价产权比率适度与否时，应从提高盈利能力与增强偿债能力两个方面综合进行，即在经营比较景气的情况下，可以在保障债务偿还安全的前提下，尽可能提高产权比率。

产权比率与资产负债率对评价企业偿债能力的作用基本相同。两者的主要区别是：资产负债率侧重于分析债务偿付安全性的物质保障程度，产权比率则侧重于揭示资金结构的稳健程度以及自有资金对偿债风险的承受能力。对企业来说，产权比率高，是高风险、高收益的资金结构；产权比率低，是低风险、低收益的资金结构。

【例11-7】根据表11-2的资料，福成公司2×21年年初和年末的产权比率分别为：

年初产权比率=1 600÷1 760×100%=90.91%

年末产权比率=2 120÷1 880×100%=112.77%

该公司2×21年年末的产权比率与年初相比有所上升，说明长期偿债能力有所减弱，资金结构的财务风险略有增大。

3.权益乘数

权益乘数，也称权益总资产率，表明企业所有者投入的资本支撑着几倍于自己的经营规模。它也是一个反映企业长期偿债能力、资金结构、财务风险、财务杠杆利用程度的指标。这一比例越大，说明企业的负债比率越大，长期偿债能力越差。其计算公式为：

$$权益乘数=\frac{资产总额}{所有者权益总额} \tag{11.2.7式}$$

计算权益乘数时，也可以用资产平均总额和所有者权益平均总额代替。此时计算出来的权益乘数是一项动态比率。

$$平均权益乘数=\frac{资产平均总额}{所有者权益平均总额}=\frac{1}{1-平均资产负债率} \tag{11.2.8式}$$

【例11-8】根据表11-2的资料，福成公司2×21年年初负债总额为1 600万元，年末负债总额为2 120万元，年初所有者权益为1 760万元，年末所有者权益为1 880万元。依11.2.8式计算平均权益乘数为：

$$平均权益乘数=\frac{(3\,360+4\,000)\div 2}{(1\,760+1\,880)\div 2}=2.022$$

$$或：平均权益乘数=1\div\left[1-\frac{(1\,600+2\,120)\div 2}{(3\,360+4\,000)\div 2}\right]=2.022$$

4.利息保障倍数

利息保障倍数，又称已获利息倍数，是企业息税前利润与全部利息费用的比率，用以衡量企业偿付借款利息的能力。其计算公式如下：

$$利息保障倍数=\frac{息税前利润}{利息费用} \tag{11.2.9式}$$

公式中的“利息费用”是指本期发生的全部应付利息，不仅包括财务费用中的利息费用，还包括计入固定资产的资本化利息。

利息保障倍数是一项动态比率，它不仅反映了企业盈利能力的大小，而且反映了盈利能力对偿还到期债务利息的保证程度，也是衡量企业长期偿债能力的指标之一。利息保障倍数的重点是衡量企业支付利息的能力，一般来说该倍数越大，表明企业有越充足的偿付利息的能力。通常认为，该指标为3倍时较为适当。究竟企业利息保障倍数应为多少才算偿付利息能力强，这要根据往年经验结合行业特点来判断。

【例11-9】根据表11-3的资料，福成公司2×21年度所得税费用为100万元，净利润为300万元，估计利息费用为160万元，则该公司2×21年度的利息保障倍数为：

$$利息保障倍数=\frac{300+160+100}{160}=3.5$$

根据一般公认标准，该公司2×21年度的利息保障倍数还是比较适当的，但还需要与其他企业特别是同行业平均水平进行比较来分析评价。另外要注意比较企业连续多个会计年度（如5年）的利息保障倍数，以说明企业付息能力的稳定性。

还可以用现金基础的利息保障倍数来表示和分析评价，即企业经营活动现金流量净额对利息费用的倍数，它比利润基础的利息保障倍数更为可靠，因为实际用于支付利息的是现金，而不是利润。

结合现金流量表数据，反映长期偿债能力的指标还有“现金流量负债比率”，它是指企业经营活动现金流量净额与负债总额的比率，其计算公式如下：

$$现金流量负债比率 = \frac{经营活动现金流量净额}{期末负债总额} \times 100\% \quad (11.2.10式)$$

该比率表明企业用经营活动现金流量净额偿付全部债务的能力。该比率越高，说明偿还债务总额的能力越强。

二、资金营运能力分析

企业各种资源都有一个营运能力的问题，如人力资源营运能力、物力资源营运能力、信息资源营运能力、财务资源营运能力等。企业财务资源的营运能力就是资金营运能力，它是指企业对其资金资源的配置和利用能力，从价值角度看，就是企业资金的利用效率，也表明企业管理层在生产经营管理中运用资金的能力。一般情况下，它通过反映企业生产经营资金周转速度的相关指标来衡量。企业资金周转速度越快，表明企业资金利用效果越好、效率越高，资金营运能力越强，企业管理层经营理财能力越强。企业资金营运能力需要通过资产的运作来体现，因此，资金营运能力分析主要通过各项资产的周转指标来反映。周转指标一般有周转率（次数）和周转期（天数）两种。某种资金的周转次数等于一定时期内的资金周转额除以周转一次所需的资金量（平均余额）；周转期是指某种资金周转一次所需要的时间。经常用于分析资金营运能力（周转次数）的财务比率有总资产周转率、固定资产周转率、流动资产周转率、应收账款周转率和存货周转率等。它们都是动态比率，分子数据来源于利润表，分母数据来自资产负债表。

1.总资产周转率

总资产周转率是营业收入净额与平均资产总额的比率，反映企业对其所拥有的全部资产的有效利用程度。其计算公式如下：

$$总资产周转率(次数) = \frac{营业收入净额}{平均资产总额} \quad (11.2.11式)$$

其中：营业收入净额=营业收入-销售折扣与折让等；平均资产总额=（资产总额年初数+资产总额年末数）÷2。如果年内资产占用额很不均衡，那么“平均资产总额”就要用10.2.12式来计算。

总资产周转率指标反映资产总额的周转速度。如果这个比率较高，说明企业利用全部资产进行生产经营和获利的效率较高；该指标较低，则说明企业利用全部资产进行生产经营的效率较低，最终会影响盈利能力。企业应采取各项措施提高各项资产的利用程度，比如提高销售收入或处理多余的资产。

【例 11-10】根据表11-2和表11-3的资料，福成公司2×21年总资产周转率为：

$$总资产周转率=6\ 040÷\frac{3\ 360+4\ 000}{2}=1.64（次）$$

计算出总资产周转率后，需要与本企业以前年份和同行业的情况进行比较才能说明问题。

2.固定资产周转率

固定资产周转率是反映固定资产周转情况、利用效率的指标，它是企业一定时期营业收入净额与平均固定资产净值的比率。其计算公式为：

$$固定资产周转率（次数）=\frac{营业收入净额}{平均固定资产净值} \quad （11.2.12式）$$

$$平均固定资产净值=\frac{固定资产净值年初数+固定资产净值年末数}{2}$$

一般情况下，固定资产周转率越高，表明企业固定资产的利用越充分，同时也表明固定资产投资得当，固定资产结构合理，能够充分发挥效率；反之，如果固定资产周转率不高，则表明固定资产使用效率不高，提供的生产成果不多，企业固定资产营运能力不强。

运用固定资产周转率指标时，需要考虑固定资产因计提折旧其净值在不断减少的影响，以及因更新重置固定资产其净值突然增加的影响。同时由于折旧方法的不同，可能影响其可比性，故在分析时要剔除这些不可比因素。

【例 11-11】根据表 11-2 和表 11-3 的资料，福成公司 2×21 年固定资产周转率为：

$$固定资产周转率=6\ 040÷\frac{1\ 910+2\ 476}{2}=2.75（次）$$

计算出固定资产周转率后，也需要与本企业以前年份和同行业的情况进行对比才能说明问题。

3.流动资产周转率

流动资产周转率是反映企业流动资产周转速度的指标，它是企业一定时期营业收入净额与平均流动资产总额的比率。其计算公式为：

$$流动资产周转率（次数）=\frac{营业收入净额}{平均流动资产总额} \quad （11.2.13式）$$

$$流动资产周转期（天数）=360÷流动资产周转率$$

计算平均流动资产总额的做法和计算平均资产总额的做法一样，也要根据具体情况分别用两种方法之一求其平均数。

通常认为，在正常经营情况下，流动资产周转速度越快，表明流动资产利用效果越好，以相同的流动资产完成的周转额越多，从而相对节约了流动资金，等于相对扩大了资产投入，增强了企业的盈利能力。生产经营管理任何一个环节上的工作改善，都会反映到流动资产周转率指标上来。需要注意的是，流动资产周转率不能一味强调越大越好，因为每个企业的流动资产与非流动资产之间有个合理的投资比例，如果流动资产投资太少，虽然投资收益水平可能很高，但投资风险有可能很大。

【例 11-12】根据表 11-2 和表 11-3 的资料，福成公司 2×21 年流动资产周转率和周转天数为：

$$流动资产周转率=6\ 040÷\frac{1\ 220+1\ 400}{2}=4.61（次）$$

流动资产周转期（天数）=360÷4.61=78.09（天）

计算出流动资产周转率后，需要与本企业以前年份和同行业的情况进行对比才能说明问题。为查明流动资产周转加速或延缓的原因，还要进一步分析平均流动资产总额构成项目变动的影响，如应收账款周转率、存货周转率的变动。

4.应收账款周转率

应收账款周转率是指企业一定时期内赊销收入净额与平均应收账款余额的比率，用以反映企业应收账款的周转速度和管理效率。用时间表示的周转速度是应收账款周转天数。其计算公式如下：

$$应收账款周转率（次数）=\frac{赊销收入净额}{平均应收账款余额} \qquad (11.2.14式)$$

应收账款周转期（天数）=360÷应收账款周转率

应收账款是因赊销产生的，因此从理论上说，其分子应按赊销收入净额计算。但对外部分析者来说，难以得到确切的赊销收入数据，而且财务报表的内部使用人也未必容易取得该项数据。把现销视为收账时间为零的赊销也是可以的。因此，有人主张计算应收账款周转率指标的分子用“营业收入净额”比较好。另外，计算应收账款周转率指标的分母“平均应收账款余额”应包括应收票据。如果应收账款余额的波动性较大，应尽可能采用更详尽的计算资料计算平均应收账款余额，如用10.2.12式来计算。

一般来说，应收账款周转率越高，周转天数越短，说明应收账款的变现速度越快，应收账款的管理效率越高。由于应收账款是企业重要的流动资产，应收账款周转率高，收账期短，可减少收账费用和坏账损失，相对增加流动资产的投资收益，资产的流动性强，企业短期偿债能力也强，在一定程度上可以弥补流动比率和速动比率在分析短期偿债能力方面的不足；反之，企业的营运资金则过多地滞留在应收账款上，会影响企业正常的资金周转。但应收账款周转率不是越高越好，过高的应收账款周转率也可能说明企业在赊销政策方面存在问题，或为及早收回款项而给予客户过高的现金折扣，从而降低企业的盈利水平，或奉行太严的信用标准政策，或付款条件过于苛刻，虽然降低了应收账款数额，但同时抑制了企业销售量的增加，最终影响企业的盈利水平。

【例11-13】根据表11-2和表11-3的资料，福成公司2×21年度的应收账款周转率和周转天数为：

$$应收账款周转率=6\,040÷\frac{420+812}{2}=9.81（次）$$

应收账款周转期（天数）=360÷9.81=36.70（天）

影响该指标高低的因素有许多，如企业季节性经营、大量使用分期付款结算方式或现金结算方式等。财务报表的外部使用者应将该指标与该企业的前期指标、行业平均水平或其他类似企业的该项指标相比较，以判断该指标的高低，至于该指标高低的具体原因则要通过其他分析来寻找。

5.存货周转率

存货周转率是指企业一定时期的营业成本（销售成本）与平均存货余额的比率，它是反映企业流动资产的重要组成部分——存货资金——的周转速度的指标，也是衡量企业生产经营各环节中存货运营效率和管理状况的综合性指标。其计算公式如下：

$$存货周转率（次数）=\frac{营业成本}{平均存货余额} \tag{11.2.15式}$$

存货周转期（天数）=360÷存货周转率

也有学者主张，存货周转率指标的分子应该用“营业收入净额”更好。

一般而言，存货周转率高，表明存货资金周转速度快，企业在采购、储存、生产、销售各环节的存货资金使用和管理效率高，存货转换为现金或应收账款的能力强，存货占用水平低，存货积压的风险也相对降低，而且存货周转率指标的高低还影响企业短期偿债能力和盈利能力。但存货周转率不是越高越好，过高的存货周转率也可能表明该企业存货管理中出现问题，如存货平均占用太少可能导致缺货而影响正常的生产经营活动，或由于采购次数过于频繁、每次订货量过小而增加存货采购成本。存货周转率过低，则往往表明存货管理不善，销售不畅，存货积压，造成资金沉淀。

报表使用者对存货周转率进行分析评价时，除了考虑不同行业、企业不同经营方式等因素的影响之外，还应对存货的结构以及影响存货周转速度的重要项目进行分析，如计算分析原材料、在产品、产成品的周转率等，使存货管理在保证生产经营连续性的同时，尽可能少地占用经营资金，提高资金的使用效率。

【例 11-14】根据表 11-2 和表 11-3 的资料，福成公司 2×21 年度的存货周转率和周转天数为：

$$存货周转率=5\ 077÷\frac{660+254}{2}=11.11（次）$$

存货周转期（天数）=360÷11.11=32.40（天）

该公司的存货平均一个月周转一次，存货周转效率较高。

需要说明的是，在上述反映资金营运能力各指标的计算中均以年度作为计算期，但在实际中，计算期应视分析的需要而定，而且应保持分子与分母在时间口径上的一致性。如果各期资产占用额比较稳定，波动不大，季度、年度平均资金占用额可以直接用“（期初数+期末数）÷2”的公式来计算；如果资金占用的波动较大，企业应采用更详细的资料进行计算，如用“（1/2 年初余额+1 月底余额+2 月底余额+…+11 月底余额+1/2 年末余额）÷12”的公式（即 10.2.12 式）计算年度平均资金占用额。

总之，反映企业资金营运能力的各项资产的周转率指标用于衡量企业运用资产赚取收入的效率和能力，经常与反映偿债能力和盈利能力的指标结合在一起使用，可全面评价企业的财务状况和盈利能力。

三、盈利能力分析

对资金增值的不断追求是企业资金运动的动力源泉和直接目的。盈利能力是企业赚取利润的能力，就是企业资金增值的能力。它通常表现为企业利润数额的大小与盈利水平的高低。由于会计六大要素有机统一于企业资金运动过程，并通过筹资、投资活动取得收入、补偿成本费用，从而实现利润目标。因此，可以按照会计基本要素设置营业利润率、成本费用利润率、总资产报酬率、净资产收益率和资本保值增值率等指标，借以评价企业各会计要素的盈利能力及资本保值增值情况。无论是投资者、债权人还是企业经营管理者，都十分重视和关心企业的盈利能力。利润是投资者取得投资收益、债权人收取本息的来源，是经营者经营业绩和管理效率的集中表现，也是职工薪酬福利、政府税收的重要保障。因此，对企业的盈利能力进行分析评价十分重要。

企业盈利能力分析可以从企业收益的数量和质量、一般企业盈利能力和上市公司盈利能力、企业自身盈利能力和社会贡献能力（社会贡献率、社会积累率）等角度考虑。反映盈利能力的财务比率都是动态比率，且一般都是越高越好。

（一）企业盈利能力数量分析

1.一般企业盈利能力的数量分析

（1）营业利润率。

营业利润率，也称销售利润率，是指企业一定时期取得的利润与营业收入净额的比率。由于企业利润有营业利润、利润总额和净利润等多种形式，因此要注意营业利润率指标计算时所用的利润形式，尽可能做到与营业收入净额在计算口径上相互匹配。在实际工作中，营业利润率一般主要有两种指标形式：营业利润率（销售利润率）和营业净利率（销售净利率）。其计算公式为：

$$营业利润率=\frac{利润总额}{营业收入净额}\times100\% \qquad （11.2.16式）$$

$$营业净利率=\frac{净利润}{营业收入净额}\times100\% \qquad （11.2.17式）$$

营业利润率表明企业营业收入的获利能力。该指标越高，表明从营业收入中获取盈利的水平越高，企业盈利能力就越强；反之，则相反。

【例11-15】根据表11-3的资料，福成公司2×21年度的利润总额为400万元，净利润为300万元，营业收入净额为6 040万元。那么，该公司2×21年度的营业利润率和营业净利率分别为：

营业利润率（销售利润率）=400÷6 040×100%=6.62%

营业净利率（销售净利率）=300÷6 040×100%=4.97%

企业的营业利润率和营业净利率指标计算出来后，都要与本企业前期数或预算数或同行业水平进行比较才能说明问题。

（2）成本费用利润率。

成本费用利润率是指企业一定时期的利润总额与成本费用总额的比率。其计算公式为：

$$成本费用利润率=\frac{利润总额}{成本费用总额}\times100\% \qquad （11.2.18式）$$

其中：成本费用总额=营业成本+税金及附加+销售费用+管理费用+财务费用

该指标越高，表明企业为取得利润而付出的代价越小，成本费用控制得越好，盈利能力越强。在评价成本费用开支的效果时，应注意成本费用与利润之间在计算层次和口径上的对应关系。

【例11-16】根据表11-3的资料，福成公司2×21年度的利润总额为400万元，营业成本为5 077万元，税金及附加为267万元，销售费用、管理费用和财务费用分别为44万元、92万元和220万元。那么，该公司2×21年度的成本费用利润率为：

成本费用利润率=400÷5 700×100%=7.02%

企业成本费用利润率指标计算出来后，也要与本企业前期数或预算数或同行业水平进行比较才能说明问题。

（3）总资产报酬率。

总资产报酬率也称资金利润率、资产利润率、资产收益率，是指企业在一定时期内的息税前利润或净利润与平均资产总额的比率，因此，通常有总资产息税前利润率（ROA）和总资产净利率两项指标。其计算公式为：

$$总资产息税前利润率=\frac{息税前利润}{平均资产总额}\times 100\% \qquad (11.2.19式)$$

$$总资产净利率=\frac{净利润}{平均资产总额}\times 100\% \qquad (11.2.20式)$$

【例 11-17】根据表 11-2 和表 11-3 的资料，福成公司 2×21 年度的所得税为 100 万元，净利润为 300 万元，年初、年末资产总额分别为 3 360 万元和 4 000 万元。估计利息费用为 160 万元。那么，该公司 2×21 年度的总资产息税前利润率和总资产净利率分别为：

$$总资产息税前利润率=\frac{300+100+160}{(3\,360+4\,000)\div 2}\times 100\%=15.22\%$$

$$总资产净利率=\frac{300}{(3\,360+4\,000)\div 2}\times 100\%=8.15\%$$

总资产报酬率表明企业资产利用的综合效果。该指标值越高，表明投资盈利水平越高，企业获利能力越强；反之，则相反。判断总资产报酬率指标高低的重要参照有社会平均利润率、行业平均利润率等指标。一般来说，如果企业总资产报酬率低于同行业平均利润率，表明该企业经营成果不佳。另外，还要比较本企业以前年度的相同指标或预算数才能说明问题。

企业的资产是由投资者（股东）投入或债权人借入形成的，利润的多少与企业资产的多少、资产的结构、经营管理水平等有着密切的关系，因此，总资产报酬率是反映企业投入与产出、所用与所得对比关系的一项综合性经营效率指标。为了正确评价企业的经济效益、挖掘提高利润水平的潜力，可以将该指标进一步分解为总资产周转率和销售利润率：

$$\begin{aligned}总资产净利率&=\frac{销售收入净额}{平均资产总额}\times\frac{净利润}{销售收入净额}\times 100\%\\&=总资产周转率\times 销售净利率\end{aligned}$$

上式表明，要提高总资产报酬率，企业不但要加速资产周转，扩大销售、提高资产的利用效率，而且要尽可能降低耗费，提高投入产出的比率，从提高资金营运能力和盈利能力两个方面下功夫。

（4）净资产收益率。

净资产收益率（ROE）也称权益资金税后利润率、资本收益率、资本利润率、股东权益报酬率、净值报酬率等，它是企业一定时期内的净利润与平均净资产总额的比率，反映企业自有资金的投资收益水平，它是反映企业盈利能力的核心指标。其计算公式如下：

$$净资产收益率=\frac{净利润}{平均净资产总额}\times 100\% \qquad (11.2.21式)$$

净资产收益率是企业所有财务比率中综合性最强的一个指标，因为净资产收益率=销售净利率×总资产周转率×权益乘数，该指标的驱动因素既包括了企业的盈利能力，也包括了企业的资金营运能力和偿债能力、财务杠杆的作用大小。因此。在某种程度上说，它是一般企业财务管理的基本目标。该比率越大，表明企业自有资金获取收益的能力越强，运营效益越好，企业所有者所得到的净利润越多，企业盈利能力相应越强，对债权人的保障程度也越高；反之，则相反。该指标通用性强，适用范围广，不受行业的局限，在国际上的企业综合评价中使用率非常高。通过该指标的综合对比分析，可以看出企业盈利能力在同行业中所处的地位以及与同类企业水平的差异。而且该指标与总资产报酬率之间有着内在联系，企业负债比率越低，其总资产报酬率与净资产收益率越接近；企业负债比率越高，净资产收益率超出或低于总资产报酬率也越多。这是财务杠杆的作用所导致的。

【例 11-18】根据表 11-2 和表 11-3 的资料，福成公司 2×21 年度净利润为 300 万元，年初和年末净资产总额分别为 1 760 万元和 1 880 万元，则该公司 2×21 年度的净资产收益率为：

$$净资产收益率=\frac{300}{(1\ 760+1\ 880)\div 2}\times 100\%=16.48\%$$

根据净资产收益率=销售净利率×总资产周转率×权益乘数，也可以求出净资产收益率=4.97%×1.64×2.022=16.48%。

（5）资本保值增值率。

资本保值增值率是企业扣除客观因素影响后的年末所有者权益总额与年初所有者权益总额的比率，反映了企业当年权益资金在自身努力下的实际增减变动情况，是评价企业财务效益情况的辅助指标。其计算公式为：

$$资本保值增值率=\frac{扣除客观因素后的年末所有者权益总额}{年初所有者权益总额}\times 100\% \quad (11.2.22式)$$

资本保值增值率从留存收益（也是利润的一种形式）角度反映了企业的盈利能力，它是根据“资本保全”原则设计的指标，充分体现了对所有者权益的保护，能够及时、有效地反映有无侵蚀所有者权益的现象，反映了投资者投入企业资本的保全性和增长性。一般认为，资本保值增值率越高，表明企业当年的留存收益越多，资本保全状况越好，所有者权益增长越快，债权人的债务也越有保障，企业发展后劲越强。该指标通常应高于100%，若小于100%，则表明当年的留存收益为负数，企业资本金受到侵蚀，所有者权益受到损害，没有实现资本保全，也妨碍了企业进一步发展壮大，应予以充分重视。

【例 11-19】根据表 11-2 的资料，福成公司 2×21 年度年初和年末所有者权益总额分别为 1 760 万元和 1 880 万元，年内无客观因素影响所有者权益，即没有发生所有者（股东）增资或减资的情况，120 万元的所有者权益增加额全部来自当年的留存收益，则该公司 2×21 年度的资本保值增值率为：

资本保值增值率=1 880÷1 760×100%=106.82%

2×21 年 106.82% 的资本保值增值率表明该公司当年盈利能力、资本保全和增值状况较好。

2.上市公司盈利能力的数量分析

上市公司公开披露的财务信息有很多，投资者要想通过众多的信息准确把握企业的财务现状和未来，没有其他任何工具可以比正确使用财务比率分析更重要。除上述一般企业盈利能力的数量分析外，上市公司盈利能力的数量分析还要注重以下指标：

（1）每股收益。

每股收益，也称每股盈余、每股利润等，是指上市公司每股普通股可享有的净利润额，是上市公司本年净利润扣除优先股股利后的余额与年末发行在外的普通股加权平均总数的比值，直观地反映普通股的获利水平，是衡量上市公司盈利能力时最常用的财务分析指标。在西方发达国家比较完善的资金市场上，每股收益已成为影响股票价格的一个主要因素。在其他条件不变的前提下，该比率越大，表明企业的盈利能力越强，股票市价也会相应越高。这一指标成为股票市场比较公司业绩，股东比较各公司股票潜在价值的重要依据。其计算公式已在本书第八章中作过详细介绍，为：

$$每股收益=\frac{净利润-优先股股利}{年末发行在外的普通股股数} \quad (11.2.23式)$$

11.2.23式中的分母也可以用“年内发行在外的普通股加权平均股数”表示。

【例 11-20】 福业公司2×21年净利润为1 500万元，年末发行在外的普通股为2 500万股。该公司没有发行优先股。该上市公司2×21年度的每股收益为：

福业公司2×21年度每股收益=1 500÷2 500=0.60（元/股）

（2）每股股利。

每股股利是指上市公司本年发放的普通股现金股利与年末普通股总数的比值。其计算公式为：

$$每股股利=\frac{普通股现金股利总额}{年末普通股总数} \quad (11.2.24式)$$

每股股利是上市公司普通股股东从公司实际分得的每股利润，它反映上市公司当期利润的积累和分配情况。每股股利的多少主要受公司盈利状况、现金状况和股利分配政策等因素的影响。

【例 11-21】 福业公司2×21年年末发行在外的普通股为2 500万股，该公司2×21年共发放现金股利1 000万元。该上市公司2×21年度的每股股利为：

福业公司2×21年每股股利=1 000÷2 500=0.4（元/股）

（3）市盈率。

市盈率指标已在本书第七章中作过介绍。它是上市公司普通股每股市价相当于每股收益的倍数，是反映上市公司盈利能力的一个重要财务比率，也是投资者作出投资决策的重要参考因素之一。其计算公式如下：

$$市盈率=\frac{普通股每股市价}{普通股每股收益} \quad (11.2.25式)$$

计算时，股价通常取最新收盘价，而每股收益方面，若按已公布的上年度每股收益计算，称为历史市盈率；若是按市场对今年及明年每股收益的预估值计算，则称为未来市盈率或预估市盈率，计算预估市盈率所用的每股收益预估值，一般采用市场平均预估，即追踪公司业绩的机构收集多位分析师的预测所得到的预估平均值或中值。

一般来说，市盈率高，说明公司获利的潜力大，投资者对该公司的发展前景看好，愿意出较高的价格购买该公司股票，所以一些成长性较好的公司的市盈率一般要高一些。但也应注意，某种股票的市盈率过高，也意味着该股票的投资风险很大。市盈率指标的应用，也要结合企业所处行业、企业其他指标等综合考虑，观察其长期发展趋势。

【例11-22】 福业公司2×21年普通股每股收益为0.60元，每股市价为6元，则该上市公司的市盈率为：

福业公司的市盈率=6÷0.60=10

（4）每股净资产。

每股净资产指标已在本书第七章中作过介绍。它是上市公司年末净资产（即股东权益）与年末普通股总数的比值，也称为每股账面价值或每股净值。其计算公式为：

$$每股净资产 = \frac{年末股东权益}{年末普通股总数} \qquad (11.2.26式)$$

该指标反映发行在外的每股普通股所代表的公司股东权益的账面价值。每股净资产在理论上提供了股票的最低价值。在投资人看来，该指标与每股市价的差额是公司的一种潜力。股票市价高于账面价值（每股净资产）越多，表明投资者认为这个公司越有发展前景。

【例11-23】 福业公司2×21年的股东权益为7 300万元，年末发行在外的普通股为2 500万股，则该上市公司年末的每股净资产为：

福业公司每股净资产=7 300÷2 500=2.92（元/股）

（二）企业盈利能力的质量分析

按照会计分期假设和权责发生制原则确认的企业账面利润，只表现为一种应计现金流量与企业或股东的可能财富，而非直接等同于实际的现金流入量和股东的真实财富。从财务上讲，只有当应计现金流量转化为实际现金流量时，才表明利润的真正实现与企业或股东财富的实质性取得。如果账面利润不能转化为足够的实际现金流入量，势必给企业带来极为不利的负面影响：由于现金匮乏而无力支付依据账面收入和账面利润计算的增值税和所得税；无力弥补或追加投资企业再生产所需的资金而只得举借新债，造成财务风险和资金成本的加大。倘若企业长时间处于现金短缺状态，必然会陷入严重的财务困境，这无疑从根本上损害了企业和股东的财务目标。所以如果单纯地强调盈利能力的数量势必导致企业对账面利润的盲目追求，造成过度经营的不良后果。没有质量保证的盈利能力对企业而言是祸而非福。因此财务分析主体在分析企业的盈利能力时，还必须结合现金流量表数据资料从企业利润来源的稳定可靠性、利润实现的时间分布和利润的现金支持能力等角度深入分析盈利能力的质量。企业盈利能力的质量高低是其现金流动能力强弱的主要表现之一。

1.利润来源的稳定可靠性分析

在企业利润的总体构成中，主营业务利润所占的比重大小是决定企业利润是否具有稳定可靠性的基础。如果一个企业在利润总额及盈利能力总水平提高的同时，主营业务利润及其在总利润中所占的比重却呈现下降的趋势，往往是企业经营不稳定的危险征兆，若得不到及时纠正，企业有可能从此转入衰退甚至失败。

衡量利润来源的稳定可靠性可分析两个指标：生产经营利润占利润总额的比重和主营业务利润占生产经营利润的比重。生产经营利润即企业利润表中的营业利润扣除投资收益（或损失）后的利润。

（1）生产经营利润占利润总额的比重。

$$\text{生产经营利润占利润总额的比重}=\frac{\text{生产经营利润}}{\text{利润总额}} \qquad (11.2.27\text{式})$$

该指标反映企业生产经营活动所创造的利润在整体利润来源结构中的地位。一般而言，生产经营利润所占比重越大，投资收益和营业外收支所占比重越小，表明企业利润来源的基础越是稳固，盈利能力的质量也就越高。

（2）主营业务利润占生产经营利润的比重。

与企业核心能力相关的业务是企业的主营业务，主营业务盈利能力的强弱对于整个企业市场竞争能力的优劣以及未来发展的前途命运产生着决定性的作用。因此，通过计算和分析主营业务利润占生产经营利润的比重，有助于进一步考察企业利润基础的稳定可靠性，并对盈利能力的质量水平作出更为准确的把握。

2.利润实现的时间分布

时间价值是影响企业经营业绩的一个至关重要的因素。同样数额的利润，如果实现的时间分布不同，其内涵质量是不同的。这一点在资金时间价值的计算中已经得到充分的验证。这里需要说明的是，在考虑利润实现的时间分布结果时，更应当分析导致这一结果的原因所在。如果所预期或业已出现的利润实现的时间分布结果是完全随机或偶然的，则说明这种利润并非真正稳定可靠的，因为它无法肯定企业未来其他方面的投资也能获得同样的利润质量。

衡量利润实现的时间分布的合理性，可分析两个指标：利润实现的期限结构和利润期限系数比率。

（1）利润实现的期限结构。

$$\text{利润实现的期限结构}=\frac{\text{不同时间段实现的利润额}}{\text{相关分析期实现的利润总额}} \qquad (11.2.28\text{式})$$

（2）利润期限系数比率。

$$\text{利润期限系数比率}=\frac{\sum(\text{不同时段利润额}\times\text{折现系数或期限系数})}{\text{分析期利润总额}} \qquad (11.2.29\text{式})$$

企业既可以以平均资金成本率或必要投资报酬率为折现率计算不同时间段的利润额对期初的折现系数，也可以按下列公式计算：

折现系数=（分析期总月份+1-利润所在月份）÷分析期总月份

3.利润的现金支持能力

现金之于企业，犹如血液之于肌体，关注现金对盈利的支持程度，意义重大。一般可分析以下指标：

（1）销售营业现金流入比率。

销售营业现金流入比率主要用于衡量企业销售收入与经营活动现金流入量的对称

关系，同时也从一个侧面揭示出企业当前的运行是否处于过度经营的状态。其计算公式为：

$$销售营业现金流入比率=\frac{经营活动现金流入量}{销售收入净额} \tag{11.2.30式}$$

一般而言，该比率越高，表明企业应计现金流入量对实际或有效现金流入量的转化能力越强，从而收入的质量越高；反之，则意味着企业的销售收入存在较严重的质量问题，应调整销售方针，控制赊销策略，加大收账力度。

（2）赊销收入折现系数比率。

$$赊销收入折现系数比率=\frac{\sum(各时间段应收账款收现额\times折现系数或期限系数)}{期间内应收账款累计发生额} \tag{11.2.31式}$$

该比率是从时间价值角度对赊销收入或应收账款的收现质量进行评价，在国内外一些成功企业中已得到较广泛的应用。该指标对于提高企业相关责任者的赊销管理活动的风险意识，增强时间价值观念，加快应收账款的收现速度，减少机会成本和坏账损失，提高应收账款的投资效率都有重要意义。

（3）生产经营净利润现金比率。

生产经营净利润现金比率是企业一定期间经营活动净现金流量与生产经营净利润的比率，是从生产经营活动的结果或目标上对企业利润的现金保障水平进行评价分析的指标。其计算公式为：

$$生产经营净利润现金比率=\frac{经营活动净现金流量}{生产经营净利润} \tag{11.2.32式}$$

该比率越高，表明企业实现的净利润的有效性越大，整个生产经营管理处于良好的运行状态；反之，则意味着企业经营理财的结果缺乏有效的质量保证，对以往及当前的生产经营管理工作需作出进一步检讨和改进。

在上市公司，可以用每股净现金流量与每股收益相比较，也可以反映公司盈利的质量及公司可用于支配的现金数。如果每股收益较高，但每股现金较低，股东就无法期望取得较高的现金股利。并且，如果公司现金总量不足，还有可能导致现金性风险和收支性风险。

另外，还可以通过资本现金流量比率（即经营活动净现金流量÷平均所有者权益总额）和全部资产现金回收率（即经营活动现金净流量÷平均资产总额）等指标考察企业利用权益资金或总资产创造经营活动净现金流量的能力，这也可以说明企业盈利的质量问题。对现金流动能力的分析还可以用于企业偿债能力和财务弹性的评价之中。

思政课堂

认真履行社会责任是目前世界企业发展的潮流，也是企业经营的重要目标。一个企业如果不履行社会责任，从长远看是不可能获得持续发展的。企业的社会责任主要有依法纳税、保障产品和服务的高质量、保护员工权益和改善员工待遇、保护生态环境、支持社区发展、慈善事业贡献等。从财务角度看，企业对社会的贡献主要包括四个方面：政府的税收、职工的工薪、债权人的利息和股东的净利润。在财务分析中，评价企业社会贡献能力的指标主要有社会贡献率和社会积累率。

1.社会贡献率

社会贡献率是指一定时期企业的社会贡献总额与平均资产总额的比率，反映企业利用投入的社会资源（资产总额）对社会经济利益的贡献程度。其计算公式为：

社会贡献率=企业社会贡献总额÷平均资产总额×100%

企业社会贡献总额包括已交或应交的各种税金和附加、已支付的各种工资薪金和社会保险金、已支出的利息费用和产生的净利润。这些数据资料都可以从企业的财务报告中得知。这个指标数值的大小，反映了企业社会贡献的大小，是社会和市场进行资金资源有效配置的重要依据。

2.社会积累率

社会积累率是一定时期企业上交的各项财政收入（主要是税收）与企业社会贡献总额的比率。其计算公式如下：

社会积累率=企业上交财政收入总额÷社会贡献总额×100%

这项指标反映了企业对社会的经济贡献中用于社会积累的份额，体现了企业社会贡献总额中用于社会消费和社会积累的比例关系。

四、发展能力分析

发展能力，又称成长能力，是企业未来一定时期不断改善其财务状况和经营业绩、提升企业价值的能力，如规模扩张、利润扩大、销售增长的前景和趋势。它是企业综合能力的体现。企业的财务状况、核心业务、经营能力、企业制度、人力资源、行业环境等因素对企业发展能力有重要影响。进行企业发展能力分析的财务比率（指标）主要有：

1.销售增长率

销售增长率是指企业本年销售收入增长额同上年销售收入额的比率。销售收入是企业规模和经营实力的具体体现，是企业综合实力的市场表现。销售增长率是衡量市场占有能力、预测企业经营业务拓展趋势的重要指标，也是企业扩大资金规模的重要前提。不断增加的销售收入，是企业生存和发展的基础条件。因此，销售增长率是评价企业成长状况和发展能力的重要指标。其计算公式如下：

$$\text{销售增长率}=\frac{\text{本年销售收入增长额}}{\text{上年销售收入额}}\times 100\% \qquad (11.2.33\text{式})$$

本年销售收入增长额是本年销售收入额与上年销售收入额的差额。

该指标越高，表明企业经营业务竞争能力越强。如果销售增长率小于零，说明由于种种原因，导致企业销售市场份额萎缩；如果销售增长率大于零，说明本期销售收入较上期有所提高。

2.总资产增长率

总资产增长率是企业本年总资产增长额同年初资产总额的比率。总资产增长率衡量企业本期资产规模的增长情况，评价企业经营规模总量上的扩张程度。其计算公式如下：

$$总资产增长率=\frac{本年总资产增长额}{年初资产总额}\times 100\% \qquad (11.2.34式)$$

总资产增长率指标是从企业资产总量扩张方面衡量企业的发展能力，表明企业规模增长水平对企业发展后劲的影响。该指标越高，表明企业当年资产经营规模扩张的速度越快，但利用该指标进行实际分析时，应注意资产规模扩张的质与量的关系，以及企业的后续发展能力，避免资产盲目扩张。

3.资本积累率

资本积累率是企业本年所有者权益增长额与年初所有者权益总额的比率。它反映当年所有者权益的变动水平和投资者投入资本的保全性和增长性，体现了企业净资产（权益资本）的积累能力，展现了企业的发展潜力，是评价企业发展能力的重要指标。其计算公式如下：

$$资本积累率=\frac{本年所有者权益增长额}{年初所有者权益总额}\times 100\% \qquad (11.2.35式)$$

4.营业利润增长率

营业利润增长率是企业本年营业利润增长额与上年营业利润总额的比率，反映企业营业利润的增减变动情况，体现了企业营业利润对企业发展的支撑力度。其计算公式如下：

$$营业利润增长率=\frac{本年营业利润增长额}{上年营业利润总额}\times 100\% \qquad (11.2.36式)$$

上述四个反映企业发展能力的指标，都可以利用企业资产负债表和利润表（见表11-2和表11-3）的数据计算求得。

除此之外，从财务角度看反映企业发展能力的指标还有固定资产成新率（企业当期平均固定资产净值与同期平均固定资产原值的比率）、技术投入比率（企业技术转让费支出和研究开发投资支出与当年生产经营业务收入净额的比率）、可持续增长率（本书第三章用销售百分比法进行资金需要量预测时介绍过）等。

第三节 财务综合分析

财务分析的最终目的在于全方位剖析和了解企业经营理财情况，并借以对企业财务状况、经济效益、发展后劲的优劣作出全面、准确、客观的评价。单独分析任何一个方面的财务指标，都难以达到上述目的。要想对企业财务状况和经营成果有一个总的评价，就必须进行相互关联的分析，采用适当的标准进行综合性的评价。财务综合分析就是将企业偿债能力、资金营运能力、盈利能力等诸方面的分析纳入一个有机的整体之中，全面地对企业财务状况和经营成果等所有财务活动的过程及结果作出科学的分析、评价和判断。所以，财务综合分析必须具备分析内容的综合性、分析方法的结合性、分析指标的搭配性、分析结果的多用性等特征。现代财务综合分析的方法有很多，其中应用比较广泛的主要有杜邦财务分析体系和财务比率综合评分法。

一、杜邦财务分析体系

杜邦财务分析体系（简称杜邦体系、杜邦分析法、杜邦分析模型等）是利用各种主要财务指标间的内在联系，对企业综合经营理财及经济效益进行系统分析评价的方法。因其最初由美国杜邦化工公司创立并成功运用而得名。该分析体系以净资产收益率指标为核心，将其分解为若干个财务比率指标，通过分析各分解指标的变动对净资产收益率的影响来揭示企业经营理财目标的实现程度及其变动原因。

【例 11-24】以福成公司为例，可以把各种财务指标的关系绘制成杜邦分析图（如图11-1所示）。

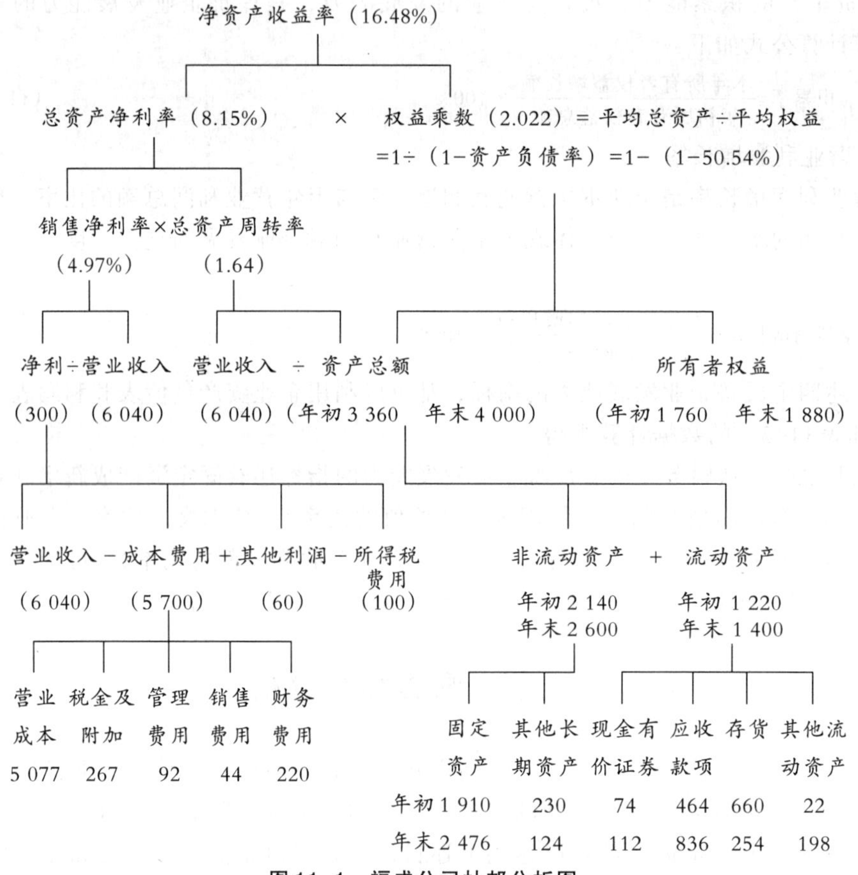

图11-1 福成公司杜邦分析图

从杜邦分析图可以看出，杜邦体系各主要指标之间的关系如下：

（1）净资产收益率是一个综合性很强的财务比率，反映企业筹资、投资、资产运营等活动的效率和所有者投入的净产出，是杜邦体系的核心，在这里可以看作企业经营理财目标。其他各项指标都是围绕这一核心，通过研究彼此间的依存制约关系，从而揭示企业的经营理财目标实现程度及其前因后果。因为净资产收益率=总资产净利率×权益乘数=销售净利率×总资产周转率×权益乘数，该指标的高低取决于销售净利率、总资产周转率、权益乘数。其中销售净利率代表企业盈利能力，总资产周转率代表企业资金营运能力，权益乘数则反映企业偿债能力、筹资结构、资金成本、财务风险和财务杠杆的作用大小。因此，要实现企业财务管理目标，提高净资产收益率，不仅要提高企业的盈利能力，而且要提高企业的资金营运能力，还要合理配置企业的筹资结构，使资金成本和财务风险尽可能趋于合理，充分发挥财务杠杆的作用，并使企业偿债能力达到适当水平。

（2）销售净利率反映了企业净利润与营业收入的关系。企业净利润是营业收入减去全部成本费用（包括流转税）加上其他利润（包括投资收益和营业外收支净额）减去所得税费用的结果。提高企业销售净利率是提高企业盈利能力的关键，主要有两个途径：一是扩大营业收入；二是降低成本费用。另外，扩大对外投资的净收益和营业外收支净额等对提高盈利能力也有帮助。企业内部管理层还可以根据企业的内部报表和资料进行更详细的分析。

（3）总资产周转率揭示企业资产总额实现营业收入的综合能力和效率。企业应当联系营业收入分析企业资产的使用是否合理，资产总额中流动资产和非流动资产的投资结构安排是否恰当。此外，还要分析流动资产和非流动资产的内部投资结构以及影响资产周转率的各具体因素，如还可以通过对流动资产周转率、存货周转率、应收账款周转率等有关各资产组成部分使用效率的分析，判明影响资产周转的主要问题出在哪里。投资结构的合理与否决定了企业的投资风险与投资收益，对总资产周转率及净资产收益率会产生举足轻重的影响。

（4）权益乘数反映了企业偿债能力、筹资结构、资金成本、财务风险和财务杠杆的作用大小。因此，要提高净资产收益率，必须合理配置企业的筹资结构，使资金成本和财务风险尽可能趋于合理，充分发挥财务杠杆的作用，并使企业偿债能力达到适当水平。

杜邦体系自上而下的分析，不仅可以揭示企业各项财务指标间的相互关系，查明各项主要指标变动的影响因素以及每个因素的影响程度，而且为决策者优化经营理财状况、提高企业经营效益、实现财务管理目标提供了思路。提高净资产收益率的根本途径在于扩大销售、节约成本费用、合理配置投资结构、优化筹资结构、加速资金周转、确立风险意识等。

杜邦财务分析体系将企业的各项经营理财活动看作一个大系统，把系统内相互联系、相互作用的各项财务指标间的关系制成杜邦分析图，以全面、直观地反映影响净资产收益率的各个因素及其影响程度和原因。在杜邦财务分析体系的左半部分，主要评价企业的盈利能力和资金营运能力及其内在联系；右半部分，主要评价企业的偿债能力、投资结构和筹资结构等财务结构，并展示其内在的关系。其基本特点是系统、简明、清晰。但是由于它偏重于企业所有者利益的角度，因此其指标设计也具有一定的局限性。

二、财务比率综合评分法

在进行财务分析时，人们遇到的一个主要困难就是计算出财务比率后，无法判断它是偏高还是偏低，因而难以评价企业在市场竞争中的优劣地位。为了弥补这一缺陷，20世纪初由美国财务学家亚历山大·沃尔首创了对企业各种主要财务比率对比标准比率进行综合评分以获得对一个企业财务情况水平的总体认识的财务综合分析方法，称为沃尔比重评分法。

【例 11-25】下面通过一个简单的例子，介绍这种财务比率综合评分法的基本步骤。

一般认为企业财务评价的主要内容是盈利能力、偿债能力、资金营运能力、发展能力。列示了一些反映盈利能力、偿债能力、资金营运能力和发展能力的常用指标，如果以100分为总分，评分的标准分值及其他情况见表11-4。

表11-4 **综合评分的标准**

指　标	标准评分值（权重）	标准比率（%）	行业最高比率（%）	最高评分	最低评分	每分的财务比率差（%）
盈利能力：						
总资产净利率	20	10	20	30	10	1
销售净利率	20	4	20	30	10	1.6
净资产收益率	10	16	20	15	5	0.8
偿债能力和资金营运能力：						
权益资金比率	8	40	100	12	4	15
流动比率	8	150	450	12	4	75
应收账款周转率	8	600	1 200	12	4	150
存货周转率	8	800	1 200	12	4	100
发展能力：						
销售增长率	6	15	30	9	3	5
净利润增长率	6	10	20	9	3	3.3
人均净利增长率	6	10	20	9	3	3.3
合　计	100					

标准比率应以本行业平均数为基础，适当进行理论修正。

在给每个指标评分时，应规定上限和下限，以降低个别指标异常对总分造成的不合理影响。上限可定为正常评分值的1.5倍，下限可定为正常评分值的1/2。此外，给分时不采用“乘”的关系，而采用“加”或“减”的关系来处理。例如，总资产净利率的标准值为10%，标准评分为20分；行业最高比率为20%，最高评分为30分，则每分的财务比率差为1%［（20%-10%）÷（30分-20分）］。总资产净利率每提高1%，多给1分，但该项得分不超过30分。

根据这种方法，对福成公司的财务情况进行综合评价，得86.09分（见表11-5），这是一个财务情况中等偏下水平的企业。

表 11-5 福成公司财务情况评分

指 标	实际比率(%)①	标准比率(%)②	差异③=①-②	每分的财务比率差④	调整分⑤=③÷④	标准评分值⑥	得分⑦=⑤+⑥
盈利能力：							
总资产净利率	8.15	10	−1.85	1	−1.85	20	18.15
销售净利率	4.97	4	0.97	1.6	0.61	20	20.61
净资产收益率	14.48	16	−1.52	0.8	−1.9	10	8.10
偿债能力和资金营运能力：							
权益资金比率	49	40	9	15	0.6	8	8.6
流动比率	233	150	83	75	1.11	8	9.11
应收账款周转率	981	600	381	150	2.54	8	10.54
存货周转率	1 111	800	311	100	3.11	8	11.11
发展能力：							
销售增长率	4.64	15	−10.36	5	−2.07	6	3.93
净利润增长率	−15	10	−25	3.3	−7.58	6	−1.58
人均净利增长率	−18	10	−28	3.3	−8.48	6	−2.48
合 计						100	86.09

财务比率综合评分法的关键技术是“标准评分值”的确定和“标准比率”的建立。只有长期连续实践、不断修正，才能取得较好的效果。

本章小结

财务分析是财务管理的一种重要方法和环节。它是以企业财务报告及其他相关资料为主要依据，对企业的财务状况和经营成果进行评价和剖析，反映企业营运过程的利弊得失和发展趋势，从而为改进企业财务管理工作和优化相关分析主体的经济决策提供重要的财务信息。财务分析的作用概括地说就是总结过去、评价现在、预测未来。

财务分析的方法主要有比较分析法、比率分析法和因素分析法，其中比率分析法是最基本、最常用的分析方法。财务比率分析按分析的目的和内容分，主要有偿债能力分析、资金营运能力分析、盈利能力分析和发展能力分析。

分析评价企业短期偿债能力的指标主要有流动比率、速动比率和现金比率等。分析评价企业长期偿债能力常用的主要指标有资产负债率、产权比率、权益乘数、利息保障倍数等。反映企业偿债能力的比率大都是静态比率，经常用于分析资金营运能力（周转次数）的财务比率有总资产周转率、固定资产周转率、流动资产周转率、应收账款周转率和存货周转率等，它们都是动态比率。企业盈利能力分析可以从企业收益的数量和质量、一般企业盈利能力和上市公司盈利能力、企业自身盈利能力和社会贡献能力等角度考虑。反映盈利能力的财务比率都是动态比率，且一般都是越高越好。

企业财务综合分析能全面衡量企业的财务状况、经济效益和发展后劲的优劣。应用比较广泛的财务综合分析方法主要有杜邦财务分析体系和财务比率综合评分法。

思考与练习

思考题

1. 财务分析的目的是什么？

2. 财务分析有哪些基本方法？

3. 分析企业偿债能力的指标主要有哪些？在进行偿债能力分析时，应排除哪些因素的影响？

4. 怎样进行企业资金营运能力分析？

5. 怎样进行企业盈利能力的比率分析？

6. 杜邦财务分析体系中各主要指标之间有什么关系？该分析体系的主要作用是什么？

计算分析题

1.A公司有关资料见表11-6。

表11-6　**A公司有关资料**　金额单位：万元

项　目	期初数	期末数	本期数或平均数
存货	3 600	4 800	
流动负债	3 000	4 500	
速动比率	0.75		
流动比率		1.6	
总资产周转次数（次）			1.2
总资产			18 000

假设该公司流动资产等于速动资产加存货。

要求：（1）计算该公司流动资产的期初数和期末数；（2）计算该公司本期销售收入；（3）计算该公司本期流动资产平均余额和流动资产周转次数。

2. 已知B公司有关资料如下：

（1）2×21年年末简化资产负债表见表11-7。

表 11-7 B公司简化资产负债表 单位：万元

资　产	期末余额	负债和所有者权益	期末余额
货币资金	30	应付票据	25
应收账款	60	应付账款	55
存货	80	应付职工薪酬	10
其他流动资产	30	长期借款	100
固定资产	300	实收资本	250
		未分配利润	60
总计	500	总计	500

（2）该公司2×21年度的销售收入为1 500万元，净利润为75万元。

要求：（1）计算销售净利率；（2）计算总资产周转率（用期末数计算）；（3）计算权益乘数；（4）计算净资产收益率。

3.C公司年初存货为15 000元，年初应收账款为12 700元；年末流动比率为3.0，速动比率为1.3，存货周转率为4次，流动资产合计为27 000元。

要求：（1）计算该公司本年销售成本；（2）如果本年销售收入净额为96 000元，除应收账款外的速动资产是微不足道的，其应收账款周转天数为多少天？

4.已知D公司2×21年12月31日简化资产负债表见表11-8。

表 11-8 D公司简化资产负债表 单位：万元

资产	期末余额	年初余额	负债和所有者权益	期末余额	年初余额
货币资金	45	50	流动负债合计	150	105
应收账款净额	90	60	非流动负债合计	200	245
存货	144	92	负债合计	350	350
其他流动资产	36	23	所有者权益合计	350	350
流动资产合计	315	225			
固定资产	385	475			
资产总计	700	700	负债和所有者权益总计	700	700

同时已知，该公司2×20年度销售净利率为16%，总资产周转率为0.5次，权益乘数为2.5，净资产收益率为20%；2×21年度销售收入为350万元，净利润为63万元。

要求：（1）计算2×21年年末的流动比率、速动比率、资产负债率和权益乘数；（2）计算2×21年总资产周转率、销售净利率和净资产收益率；（3）分析销售净利率、总资产周转率和权益乘数变动对净资产收益率变动的影响。

第十二章

财务管理工作组织

学习要求： 本章主要讲述企业财务管理工作的组织问题。通过本章学习，要求了解企业财务管理体制如何确立、财务管理机构如何设置以及财务管理规范体系、财务管理人员的素质和职业道德等问题。

案例导入

又一次聚会中，几年来已成为好友的福迪公司的张小姐和福立公司的小王又在一起聊天。学工科的小王和学管理的张小姐几年来在各自的公司和工作岗位上都取得了很好的成绩，张小姐已担任公司财务总监3年，小王也已担任福立公司的副总工程师。张小姐感慨地说："小王，我们俩几年来经过努力，事业上发展得都还不错。还记得我们初次认识时在一起聊天，那时候我还什么也搞不清楚。这几年来，财务工作中的不少难题、大题我都经历过、解决过了，感到对这份工作越来越有兴趣，越来越觉得有成就感。我想你也一样。"小王深表赞同。张小姐说："接下来我在思考这样一些问题：像我们这样一家集团公司旗下的子公司，财务上的关系是比较复杂的，集团公司与本公司以及本公司内部的财务管理体制应该可以理得更顺，管理效率肯定还能提高；公司的财会组织设置还可以进一步优化；我想抽空让公司的财会人员分批出去培训一下，提高一下各方面的业务素质，包括让他们熟悉一下当前财务管理工作的法规制度。这几年我自己忙忙碌碌，也得好好充充电了。"小王作为福立公司的技术骨干，也谈了自己的计划和想法。两人都觉得这种跨专业的思想碰撞和切磋，对彼此都很有意义。

第一节　企业财务管理体制

一、财务管理体制的含义、内容和特征

（一）财务管理体制的含义

财务管理体制，简称财务体制，是用来规范财务主体之间和财务管理主体之间关于财务管理责任、权限、利益划分的基本制度。

财务管理体制包括宏观和微观两个层次。宏观财务管理体制主要规范和调节国家和企业等微观财务主体之间的财务关系和理财行为；微观财务管理体制规范的是企业等微观财务主体与其投资者、债权人、内部各单位及其他利益相关者之间的财务关系和理财行为。在计划经济时代，企业没有经营和理财自主权，财务管理体制规范的重心是企业与国家的经济利益关系，主要体现为宏观财务管理方面；在市场经济条件下，财务管理只有微观性，因此财务管理体制也主要指微观层次，尤其是企业财务管理体制。

企业财务管理体制是确定企业内各财务主体层级及企业各利益相关者的财务权限、财务责任和经济利益关系的基本制度。

（二）企业财务管理体制的内容

企业财务管理体制的内容主要包括财务组织制度、财务决策制度和财务控制制度三个方面。

1.财务组织制度

财务组织制度需要解决的基本问题：一是财务管理组织机构的设置；二是各层级财务组织机构的职责定位；三是财务组织机构人员的配备。

2.财务决策制度

财务决策管理权历来是企业各利益相关者所关注的首要问题，因为它直接关系到各方的切身利益，是财务管理体制的核心。因此，如何划分并界定各方面、各利益主体以及各层级财务管理组织的财务决策管理权限，成为财务管理体制研究的基本点。

3.财务控制制度

财务控制制度是企业基于发展战略与管理目标，规范、监控与督导各方面、各利益主体、各层级财务管理组织的理财行为，为实现财务资源配置的秩序性和高效率性而建立的财务控制制度体系。

（三）企业财务管理体制的特征

1.财务管理体制是企业特定时期财务关系特征的综合反映

财务管理体制是规范和调节特定的经济利益关系的，是企业特定时期财务关系的综合反映，因此企业财务管理体制能够统御财务管理工作的全局，发挥财务运行机制的内在功能。也正因为如此，财务管理体制的设计和构建必须以企业的资本产权关系为主要依据。

2.财务管理体制能对企业理财活动起到推动、促进和导向的作用

财务管理体制首要的，也是最直接的目的，在于实现企业资金运转的高效率性，实现企业价值最大化或股东财富最大化理财目标，因此，构建一个科学合理、符合企业经营理财实际、运行通畅、调节灵敏的财务管理体制，能对企业理财活动和整个生产经营活动起到推动、促进和导向的作用，意义十分重大。

3.财务管理体制的设计必须符合企业理财环境和实际工作的需要

尽管企业财务管理体制是对一定经济条件的客观反映，但财务体制的构建却是企业管理层及其授权人（投资主体）的共同行为，是一种主观意识作用的结果。它必须与处在不同生命周期阶段的企业发展特征相适应，与特定企业的产权结构、发展战略、组织形式、经营方式、管理基础、企业文化、人员素质相联系。只有适应了特定企业和企业特定时期生产经营发展的需要，财务管理体制才能促进企业经济效益的提高，其本身也能够得以巩固、发展和提高，否则就必须被更替、摒弃和补充完善。所以财务管理体制应随着理财环境的变化而不断完善发展。

二、企业内部财务管理体制设计的内容

仅就企业内部而言，财务管理体制是处理以企业财务部门为主体，与企业内部各部门、各层级之间以及企业内部各部门、各层级彼此之间财力和财权分配关系的制度。

1.按照企业内部经营组织形式确立财务管理体制类型

按照企业生产技术特点与经营规模大小，可以将企业内部经营组织形式分为集中管理型、分散管理型、集中与分散结合管理型三种。不同的企业内部经营组织形式决定了企业应采用不同的内部财务管理体制，一般有集权制（统管模式）、分权制（分管模式）和集权分权糅合制（综合管理模式）三种。

2.按企业内部各财务管理单位的经济责任确定财务责任

完全独立生产经营的成员企业，在财务上应承担自负盈亏的责任。对相对独立生

产经营的内部单位，应根据是否具有相对独立的生产经营能力分别确定财务责任，并以指标分解的形式落到实处。比如在资金管理方面，要为企业内部各部门、各层级核定流动资金占用额、利用效果或费用定额等指标。

3.以内部各财务管理单位承担财务责任的大小，确定财务权限的大小

对承担自负盈亏责任的内部成员，企业可给予相对独立地进行筹资、投资、成本费用开支与收益分配的财权；对相对独立的企业内部各部门单位，则分别给予内部利润取得与分配权、成本费用开支与控制权等。

4.以内部结算价格和专门机构，确认各单位履行职责的好坏

企业内部经济往来，都要按照实际数量和内部结算价格进行计价结算，并且要采用一定的结算凭证办理结算手续，以划清各自的收支，分清经济责任，便于奖惩。因此，要制定完善的内部结算价格和内部结算办法，建立内部结算中心。

5.以承担财务责任的大小及其履行情况，确定物质利益的多少

总之，在确定企业内部财务管理体制时，要做到以财务责任为中心，以责定权，以责定利，实现责权利三个方面的结合。不管采取什么形式的企业内部财务管理体制，都要保证企业生产经营的整体性，处理好集权与分权的关系，划清经济责任，核定财务指标，并定期计算和考核。

三、企业内部财务管理体制模式

（一）统管模式

统管模式又称集权制，采用这种财务管理体制的企业，其财务管理决策权限基本都集中在企业总部，各所属单位执行总部的各项指令。由总部统一筹措和安排运用各项资金，调拨物资，处理财务收支，编制财务预算和成本计划，统一核算盈亏，并由总部统一与财政、税务、银行、其他企业进行业务上的往来。企业内各部门、各层级的财务管理权限很小，一般只负责管理、登记所使用的财产物资，记录直接开支的费用，内部单位之间发生的经济往来，也由总部统一进行内部转账和结算。

这种财务体制的优点是：

（1）由于高度集权，便于指挥，管理方便，具有一体化管理优势，有利于制定实行内部转移价格，有利于进行避税筹划；

（2）由于资金统一运作，便于内部资金优化配置和调剂融通，整个企业的资金占用相对较少，降低资金成本和风险损失。

这种财务体制的缺点是：

（1）容易挫伤下属单位的理财积极性、主动性和责任感；

（2）容易造成总公司和上层管理人员过多，反而影响解决问题的效率，丧失市场机会；

（3）由于下属单位没有成本核算，或核算没有与经济利益挂钩，容易造成经济责任不清。

一般而言，统管模式适合于一些规模不大、生产经营活动比较单纯的中小企业和某些特殊的大型企业。由于这些企业的经营管理决策与实施集中在企业总部，下属单位不是独立核算单位，因此财务责权利关系的处理也由企业总部统一承担是最合

适的。

（二）分管模式

分管模式又称分权制，采用这种财务体制的企业，其财务管理权限采取统一领导、分口分级管理的形式。作为法人，总公司除统一上缴税利，编制企业财务预算和成本计划，核算整个企业的盈亏外，由财务部门负责将各项财务指标分解，逐级落实到各部门、各层级，并为下属各单位规定完成指标的权与利。财权在很大程度上下放到下属单位，总部主要负责规划统筹和协调；下属单位独立核算盈亏，有相当的筹资、投资等资金运作权，可独立开展对外业务往来。下属单位之间的产品和劳务交换均采取相互计价结算。

这种财务体制的优点是：

（1）下属单位有较大的理财自主权，有利于发挥其理财积极性；

（2）下属单位实行较完整的经济核算制，收益与经济效益挂钩，经济责任划分较清楚。

这种财务体制的缺点是：

（1）总公司把很多权力下放后，可能导致对下属单位的财务控制、管理考核弱化；

（2）下属单位资金相对独立运作，互相调剂融通较难，因而整个企业占用资金较多，资金运用效果受到影响。

一般而言，分管模式适合于一些大型的松散型总分公司或企业集团。这些企业内部的下属单位有的是独立法人，有的是独立程度很高的分公司，所以财务责权利关系的处理也应由各成员单位分散进行。

（三）综合管理模式

综合管理模式，也称集权分权糅合制，它吸收了上述两种财务体制的优点，克服或最大限度地消除了两者的缺点。在这种财务体制下，总公司作为法人统一经营销售和核算盈亏，统一缴纳税利，对外融资和重要的资金管理统一由总公司进行；下属单位按委托法人进行管理，有一定的资金管理权，下属单位之间的产品和劳务交换均实行相互计价结算，核算成本和计算盈亏。总体而言，在这一模式下，一些重要的制度制定权、融资投资权、用资担保权、机构设置权、收益分配权集中在总部，经营自主权、人员管理权、业务定价权、费用开支审批权分散在下属单位。

这种财务体制的优点是：

（1）总公司统一领导，有利于增强公司在竞争中的实力和应变能力，从而有利于公司的经营和发展；

（2）总公司下放一部分财权，但总的决策管理权和财务控制权仍留在总公司；

（3）下属公司在经营方面有独立自主权，也有一定的财权，能够有利于调动其积极性并实现自我约束。

实行这种财务体制的关键是如何把总公司保留的权力和下放的权力分配得当，如何将经济责任和利益分配调节得当。

综合管理模式，适合于资本一体化的总分公司和具有核心层、紧密层、半紧密层、松散层的企业集团。在这些企业里，重大经营理财决策的作出和实施、重大的财务责权利关系的组织和处理均集中在企业总部进行，而一般的、日常的经营理财决策的作出与实施以及一般性财务责权利关系的处理则分散到内部相对独立的下属核算单位。

无论采取何种财务管理体制，对企业发展战略有重大影响的财务决策管理权、非常例外事项的处置权及基本财务制度的制定权一定要总揽于公司总部，集权与分权的区别仅在于对企业发展战略不构成重大影响或属于一般的、日常的财务决策管理权是否下放到下属企业。另外，在同一企业中，对于重要的下属单位和一般的下属单位，为了控制的需要也可以实行集权分权程度不同的财务管理体制。

第二节　企业财务管理机构的设置

财务管理机构是指财务主体内部为组织领导和直接从事财务管理工作而专设的职能部门。建立和健全财务管理机构，是加强财务管理工作、保证财务管理工作顺利进行的重要前提条件。

在现代公司制下，科学地设置企业财务管理机构十分重要。目前，我国市场经济体制已得到充分发展，现代企业制度已基本建立，企业财务管理的内容大为丰富，财务管理的重要性日益突出，一些先进企业已经开始了将财务管理和会计部门分立的实践，更多企业对理财和会计的专业职能作了明确划分，都取得了很好的效果。所以，企业财务管理和会计部门的分立已成大势所趋。

一、单一企业财务管理机构的设置

根据目前的客观环境要求，根据理财和会计工作的职能划分，以及国际惯例，在充分考虑目前企业实际和未来企业理财、会计工作发展趋势的基础上，我国大中型（制造业）企业的财会组织机构可以如图12-1这样设置。

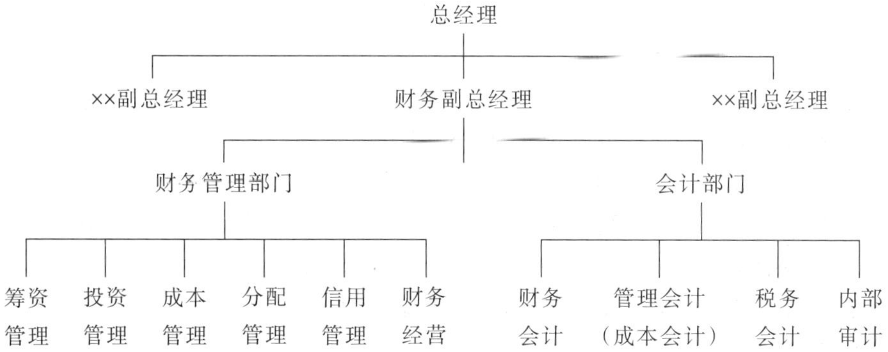

图12-1　现代企业财会组织机构的设置

（一）财务管理部门

在财务副总经理（财务总监或总会计师）的统一领导下，财务管理部门根据有关财经法规和财务管理原则，通过预测、决策、计划、控制、分析等方法进行资金运动的管理。

1.筹资管理部

筹资管理部主要负责预测资金需要量，筹集资金，保证生产经营的资金需要，进行资金结构决策，维持最佳资金结构，进行筹资风险管理，正确处理企业与投资者、债权人的关系。

2.投资管理部

投资管理部主要负责做好投资项目的财务可行性分析和日常投资决策，维持企业良好的资产结构和内外投资比例结构，加强现金管理和投资风险管理，正确处理企业与被投资单位的经济利益关系。

3.成本管理部

成本管理部主要负责企业成本费用的预测、决策、计划、控制、考评、分析等成本费用管理工作，努力降低成本费用。

4.分配管理部

分配管理部主要负责协助董事会、财务总监制定企业股利政策，进行利润分配的管理，处理好企业与政府、投资者等方面的分配关系和其他关系，制定和实行企业内部转移价格。必要时还可以行使企业内部的资金融通职能。这方面事情较少的企业，也可将分配管理部并入筹资管理部。

5.信用管理部

信用管理部主要负责对客户资信的调查、评估和追踪检查，制定信用政策，进行信用条件决策，与销售部门合作催收拖欠的应收账款，处理好与债务人的经济关系。

6.财务经营部

财务经营部主要负责在资金市场上直接进行金融商品的买卖，进行独立的金融商品投资经营，对其进行决策和风险管理。随着资本市场的发展与完善，企业财务管理机构中这个部门的作用将越来越大，财务经营的内容也会越来越丰富。可以说，财务管理机构中的前五个部门均是为企业生产经营服务的资金运动管理部门，是“参与赚钱”的部门，而财务经营部是财务管理机构中一个“独立赚钱”的部门。

一般企业的财务管理机构按层次可分为主管层、分管层和基础层。主管层财务机构是企业理财的领导层，肩负着确定企业财务机构的设置、财务总体目标的确定、财务战略决策的作出、内部财务管理体制的设计、财务调控的组织和财务考核与奖惩的实施等职责；分管层财务机构负责企业生产、采购、营销、设备动力、人力资源等职能部门和下属分支机构的理财，主要职责是分管财务目标的确定和分管范围内财务收支的监控；基础层财务机构负责具体进行生产经营活动的基层单位和个人，如车间、营业部、班组、工段、职工的理财活动，其职责主要是对理财具体行为的落实、实现、执行和实施。

（二）会计部门

1.财务会计部

财务会计部负责按照会计准则、会计程序和方法，组织记账、算账并及时向外部信息需要者提供有关财务报告。

2.管理（成本）会计部

管理（成本）会计部主要负责搜集和整理与企业管理有关的各种经济信息，编制和整理有关内部报告，提供给企业管理层以便决策和控制。参与制定生产经营中的各项预算，通过责任会计核算找出实际与预算的差异，分析产生差异的原因，为控制企业生产经营活动提供参考。评价财政、金融、物价等经济政策方面的变化情况，并计算说明对企业的影响，供企业管理层参考。

3.税务会计部

税务会计部主要负责按照国家税收法规进行企业纳税计算和核算，以及配合财务部门进行企业税务筹划工作。它是从财务会计中分离出来的一个部门。随着市场经济体制的发展和税收法规的完善，这个部门与财务会计部门的分立很有必要。

4.内部审计部

内部审计部主要负责通过内部审计，保护企业财产的安全完整和促使企业经营管理水平和经济效益的提高。随着现代企业制度的完善，内部审计部的工作必须加强。为了提高内部审计的独立性，有条件的企业的内部审计部也可以隶属于董事会下的审计委员会，在审计委员会的领导下工作，发挥审计的独立性和权威性。

财务管理机构和会计机构应分别设置，明确规定职责范围，分别制定其应遵循的内部财务管理制度和内部会计制度，这样才能明确企业财务管理工作和会计工作各自的主攻方向，各司其职，而不致混淆不清或顾此失彼，削弱任何一个方面的工作。财务管理机构和会计机构分别设置后，它们两者之间、它们内部各部门之间还必须相互配合，密切协作，互相支持，协调一致地为实现企业的总体目标而发挥各自的作用。

当然，对于规模较小、层次较少、管理较易的中小微企业，不用强求将财务管理部门和会计部门分立，但财务管理和会计的专业范围仍必须明确划分。

二、企业集团财务管理机构的设置

企业集团是以一个实力雄厚的大型企业为核心，以产权联结为纽带，并辅之以产品、技术、经济、契约等多种纽带，将多个企业、事业单位联结在一起，具有多层次结构的以母子公司为主体的多法人经济联合体。它是在经济上统一控制、在法律上各自独立的企业联合体。

集团公司即企业集团的母公司（或称核心企业、控股企业），站在集团整体角度，充当着管理总部的作用。在管理的基本定位上，它主要着眼于实现集团整体框架下资源的整合效应与管理的协同效应，着眼于集团整体及其成员企业未来发展的总体思路、基本方向的战略规划，提出集团整体及其成员企业应当遵循的管理政策和基本管理制度。

企业集团财务决策管理过程通常涉及四个不同层面上的决策主体或组织机构：母公司董事会、财务总部、财务中心或财务公司、子公司财务部。在设有中间层的事业部组织结构体制的企业集团里，财务总部往往还设有财务派出机构——事业部财务机构。

（一）集团公司的财务机构设置

1.母公司董事会及其财务权限

母公司董事会不属于财务管理的专职机构，而是整个企业集团的最高决策领导核心，其决策职责不囿于财务范畴。就财务方面而言，董事会的职能与权责主要定位于以下几个方面：

（1）财务战略、财务政策（包括投资政策、融资政策、收益分配政策等）的制定权、调整变更权、解释权、督导实施权。

（2）财务管理体制、财务组织机构设置与调整变更权，以及总部与子公司高层财务管理人员的聘任、委派、解职权。

（3）对母公司战略目标与控制权结构产生直接或潜在重大影响的财务活动的决策权，以及非常例外财务事项的处置权。

2.财务总部及其职责权限

财务总部通常就是母公司财务部，它是集团日常财务管理的直接发动者、组织领导者和最高负责者。其主要负责人是总部主管财务工作的副总经理、总会计师或财务总监。作为集团日常财务管理的总部，其职能与权限主要包括如下方面：

（1）为母公司董事会财务战略、财务政策、基本财务制度、重大融投资方案及分配方案的制定、决策提供信息支持，发挥咨询参谋作用。在董事会授权下，也可直接参与上述过程。

（2）在董事会监督下，在集团整体范围内负责财务战略、财务政策的组织与实施工作，并对组织与实施的效果负责。

（3）从财务角度高效率地协助母公司总经理完成受托责任目标，其中一项重要工作就是负责战略预算的编制、实施与监控，并在预算管理委员会中发挥突出作用，处于财务预算控制体系的枢纽地位。

（4）规划集团最佳资本结构，并规划资金来源渠道和筹资方式，以保证实施战略预算的资金需要。

（5）协调集团内外部各利益相关者间的财务关系。

（6）检查、监督各级财务机构对财务战略、财务政策、基本财务制度、财务预算等的贯彻实施情况，同时建立绩效衡量标准并实施业绩考核，将检查与考核的结果报送母公司总经理，并通过总经理提交给董事会、监事会。

（7）强化集团财务风险监测与财务危机预警体系。

3.财务中心或财务公司及其职责权限

（1）财务中心是在集团财务总部下设置的，专司母公司（及其分公司）、子公司及其他成员企业现金收付、头寸调剂及往来款项结算的财务专职机构。如果兼有内部信贷职能的话，财务中心也可以称内部银行。它隶属于母公司财务部，本身不具有法人地位。在有的企业集团里，母公司财务部直接就是集团的财务中心。它对企业集团内部各单位的资金实施中介服务、营运监控、效果考核与信息反馈，在集团内部发挥着资金信贷中心、资金监控中心、资金结算中心和资金信息中心等多项职能。

（2）财务公司是经中国人民银行总行批准，由集团紧密层成员企业出资认股（通常采用母公司控股方式）以及吸收部分金融机构参股而组建的，专司集团内部存贷款、往来结算以及相互资金调剂融通的非银行金融机构性质的有限责任公司。在企业集团内部，它发挥着融资中心、信贷中心、结算中心和投资中心的基本功能。较之于财务中心，财务公司存在三大区别：第一，财务公司具有法人地位，在母公司对其控股的情况下相当于一个子公司。第二，除了具有财务中心的基本职能外，还具有对外融资、投资的职能（在法律没有特别限制的前提下）。第三，在集权制财务管理体制下，财务公司的行政和业务接受母公司财务部的领导，但两者之间不是隶属关系；在分权制财务管理体制下，母公司财务部对它主要发挥制度规范与业务指导的作用。

（二）子公司财务部及其职责权限

对于规模较小、业务相对简单、空间跨度不大的企业集团，通常不单独设置子公司财务部，而是将其合并于母公司财务部，或由财务中心、财务公司等代行职权。如果集团规模大、子公司业务较为繁杂或者母子公司空间跨度较大，可以考虑单独设置子公司财务部。但无论子公司财务部是否单独设置，有两点是必须明确的：一是必须遵循或维护子公司作为独立法人的权利和地位，特别是财务方面的合法权益；二是子公司必须遵循总部的财务战略、财务政策和基本财务制度，将子公司自身的财务活动纳入集团的财务一体化范畴。

（三）事业部财务机构及其职责权限

事业部是代表母公司管理集团某一产业或某一市场区域业务的中间管理机构，它本身并不具备法人资格，但在财务上往往被作为一级利润中心，独立核算并自负盈亏。集团总部基于行业或区域战略管理的需要，对事业部大多采取“集中决策、分散管理”体制，即在重大事项的决策上实行高度的集权模式，在财务上也实施严格的资金控制与预算控制，但在生产经营上则较多地采用灵活的管理方式，一般不直接干预。

事业部财务机构是强化事业部管理与控制的核心部门，在业务上受集团财务总部的直接领导与控制，其财务经理由总部直接委派，在行政上则直接隶属于事业部部长，必须协助事业部部长完成经营管理的责任目标。它具有双重身份：一方面，作为母公司财务部的派出机构，贯彻执行总部的财务战略以及各项财务政策、基本财务制度，规划事业部范围内各子公司、工厂的资本规模和结构，组织资金调度，参与事业部的财务决策等；另一方面，它又是事业部下属子公司或工厂的财务组织领导、管理控制机构，负责事业部战略预算的编制、上报与组织实施，对下属子公司和工厂的财务运作过程进行控制，依据总部业绩衡量标准强化对子公司、工厂的管理绩效考核。

事业部下属子公司或工厂的财务部门的设置和财务经理的任免由总部决策或交由子公司自行安排，各子公司或工厂的财务部门对事业部财务机构可以保持相对独立，实行分权管理，但必须接受事业部财务机构的检查与考核。

第三节　企业财务管理人员

一、财务管理主体的构成

从事财务管理的人（团体），称为财务管理主体。从广义角度看，指所有参与企业等财务主体的财务管理的人（团体）；从狭义角度看，仅指企业等财务主体中专职从事财务管理的人（团体）。

自20世纪90年代开始建设市场经济体制下的现代企业制度以来，我国财务理论界从财务管理主体的角度，提出了“所有者财务（管理）”“国家财务（管理）”“出资者财务（管理）”“经营者财务（管理）”等观点，如果推而广之还可以再加上“股东（大）会财务（管理）”“董事会财务（管理）”“总经理财务（管理）”“财务经理（财务部门）财务（管理）”等提法，这些都是财务管理的主体。

（一）所有者和经营者是企业中两类最基本的财务管理主体

所有者财务管理是指企业所有者依法对投入企业的资本及其收益活动所进行的管理；经营者财务管理是指企业经营者依法对本企业资金运动（包含财务关系）所进行的管理。虽然所有者和经营者在财务管理方面的权利、目标、职能、对象（内容）、作用有很大区别，但它们既相互联系、相互制约，又相互独立、并存，构成企业财务管理的两个基本层次。

“国家财务（管理）”即国家作为国企所有者对国企进行的财务管理，是国有企业的“所有者财务（管理）”。这样，“国家财务（管理）”“出资者财务（管理）”“股东（大）会财务（管理）”均可明确归入“所有者财务（管理）”的范畴，“总经理财务（管理）”“财务经理财务（管理）”均可归入“经营者财务管理”的范畴。从我国多数企业董事会的组成成员情况看，它具有既代表所有者又作为经营者的双重身份，它是沟通“所有者财务（管理）”和“经营者财务（管理）”的桥梁，构成企业财务管理主体的一个重要方面。

因此，在公司制企业中，必须采用分权分层的财务管理体制，同时强调所有者和经营者在财务管理上的权利地位，并以董事会和总经理为首的经理层作为主要的财务管理主体。董事会负责财务管理的重大问题，行使重大理财权，对经理层和财务部门的财务管理活动进行监督和控制；总经理和财务总监在企业财务部门的配合下，负责企业财务管理的日常问题，行使日常财务管理权，执行董事会的财务管理决策，并为董事会提供财务管理所需信息。具体财务管理权限在现代企业的股东（大）会、董事会、总经理、财务总监、财务部门之间究竟怎样分割，各财务管理主体之间如何协调配合和激励约束，应该依法根据企业具体情况作具体安排。

（二）企业专职财务管理人员的构成

企业中专职从事财务管理的人是指在企业设置的财务管理机构中具有专业技术、专门从事财务管理工作的人员。它一般包括企业财务副总经理（或总会计师、财务总监）、财务主管（经理）、财务管理部门内从事具体财务管理工作的人员。

他们是企业财务管理工作的具体承担者，其职责的履行是财务管理职能发挥和财务管理目标实现的关键。其基本职责是在股东（大）会、董事会、总经理的领导和决策部署下，做好具体的筹资管理、投资管理、成本费用管理、收入管理、利润及其分配管理等资金管理工作，处理好各种财务关系。具体而言，其包括严格执行财务管理的法规制度，科学地进行各种财务预测和决策，编制财务预算计划，跟踪分析、评价和考核各项财务预算计划的执行情况，严格把握财务收支，开展内部经济核算，实施财务控制和监督，开展财务分析评价等。

二、财务管理人员的素质要求

财务管理人员担负着做好企业财务工作，加强财务管理，提高财务管理水平和经济效益的重任。在企业中合理配备财务管理人员，是财务管理实现目标、发挥作用的关键因素。在市场经济条件和现代企业制度下，随着理财环境的转变，对企业财务管理人员的业务素质和专业水平提出了新的要求。

（一）高度的政治觉悟

财务管理人员必须坚持四项基本原则，以高度的责任感，在专业工作中严格履行党和政府的大政方针，严格遵守有关经济法律法规和政策制度，具有良好的政策法规水平，用足、用好政策，在法律和政策许可的范围内组织和管理财务工作，正确处理国家、企业和个人的利益关系。

（二）优秀的道德品质

财务管理人员掌管着企业的资金大权，整天和钱打交道，容易发生贪污、侵占、受贿等问题。因此，除遵守社会公德外，一身正气、廉洁奉公、诚实守信、敬业爱岗是财务管理人员应该具备的最重要的品质和职业道德。

（三）合理的知识结构

与会计工作相比，财务管理工作更加复杂、不确定性和难度更大，因此要求其工作人员必须具有更广的知识结构，除必须掌握财务管理的专业知识外，还必须熟悉财政、税收、金融、证券、投资、会计、法律、管理、统计、审计等方面的理论知识和实务经验，具有较好的数学、外语、电脑等方面的功底，而且要养成不断学习、终身学习的习惯、意识和能力，使自己成为一个“学习型”的人。只有这样才能胜任现代企业的财务管理工作。

（四）综合的专业能力

要做好财务管理工作，除必须具备上述合理的知识结构外，还必须具备综合的在复杂环境中发现问题、分析问题、解决问题的专业能力和良好的科学素质及创新精神。也就是说，必须具备高超的财务预测、财务决策、财务计划、财务控制和财务分析能力，而且要善于总结工作中的经验和教训，具备不断创新工作方法和思路的意识。

（五）出色的组织能力

作为价值管理的企业财务管理工作涉及企业内部的方方面面，因此，财务管理人员必须具有出色的组织和协调能力、团结协作精神和人格魅力，能唤起全体员工，特别是企业领导的财务管理意识，在做到权责明确、奖罚分明的基础上，充分调动各部门、各层级以及全体员工参与公司理财的积极性、主动性和创造性，促使企业上下齐心协力做好财务管理工作。

（六）灵活的交际能力

财务管理人员在组织企业财务活动的过程中，经常要与企业内外各种利益相关主体（如企业领导、供产销人财物等内部部门、政府机构、供销客户、股东、潜在投资者、金融机构、社会中介机构、新闻媒体）发生联系，处理相互间的财务关系和其他关系，因此，灵活的交际能力、语言表达能力和文字表达能力便成为与对方沟通情况、达成默契、展示企业形象的重要条件。

（七）良好的心理素质

在市场经济条件下，企业的理财环境瞬息万变，财务管理人员面临的风险和不确定性很大，因此必须具有胆大心细、处变不惊、应变自如的心理素质。在困难的时候，要意志坚强，不怕困难，不畏险阻，力排干扰，寻求转机；在顺利的时候，要头脑冷静，居安思危，发扬成绩，克服缺点，再接再厉，精益求精。只有做到"胜不骄、败不馁"，永不停息地开拓进取，才能把财务管理工作越做越好。

（八）健康的身体素质

健康的体质对于每个人都很重要，财务管理人员肩负着企业的理财重任，工作任务和学习任务都相当繁重，更需要健康的体魄作为保证。

第四节　企业财务管理规范

一、企业财务管理规范的含义

企业财务管理规范是对管理和规范企业财务管理工作的国家有关法律法规和宏观、微观财务规章制度等刚性规范与财务惯例、财务职业道德等柔性规范的统称。

财务管理规范是指导和制约财务管理行为和工作的保证，是评价财务管理工作的依据和标准，同时又是引导财务管理工作向特定方向发展的行为机制。每一个财务管理人员都必须熟悉财务管理规范体系的内容，并在财务管理实践中遵守和遵循这些规范。

二、企业财务管理规范的种类

财务管理规范按其制约方式不同可以分为以下层面：

（一）由财务管理相关法规和制度构成的强制性规范

其主要包括《公司法》《证券法》《会计法》和各种税法等各种相关法律，《企业财务通则》、上市公司各种工作指引、企业内部控制规范等相关法规，企业内部财务管理制度等财务规章制度。

（二）由各种财务惯例和技术标准构成的技术性规范

财务惯例是指在财务管理实践中形成的，为财务管理从业人员所约定俗成和社会所公认，虽然不是成文的强制规定，但在一定时间和一定范围内可以作为处理财务事项的习惯规则的一种规范，如本书第一章中讲述的财务管理的基本价值观念、基本假设和财务管理的原则等。技术标准包括国内外同行进行财务预测、财务决策、财务控制、财务预算和财务分析评价的数据标准等。

（三）由财务管理人员的传统和习惯构成的职业道德规范

财务管理职业道德是指与财务管理的社会地位、功能、权利与义务相一致的，用来引导、制约财务管理行为，调整财务管理人员与社会不同利益主体关系的一种社会规范。它是一种自律与他律相结合的规范，其内容包括财务职业理想、财务工作态度、财务职业责任、财务工作纪律、财务工作作风等。它具备一般道德和职业道德的基本特征，以善与恶作为价值取向标准，以社会评价（荣誉）和个人评价（良心）为主要制约手段。它能深入财务管理人员的职业生活、职业信念等深层结构，因此对财务管理人员来说，财务管理职业道德的作用无处不在。

上述三个层面的财务管理规范中，第一个层面是对财务管理工作具有强制性约束力的刚性规范，后两个层面是对财务管理工作没有强制性约束力的柔性规范，是对第一个层面的补充，与第一个层面相辅相成。

思政课堂

选取当地财会界（或经济管理界）优秀专业人士或本校杰出校友的创新奉献奋斗的事迹为案例，将“红船精神”核心内容加以融入，以培养社会主义建设有用人才。教学内容要结合专业思想和职业道德，培养学生热爱专业、敢于创新、无私奉献、不懈奋斗的意识和爱岗敬业、诚实守信、廉洁自律、客观公正、坚持准则的职业道德。经过学习和讨论，从思想角度回答这样几个问题：(1)“红船精神”中的首创奉献奋斗精神能在我们的学习和以后的工作中发挥怎样的作用？(2) 财会人员（或其他经济管理人员）的职业道德主要有哪些内容，我们应该如何遵守？(3) 你从案例中的某优秀专业人士或某杰出校友的先进事迹中主要学到了什么？(4) 我们如何做一个德才兼备的优秀财会专业（或其他经济管理专业）人才？

三、目前我国的财务管理强制规范体系

1.企业财务通则

我国于2007年1月1日起实施新的《企业财务通则》，取代了财政部于1992年发布的旧的《企业财务通则》。新的《企业财务通则》全文共分10章、78条，分别为：总则、企业财务管理体制、资金筹集、资产营运、成本控制、收益分配、重组清算、信息管理、财务监督和附则。

从管理内容看，围绕企业财务管理环节，新的《企业财务通则》明确了资金筹集、资产营运、成本控制、收益分配、信息管理、财务监督等六大财务管理要素，并结合不同财务管理要素，对财务管理方法和政策要求作出了规范。

从我国新旧《企业财务通则》实施几十年的实践效果看，由于种种原因，《企业财务通则》起到的规范作用不明显。

2.企业内部财务管理制度

企业内部财务管理制度是由企业管理层制定的用来规范企业财务管理行为、处理企业财务关系的具体规则。企业内部财务管理制度使企业内部所有经济行为人对自己的行为能产生合理稳定的预期，为实现相互配合创造了条件，保障了合作的顺利进行，也提供了持续的制度化激励机制，使企业所有财务活动和所有财务管理行为都有章可循，是财务管理人员理财行为的最为实际也最为直接的规范，因此对做好企业财务管理工作极为重要。

企业内部财务管理制度的内容对不同企业而言应该是可以不相同的，但以下内容肯定是必备的：

(1) 财务管理机构的设置、内部管理岗位的划分、相应管理责任的明确；

(2) 明确企业内部各级财务主体的具体范围与各自的责权利及相互间的责权利关系；

(3) 各个方面财务管理具体内容的管理方法的选择原则；

(4) 规定财务预测、决策、计划、控制和分析评价的制度程序。

企业内部财务管理制度的内容是多方面的，按不同标准可划分为不同体系的财务管理制度。

(1) 按财务管理环节分。

其可分为财务预测与决策制度、财务预算与计划制度、财务控制与分析制度、财务考核与评价制度、财务监督与检查制度等。

(2) 按财务管理的对象和内容分。

其可分为财务管理体制制度、资金筹集管理制度、投资和资产管理制度、成本费用管理制度、收入利润及其分配管理制度、内部结算制度、财务报告与评价制度等。

其他相关法律法规不再赘述。

本章小结

财务管理体制，简称财务体制，是用来规范财务主体之间和财务管理主体之间关于财务管理责任、权力、利益划分的基本制度。仅就企业内部而言，财务管理体制是处理以企业财务部门为主体，与企业内部各部门、各层级之间以及企业内部各部门、各层级彼此之间财力和财权分配关系的制度。作为整个企业管理体制的重要有机组成部分，财务管理体制模式有统管模式（集权制）、分管模式（分权制）和综合管理模式（集权分权糅合制）之分。其主要体现在财务组织制度、财务决策制度和财务控制制度三个方面。

财务管理机构是指财务主体内部为组织领导和直接从事财务管理工作而专设的职能部门。建立和健全财务管理机构，是加强财务管理工作、保证财务管理工作顺利进行的重要前提条件。在市场经济条件下的现代企业里，财务管理部门和会计部门应该分立，财务管理和会计的专业职能必须明确划分。

企业财务管理人员有广义和狭义的概念。广义的财务管理人员是指所有参与企业等财务主体的财务管理的人（团体）；狭义的财务管理人员仅指企业中专职从事财务管理的人员。作为一个合格的企业财务管理人员应该具备高度的政治觉悟、优秀的道德品质、合理的知识结构、综合的专业能力、出色的组织能力、灵活的交际能力、良好的心理素质、健康的身体素质。

企业财务管理规范是对管理和规范企业财务管理工作的国家有关法律法规和宏观、微观财务规章制度等刚性规范性文件与财务惯例、财务职业道德等柔性规范的统称。财务规范是指导和制约财务管理行为和工作的保证，是评价财务管理工作的依据和标准，同时又是引导财务管理工作向特定方向发展的行为机制。每一个财务管理人员都必须熟悉财务管理的规范体系的内容，并在财务管理实践中遵循这些规范。目前我国的财务管理强制规范体系主要有相关法律法规、企业财务通则和企业内部财务管理制度。

思考与练习

思考题

1.企业内部财务管理体制的类型有哪些？各自的特征是什么？

2.假如你是企业负责人，你认为企业的财务管理和会计机构怎样设置比较科学？

3.企业财务管理主体包括哪些？你认为作为一个合格的企业财务管理人员应具备怎样的素质？

4.简述企业财务管理规范体系的构成。

附录一

企业财务管理模拟试卷

企业财务管理
模拟试卷（一）

企业财务管理
模拟试卷（二）

企业财务管理
模拟试卷（一）
标准答案及
评分标准

企业财务管理
模拟试卷（二）
标准答案及
评分标准

附录二

复利终值系数表

N \ i(%)	1	2	3	4	5	6	7
1	1.010	1.020	1.030	1.040	1.050	1.060	1.070
2	1.020	1.040	1.061	1.082	1.103	1.124	1.145
3	1.030	1.061	1.093	1.t125	1.158	1.191	1.225
4	1.041	1.082	1.126	1.170	1.216	1.262	1.311
5	1.051	1.104	1.159	1.217	1.276	1.338	1.403
6	1.062	1.126	1.194	1.265	1.340	1.419	1.501
7	1.072	1.149	1.230	1.316	1.407	1.504	1.606
8	1.083	1.172	1.267	1.369	1.477	1.594	1.718
9	1.094	1.195	1.305	1.423	1.551	1.689	1.838
10	1.105	1.219	1.344	1.480	1.629	1.791	1.967
11	1.116	1.243	1.384	1.539	1.710	1.898	2.105
12	1.127	1.268	1.426	1.601	1.796	2.012	2.252
13	1.138	1.294	1.469	1.665	1.886	2.133	2.410
14	1.149	1.319	1.513	1.732	1.980	2.261	2.579
15	1.161	1.346	1.558	1.801	2.079	2.397	2.759
16	1.173	1.373	1.605	1.873	2.183	2.540	2.952
17	1.184	1.400	1.653	1.948	2.292	2.693	3.159
18	1.196	1.428	1.702	2.026	2.407	2.854	3.380
19	1.208	1.457	1.754	2.107	2.527	3.026	3.617
20	1.220	1.486	1.806	2.191	2.653	3.207	3.870
25	1.282	1.641	2.094	2.666	3.386	4.292	5.427
30	1.348	1.811	2.427	3.243	4.322	5.743	7.612
40	1.489	2.208	3.262	4.801	7.040	10.286	14.974
50	1.645	2.692	4.384	7.107	11.467	18.420	29.457

续表

i(%) N	8	9	10	11	12	13	14
1	1.080	1.090	1.100	1.110	1.120	1.130	1.140
2	1.166	1.188	1.210	1.232	1.254	1.277	1.300
3	1.260	1.295	1.331	1.368	1.405	1.443	1.482
4	1.360	1.412	1.464	1.518	1.574	1.630	1.689
5	1.469	1.539	1.611	1.685	1.762	1.842	1.925
6	1.587	1.677	1.772	1.870	1.974	2.082	2.195
7	1.714	1.828	1.949	2.076	2.211	2.353	2.502
8	1.851	1.993	2.144	2.305	2.476	2.658	2.853
9	1.999	2.172	2.358	2.558	2.773	3.004	3.252
10	2.159	2.367	2.594	2.839	3.106	3.395	3.707
11	2.332	2.580	2.853	3.152	3.479	3.836	4.226
12	2.518	2.813	3.138	3.498	3.896	4.335	4.818
13	2.720	3.066	3.452	3.883	4.363	4.898	5.492
14	2.937	3.342	3.797	4.310	4.887	5.535	6.261
15	3.172	3.642	4.177	4.785	5.474	6.254	7.138
16	3.426	3.970	4.595	5.311	6.130	7.067	8.137
17	3.700	4.328	5.054	5.895	6.866	7.986	9.276
18	3.996	4.717	5.560	6.544	7.690	9.024	10.575
19	4.316	5.142	6.116	7.263	8.613	10.197	12.056
20	4.661	5.604	6.727	8.062	9.646	11.523	13.743
25	6.848	8.623	10.835	13.585	17.000	21.231	26.462
30	10.063	13.268	17.449	22.892	29.960	39.116	50.950
40	21.725	31.409	45.259	65.001	93.051	132.782	188.884
50	46.902	74.358	117.391	184.565	289.002	450.736	700.233

续表

N \ i(%)	15	16	17	18	19	20	25	30
1	1.150	1.160	1.170	1.180	1.190	1.200	1.250	1.300
2	1.323	1.346	1.369	1.392	1.416	1.440	1.563	1.690
3	1.521	1.561	1.602	1.643	1.685	1.728	1.953	2.197
4	1.749	1.811	1.874	1.939	2.005	2.074	2.441	2.856
5	2.011	2.100	2.192	2.288	2.386	2.488	3.052	3.713
6	2.313	2.436	2.565	2.700	2.840	2.986	3.815	4.827
7	2.660	2.826	3.001	3.185	3.379	3.583	4.768	6.275
8	3.059	3.278	3.511	3.759	4.021	4.300	5.960	8.157
9	3.518	3.803	4.108	4.435	4.785	5.160	7.451	10.604
10	4.046	4.411	4.807	5.234	5.695	6.192	9.313	13.786
11	4.652	5.117	5.624	6.176	6.777	7.430	11.642	17.922
12	5.350	5.936	6.580	7.288	8.064	8.916	14.552	23.298
13	6.153	6.886	7.699	8.599	9.596	10.699	18.190	30.288
14	7.076	7.988	9.007	10.147	11.420	12.839	22.737	39.374
15	8.137	9.266	10.539	11.974	13.590	15.407	28.422	51.186
16	9.358	10.748	12.330	14.129	16.172	18.488	35.527	66.542
17	10.761	12.468	14.426	16.672	19.244	22.186	44.409	86.504
18	12.375	14.463	16.879	19.673	22.901	26.623	55.511	112.455
19	14.232	16.777	19.748	23.214	27.252	31.948	69.389	146.192
20	16.367	19.461	23.106	27.393	32.429	38.338	86.736	190.050
25	32.919	40.874	50.658	62.669	77.388	95.396	264.698	705.641
30	66.212	85.850	111.065	143.371	184.675	237.376	807.794	2619.996
40	267.864	378.721	533.869	750.378	1051.668	1469.772	7523.164	36119
50	1083.657	1670.704	2566.215	3927.357	5988.914	9100.438	70065	497929

附录三

复利现值系数表

N \ i(%)	1	2	3	4	5	6	7	8	9
1	0.990	0.980	0.971	0.962	0.952	0.943	0.935	0.926	0.917
2	0.980	0.961	0.943	0.925	0.907	0.890	0.873	0.857	0.842
3	0.971	0.942	0.915	0.889	0.864	0.840	0.816	0.794	0.772
4	0.961	0.924	0.888	0.855	0.823	0.792	0.763	0.735	0.708
5	0.951	0.906	0.863	0.822	0.784	0.747	0.713	0.681	0.650
6	0.942	0.888	0.837	0.790	0.746	0.705	0.666	0.630	0.596
7	0.933	0.871	0.813	0.760	0.711	0.665	0.623	0.583	0.547
8	0.923	0.853	0.789	0.731	0.677	0.627	0.582	0.540	0.502
9	0.914	0.837	0.766	0.703	0.645	0.592	0.544	0.500	0.460
10	0.905	0.820	0.744	0.676	0.614	0.558	0.508	0.463	0.422
11	0.896	0.804	0.722	0.650	0.585	0.527	0.475	0.429	0.388
12	0.887	0.788	0.701	0.625	0.557	0.497	0.444	0.397	0.356
13	0.879	0.773	0.681	0.601	0.530	0.469	0.415	0.368	0.326
14	0.870	0.758	0.661	0.577	0.505	0.442	0.388	0.340	0.299
15	0.861	0.743	0.642	0.555	0.481	0.417	0.362	0.315	0.275
16	0.853	0.728	0.623	0.534	0.458	0.394	0.339	0.292	0.252
17	0.844	0.714	0.605	0.513	0.436	0.371	0.317	0.270	0.231
18	0.836	0.700	0.587	0.494	0.416	0.350	0.296	0.250	0.212
19	0.828	0.686	0.570	0.475	0.396	0.331	0.277	0.232	0.194
20	0.820	0.673	0.554	0.456	0.377	0.312	0.258	0.215	0.178
25	0.780	0.610	0.478	0.375	0.295	0.233	0.184	0.146	0.116
30	0.742	0.552	0.412	0.308	0.231	0.174	0.131	0.099	0.075
40	0.672	0.453	0.307	0.208	0.142	0.097	0.067	0.046	0.032
50	0.608	0.372	0.228	0.141	0.087	0.054	0.034	0.021	0.013

续表

N \ i(%)	10	11	12	13	14	15	16	17	18
1	0.909	0.901	0.893	0.885	0.877	0.870	0.862	0.855	0.847
2	0.826	0.812	0.797	0.783	0.769	0.756	0.743	0.731	0.718
3	0.751	0.731	0.712	0.693	0.675	0.658	0.641	0.624	0.609
4	0.683	0.659	0.636	0.613	0.592	0.572	0.552	0.534	0.516
5	0.621	0.593	0.567	0.543	0.519	0.497	0.476	0.456	0.437
6	0.564	0.535	0.507	0.480	0.456	0.432	0.410	0.390	0.370
7	0.513	0.482	0.452	0.425	0.400	0.376	0.354	0.333	0.314
8	0.467	0.434	0.404	0.376	0.351	0.327	0.305	0.285	0.266
9	0.424	0.391	0.361	0.333	0.308	0.284	0.263	0.243	0.225
10	0.386	0.352	0.322	0.295	0.270	0.247	0.227	0.208	0.191
11	0.350	0.317	0.287	0.261	0.237	0.215	0.195	0.178	0.162
12	0.319	0.286	0.257	0.231	0.208	0.187	0.168	0.152	0.137
13	0.290	0.258	0.229	0.204	0.182	0.163	0.145	0.130	0.116
14	0.263	0.232	0.205	0.181	0.160	0.141	0.125	0.111	0.099
15	0.239	0.209	0.183	0.160	0.140	0.123	0.108	0.095	0.084
16	0.218	0.188	0.163	0.141	0.123	0.107	0.093	0.081	0.071
17	0.198	0.170	0.146	0.125	0.108	0.093	0.080	0.069	0.060
18	0.180	0.153	0.130	0.111	0.095	0.081	0.069	0.059	0.051
19	0.164	0.138	0.116	0.098	0.083	0.070	0.060	0.051	0.043
20	0.149	0.124	0.104	0.087	0.073	0.061	0.051	0.043	0.037
25	0.092	0.074	0.059	0.047	0.038	0.030	0.024	0.020	0.016
30	0.057	0.044	0.033	0.026	0.020	0.015	0.012	0.009	0.007
40	0.022	0.015	0.011	0.008	0.005	0.004	0.003	0.002	0.001
50	0.009	0.005	0.003	0.002	0.001	0.001	0.001	0	0

续表

N \ i(%)	19	20	25	30	35	40	50
1	0.840	0.833	0.800	0.769	0.741	0.714	0.667
2	0.706	0.694	0.640	0.592	0.549	0.510	0.444
3	0.593	0.579	0.512	0.455	0.406	0.364	0.296
4	0.499	0.482	0.410	0.350	0.301	0.260	0.198
5	0.419	0.402	0.328	0.269	0.223	0.186	0.132
6	0.352	0.335	0.262	0.207	0.165	0.133	0.088
7	0.296	0.279	0.210	0.159	0.122	0.095	0.059
8	0.249	0.233	0.168	0.123	0.091	0.068	0.039
9	0.209	0.194	0.134	0.094	0.067	0.048	0.026
10	0.176	0.162	0.107	0.073	0.050	0.035	0.017
11	0.148	0.135	0.086	0.056	0.037	0.025	0.012
12	0.124	0.112	0.069	0.043	0.027	0.018	0.008
13	0.104	0.093	0.055	0.033	0.020	0.013	0.005
14	0.088	0.078	0.044	0.025	0.015	0.009	0.003
15	0.074	0.065	0.035	0.020	0.011	0.006	0.002
16	0.062	0.054	0.028	0.015	0.008	0.005	0.002
17	0.052	0.045	0.023	0.012	0.006	0.003	0.001
18	0.044	0.038	0.018	0.009	0.005	0.002	0.001
19	0.037	0.031	0.014	0.007	0.003	0.002	0.000
20	0.031	0.026	0.012	0.005	0.002	0.001	0.000
25	0.013	0.010	0.004	0.001	0.001	0	0
30	0.005	0.004	0.001	0	0	0	0
40	0.001	0.001	0	0	0	0	0
50	0	0	0	0	0	0	0

附录四

年金终值系数表

N \ i(%)	1	2	3	4	5	6	7
1	1.000	1.000	1.000	1.000	1.000	1.000	1.000
2	2.010	2.020	2.030	2.040	2.050	2.060	2.070
3	3.030	3.060	3.091	3.122	3.153	3.184	3.215
4	4.060	4.122	4.184	4.246	4.310	4.375	4.440
5	5.101	5.204	5.309	5.416	5.526	5.637	5.751
6	6.152	6.308	6.468	6.633	6.802	6.975	7.153
7	7.214	7.434	7.662	7.898	8.142	8.394	8.654
8	8.286	8.583	8.892	9.214	9.549	9.897	10.260
9	9.369	9.755	10.159	10.583	11.027	11.491	11.978
10	10.462	10.950	11.464	12.006	12.578	13.181	13.816
11	11.567	12.169	12.808	13.486	14.207	14.972	15.784
12	12.683	13.412	14.192	15.026	15.917	16.870	17.888
13	13.809	14.680	15.618	16.627	17.713	18.882	20.141
14	14.947	15.974	17.086	18.292	19.599	21.015	22.550
15	16.097	17.293	18.599	20.024	21.579	23.276	25.129
16	17.258	18.639	20.157	21.825	23.657	25.673	27.888
17	18.430	20.012	21.762	23.698	25.840	28.213	30.840
18	19.615	21.412	23.414	25.645	28.132	30.906	33.999
19	20.811	22.841	25.117	27.671	30.539	33.760	37.379
20	22.019	24.297	26.870	29.778	33.066	36.786	40.995
25	28.243	32.030	36.459	41.646	47.727	54.865	63.249
30	34.785	40.568	47.575	56.085	66.439	79.058	94.461
40	48.886	60.402	75.401	95.026	120.800	154.762	199.635
50	64.463	84.579	112.797	152.667	209.348	290.336	406.529

续表

i(%) / N	8	9	10	11	12	13	14	15
1	1.000	1.000	1.000	1.000	1.000	1.000	1.000	1.000
2	2.080	2.090	2.100	2.110	2.120	2.130	2.140	2.150
3	3.246	3.278	3.310	3.342	3.374	3.407	3.440	3.473
4	4.506	4.573	4.641	4.710	4.779	4.850	4.921	4.993
5	5.867	5.985	6.105	6.228	6.353	6.480	6.610	6.742
6	7.336	7.523	7.716	7.913	8.115	8.323	8.536	8.754
7	8.923	9.200	9.487	9.783	10.089	10.405	10.730	11.067
8	10.637	11.028	11.436	11.859	12.300	12.757	13.233	13.727
9	12.488	13.021	13.579	14.164	14.776	15.416	16.085	16.786
10	14.487	15.193	15.937	16.722	17.549	18.420	19.337	20.304
11	16.645	17.560	18.531	19.561	20.655	21.814	23.045	24.349
12	18.977	20.141	21.384	22.713	24.133	25.650	27.271	29.002
13	21.495	22.953	24.523	26.212	28.029	29.985	32.089	34.352
14	24.215	26.019	27.975	30.095	32.393	34.883	37.581	40.505
15	27.152	29.361	31.772	34.405	37.280	40.417	43.842	47.580
16	30.324	33.003	35.950	39.190	42.753	46.672	50.980	55.717
17	33.750	36.974	40.545	44.501	48.884	53.739	59.118	65.075
18	37.450	41.301	45.599	50.396	55.750	61.725	68.394	75.836
19	41.446	46.018	51.159	56.939	63.440	70.749	78.969	88.212
20	45.762	51.160	57.275	64.203	72.052	80.947	91.025	102.444
25	73.106	84.701	98.347	114.413	133.334	155.620	181.871	212.793
30	113.283	136.308	164.494	199.021	241.333	293.199	356.787	434.745
40	259.057	337.882	442.593	581.826	767.091	1 013.704	1 342.025	1 779.090
50	573.770	815.084	1 163.909	1 668.771	2 400.018	3 459.507	4 994.521	7 217.716

续表

N \ i(%)	16	17	18	19	20	25	30
1	1.000	1.000	1.000	1.000	1.000	1.000	1.000
2	2.160	2.170	2.180	2.190	2.200	2.250	2.300
3	3.506	3.539	3.572	3.606	3.640	3.813	3.990
4	5.066	5.141	5.215	5.291	5.368	5.766	6.187
5	6.877	7.014	7.154	7.297	7.442	8.207	9.043
6	8.977	9.207	9.442	9.683	9.930	11.259	12.756
7	11.414	11.772	12.142	12.523	12.916	15.073	17.583
8	14.240	14.773	15.327	15.902	16.499	19.842	23.858
9	17.519	18.285	19.086	19.923	20.799	25.802	32.015
10	21.321	22.393	23.521	24.709	25.959	33.253	42.619
11	25.733	27.200	28.755	30.404	32.150	42.566	56.405
12	30.850	32.824	34.931	37.180	39.581	54.208	74.327
13	36.786	39.404	42.219	45.244	48.497	68.760	97.625
14	43.672	47.103	50.818	54.841	59.196	86.949	127.913
15	51.660	56.110	60.965	66.261	72.035	109.687	167.286
16	60.925	66.649	72.939	79.850	87.442	138.109	218.472
17	71.673	78.979	87.068	96.022	105.931	173.636	285.014
18	84.141	93.406	103.740	115.266	128.117	218.045	371.518
19	98.603	110.285	123.414	138.166	154.740	273.556	483.973
20	115.380	130.033	146.628	165.418	186.688	342.945	630.165
25	249.214	292.105	342.603	402.042	471.981	1 054.791	2 348.803
30	530.312	647.439	790.948	966.712	1 181.882	3 227.174	8 729.985
40	2 360.757	3 134.522	4 163.213	5 529.829	7 343.858	30 088.655	120 392.883
50	10 435.649	15 089.502	21 813.094	31 515.336	45 497.191	280 256	1 659 760

附录五

年金现值系数表

N \ i(%)	1	2	3	4	5	6	7	8	9
1	0.990	0.980	0.971	0.962	0.952	0.943	0.935	0.926	0.917
2	1.970	1.942	1.913	1.886	1.859	1.833	1.808	1.783	1.759
3	2.941	2.884	2.829	2.775	2.723	2.673	2.624	2.577	2.531
4	3.902	3.808	3.717	3.630	3.546	3.465	3.387	3.312	3.240
5	4.853	4.713	4.580	4.452	4.329	4.212	4.100	3.993	3.890
6	5.795	5.601	5.417	5.242	5.076	4.917	4.767	4.623	4.486
7	6.728	6.472	6.230	6.002	5.786	5.582	5.389	5.206	5.033
8	7.652	7.325	7.020	6.733	6.463	6.210	5.971	5.747	5.535
9	8.566	8.162	7.786	7.435	7.108	6.802	6.515	6.247	5.995
10	9.471	8.983	8.530	8.111	7.722	7.360	7.024	6.710	6.418
11	10.368	9.787	9.253	8.760	8.306	7.887	7.499	7.139	6.805
12	11.255	10.575	9.954	9.385	8.863	8.384	7.943	7.536	7.161
13	12.134	11.348	10.635	9.986	9.394	8.853	8.358	7.904	7.487
14	13.004	12.106	11.296	10.563	9.899	9.295	8.745	8.244	7.786
15	13.865	12.849	11.938	11.118	10.380	9.712	9.108	8.559	8.061
16	14.718	13.578	12.561	11.652	10.838	10.106	9.447	8.851	8.313
17	15.562	14.292	13.166	12.166	11.274	10.477	9.763	9.122	8.544
18	16.398	14.992	13.754	12.659	11.690	10.828	10.059	9.372	8.756
19	17.226	15.678	14.324	13.134	12.085	11.158	10.336	9.604	8.950
20	18.046	16.351	14.877	13.590	12.462	11.470	10.594	9.818	9.129
25	22.023	19.523	17.413	15.622	14.094	12.783	11.654	10.675	9.823
30	25.808	22.396	19.600	17.292	15.372	13.765	12.409	11.258	10.274
40	32.835	27.355	23.115	19.793	17.159	15.046	13.332	11.925	10.757
50	39.196	31.424	25.730	21.482	18.256	15.762	13.801	12.233	10.962

续表

N \ i(%)	10	11	12	13	14	15	16	17	18
1	0.909	0.901	0.893	0.885	0.877	0.870	0.862	0.855	0.847
2	1.736	1.713	1.690	1.668	1.647	1.626	1.605	1.585	1.566
3	2.487	2.444	2.402	2.361	2.322	2.283	2.246	2.210	2.174
4	3.170	3.102	3.037	2.974	2.914	2.855	2.798	2.743	2.690
5	3.791	3.696	3.605	3.517	3.433	3.352	3.274	3.199	3.127
6	4.355	4.231	4.111	3.998	3.889	3.784	3.685	3.589	3.498
7	4.868	4.712	4.564	4.423	4.288	4.160	4.039	3.922	3.812
8	5.335	5.146	4.968	4.799	4.639	4.487	4.344	4.207	4.078
9	5.759	5.537	5.328	5.132	4.946	4.772	4.607	4.451	4.303
10	6.145	5.889	5.650	5.426	5.216	5.019	4.833	4.659	4.494
11	6.495	6.207	5.938	5.687	5.453	5.234	5.029	4.836	4.656
12	6.814	6.492	6.194	5.918	5.660	5.421	5.197	4.988	4.793
13	7.103	6.750	6.424	6.122	5.842	5.583	5.342	5.118	4.910
14	7.367	6.982	6.628	6.302	6.002	5.724	5.468	5.229	5.008
15	7.606	7.191	6.811	6.462	6.142	5.847	5.575	5.324	5.092
16	7.824	7.379	6.974	6.604	6.265	5.954	5.668	5.405	5.162
17	8.022	7.549	7.120	6.729	6.373	6.047	5.749	5.475	5.222
18	8.201	7.702	7.250	6.840	6.467	6.128	5.818	5.534	5.273
19	8.365	7.839	7.366	6.938	6.550	6.198	5.877	5.584	5.316
20	8.514	7.963	7.469	7.025	6.623	6.259	5.929	5.628	5.353
25	9.077	8.422	7.843	7.330	6.873	6.464	6.097	5.766	5.467
30	9.427	8.694	8.055	7.496	7.003	6.566	6.177	5.829	5.517
40	9.779	8.951	8.244	7.634	7.105	6.642	6.233	5.871	5.548
50	9.915	9.042	8.304	7.675	7.133	6.661	6.246	5.880	5.554

续表

N \ i(%)	19	20	25	30	35	40	50
1	0.840	0.833	0.800	0.769	0.741	0.714	0.667
2	1.547	1.528	1.440	1.361	1.289	1.224	1.111
3	2.140	2.106	1.952	1.816	1.696	1.589	1.407
4	2.639	2.589	2.362	2.166	1.997	1.849	1.605
5	3.058	2.991	2.689	2.436	2.220	2.035	1.737
6	3.410	3.326	2.951	2.643	2.385	2.168	1.824
7	3.706	3.605	3.161	2.802	2.508	2.263	1.883
8	3.954	3.837	3.329	2.925	2.598	2.331	1.922
9	4.163	4.031	3.463	3.019	2.665	2.379	1.948
10	4.339	4.192	3.571	3.092	2.715	2.414	1.965
11	4.486	4.327	3.656	3.147	2.752	2.438	1.977
12	4.611	4.439	3.725	3.190	2.779	2.456	1.985
13	4.715	4.533	3.780	3.223	2.799	2.469	1.990
14	4.802	4.611	3.824	3.249	2.814	2.478	1.993
15	4.876	4.675	3.859	3.268	2.825	2.484	1.995
16	4.938	4.730	3.887	3.283	2.834	2.489	1.997
17	4.990	4.775	3.910	3.295	2.840	2.492	1.998
18	5.033	4.812	3.928	3.304	2.844	2.494	1.999
19	5.070	4.843	3.942	3.311	2.848	2.496	1.999
20	5.101	4.870	3.954	3.316	2.850	2.497	1.999
25	5.195	4.948	3.985	3.329	2.856	2.499	2.000
30	5.235	4.979	3.995	3.332	2.857	2.500	2.000
40	5.258	4.997	3.999	3.333	2.857	2.500	2.000
50	5.262	4.999	4.000	3.333	2.857	2.500	2.000

参考文献

[1] 中国注册会计师协会. 财务成本管理 [M]. 北京：中国财政经济出版社，2021.

[2] 财政部会计资格评价中心. 财务管理 [M]. 北京：经济科学出版社，2021.

[3] 周昌仕. 财务管理 [M]. 3版. 大连：东北财经大学出版社，2017.

[4] 竺素娥. 财务管理 [M]. 2版. 北京：科学出版社，2016.

[5] 荆新，王化成，刘俊彦. 财务管理学 [M]. 9版. 北京：中国人民大学出版社，2021.

[6] 郭复初，王庆成. 财务管理学 [M]. 5版. 北京：高等教育出版社，2019.

[7] 张惠忠，裘益政，胡素华. 财务报告分析 [M]. 北京：科学出版社，2011.

[8] 陆正飞. 财务管理 [M]. 3版. 大连：东北财经大学出版社，2010.

[9] 汪平. 财务理论 [M]. 修订版. 北京：经济管理出版社，2008.

[10] 胡旭微，张惠忠. 财务管理 [M]. 杭州：浙江大学出版社，2007.

[11] 张惠忠. 公司财务管理基础 [M]. 上海：上海财经大学出版社，2007.

[12] 张惠忠. 论财务管理理论体系、学科体系和专业课程体系 [J]. 财会月刊：理论版，2007 (6).

[13] 张惠忠. 正确处理财务管理和会计的关系 [J]. 嘉兴学院学报，2005 (4).

[14] 张延波. 高级财务管理 [M]. 2版. 北京：中央广播电视大学出版社，2004.

[15] 首都经济贸易大学会计学院. 财务理论与实践研究（第一辑）[M]. 上海：立信会计出版社，2003.

[16] 张惠忠. 现代企业财会审机构设置构想 [J]. 审计与经济研究，2003 (4).

[17] 周宝源. 中小企业理财策略 [M]. 天津：天津人民出版社，2003.

[18] 汤谷良. 企业财务管理 [M]. 杭州：浙江人民出版社，2002.

[19] 史习民. 全面预算管理 [M]. 上海：立信会计出版社，2003.

[20] 冯建. 财务学原理 [M]. 北京：高等教育出版社，2000.

[21] 张惠忠. 刍论财务管理的分类问题 [J]. 商业研究，2000 (12).

[22] 乔世震. 财务案例 [M]. 北京：中国财政经济出版社，1999.

[23] 张惠忠. 财务、财务管理和理财辨析 [J]. 福建财会，1999 (12).

[24] 陈铁峰. 财务管理 [M]. 杭州：浙江大学出版社，1998.

[25] 周忠惠，张鸣，徐逸星. 财务管理 [M]. 上海：上海三联书店，1995.